高等院校公共基础课规划教材

21世纪大学生军事理论教程

主　编：徐春华　单小忠

副主编：沈　浙　马琛杰　周建华　戴全力

编　委（按姓氏笔划为序）：

马琛杰　王华军　付文军　刘庆青　吕晓龙　江　波　李卫海
杜举凡　沈达政　沈　浙　苏　震　肖　熙　单小忠　周建华
张小明　周海涛　金　硕　俞　林　徐春华　郭聪聪　高铁键
葛国丹　蒋　雷　蒋佳峰　鲁传玲　詹筱蕾　戴全力

電子工業出版社
Publishing House of Electronics Industry
北京・BEIJING

内 容 简 介

学习国防法规，提高国防意识，积极参加军训，了解我国的国防历史和现代化国防建设的现状，增强依法建设国防的观念；学习中国古代军事思想、毛泽东军事思想、邓小平、江泽民、胡锦涛和习近平的新时期军队建设思想，了解军事思想的形成和发展过程，初步掌握我军军事理论的主要内容，树立科学的战争观和方法论；了解世界军事及我国周边安全环境，增强国家安全意识，接受中国人民解放军及其优良传统教育，了解我军的军兵种及中国人民解放军三大条令，增强组织纪律观念，培养顽强拼搏和集体主义的精神，养成良好的军人姿态；了解轻武器的战斗性能和基本的射击理论，掌握轻武器射击的动作要领，学会基本的单兵战术和军体拳动作；了解地形在战斗中的作用和影响，掌握地形图的基本知识；了解行军、宿营、野外生存和民防的基本知识，了解防护器材及其使用方法，掌握实施现场紧急救护的基本要领。

图书在版编目（CIP）数据

21 世纪大学生军事理论教程 / 徐春华，单小忠主编. —北京：电子工业出版社，2016.6

ISBN 978-7-121-28732-9

Ⅰ. ①2… Ⅱ. ①徐… ②单… Ⅲ. ①军事理论－高等学校－教材 Ⅳ. ①E0

中国版本图书馆 CIP 数据核字（2016）第 095484 号

策划编辑：贺志洪

责任编辑：贺志洪 特约编辑：张晓雪 徐堃

印 刷：三河市良远印务有限公司

装 订：三河市良远印务有限公司

出版发行：电子工业出版社

北京市海淀区万寿路 173 信箱 邮编 100036

开 本：787×1 092 1/16 印张：16.75 字数：432 千字

版 次：2016 年 6 月第 1 版

印 次：2019 年 7 月第 5 次印刷

定 价：31.98 元

凡所购买电子工业出版社图书有缺损问题，请向购买书店调换。若书店售缺，请与本社发行部联系，联系及邮购电话：（010）88254888。

质量投诉请发邮件至 zlts@phei.com.cn，盗版侵权举报请发邮件至 dbqq@phei.com.cn。

服务热线：（010）88258888。

前　言

国防教育在一个国家的国防建设中有着重要的地位。高等院校担负着为国家培养高级科技人才的重要使命，许多院校的学生将担负提高我国国防科技水平的重任。现代战争中，以电子战技术、指挥自动化技术和精确制导技术为核心的高新技术的广泛应用，对新时期的军队建设、国防建设提出了更高的要求。

在高等学校设置军事理论课程，组织在校学生进行军事训练，是《中华人民共和国国防法》、《中华人民共和国兵役法》、《中华人民共和国国防教育法》赋予高等学校的神圣职责。《中华人民共和国国防教育法》明确规定："学校的国防教育是全民国防教育的基础，是实施素质教育的重要内容。高等学校应当设置适当的国防教育课程。"，另外还规定，应当将课堂教学与军事训练相结合，对学生进行国防教育。

对全日制本科生进行国防教育与军事训练，我们视之为高素质人才培养的一个重要环节。尽管和平与发展是当今世界政治生活的不可遏制的主潮，但无论是科索沃的隆隆炮声，还是阿富汗的漫漫硝烟，抑或伊拉克的熊熊战火，这一幕幕不该发生却相继发生的悲剧，都警示我们：对大学生的国防教育与军事训练必须持之以恒。不仅如此，通过开展军事训练，还可以培养大学生顽强的意志、果敢的作风和不畏艰难困苦的精神，这对他们成长为适应经济社会发展需求的高素质、复合型人才是颇有助益的。

本教材根据教育部、总参谋部、总政治部 2002 年修订的《高等学校军事训练教学大纲》，由几位资深教师合作编写而成，既是其实践经验的结晶，又多方吸收军事科学研究的最新成果，鲜明地表现出致力理论创新的意向。同时，作为一本切于实用的教材，它对课程目标和课程体系的把握与设计是准确的、独到的。唯其如此，尽管它有待于进一步充实与完善，其特色却是令人一目了然——无疑，特色既是一部教材的学术性之所在，也是其生命力之所在。

中华民族经历过强汉、盛唐和前清三个强盛时期。愿同学们为维护国家尊严而树立民族的尚武精神，为中华民族下一个盛世的早一天到来而努力学习、勤奋拼搏！

编　者
2016 年 3 月

目　录

第一章　中国国防

国不可无防，国无防不立，民无防不安，国离不开防，国需要防；防是为国，防是保持国家生存和巩固发展的重要安全保障。国防是否巩固，事关国家和民族的兴立。

我国的国防是在和平共处五项原则基础上，为了保卫国家主权和安全以及领土完整的自卫型国防。

第一节　国防概述

一、国防的含义、类型及特征

（一）国防的含义

国防是国家防务的简称。国防是指国家为防备和抵抗侵略，制止武装颠覆，保卫国家的主权、统一，领土完整和安全所进行的军事及与军事有关的政治、经济、外交、科技、教育等方面的活动。

国防产生于国家形成之后，是人类社会发展到一定阶段的产物，是为国家利益服务的。不同历史时期，不同社会制度，奉行不同政策的国家，其国防具有不同的特性。当代霸权主义国家的国防，无不具有侵略、扩张的性质。

中国则一如既往地坚持国防的防卫性质，并不断加强国防现代化建设，以维护国家生存与发展的根本利益。

（二）国防的基本类型

国家的社会制度和政策决定了国防的性质和形式。现代国防的类型，按照性质可分为扩张型和自卫型；按照形式可分为联盟型和中立型。

- 扩张型。扩张型的国家奉行霸权主义政策。他们以所谓的国家安全和防务需要为幌子，将其疆域以外的国家和地区也纳入本国的势力范围，并对别国进行侵略、颠覆和渗透。
- 自卫型。自卫型国家的国防以防止外敌侵略为目的。在国防建设上，他们主要依靠本国的力量，广泛争取国际上的同情与支持，维护本国安全，维护周边地区和世界的和平与稳定。
- 联盟型。联盟型的国家为弥补自身国防力量的不足，以结盟的形式联合相关国家进行防卫。联盟型国防又可分为两种：一是一元体系联盟，即某一大国为联盟的盟主，其余国家处于从属地位；二是多元体系联盟，即联盟诸国基本处于伙伴关系，共同协商防卫大计。
- 中立型。中立型的国家的国防是指一些奉行和平中立政策的中小发达国家，为保障本国的繁荣、发展和安全，实行和平中立的国防政策。其中一些国家采取完全不设防的方式，有的则采取全民防卫式的武装中立。

我国在对外关系方面一贯奉行“和平共处”五项原则，公开向世界承诺：永远不称霸，不做超级大国。在战略上，我国采取防御态势。我国国防建设的宗旨是反对侵略战争，维护世界和平，保卫国家的安全与发展。在国防力量的运用上，我国坚持自卫立场，实行积极防御的战略方针。因此，我国属自卫型国防。

（三）现代国防的基本特征

1. 现代国防的概念内涵更丰富

现代国防是对传统国防的继承和发展，是一种全新的国防观念和国防实践活动，现代国防又叫社会国防、大国防、全民国防。现代国防与传统国防的目的都是为了维护国家利益，但现代国防所维护的国家利益，无论是在内涵和范围上，还是在维护国家利益的行为方式上，都远比以前丰富得多。国防所维护的国家利益主要是国家的安全利益：首先，它是指国家作为一个政治利益实体的安全，包括国家政治制度的巩固、领土主权的完整、主体意识形态的维护、民族团结等。其次，它还指国家作为一个经济利益实体的安全，包括国家资源和经济生产、人民群众生命财产的不可侵犯性等。此外，它还指国家在国际社会中的地位和威望。一个国家在国际上的地位、尊严、荣誉、信誉、对外友好关系等，对国家的生存与发展都有着十分重大的影响。总之，现代国防与传统的国防概念相比，在以下三个方面有着明显的不同：一是国防行为的主体是国家，它绝不仅仅是某些国防职能机关和有关工业部门的事情，而是关系到全国上下每个人的事情；二是国防事业涉及国家的广泛领域，它不仅包括了诸如构筑防止敌人入侵的军事设施、发展武器装备等“硬件”建设，也包括进行国防教育、健全动员机制等“软件”建设；三是国防斗争贯穿于社会活动的全过程，不仅限于战争爆发之前的临战准备和战争期间的行为，也包含相对和平时期有关的各种活动。

2. 现代国防手段、斗争形式多样化

国防手段是指为达到国防目的而采取的方法和措施，主要包括军事活动以及与军事有关的政治、经济、外交、科技、教育等方面的活动。这些手段的综合运用，又形成了诸多的斗争形式，主要包括：①通过暴力对抗，即以战争手段消除威胁；②通过威慑手段，即在强大军事实力的基础上，以各种非暴力方式，给对方造成心理震慑，使之改变意志，放弃威胁企图；③通过谈判方式，使双方达成谅解，从而缓解威胁；④大力发展本国力量，并通过运用各种力量，不断扩大影响，取得明显优势，使对方不敢进行威胁，这为运用影响手段。

在现实的国际社会中，对峙的双方不经实力较量，在短期内一般较难实现自己的企图。因此，无论是影响力、谈判还是威慑，都必须以强大的实力为后盾和基础，甚至要随时准备把实力投入战场。战争是解决国家与国家之间在一定发展阶段上的矛盾的一种最高的斗争形式。第二次世界大战结束以来，尽管没有发生世界大战，但世界各国都十分重视军队的建设。战争手段的最高仲裁者的地位还未发生根本性的变化。在这一点上，现代国防观与传统国防观是相同的。现代国防观与传统国防观的根本不同之处，并不在于是否在战场上决一雌雄，而在于是否着眼于制约战争的发生。因而，运用影响力、谈判和威慑等非暴力手段已客观地居于国防的重要位置。现代国防也正是这多种手段、多种斗争形式的角逐。

3. 现代国防是综合国力的较量

现代国防具有很强的整体性，它不单指军事力量，还包括非军事力量，但以军事力量为主，不只靠国家的军事实力，还靠国家战争潜力，特别是在战时能够将战争潜力快速转化为军事实力的能力。因此，现代国防不只是军事力量的抗衡，而是国家现代军事、现代政治、现代经济、现代外交、现代科学文化、资源等方面的综合国力的抗衡，把在综合国力较量中取得优势，作为维护国家安全利益的主要内容。它与传统国防理论的不同之处就在于它是在第二次世界大战之后，经济与科技飞速发展基础上产生出来的一种凭借综合国力维护国家安全的新理论。现代国防的核心问题是如何在现有客观基础上，尽快增强综合国力，并有效地运用综合国力，以实现国防目标。

二、中国历史上的国防

（一）中国古代的国防

1．中国古代的兵制建设

兵制，就是军事制度，现在称为军制，它包括武装力量体制、军事领导体制和兵役制度等方面的内容。兵制建设是我国古代国防的一个重要方面。早在夏初，君王已控制了军事大权，已有对参战人员编组和奖惩的决定。商殷和西周时期，君王是最高军事统帅，军事领导职务由贵族大臣和属国首领担任；士卒主要由奴隶主和平民充当，奴隶一般只随军服杂役；师为最高建设单位。这一时期，作为观念形态的军事思想已产生并有初步发展。春秋时期，随着奴隶制的解体，各诸侯国开始实行兵制变革，废除奴隶不能充当甲士的限制，始行武官任免制；军为最高建制单位；开始出现郡县征兵制。

战国时期，封建制度开始确立，社会处于大动荡、大变革、大发展中。王室衰微，诸侯相争，天下大乱，连年进行兼并战争，并且都打着尊王的旗号，挟天子以令诸侯，争夺控制小国的权利，出现了齐、楚、燕、晋、秦等大国争霸的局面，用兵数量增多；步兵、骑兵、水师逐渐分离为独立兵种；军制上，打破了世袭兵制，出现了募兵制和郡县征兵制；剥夺私属武装，集中军权，统一军队，文武分职；凭玺印、虎符任将发兵；建立按军功晋爵行赏制度；战争指挥复杂、要求高，将帅专职化；学术上百家争鸣等，促进了中国古代兵学的发展。以《孙子兵法》为代表的一大批兵书的诞生，标志着中国古代军事思想的逐渐成熟和军事理论体系的形成。

自秦统一中国到清末，历代封建王朝根据各自的需要和条件，在专制主义中央集权制度的基础上，加强帝王的军权。从中央到地方建立了便于帝王控制的统帅指挥系统：常备军按任务或武器编组，成为武装力量的主体，区分为中央军、地方军和边防军；以步兵或骑兵为主要兵种，明朝开始出现专门装备火部的部队；建立武库、粮储和运输制度，主要武器装备和军事物品由国家监制和供给；因势采用征兵制、募兵制、世兵制等，多数以农民为军队的主要成分。兵制的许多内容通过法律形式颁布，如唐朝的《卫禁律》、《捕亡律》、《擅兴律》、《军防令》等，对军队的组织编制、番上宿卫、屯田戍、兵役军赋、军队调发、军需补给、驿站通道、武器制造和配发、厩库管理等，都作了具体的规定。

2．中国古代的边海防建设

边防、海防是国防建设的重要内容。我国古代的边防建设，主要是修筑防御工程和实行实边固边政策。著名的万里长城，是中国古代构筑的以长城城墙为主体，与其他工程设施相结合的线式防御工程体系，它是城池筑城体系的发展和运用。长期据险筑墙、关堡相连、烽堠相望、敌台林立、层层布防的边防体系，曾在战国时期发挥过重要的防御作用。此外，我国少数民族在东北也修筑了称为“边堡线”的长城。

我国古代的海防建设是从明代开始的。为防止倭寇的偷袭、骚扰，明王朝一是下令禁海，二是在沿海的主要地段，陆续修建了以卫城、所城为骨干，堡、寨、墩、烽堠和障碍物相结合的防御工程体系，有效地抗击了倭寇的侵扰。

西汉文帝、景帝为防御匈奴的一再侵犯，积极推行实边固边的政策。一是在边关要地配置边防军，包括边境上的郡国兵和屯田兵，由边郡太守和都尉率兵防匈奴的进攻；二是输粟实边。依百姓输粟多少，赐给一定的爵位，或赦免罪过，并令人将粟运至长城沿线，待边境粮食充足后，再运至内地郡、县收藏；三是徙民治边。在边境要害之处，组织徙民建立城邑，由有才能、习风俗、知民心者充任首领，平时组织徙民训练，战时则率徙民抗击敌人。到了汉武帝驱逐匈奴之后，在西北边境地区大量增设新郡，并实行大规模的军事屯田，使数十万边兵有警则战，无事则耕，戍卒无饥馁之忧，固边无转运之劳。屯戍军队与大量移民共同守边，且耕且守，较之“徙民实边”更为扎实有效。

3．中国古代富国强兵的国防思想

富国强兵是我国古代各朝代都十分重视的国防思想。早在春秋战国时期，许多统治者和军事家就已经认识到国防与经济的关系，明确提出“国不富则无称雄之本，兵不强则无争霸之力”的政治主张，十分重视发展经济和充实武备，当时的军事家孙武在《孙子·作战篇》中指出：“带武备甲十万”，“日费千金”，说明军队进行战争必须要有物资作保证。而齐国著名政治家管仲也说：“甲兵之本，必先于田宅”，强调国防强大依赖经济发展。秦始皇之所以能吞并六国一统帝业，正是秦国推行富国强兵思想的结果。西汉与唐朝的军事屯田都收到明显的效果，明朝更是把开发边疆，繁荣经济，同抵御外来侵略结合起来。

4．中国古代“忠君保国”的主要国防精神支柱

几千年的君主专制统治，使国君、皇帝拥有至高无上的权力，成为国家的最高代表，因此，中国古代国防就围绕“忠君”而展开，同时抵御外敌入侵，捍卫民族和国家利益。保卫国家成为人们推崇的美德。从屈原投江、张骞出使西域、岳飞抗金、文天祥抗元到郑成功收复台湾、林则徐虎门销烟，他们都名垂青史，受到人民的赞颂。

（二）中国近代的国防

19 世纪上半叶，西方资本主义国家为了开辟新的销售市场和原材料产地，加紧对外侵略扩张。他们抓住了中国的“国防不固、军队不精”这一致命弱点，开始了对中国赤裸裸地侵略。从 1840 年鸦片战争开始到中华人民共和国成立前的一百多年间，由于当时统治阶段的腐败衰落，国力日趋空虚，国防每况愈下，在外国列强弱肉强食的政策下，中华民族屡遭外敌的侵略、欺辱，中国人民生活在水深火热之中。

从 1840 年鸦片战争到 1911 年的 70 年间先后有 20 多个国家多次发动侵华战争，无不以中国的失败而告终。在此期间，外国侵略者还强迫腐败的清政府签订了 500 多个不平等条约。每个不平等条约都是对中国最野蛮的掠夺。1842 年 8 月 29 日中国近代史上第一个不平等条约——《中英南京条约》，割让香港和赔款 100 万两白银；澳门被葡萄牙霸占；沙俄侵吞了我国东北 150 多万平方公里的土地；日本占领了台湾及澎湖列岛；旅顺、胶州湾、广州湾等地成了帝国列强的租借地。据记载，列强对华的 500 多个不平等条约，几乎都要求中方支付赔偿，少则数十万两。一次次的割地赔款，使中国在政治上、经济上、文化上蒙受了巨大屈辱和损失。当时中国 1.8 万多千米的海岸线上，竟找不到一个中国自己享有主权的港

口；外国商船和军舰可以在中国内河、领海任意航行，自由停泊于各通商口岸；外国人在中国境内犯罪，中国人无权审理；外国人在租界地实行殖民统治，形成了“国中之国”，外国人甚至控制了中国的警察权，指挥中国的外交。整个中华民族美丽富饶的国土被帝国主义列强蹂躏得支离破碎。

到了现代，日本帝国主义又发动了残酷的侵华战争，侵略者的铁蹄踏遍了大半个中国，两千多万人惨死于日寇的屠刀之下。有压迫就有反抗，有侵略就有斗争，辛亥革命就是一场为保家卫国而战，为驱逐强虏而战的革命。

1921 年 7 月，中国共产党正式宣告成立，从此，中国无产阶段有了自己的战斗司令部，中国人民救亡图存的革命斗争有了自己的组织者和领导者。当日本军国主义对我发动侵略战争，在国家生死存亡的危急时刻，中国共产党高举民族抗战的旗帜，领导全国人民一致抗战，驱逐日寇，打败国民党反动派，建立独立的人民作主的新中国，此后我国国防得以建立和发展。

（三）国防历史的启示

在我国四千多年的国防历史上，有过声威远播、天下归附的武功；有过引而不发、强虏驻足的宁静；有过遍体创伤、不堪回首的屈辱；也有过抗敌卫国的巨大胜利。在建设具有中国特色的社会主义征途中，重温这一漫长的国防历史可以从中得到有益的启示。

1．经济发展是国防强大的基础

经济是国防的物质基础，国防强大依赖经济发展，这是我国国防历史给予我们的深刻启示。早在春秋战国时期，统治者就认识到国富才能兵强，自强方可自立，无不把发展经济作为巩固国防、争夺霸权的重要措施。春秋时期，晋国还是一个国贫兵弱的小国。晋文公执政后，通过整顿内政、发展经济、扩充军队等一系列的综合治理，使晋国实力急剧膨胀，先后兼并 20 余国，一跃而成为中原霸主。秦国重用商鞅进行变法，推行了“开阡陌”、“废井田”等一系列土地改革措施，极大地解放了生产力，促进了经济的发展，对秦军南征百战、北逐匈奴，最终吞并六国完成统一大业起到了重要作用。唐朝由“贞观之治”达到封建社会的鼎盛时期，更是当时统治者注重发展经济的结果。

与此相反，各个朝代的衰落、灭亡，遭受外敌的入侵而不能自保，几乎毫无例外地是这个王朝后期政治腐败，经济落后，结果动摇了国防的根基，政权易手导致的。由此可见，只有经济的强盛，才能有强大的国防，才能有政权的稳固、国家的安全。

2．政治昌明是国防巩固的根本

国家政策的正确与否，直接关系到国防的兴衰，国家存亡。只有政治的昌明，才能有巩固的国防，才能为国家发展提供保障。这是国防历史给我们提供的又一深刻启示。

春秋战国时期，各诸侯国就十分注意修明政治，变法图强，把尊贤厚士，举贤任能，选拔优秀人才治理国家作为强国的根本大计。汉高祖得天下后，实行“文武”政策，建立法制，修明政治。此后，文帝、景帝至武帝，都实行比较开明的治国之策。国家的昌盛，为维持西汉长达 200 多年的安定局面奠定了基础。

相反，秦朝实行暴政，激起农民起义，终致推翻秦始皇梦想千秋万年、子孙相继的基业；宋朝由于机构臃肿，官员奢侈腐化，国力衰竭不堪，无力抵抗外侵，终为元兵所灭亡；明朝由于皇帝昏庸、宦官专政、结党营私，始被起义军所败，后又为清兵所亡。特别是近代中国，由于清政府政治日趋腐朽，国防日益虚弱，面对列强入侵，屡战屡败，乞降求和，割地赔款，使国家遭受了前所未有的奇耻大辱，将中国人民带进了苦难的深渊。

总之，国防的兴衰，王朝的更替，近代中国的百年国耻，都深刻地告诉我们，政治昌明是国防巩固的基础，是国家得以长治久安的根本保证。

3．国家的统一和民族的团结是国防强大的关键

我国的国防史给予我们的另一重要启示就是，在面临外敌入侵、国家危亡的关头，只有国家统一、民族团结、共同抵抗，才能筑起一道坚固的国防长城，取得反侵略战争的胜利。

近代西方列强对我国发动的一系列侵略战争，使中国逐渐沦为半封建半殖民地国家。山河破碎，有国无防。一个重要的原因是，清朝统治者在侵略者面前，不仅不发动和依靠广大人民进行反侵略的正义战争，反而认为“患不在外而在内”，甚至在义和团奋起抗击八国联军的时候，清朝统治者竟企图借外国侵略者之手消灭义和团。由于统治者害怕人民，采取与人民对立的立场，尽管广大人民奋起反抗侵略者，但都处于自发、分散的状态，缺乏统一指挥，没有形成一致对外的合力，无法改变战争的局面。

抗日战争时期，中国共产党主张全国军民团结起来，建立广泛的抗日民族统一战线，共同抵抗日寇侵略。同时，坚持人民战争的战略指导方针，放手发动群众，团结一切可以团结的力量共同抗击敌人。我党领导的八路军、新四军挺进敌后，开辟了广大的敌后抗日根据地，运用人民战争的战略战术，同全国军民一道有效地打击了日本侵略者，最后取得了抗日战争的全面胜利。

历史证明，国家的统一，民族的团结，全国军民一致共同抵抗侵略的精神和意志，才是国防的真正的钢铁长城。这是造成淹没一切侵略者的人民战争汪洋大海的基础；这是让一切侵略者都望而生畏的真正的铜墙铁壁；这是民族自强的根本，国防力量的源泉。

第二节　新中国国防建设

一、新中国国防建设的回顾

新中国成立以来，我国国防建设大体经历了以下四个阶段。

第一阶段是从 1949 年年底至 1953 年。当时，国家正处在外御帝国主义侵略、内治战争创伤和恢复经济的时期。中国人民解放军在中国共产党的领导下，在广大人民群众的积极配合、支援下，解放了西藏，剿灭了大批土匪和国民党残余部队，平息了匪患，保卫了革命胜利果实，巩固了人民民主专政；进行了抗美援朝的战争。为适应新的形势和现代战争的要求，国家成立了统一的军事领导机构，加强了对全国武装力量的领导。随着条件的改善，我军开始着手组建新的军种和兵种，逐步从单一陆军向诸军兵种全面建设过渡，同时还先后创建了一批军事院校，为国防建设培养了大批现代化军事人才。

第二阶段是从 1953 年年底到 1965 年。这一阶段是我国国防现代化建设突飞猛进的重要时期。1953 年 12 月召开的全国军事系统党的高级干部会议，是我国建设和国防建设的一个里程碑。这次会议确定了我国国防建设的主要任务是：防御帝国主义侵略，保卫社会主义建设，保卫亚洲与世界和平。为加速军队现代化建设的步伐，中共中央和中央军委制定了减少军人数量，提高军队质量，精兵、合成的战略决策。中国人民解放军从 1950 年至 1958 年，连续进行了四次大规模的精简整编，取得了显著的成效：一是压缩了军队规模。到 1958

年，军队员额总数由 1950 年的 540 万人降至 240 万人左右，武器装备和军队成员的现代化水平也明显提高。二是确立了诸军兵种合成的体制，建立了空军、海军和陆军各特种兵领导机构，完成了由单一兵种向诸军兵种合成军队的历史性转变。三是调整了中央军委和总部领导机构。1954 年 9 月，中共中央军事委员会重新成立，直接领导人民解放军和其他武装力量，并几经调整，恢复和确立了总参、总政、总后三总部的领导体制，加强对全军的集中统一领导。四是重新划分了军区。1950 年大军区有 6 个，1955 年增加至 12 个，1956 年增加至 13 个。军区体制由一、二、三级军区和军分区四级体制改为军区、省军区、军分区三级体制，精简了机关，提高了指挥效能。五是健全了院校和科研体制，继初、中、高三级院校体制建立之后，军事科学院和国防科学技术委员会相继成立，军事理论和国防科学技术的研究工作进一步加强。六是统一了部队编制。

第三阶段是从 1965 年 5 月至 1976 年 10 月的“文化大革命”10 年。这一时期，尽管有林彪、“四人帮”的干扰和破坏，毛泽东、周恩来等领导人仍然警觉地注意维护我国的安全，保持了军队的稳定，顶住了霸权主义的压力，同时始终抓住发展国防尖端技术，保证了我国氢弹试验成功和卫星发射成功。

第四阶段是从党的十一届三中全会至今。邓小平同志根据国际形势的发展变化，提出了世界大战是可以避免的，和平与发展是当今世界两大主题的观点，从而确定全党工作的着重点和国防建设指导思想要实行战略性转变。1985 年 5 月 23 日召开的中央军委扩大会议，作出了军队建设和国防建设实行战略性转变的重大决策。其基本精神为：一是国防建设和军队工作从立足于“早打、大打、打核战争”的临战状态转变到和平时期正常建设的轨道；二是在服从国家经济建设大局前提下，有计划、有步骤、有重点地加强以现代化为中心的国防建设；三是从单方面强调军队建设转变到全面增强综合国力上来；四是从准备对付全面战争转变到重点准备打赢现代化条件下的局部战争上来。根据这一决策，全军采取了一系列重大措施：裁军 100 万，进行编制体制改革，走“军民兼容”的国防发展道路，不断完善加强战争动员体制与后备力量建设。在邓小平新时期军队建设思想的指引下，中国人民解放军发展到一个崭新的阶段。

二、新中国国防建设的主要成就

（一）铸造了一支现代的合成军队

军队是国防力量的主体，我国根据国防的实际需要和国家的基本承受能力，建设了一支诸军兵种相结合的具有现代作战能力的革命化、现代化、正规化的军队。

陆军在步兵的基础上，相继建立了炮兵、装甲兵、工程兵、通信兵、陆军航空兵、电子对抗兵、气象兵等兵种。陆军中特种兵的数量近年来已经超过步兵，实现了建军史上的伟大转变，大大加强了陆军的火力、空击力、机动和快速反应能力，增强了现代化国防的威力。陆军既能独立作战，又能与海军、空军联合协同作战。1985 年，陆军改编为合成集团军，使诸兵种协同作战能力和整体作战效能又有了新的增强。

我国海军以舰艇部队为主体，由水面舰艇部队、潜艇部队、海军航空兵部队和海军陆战队等兵种组成。舰艇部队日趋导弹化、电子化、自动化。舰艇普遍采用了卫星导航技术。过去的小炮舰和鱼雷艇已被国产的导弹驱逐舰、导弹护卫舰、导弹快艇和各类潜艇所代替。训练舰、大型补给船、科研试验船和核动力潜艇等新型舰艇开始服役。整个海军具有在水下、水面、空中和岸上实施作战的能力，还协同其他军种进行海上作战。

我国空军以航空兵为主体，由航空兵和地空导弹兵、高射炮兵、空降兵、雷达兵、通信兵等兵种组成，拥有的作战飞机数量居世界第三位。其中有高空高速重型歼击机，有具有先进水平的轻型歼击机，还有布雷飞机、电子干扰飞机等，构成了航空兵和地面诸兵种合成完整的防空体系。

我国战略导弹部队，于 20 世纪 60 年代中期创建，由周总理亲自命名为第二炮兵，由近程导弹、中程导弹、远程导弹和洲际导弹部队组成。装备多种型号战略导弹，射程从数百公里至一万多公里，威力从几十万吨到数百万吨 TNT 当量。可实施固定发射，也可机动发射。建有与之相配套的作战、防护工程和各种设施，具有较强的生存能力。由于采用了先进可靠的制导技术，可随时按党中央和中央军委的命令给敌方以摧毁性的还击。

加强军队院校建设上，新中国成立以后，我军各类军事院校在解放前有限院校的基础上得到了迅速发展，培养了大批国防人才。在新的历史时期，中央军委进一步强调“要把教育训练提高到战略地位”。在这个思想指导下，全军开办了各级各类指挥院校和专业院校，培养了一批又一批能适应现代战争需要的各级指挥人才和各类专业技术人才。

进入 20 世纪 90 年代以来，人民解放军继续向着更高级的阶段迈进。根据高技术战争的特点，人民解放军开始把军事斗争准备的立足点放在打赢现代技术特别是高技术条件下的局部战争上面，军队建设正逐步实现由数量规模型向质量效能型，由人力密集型向科技密集型的转变；在发展武器装备方面，人民解放军根据现代技术特别是高技术条件下局部战争的需要，努力发展高技术“撒手锏”；在改革调整体制编制方面，人民解放军进一步压缩军队规模，优化诸军兵种比例结构，完善合成体制，使军队体制编制更能适应现代协同作战和联合作战的需要；在改革教育训练方面，为了培养掌握现代科技战争知识，精通现代军事科学理论的高层次指挥人才，指挥院校增设了硕士、博士生教育，部队训练加大了实战力度。1999 年 10 月 1 日，为庆祝中华人民共和国成立 50 周年，我国在北京天安门广场举行了规模最大的一次阅兵式。受阅官兵 1 万多名，400 多台车辆，组成 17 个徒步方队和 25 个机械化方防；受阅飞机编队首次由陆海空三军航空兵共同组成，由歼击机、歼击轰炸机、强击机、轰炸机、加油机、直升机等 9 个机种、15 个机型、132 架飞机编成 10 个空中梯队。这次阅兵展示了大量新型武器装备，既显示了国威、军威，也体现了人民解放军现代化建设的新水平。

21 世纪的人民解放军将按照江泽民主席提出的“政治合格、军事过硬、作风优良、纪律严明、保障有力”的总要求，继续优化体制编制，更新教育训练内容和手段，改善武器装备，加强军队的质量建设，提高诸军兵种的合成化水平，向精兵、合成、高效的方向发展。

（二）建立了比较完善的国防动员体制

为战时有效而迅速地展开动员，我国在完善国防动员体制方面做了大量工作。

1. 建立国防动员机构

中央军委下设有人民武装委员会，负责指导协调全国的后备力量建设和动员工作。国务院部分部委设有动员机构。各省、市、自治区的政府动员机构，有的设在计委或经委，有的设在国防科工办或机械厅。政府部门动员机构的职能是：根据国家动员计划和方案，制定本部门、本行业的具体动员计划和方案，运用政府机关的权力，督促各条战线落实动员任务。

平时本着平战结合的原则，积极做好人力、物力、财力、资源的开发和储备；战时按照军民结合原则，采取有效措施，将种种资源的潜力迅速转变为实力。军队从总部机关到各军区、集团军、师（旅）均设有动员机构就动员军官。省军区、军分区、人武部，既是同级党委的军事部门，又是政府的兵役机关，是兼后备力量建设与动员工作于一体的机构。所有这些动员机构的建立，为战时动员的顺利开展奠定了良好的基础。

2．积极储备国防后备力量

全国实行了民兵制度，明确规定社会主义革命和建设时期民兵工作的方针和任务，自上而下地建立了人民武装的领导机构，加强民兵工作的领导。党的十一届三中全会以来，国家颁布了新的《兵役法》，恢复了预备役制，实行民兵和预备役相结合的制度。全国的民兵组织，已由单一的步兵发展成为包括高炮、地炮、通信、工兵、防化、侦察以及海、空军等专业技术在内的强大的群众武装力量。民兵训练，不断向高层次发展。训练对象由过去主要训练普通兵转向训练干部和专业技术兵为主。训练内容，由过去以队列、射击、投弹为主，转到主要以"三打三防"和现代游击战等为主。训练形式，由过去小型、分散训练，逐步转到了县（市）民兵训练基地集中训练。训练手段也向电教化、模拟化方向发展。从 1985 年以来，全国又在普通高校和高级中学开展了学生军训，为国防培养了一批能文能武的后备力量。预备役部队是以现役军人为骨干、预备役人员为基础组建的，是战时实行快速动员的一种组织形式。转业退伍官兵编入预备役部分，由于他们经过正规部队的培养和训练，使预备役部队在军政素质、动员速度、反应能力等方面都达到较高水平。

3．依托地方高校培养国防人才

为了适应科学技术迅猛发展和高新技术在军事领域广泛运用的新形势，进一步拓宽选拔培养高素质军队建设人才的途径，培养和造就大批军政兼优、掌握现代科学文化知识的新型军事人才，2000 年 5 月，国务院、中央军委颁布了《关于建立依托普通高等教育培养军队干部制度的决定》。

依托普通高等教育培养军队干部的总目标是：按照统筹规划、稳步推进、确保质量的原则，采取多种措施鼓励和吸引普通高等学校学生毕业后到军队工作，并通过建立制度，制定和完善政策、法规，逐步扩大选拔培养的数量，提高培训质量，保证军队有稳定可靠的高素质人才来源。到 2010 年，基本实现军队的军地通用专业技术干部主要由普通高等教育培养，并选拔适量普通高等学校毕业生补充到指挥岗位，从根本上改善和提高军队干部队伍的知识结构和科学文化水平，形成符合我国国情且具有我军特色的军事人才培养体系。

4．不断完善民防措施

从 20 世纪 60 年代起，我国开展了大规模的民防工程建设。经过 20 多年的努力，一大批能适应现代战争需要的民防工程相继建成。这些工程不仅规模大、数量多、范围广，具有在核战争条件下保护相当大比例城市人口的潜力，而且具有很强的机动性。我国的大部分城市和一些地区，构筑了地道、地下街、地下商场、地下铁路等工程，四通八达。对战时紧急疏散人口、防空、防炮，防核、生、化，保护重要设施和目标以及指挥、供给等，都将起到重大作用。

在民防队伍建设上，注重建立健全民防组织机构，优化民防组织成员的年龄结构和知识结构，吸收有文化、热心于民防事业的年轻人参加，利用多种渠道开展防护教育，使人民群众掌握防空，防炮，防核、生、化武器袭击的常识和自救互救的技能，为应付突然情况做好充分的准备。

另外，国家在物力、财力、科技的动员上也采取了许多措施，保证一旦发生战争，能很快由平时状态转为战时状态。

（三）国防工业和国防科研成果显著

新中国成立后，在三代领导人关怀下，我国的国防工业和国防科研经历了从无到有，从小到大，从落后到先进，建立起电子、船舶、兵器、航空、航天和核能等门类齐全、综合配套的科研实验生产体系，取得了一大批具有国内或国际先进水平的科研成果，为我军现代化建设，增强我国的综合国力做出了重要贡献。

1．建立了独立的比较完整的国防科技工业体系，掌握了一批尖端武器技术，生产了大量武器装备，为壮大国防实力，捍卫国家主权，奠定坚实的物质基础

60 多年来，国防科技工业战线研制生产了大量武器装备，满足了我军由单一陆军，发展成为包括空军、海军。特别是在尖端技术方面，我们于 20 世纪六七十年代成功掌握了原子弹、氢弹、中子弹、导弹、人造卫星和核潜艇技术，使我国成为世界上少数几个独立掌握核技术和空间技术的国家之一。“两弹一星”为标志的尖端武器研制成功，是我国国防科技工业最光彩夺目的光辉成就，极大地增强了我国的国防实力和综合实力，振奋了民族精神，显示了国威、军威，提高了我国的国际地位，为维护国家的安全、维护世界和平作出了重要历史贡献。改革开放以来，我们又在洲际导弹、核潜艇水下发射导弹、核武器小型化、种子弹、先进作战飞机、新型作战舰艇、先进地面兵器和军用电子技术等领域取得一系列重要进展，进一步增强了我国的国防实力和综合实力。

2．国防科技工业军转民取得重要进展，初步形成了一批高科技产业群，形成了一批市场知名的品牌和企业，为发展国民经济，增强国家经济实力做出重要贡献

国防科技工业从创建以来，在为国防建设的同时，也为国民经济发展做出重要贡献。特别是在党的十一届三中全会以来，国防科技工业战线认真贯彻军民结合的十六字方针，适时地实行战略转变，由主要为国防建设服务转变到为整个“四化”服务，取得了重大成就。国防科技工业实现了从单一军品型向军民结合型的转变，初步形成了军民结合型体系。民品产值占总产值的比重由 1978 年的不足 10%，提高到目前的 80%左右。目前，国防科技工业已能生产 50 余大类，约 15 000 种产品，为交通、能源、原材料、机电、轻纺等行业提供大批技术装备，为市场提供了大批消费品，为国民经济持续快速健康发展发挥了重要作用。

在军转民的其他领域，军工系统利用自身的技术装备人才优势，开发形成一批市场竞争力强的支柱民用产品。有的产品达到国内或国际先进水平，有的产品填补了国内空白，并取得了可观的经济效益。

3．取得了一大批科技成果，培养造就了一大批具有较高水平的科技人才，为推动我国科学技术进步发挥了重要作用

国防科技工业集中了众多的科学门类，是高度综合的应用型高技术产业和先导性产业，技术密集、人才密集。60 多年来，国防科技工业发挥科技和人才优势，创造了大量的科技成果，有力地推动了我国整体科学技术水平的提高。另外，国防科技工业的发展并不断提出新的任务和要求，带动了其他相关行业和整个国家科技水平的提高。

60 多年来，我们还培养造就了一大批具有较高水平和优良作风的国防科技队伍。这支队伍具有强烈的爱国主义思想和国防观念，具有艰苦奋斗、无私奉献的精神，他们勇挑重担，敢于攻关，为攀登国防科技高峰进行了创造性的劳动，成为推动我国科技进步的重要

力量。

（四）中国国防政策

建立巩固的国防是中国现代化建设的战略任务，是维护国家安全统一和全面建设小康社会的重要保障。中国始终奉行防御性的国防政策。中国制定国防政策的根本依据，是维护中国的国家利益。它主要包括：维护国家主权、统一、领土完整和安全；坚持以经济建设为中心，不断提高综合国力；坚持和完善社会主义制度；保持和促进社会的安定团结；争取一个长期和平的国际环境和良好的周边环境。中国采取一切必要手段维护国家利益，同时也尊重别国的利益，主张通过协商和平解决国与国之间的纠纷和争端。中国国防的目标和任务，主要有以下内容：

● 巩固国防，防备和抵抗侵略。中国的领陆、内水、领海、领空神圣不可侵犯。中国根据新形势下国家防卫的需要，坚持对国防活动的统一领导，坚持独立自主和全民自卫原则，实行积极防御军事战略，加强武装力量建设和边防、海防、空防建设，采取有效的防卫和管理措施，保卫国家安全，维护海洋权益。一旦国家遭受侵略，中国将依照宪法和法律，坚决进行抵抗。

● 制止分裂，实现祖国完全统一。中国是全国各族人民共同缔造的统一的多民族国家。中国政府禁止对任何民族的歧视和压迫，也禁止任何破坏民族团结和制造国家分裂的行为。台湾是中国不可分割的一部分。中国政府按照“和平统一、一国两制”的基本方针和现阶段发展两岸关系、推进祖国和平统一进程的八项主张，以最大的诚意、尽最大的努力争取和平统一的前景，但决不承诺放弃使用武力。中国坚决反对任何国家向台湾出售武器或与台湾进行任何形式的军事结盟。中国武装力量坚决捍卫国家主权和统一，有决心、有能力制止任何分裂行径。

● 制止武装颠覆，维护社会稳定。中国宪法和法律禁止任何组织或个人组织、策划、实施武装叛乱或武装暴乱，颠覆国家政权，推翻社会主义制度。中国坚决反对一切形式的恐怖主义、分裂主义和极端主义。中国武装力量把依法维护社会秩序和社会稳定作为重要职责，严厉打击各种恐怖活动，打击敌对势力的渗透和破坏活动，打击危害社会稳定的各种犯罪活动，促进社会的安定团结。

● 加强国防建设，实现国防和军队现代化。中国坚持国防建设与经济建设协调发展的方针，坚持走一条经费投入比较少而效益比较高的道路，在经济发展的基础上推进国防和军队现代化。中国军队坚持以毛泽东军事思想、邓小平新时期军队建设思想为指导，全面贯彻“三个代表”重要思想，坚定不移地走中国特色的精兵之路，积极推进各项改革，适应世界军事变革的趋势，努力完成机械化和信息化建设的双重历史任务，实现军队现代化的跨越式发展。

● 维护世界和平，反对侵略扩张。中国不称霸，不参加军事集团，不谋求势力范围，反对战争政策、侵略政策和扩张政策，反对军备竞赛。中国支持国际社会为公正合理地解决国际争端所做的努力，支持一切有利于维持全球战略平衡和稳定的活动，积极参与国际反恐怖主义合作。

中国实行积极防御军事战略，在战略上坚持防御、自卫和后发制人的原则。为适应世界军事领域的深刻变革和国家发展战略的要求，中国制定了新时期积极防御的军事战略方针。

这一方针立足于打赢现代技术特别是高技术条件下的局部战争。中国综合考虑威胁国家安全的各种因素，着眼于最困难、最复杂的情况做好防卫作战准备。中国人民解放军实施科技强军战略，加快国防科研和武器装备发展，培养高素质新型军事人才，建立科学的体制编制，发展具有中国特色的作战理论，增强联合作战、机动作战和执行多种任务的能力。

这一方针注重遏制战争的爆发。根据国家发展战略的需要，中国人民解放军灵活运用各种军事手段，同政治、经济、外交等斗争密切配合，改善中国的战略环境，减少不安全、不稳定因素，努力遏制局部战争和武装冲突的爆发，使国家建设免遭战争的冲击。中国始终奉行不首先使用核武器政策，对发展核武器采取极为克制的态度。中国从不参加核军备竞赛，也从不在国外部署核武器。中国保持有限的核反击力量，是为了遏制他国对中国可能的核攻击。

这一方针坚持和发展人民战争思想。面对现代战争的新变化，中国坚持依靠人民群众加强国防建设，增强全民国防观念，实行精干的常备军与强大的后备力量相结合的武装力量体制；坚持平战结合、军民结合、寓兵于民的方针，完善动员体制和机制，拓宽动员领域和范围，建立适应现代战争要求的国防动员体系；坚持灵活机动的战略战术，创造现代条件下适合人民群众参战的新战法，发挥人民战争的整体威力。

第三节　中国国防法制

国防法制是指国防法律规范以及制定、修改、废止和实施国防法律规范的活动的总和，是国家法制的重要组成部分，也是国防和军队建设的重要内容。国防法制一般包括国防立法、国防法律制度、国防法律的实施等主要问题。

一、国防立法

国防立法是指拥有国防立法权的国家权力机关、行政机关、军事机关以及被授权的其他机关，为规范军事活动、调整军事领域的各种社会关系，在其职权范围内依照一定的程序，制定、修改和废止国防法律规范的活动。

（一）国防立法体制

国防立法体制是指有关国防立法机构和国防立法权限的体系与制度，主要包括国防立法主体和国防立法权限两个基本问题。

1．国防立法主体

国防立法主体是指有权制定、修改和废止国防法律规范的国家机关。国防立法是国家立法的一部分，国家立法的一般主体，都可以成为国防立法的主体。根据我国宪法规定，国家的立法主体包括最高国家权力机关、最高国家行政机关、地方国家权力机关、地方国家行政机关、民族自治地方国家权力机关。

国家立法的一般主体，在国防立法中起着十分重要的作用。但国防立法所产生的国防法律规范有许多是调整军队内部关系的特殊规范，所以，军事机关自然成为国防立法中的重要主体。目前，《中国人民解放军立法程序暂行条例》已对国防立法中的特殊主体，即享有国防立法权的军事机关作出了明确规定。它们是中央军委、总参谋部、总政治部、总后勤部、国防科工委（总装备部）、各军兵种、各军区。

2．国防立法权限

国防立法权限是指特定的国家机关制定、修改、废止国防法律规范的权力及其范围。根据我国宪法和有关法律，国防立法权限的行使范围大致划分如下。

（1）全国人民代表大会制定宪法中的国防法律条款和基本国防法律。宪法是国家的根本大法，具有最高的法律效力，所以，宪法中的国防法律条款，是国防法律规范的最高层次，是制定其他国防法律规范的根本性依据。基本国防法律的效力仅低于宪法，主要规定国防领导体制，武装力量的构成、任务、建设目标和原则，国防建设与斗争的基本制度，社会组织和公民的基本国防权利与义务，对外军事关系等。在国防法律体系中，基本国防法律起着诠释、衔接宪法，统领其他国防法律法规的作用。

（2）全国人大常委会制定国防法律。国防法律以宪法和基本国防法律为依据，其内容主要是国防和军队建设某一方面重要的原则、制度和行为规范，它们是宪法中的国防法律条款和基本国防法律的具体化。如已经制定的《兵役法》、《军官服役条例》、《军官军衔条例》、《预备役军官法》、《军事设施保护法》、《人民防空法》、《香港驻军法》、《惩治军人违反职责罪暂行条例》等，国防法律调整的社会关系主体广泛，立法程序严格，具有较强的稳定性。

（3）中央军委制定军事法规，国务院单独或与中央军委联合制定国防行政法规。军事法规和国防行政法规以国防法律为依据，其内容主要是国防和军队建设某一方面中某一重要事项的原则、制度和行为规范，包括：①国防法律规定需要由国务院、中央军委联合或分别制定实施办法的事项，如《军事设施保护法》规定其实施办法由国务院和中央军委制定。②国务院、中央军委依职权需要制定军事法规和国防行政法规的重要事项。属于调整国防建设领域内的社会军事关系，但不直接涉及军队和现役军人的规范，由国务院单独制定，如《军人抚恤优待条例》、《退伍义务兵安置条例》等；属于调整军队内部基本活动、军人基本行为及相互关系的规范，由中央军委制定，如《司令部条例》、《后勤条例》、《战斗条令》等；属于调整国防建设领域，涉及军队、军人与地方各级人民政府、社会组织和公民相互关系的规范，则由国务院和中央军委联合制定，如《士兵服役条例》、《国防交通条例》等。一般来说，由国务院单独或与中央军委联合制定的国防行政法规在全国范围内具有一体遵行的法律效力，由中央军委制定的军事法规在全军具有一体遵行的法律效力。

（4）中央军委各总部、各军兵种、各军区制定军事规章，国务院有关部委单独或与中央军委各总部联合制定国防行政规章。军事规章和国防行政规章以军事法规和国防行政法规为依据，结合本系统或本区域的实际情况作出具体规定，以保证军事法规或国防行政法规的贯彻实施。由军委各总部和国务院各部、委制定的军事规章或国防行政规章在全军或全国一定范围内具有法律效力，如《单兵训练规定》、《兵员管理规定》、《牺牲、病故人员遗属抚恤的规定》等；由各军兵种、各军区制定的军事规章通常只在本系统、本区域具有法律效力。

（5）地方各级权力机关和行政机关制定地方性国防法规和规章。地方性国防法规和规章以国防法律和国防行政法规为依据，其内容是本地区国防建设的制度和行为规范，主要限于兵员征集、军人优抚及退伍安置、国防教育、军事设施保护等方面，如广东省人大常委会制定的《广东省征兵工作规定》、北京市人民政府制定的《退伍义务兵安置办法》等。

（二）国防立法的原则

国防立法原则是指立法机关或被授权的国家机关在制定国防法律规范过程中必须遵循的

准则。

（1）以宪法为依据的原则。宪法规定了国家的性质和国家最基本的政治制度、经济制度和社会制度，是国家的根本大法，也是制定其他法律的基本依据。国防法律是国家法律的重要组成部分，无疑必须以宪法为依据，维护宪法的权威和尊严。我国宪法规定了全国人大及其常委会在国防领域的职权；规定了国务院领导和管理国防建设事业的职权；规定了中央军事委员会的组成和领导全国武装力量的职权；规定了武装力量的性质、宗旨、任务、建设目标和活动原则；规定了军事审判和军事检察机关的设置；规定了社会组织和全体公民在国防领域的权利和义务等。所有这些，都是制定国防法律的基本依据。即国防立法活动必须遵守宪法，以宪法为准绳，按照宪法的规定行使国防立法权限，以宪法中有关国防的规定作为国防立法的基础；国防立法的内容不得与宪法总的基本精神和国防条款相抵触。

（2）维护国防利益的原则。国防利益是国防建设和斗争各方面利益的总和。维护国防利益，关系到国家政权的稳定、人民生活的安宁、“四化”建设的成败、反侵略战争的胜负。在国防立法中坚持这一原则，一是要把维护国防利益作为国防立法的主导思想，使维护国防利益有法可依；二是要把维护国防利益作为国防法律规范的核心内容；三是要对危害国防利益的行为给予法律制裁。

（3）国防法律从严的原则。国防法律从严是指国防法律的制定比普通法更严格、严厉。这是因为：第一，特别法严于普通法是一条普遍的法则，而国防法律属于特别法；第二，国防利益是国家最高利益之一，国防法律严于普通法，是维护国防利益的需要。在国防立法中坚持从严的原则，一是要求军人比普通公民承担更多的法律义务；二是对违反国防利益的行为，实行比一般违法行为更严厉的制裁；三是对战争时期违反国防法律的行为从重处罚。

（4）民主的原则。在国防立法中坚持民主的原则，表现在两个方面：一是制度程序的民主性。一部国防法律的制定，应当积极动员有关的国家机关及有关人员参加，特别是应当动员军队有关官兵参加。通过民主程序，广泛听取他们的意见，集中他们的智慧，确保国防法律反映广大人民和军队官兵的共同呼声，确保国防法律真正维护国防利益。二是制定内容的民主性。国防法律应当具体规定维护国防行为主体合法权益的事项和范围，规定保障和实现这些内容的具体措施。由于国防活动的军事性，国防法律首先应当保证国防活动的高度集中统一，这与保障在各个重大事项上实行民主决策，保障广大国防行为主体的各项民主权利并不矛盾。一部符合民主原则的国防法律，应当做到保障国防活动高度集中统一和维护国防行为主体民主权利的有机统一。特别是对于军队而言，它使广大官兵在更高的层次上和更广的范围内行使政治、军事、经济等各个方面的民主权利，切实感受到自己也是国防法律的主体而不是无足轻重的因素，从而真正把国防法律设定的客观价值目标内化为自己的主观价值和活动目标，通过主动行使法定权利，忠实履行法定义务，把自身利益与军队整体利益融为一体。

在国防立法中坚持民主原则，还必须处理好民主与集中的关系，目的是使国防法律充分体现人民和广大官兵的意愿，保证国防立法的质量。发扬民主，有助于避免立法中的主观主义、官僚主义；在民主的基础上经过集中，有助于避免分散主义和极端民主化，使国防法律真正体现代表人民和广大官兵的国家意志。

（5）协调统一的原则。我国是统一的社会主义国家，统一的国家必须有统一的法律。在国防立法中坚持协调统一的原则，主要包括以下内容：一是下级立法机关或授权立法机关制定的国防法律规范，要与上级立法机关或授权立法机关制定的国防法律规范相一致，不得有矛盾或抵触的地方，否则，要予以撤销或修改。二是在国防立法时，应考虑和确定某一国防法律规范在整个国防法律规范体系中所处的位置，即与其他国防法律规范的关系。国防法律规范体系，是一个网状的结构，每一部国防法律规范都位于一定的网眼中，法律规范与法律规范之间虽有联系，但不可替代。三是平行的国防法律规范之间应衔接、协调，避免重复交叉。四是对国防法律规范的结构布局、文字表述应一致。在结构布局方面，应按统一的结构要求，设置章节条款的顺序，如总体结构按总则、分则、附则的顺序布局；分则部分中以组织行为、个人行为、行为后果的逻辑结构布局；每一条只规定一个问题，而不能把一个问题分在若干条中规定，或者若干问题规定在一条中。在文字表述方面，不能对同一个问题在此法中是一种表述，在彼法中又是另一种表述；不能对同一表述在此法中是一种含义，在彼法中却是另一种含义。

二、几部主要的国防法规的介绍

（一）《国防法》简介

《国防法》是一部仅次于《宪法》的国防基本法。该法于 1997 年 3 月 14 日公布施行，共 12 章 70 条。其中第一章和第十二章为总则和附则。总则主要是规定了国家国防活动的范围、国防活动的基本原则、国防建设与经济建设的关系、国防领导体制以及公民的国防权利和义务。附则主要是规定了特别行政区的防务和《国防法》施行的时间。其他 10 章分别对国家机构的国防资产，国防教育，国防动员和战争状态，公民、组织的国防义务和权利，军人的义务和权益，对外军事关系等作了规定。

由于《国防法》是我国在新的历史条件下组织和动员全国各族人民积极投身于国防建设事业的基本法律，因此，在学习贯彻《国防法》时，应着重把握以下基本方针原则：坚持实行积极防御的战略方针；坚持独立自主、自力更生地建设和巩固国防的原则；坚持全民自卫的原则；坚持国防建设与经济建设协调发展的原则；坚持国家对国防活动实行统一领导的原则；坚持国家对外军事关系的基本原则；坚持国防义务与权利相一致的原则；坚持普及全民国防教育的原则。

根据《国防法》，公民、组织的国防义务主要包括：兵役义务、承担国防科研生产和接受军事订货义务、交通建设和管理中贯彻国防要求的义务、接受国防教育的义务、保护国防设施的义务、保守国防秘密的义务、协助国防活动的义务等。

根据义务与权利相一致的原则，上述公民、组织的国防义务，亦是国防权利。但是，公民、组织除上述国防义务亦即国防权利外，还有以下三种相对独立的国防权利：对国防建设提出建议的权利；制止、检举危害国防行为的权利和在国防活动中损失要求补偿的权利。

（二）《兵役法》简介

《兵役法》是国家关于公民参加军队和其他武装组织或在军队外接受军事训练的法律。我国现行《兵役法》共 12 章 68 条。它主要规定：国家武装力量的组成；实行的兵役制度；公民服兵役的条件、形式、期限和应享有的权利与义务；后备力量建设体制；兵员征订动员方式以及对违反《兵役法》应给予的惩处等内容。

1．我国现行兵役制度

兵役制度是《兵役法》的核心。我国现行《兵役法》规定：中华人民共和国实行义务兵与志愿兵相结合、民兵与预备役相结合的后役制度。“两个结合”是我国现行兵役制度最突出、最鲜明的特点。

2．兵员的平时征集

（1）征集年龄。《兵役法》规定，每年 12 月 31 日以前年满 18 岁的男性公民，应当被征集服现役。当年未被征集的，在 22 岁以前，仍可以被征集服现役。根据部队需要，可以征集 18 岁的女性公民服现役。如有特殊需要，在自愿的原则下，也可以征集少量在 18 岁以下的男女公民服现役。

（2）缓征和不征集对象。《兵役法》规定，应征公民是维持家庭生活的惟一劳动力或者是正在全日制高等学校就学的学生，可以缓征；应征公民被羁押正在受侦查、起诉、审判的或者被判处徒刑、拘役、管制正在服刑的，不征集。

（3）征集兵员的程序。《兵役法》规定，每年 12 月 31 日以前年满 18 岁的男性公民，都应当在当年 9 月 30 日以前，按照县、自治县、市、市辖区的兵役机关的安排，进行兵役登记。经审查和体格检查符合服现役条件的，由县、自治县、市、市辖区的兵役机关批准，被征集服现役。

3．现役军人和预备役军人

现役军人，是指在军队和武装警察部队服现役的军官和士兵。现役士兵，包括义务兵和志愿兵。《兵役法》规定，义务兵服现役的期限为 2 年。志愿兵实行分期服现役制度。志愿兵服现役的期限，从改为志愿兵之日算起，至少 3 年，一般不超过 30 年，年龄不超过 55 岁。现役军官是指在军队中被授予少尉以上军衔的军人和文职干部。

预备役人员，是指正在服预备役的公民，包括预备役军官和预备役士兵。预备役士兵是指经过登记而又未被征集服现役的应征公民和退出现役由部队确定服预备役的退伍士兵。士兵服预备役的年龄为 18～35 岁。预备役军官，由退出现役转入预备役的军官，确定服军官预备役的退出现役的士兵，确定服军官预备役的高等院校毕业学生、专职人武干部、民兵干部、非军事部门的干部和专业技术人员构成。

4．战时兵员动员

《兵役法》规定，为了对付敌人的突然袭击，抵抗侵略，各级人民政府、各级军事机关，在平时必须做好战时兵员动员的准备工作。在国家发布动员令以后，各级人民政府、各级军事机关，必须迅速实施动员：现役军人停止退出现役，休假、探亲的军人必须立即归队；预备役人员随时准备应召服现役，在接到通知后，必须准时到指定地点报到；机关、团体、企事业单位和乡、民族乡、镇的人民政府负责人，必须组织本单位被征召的预备役人员，按规定的时间、地点报到；交通运输部门要优先运送应召的预备役人员和返回部队的现役军人。战时遇有特殊情况，国务院和中央军事委员会可以决定征召 36～45 岁的男性公民服现役。

（三）《国防教育法》简介

《国防教育法》是规范全民国防教育的基本法律，共 6 章 38 条，包括：总则；学校国防教育；社会国防教育；国防教育的保障、法律责任和附则。它明确了“国防教育是巩固和建设国防的基础，是增强民族凝聚力、提高全民素质的重要途径”；明确了“国防教育贯彻全民参与、长期坚持、讲求实效的方针，实行经常教育与集中教育相结合、普及教育与重点教育相结合、理论教育与行为教育相结合的原则”要求“针对不同对象确定相应的教育内容分类组织实施”；明确了国防教育的领导体制和各级国防教育工作机构的职责；并确定国家设立全民国防教育日（每年 9 月第三个星期的星期六为全民国防教育日）。同时，《国防教育法》还对学校国防教育、社会国防教育、国防教育的保障以及法律责任都作了明确的规定。这部法律的制定，集中反映了各方面的意见和建议，充分体现了广大人民群众的意愿，为全民国防教育健康、持久、深入地开展下去，提供了可靠的法律保障。

依法普及和加强国防教育是全社会的共同责任，依法接爱国防教育是每个公民的权利和义务，因此一切社会组织和每个公民都有责任和义务学习和贯彻《国防教育法》，紧密结合高校的实际，加强国防教育。《国防教育法》明确了“学校的国防教育是全民国防教育的基础，是实施素质教育的重要内容”；要求“教育行政部分应当将国防教育列入工作计划，加强对学校国防教育的组织、指导和监督，并对学校国防教育工作定期进行考核”；“学校应当将国防教育列入学校的工作和教学计划，采取有效措施，保证国防教育的质量和效果”；“高等学校应当设置适当的国防教育课程”，“采取课堂教学与军事训练相结合的形式，对学生进行国防教育”。

（四）《预备役军官法》简介

为了健全预备役军官制度，完善国家武装力量动员体制，加强国防后备力量建设，我国颁布了《预备役军官法》，共 10 章 56 条，包括：总则，预备役军官的来源和选拔，预备役军官的职务等级和预备役军官的军衔，预备役军官的登记和征召、培训、待遇、退役和法律责任等。

预备役军官是被确定为人民解放军预备役排级以上职务等级或者初级以上专业技术职务等级，被授予相应的预备役军官军衔，并经兵役机关登记的预备役人员。预备役军官按照职务性质分为军事军官、政治军官、后勤军官和专业技术军官。军官预备役按照平时管理和战时动员的需要，分为两类：在预备役任职的和预编到现役部队的预备役军官为第一类军官预备役；其他预备役军官为第二类军官预备役。

预备役军官从下列人员中选拔：①退出现役的军官和文职干部；②退出现役的士兵；③人民武装干部和民兵干部；④非军事的高等学校毕业学生；⑤符合预备役军官基本条件的其他公民。

预备役军官应当具备下列基本条件：①忠于祖国，遵守宪法和法律、法规；②服从命令，听从指挥；③符合服军官预备役的年龄；④退出现役或者接受过军事专业培训并经考核合格，具有与其职务相应的科学文化知识、组织指挥能力或者专业技能；⑤身体健康。预备役军事、政治、后勤军官的职务等级设置为：正师职、副师职、正团职、正营职、副营职、正连职、副连职和排职。专业技术军官职务设置为：高、中、初级专业技术职务三等。预备役军官军衔设三等八级，即：预备役少将；预备役大校、上校、中校、少校；预备役上尉、中尉、少尉。海军、空军预备役军官，在军衔前分别冠以“海军”、“空军”。

该法对预备役军官的培训也作出了明确的规定。未服过现役或者未接受过军事专业培训的人员，被选拔为预备役军官的，在确定预备役军官等级前，应当接受军事专业培训；预备役军官在服役期间，应当依照《兵役法》和本法的规定接受军事训练和政治教育；必要的时候预备役军官必须按照规定接受应急训练。

此外，对预备役军官所要承担的法律责任也作了明确规定。预备役军官参加军事训练，执行军事勤务期间，违反纪律的，依照中央军事委员会的有关规定给予行政处分；构成犯罪的，依法追究刑事责任。预备役军役拒绝或者逃避登记、军事训练，经教育不改的，由当地人民政府强制履行义务兵役义务。在战时，拒绝、逃避征召或者军事训练，情节严重的，依法追究刑事责任。

《预备役军官法》的颁布，将对预备役军官队伍建设产生极大的影响，并使我国预备役部队建设逐步走向法制化轨道，从而有利于把整个国防后备力量建设提高到一个新的水平。

三、国防法律的实施

国防法律的实施是指国防法律规范在社会生活中的运用和实现，即国家机关及其工作人员、社会组织和公民实现国防法律规范的活动。

（一）行政执法

国防法律实施中的行政执法，特指国家一般行政机关和军行政机关及其工作人员依据国防行政法律规范解决具体行政事务的过程。它又可分为行政检查和行政处理两种方式。

1．行政检查

行政检查是指一般行政机关和军事行政机关依法对相对人的遵守国防法律、法规、规章，执行国家国防方面的计划、决定、命令的情况进行了解的行为。主要包括以下具体的活动：一是审查，指执法机关对相对人的有关文件、决议、计划、材料、报告、账册、报表、证件等进行核对、查证，判断其合法性。二是调查，即执法机关通过调查手段查明相对人的守法情况。三是检查，即执法机关对相对人守法的各个方面情况，进行全面的或个别的一般性了解的方法。检查内容一般分为人身、财产和资料检查三部分，其中，人身检查一般由特定的执法机关进行。四是听取汇报，即执法机关通过相对人自己的说明来了解相对人守法的情况。五是统计，即执法机关通过对某些数据的了解行使检查权。这种方法应用十分广泛，如兵员统计、武器装备统计、后备力量资源统计等。六是登记，即执法机关对相对人有关情况记录进行了解的检查方法。如兵役机关对预备役人员所在单位、住所或编入预备役部队、预编到现役部队等情况的登记。七是责令相对人提供必要的情况，即执法机关为实施检查，可以要求相对人对有关事项提供必要的证明、资料。如驻国防生产企业的军事代表，有权要求生产单位提供生产的军用物资的样品、成品和有关资料、生产或实验报告等。八是清查，即执法机关对相对人的有关物质资料进行清理查对的方法。如军队房地产、军用设施的清查。九是考核，即执法机关对相对人某一方面情况或某些方面情况进行考查核对。如军事训练考核、军官任职考核、专业技术人员专业考核等。

由于行政活动纷繁复杂，行政检查的方法也就多种多样。根据行政执法的情况与需要，上述方法可单一使用，也可多种合并使用。不论采取何种方法，都应合法、合理，以实现行政执法的效益为目的。

2．行政处理

行政处理特指一般行政机关和军事行政机关依法对相对人是否遵守国防法律规范所作的具体决定。主要包括以下几种形式：一是行政奖励，特指国家一般行政机关和军事行政机关及其授权单位、组织，为鼓励先进，对为国防和军队建设做出贡献的单位和个人给予物质或精神利益而实施的具体行政行为。二是行政处分，特指国家一般行政机关和军事行政机关对所属工作人员违反国防法律规范，不履行国防义务或者危害国家军事利益的行为，依据行政法给予的惩戒。行使处分权的主体是国家一般行政机关和军事行政机关，而不包括非国家行政机关。受行政处分的相对人是国家公务或是军人。引起行政处分的原因是由于国家公务员和军人违反国防方面的法律、法规、规章和其他具有普遍约束力的决定、命令，不履行国防义务或者有危害国家军事利益的行为。三是行政处罚，特指国家一般行政机关和军事行政机关对相对人违反国防法律规范，不履行国防义务或者危害国家军事利益，尚不构成犯罪的行为，依据行政法给予的强制性制裁。行政处罚与其他行政处理的行为不同，它必须是由特定的行政机关行使处罚权。军事行政机关中的特定机关也只能是对其所属人员行使有限的行政处罚权，如劳动教养。行政处罚作为一种制裁，其直接目的是要造成违法者精神、自由和经济利益受到限制或损害的后果，以惩罚违法者的违法行为。四是行政强制执行，特指国家一般行政机关或军事行政机关对于拒不履行国防义务的公民、法人或其他组织依行政法采取必要的强制措施，迫使其履行义务或实现与履行义务相同状态的行政执行行为。从性质上看，它不是给相对人设定新的义务，而是要求相对人履行原有的义务；从目的上看，不是着眼于惩戒或制裁，而是着眼于义务内容的实现。

此外，行政处理中还包括行政复议、行政仲裁、行政裁决等方式。但这三种方式与上述行政处理方式不同，它们不属于适用行政程序一类的行政处理，而是属于适用司法程序或仲裁程序一类的行政处理，所以亦称行政机关的司法活动。所谓行政复议，是指行政机关根据利害关系人的申请，适用准司法程序，依法对涉及国防法律关系中争议的行政行为进行审查并作出裁决的行政执行活动；所谓行政仲裁，是指由特定的国家机关依法以第三者身份对当事人之间涉及国防法律关系的民事纠纷，按照仲裁程序作出公断的行政执法活动；所谓行政裁决，是指行政机关依照法律的明确授权充当纠纷裁决人，适用准司法程序，裁决与合同无关的民事纠纷活动。

（二）司法

国防法律适用中的司法，特指国家一般司法机关或军事司法机关依照法定权限和程序，运用刑法、民法、行政法处理违反国防法律规范的刑事、民事、行政案件的专门活动。这种专门活动的目的，在于通过司法主体正确运用和执行法律来规范和来维护国家军事利益和军人的合法权益。

在我国，国防法律适用中的司法主体由于其管辖权限的不同，分为一般司法机关和军事司法机关，一般司法机关是指根据法定权限和程序，依照刑法、民法、行政法处理一定范围内违反国防法律规范案件的一般公、检、法机关。其司法管辖主要是：一切非军人和非军事组织违反国防法律规范的刑事、民事、行政案件。军人或军事组织的民事案件和部分经济案件，在非国防法律适用的司法中，由一般司法机关管辖，但在国防法律适用的司法中，军人或军事组织一切案件则由军事司法机关管辖。军事司法机关是指依照法定权限和程序，处理军人或军事组织违反国防法律规范案件的军队公、检、法机关。其司法管辖主要是：一切军人（包括军队在编职工）违反国防法律规范的刑事案件；一切军事组织违反国防法律规范的经济案件；普通公民违反国防法律规范、危害国家军事秘密的刑事案件。

国防法律适用的司法活动根据管辖案件的性质，可分为刑事司法、民事司法、行政司法。国防法律适用中的刑事司法，特指国家一般司法机关和军事司法机关依照法定权限和程序，对违反国防法律规范的刑事案件侦查、起诉、审判、执行的过程。国防法律适用中的民事司法，特指国家一般审判机关依照法定的权限和程序，对涉及国防法律关系的民事案件进行审判、执行的过程。司法主体只能是国家一般审判机关，不包括军事审判机关。民事司法通常包括受理、审判、执行三个阶段的活动。国防法律适用中的行政司法，特指国家一般审判机关依照法定的权限和程序，对涉及国防法律关系的行政案件进行审判和执行的过程。司法机关的主体只能是国家一般审判机关，不包括军事审判机关；被诉主体只能是国家一般行政机关，不包括军事行政机关。通常分为受理、审判和执行三个阶段的司法活动。

在国防法律的实施中，行政执法和司法又可统称为国防法律的适用，即国家司法机关和国家授权的行政机关及其工作人员，依照法定的职权和程序，将国防法律规范运用于公民或组织的活动。由于这一活动体现着国家的尊严与权威，所以对其有特殊的要求：一是正确，即适用国防法律的事实要清楚、证据要确凿、定性要准确、处理要适当，并做到有错必纠，二是合法，即国防法律适用的专门机关在行使职权时，按照法律所规定的权限划分，各司其职、分工负责、互相监督、依法办事，不仅要合乎实体法，也要符合程序法的规定。三是及时，即执法、司法机关及其人员必须不断改进工作，提高效率，在保证质量的前提下，使执法、司法活动的各个具体环节都要遵守一定的时限，如果超过法定时限，即是不合法。在特定情况下，及时还包括“从快”的要求，也就是在法定的时限内，尽量缩短办案时间，尽快审结案件，以适应客观形势的需要。正确、合法、及时是相互联系的统一体。正确是国防法律适用的前提和基础，合法是正确适用国防法律的保证，及时是反映正确、合法适用国防法律的效率。三者的有机结合，构成衡量国防法律适用活动统一的质量和效率的标准，也是衡量国防法律适用活动是否忠实于事实真相、忠实于法律、忠实于人民利益的基本标志。

（三）国防法律的遵守

国防法律的遵守是指社会主体依照国防法律规范，行使国防权利和履行国防义务的活动。这里所说的社会主体可分为两大类：一类是特殊主体，即军事机关、军人和其他担负军事任务的人员；另一类是一般主体，即国家一般机关、社会组织和全体公民。这两类主体都必须遵守与其相关的国防法律规范。在遵守活动中，对不同层次的守法主体，有不同的要求。第一，要求全社会成员都自觉遵守国防法律规范。为此，应不断地对社会主体进行国防法律的宣传教育。通过教育，克服遵守国防法律规范是军事组织、军人的事，与一般国家机关、社会组织和公民无关的狭隘观念；克服国防法律只是约束人民群众的，领导者或国家机关可以超越国防法律，甚至无视国防法律、任意践踏国防法律的特权观念；树立遵守国防法律规范的义务观念，从而提高遵守国防法律的自觉性。第二，要求党和国家干部要模范地遵守国防法律规范。各级干部是受人民委托来管理国家的，是代表党和国家工作的，他们只有模范地遵守国防法律规范，特别是领导干部带头做到有法必依、执法必严、违法必究，才能有资格要求和带领群众遵守国防法律，管理好国家事务。但是，如果干部特别是领导干部不遵守或不认真遵守国防法律，势必破坏党和国家在群众中的威信，损害国家的军事利益，进而损害国家和人民的根本利益。因此，我国宪法特别强调干部必须“模范地遵守宪法和法律”，规定公民对任何违法失职的国家干部有权向各级国家机关提出控告，并赋予检察机关对国家干部是否严重违法乱纪以检察权。

第四节 中国武装力量

中国武装力量由中国人民解放军、武装警察部队和民兵构成，担负着保卫祖国、抵抗侵略、巩固国防、维护国家安全的神圣任务。中华人民共和国中央军事委员会领导并统一指挥全国武装力量。

一、中国人民解放军

中国人民解放军是中华人民共和国武装力量的骨干，是抵抗侵略、保卫祖国、维护国家主权和安全的主要力量。

（一）人民解放军的发展历程

中国人民解放军自 1927 年 8 月 1 日南昌起义诞生以来，经历了新民主义革命、社会主义革命和建设两个历史时期。在长达 22 年的新民主主义革命时期，中国共产党运用马列主义、毛泽东思想，把一支以农民为主要成分的军队，建设成为具有无产阶段性质又有严格纪律、同人民群众保持密切联系的人民军队。土地革命战争中，人民军队的主要称谓是中国工农红军。在这一时期，中国工农红军确立了人民军队的建军路线、方针和原则，制定了相应的制度。当时红军的编制装备十分简陋，主要是步兵，逐步组建了少量骑兵、炮兵、工兵、通信兵分队。抗日战争中，中国工农红军改编为国民革命军第八路军和新编第四军。在八年全面抗战中，人民军队自身取得了巨大发展，正规军由抗战初期的 5 万余人发展到抗战结束时的 127 万余人，民兵达 268 万余人。解放战争中，人民军队正式改称中国人民解放军。其规模不断扩大，部队区分为野战军、地方部队和游击部队。解放战争后期，人民解放军发展为四大野战军和五大军区，即第一、第二、第三、第四野战军，以及西北、东北、华北、华东和中原（华中）军区。

新中国成立后，人民解放军的建设开始了由单一军种向诸军兵种合成军队转变的历程。到 1956 年，人民解放军已发展成为一支军兵种比较齐全的合成军队，除了陆军，还建立了空军、海军。陆军除了步兵外，还有炮兵、工程兵、装甲兵、通信兵、防化兵、铁道兵、防空部队等技术兵种，并相继成立了各类院校和军事研究机构。属于人民解放军序列的公安部队也组建和发展起来。中国共产党第十一届三中全会以后，人民解放军建设进入了新的历史时期。邓小平继承和发展毛泽东军事思想，提出了新时期军队建设的理论和一系列方针政策。在这一时期，人民解放军实现了军队建设指导思想上的战略性转变，明确了新时期军队建设的总目标，军队建设得到了全面发展，部队驾驭现代战争的能力明显提高。江泽民任军委主席以后，人民解放军确立了新时期军事战略方针，进一步明确了军队建设的总要求，不断加大科技强军的力度，全面加强军队质量建设，使人民军队沿着革命化、现代化、正规化的道路继续胜利前进。

（二）人民解放军的地位和作用

中国人民解放军是捍卫社会主义祖国的钢铁长城，是建设有中国特色社会主义和维护世界和平的重要力量。无论是历史还是现实，无一例外地表明，人民解放军在中国革命和建设的实践中，在建立和巩固新中国的国防事业中，具有不可替代的重要作用。其主要表现在：

一是夺取政权的骨干力量。中国革命的胜利，主要是依靠我们党所领导的完全新型的与人民血肉相连的人民军队，有力地捍卫了国家的主权，巩固了国家的政权，保卫了国家的安全。在实现祖国统一、反对民族分裂，防止和反对帝国主义、霸权主义的侵略的斗争中，发挥了极其重要的作用。三是建设祖国的重要力量。早在新中国建立初期，人民解放军在架桥修路，开发矿山，治理江河，兴修水利，垦荒造田，植树造林，特别是在关系国家命脉的川藏、青藏、新藏等重要公路和大庆油田等项目的开发中，发挥了突击骨干作用。改革开放以后，人民军队不仅参加了国家和地方的重点工程建设，而且为社会主义精神文明建设做出了积极贡献。四是抢险救灾的突击力量。新中国建立 60 多年来，人民解放军在抢险救灾、保护人民生命财产中发挥着特殊的重要作用，投入了大量的财力和物力，许多官兵献出了宝贵生命。五是维护世界和平的坚强力量。人民解放军先后派部队进行了抗美援朝、援越抗法、援越抗美和援老抗美的斗争，帮助这些国家的人民赢得了救国战争的胜利，并特别注重与发展中国家的友好军事交流与合作。改革开放以来，中国人民解放军以崭新的面貌，更加积极地参与了多边军事外交活动。

（三）人民军队的性质和宗旨

1．中国人民解放军的性质

1989 年 11 月，邓小平指出："我确信，我们的军队能够始终不渝地坚持自己的性质。这个性质是，党的军队，人民的军队，社会主义国家的军队。"（《邓小平文选》第三卷，第 334 页）邓小平从军队同党、人民和国家的联系上，全面而精辟地论述了人民解放军的性质。

中国人民解放军是党的军队。这是由中国共产党和这支军队的性质决定的，是由中国革命的历史形成的。中国革命主要的斗争形式是战争，主要的组织形式是军队。中国共产党在领导中国革命的武装斗争中，缔造了自己的军队。领导这支军队从小到大，由弱到强，经过 20 多年的革命战争，在全国人民的支持下，夺取了全国政权。没有党的领导，没有党领导的这支军队，就没有中国革命的胜利。人民解放军作为党缔造和领导的无产阶级军队，是执行党所赋予的政治任务的武装集团。正是在这个意义上，江泽民再三强调，军队要以党宗旨为宗旨，以党的目标为目标。

中国人民解放军是人民的军队。来自人民，服务人民，与人民保持着不可分离的血肉联系，是这支军队的特色。除了中国人民的根本利益，这支军队没有也不允许有超越于人民之上的特殊利益。这支军队是在人民的乳汁哺育下壮大的：人民把自己的子弟送入军队，用巨大的人力、物力、财力支持军队建设，支援和配合军队打仗，为此付出了重大的牺牲。离开人民群众的支持，就没有这支军队的成长、壮大和胜利。人民解放军是真正的人民子弟兵，它与人民的这种骨肉之情和鱼水关系，是永远无法分离的。

中国人民解放军是社会主义国家的军队。马克思主义的国家学说认为，军队是国家政权的主要成分，谁想夺取国家政权，并想保持它、巩固它，谁就应有强大的军队。随着社会主义国家政权的建立，人民解放军不仅是党的军队、人民的军队，而且为社会主义国家的军队。军队作为国家机器发挥着巩固人民民主专政、服务国家的职能。保卫社会主义祖国，建设社会主义国家，是这支军队肩负的双重历史任务。

党的军队，人民的军队，社会主义国家的军队，三者是完全一致的。三者的一致性，归根到底，统一在无产阶段的阶段性质上，统一在无产阶段的阶级利益同广大人民群众根本利益相一致的基础上。中国共产党是无产阶段的政党，是全心全意为人民服务的政党；中华人民共和国是共产党领导的人民民主专政的国家，是人民当家做主的国家。无产阶段和广大人民群众的根本利益，就是党、国家、军队为之奋斗的目标所在。人民解放军将永远忠于党，忠于国家，忠于人民，忠于社会主义。

2．中国人民解放军的宗旨

军队宗旨，又称建军宗旨，是指建设军队是干什么的，是为谁服务的。军队的宗旨是由军队的性质决定的，同时又是军队性质的集中表现。中国人民解放军作为党领导下的人民军队，把全心全意为人民服务作为惟一宗旨。早在红军创建之初，毛泽东就提出红军建军的目的是“挽救民众疾苦”、“为工农群众打仗”。抗日战争时期，毛泽东在《为人民服务》中指出，共产党及其所领导的八路军、新四军，“完全是为着解放人民的，是彻底地为人民的利益工作的”。1945 年，他在《论联合政府》中明确指出：“紧紧地和中国人民站在一起，全心全意地为中国人民服务，就是这个军队的惟一宗旨。”

中国共产党领导的革命事业，是为人民求解放、求发展的事业。以人民利益为最高利益，是共产党人及其所领导的军队的出发点和归宿点。人民解放军一系列重要的建军方针原则，例如，坚持党对军队的绝对领导，坚持用马克思主义和党的路线教育部队，实行官兵一致、军民一致、瓦解敌军的原则，执行三大纪律八项注意，建立强有力的革命的政治工作等，都是由这个宗旨决定的，又都是贯彻和实现这个宗旨的重要内容。全心全意为人民服务的宗旨，是人民军队生存发展的基础和力量的源泉。牢记这个宗旨，始终不渝地贯彻和实现这个宗旨，人民解放军就无往而不胜。

（四）人民军队的优良传统和作风纪律

人民解放军从创建起，毛泽东同志等老一辈无产阶段革命家，把马列主义与中国革命实践相结合，创造性地解决了军队建设和作战的一系列问题，培育了人民解放军一整套优良传统和作风纪律。它既体现了人民军队的性质和人民战争的客观规律，也融进了优秀的军事历史遗产；既是现代中国革命精神的结晶和我军历史的精华，也是中华民族精神的继承和发扬，是人民解放军从胜利走向胜利的传家法宝。

1．人民解放军优良传统的内容十分丰富

党的几代领导人和老一辈无产阶段革命家有许多论述，概括起来主要是：军队必须接受党的绝对领导，必须坚持“党指挥枪”的原则，努力使部队成为贯彻执行党的路线、方针、政策的模范；坚持全心全意为人民服务的宗旨，紧紧地和中国人民站在一起，为人民的利益而战斗，永保人民子弟兵的本色；进行强有力革命的政治工作，坚持用马克思列宁主义、毛泽东思想、邓小平理论教育部队，用先进科学的理论武装广大指战员的头脑，树立革命的信仰和理想，保持坚定正确的政治方向；重视党组织和干部队伍建设，充分发挥党委的核心领导作用、党支部的战斗堡垒作用和共产党员的先锋模范作用，坚持任人唯贤和“五湖四海”的干部路线，坚决反对山头主义、宗派主义和其他危害军队团结统一的错误倾向；实行官兵一致、军民一致和瓦解敌军的原则，坚持政治民主、经济民主、军事民主的制度；坚持人民战争思想和积极防御的军事战略，采取灵活机动的战略战术，以劣势装备战胜优势装备的敌人；重视军事训练和管理教育，强调严格训练，严格管理，通过勤学苦练，不断提高干部战士的作战能力、指挥能力和管理能力；坚持艰苦奋斗、勤俭建军的革命精神。

2．人民解放军的战斗作风

中国共产党理论联系实际、密切联系群众、开展批评和自我批评的三大作风，也是中国人民解放军的作风。党的三大作风正是党领导人民军队进行中国革命战争的过程中总结正、反两方面的经验提出来的。此外，作为武装集团，毛泽东同志等老一辈无产阶段革命家，还领导培育了它的战斗作风，这就是：英勇顽强，不怕牺牲，不怕疲劳，连续作战，雷厉风行，令行禁止的作风。战争经验证明，战斗作风是一种无形的巨大力量。部队作风好，战斗力就强，在战斗中就会攻如猛虎，守如泰山，无论条件多么艰苦，环境多么恶劣，都拖不垮，打不烂，坚持到底。

3．人民解放军严明的纪律

纪律与军队的关系特别密切，任何军队都要求有严格的纪律，这是由战争和军队的特点所决定的。人民解放军的纪律是革命的纪律，是建立在政治自觉基础上的铁的纪律。这是战斗力的的重要因素，是团结自己、战胜敌人和完成一切任务的保证。人民解放军的纪律是在长期革命斗争实践中不断完善的。今天，它已经由红军时期的三大纪律八项注意发展为2002年版《中国人民解放军纪律条令》的7章96条，但基本精神没有变，三大纪律八项注意仍是人民解放军纪律的基础。新的《中国人民解放军纪律条令》规定人民解放军纪律的基本内容包括：①执行中国共产党的路线、方针、政策；②遵守国家的宪法、法律、法规；③执行军队的条令、条例和规章制度；④执行上级的命令和指示；⑤执行三大纪律八项注意。它要求每个军人做到：①听从指挥，令行禁止；②严守岗位，履行职责；③尊干爱兵，团结友爱；④军容严整，举止端正；⑤提高警惕，保守秘密；⑥爱护武器装备和公物；⑦廉洁奉公，不谋私利；⑧拥政爱民，保护群众利益；⑨遵守社会公德，讲究文明礼貌；⑩缴获归公，不虐待俘虏。

（五）人民军队的组成

中国人民解放军由现役部队和预备役部队组成。现役部队由陆军、海军、空军、第二炮兵组成。陆军由步兵、装甲兵、炮兵、防空兵、陆军航空兵、工程兵、防化兵、通信兵、电子对抗兵等兵种及侦察兵、测绘兵、汽车兵等专业组成。海军由水面舰艇部队、潜艇部队、海军航空兵、海军岸防兵、海军陆战队等兵种及专业兵组成。空军由航空兵、地空导弹兵、高射炮兵、空降兵及雷达、通信、电子对抗、气象等部队组成。第二炮兵由地地战略导弹部队和常规战役战术导弹部队组成。

中国人民解放军预备役部队组建于1983年，是以现役军人为骨干，以预备役军官、士兵为基础，按统一编制为战时实施成建制快速动员而组建起来的部队。其师团已纳入军队建制序列，授有番号、军旗。预备役部队平时隶属省军区，战时动员后归指定的现役部队指挥。预备役军官中，有些是地方党政领导干部。预备役部队的基本任务是：努力提高部队的军政素质，不断增强现代条件下快速动员和作战能力；切实做好战时动员的各项准备工作，随时准备转为现役部队，执行作战任务；积极参加社会主义建设，在物质文明和精神文明建设中，发挥骨干带头作用。预备役部队的军事训练，按照训练大纲的规定进行。根据部队担负任务的需要，每年在完成军官、士兵基本训练的基础上，安排一些应用课目训练。通过训练，使预备役军官和士兵掌握必备的技术、战术技能，提高部队快速动员和整体遂行任务的能力，做到一声令下，能收得拢，拉得出，会打仗。组建预备役部队具有重要意义，它是实施成建制快速动员的好形式，是提高储备质量的好办法，是节约军费开支、加强国防建设的好措施。

二、中国人民武装警察部队

中国人民武装警察部队是国家武装力量的重要组成部分，是保卫社会主义现代化建设的一支重要力量。在完成维护社会治安、保持社会稳定和参加社会主义现代化建设等各项任务中，发挥了重要作用。

中国人民武装警察部队，在新中国建立后逐步发展起来。1950 年，为保证武装力量更好地履行对内职能，统一组建中国人民公安部队。公安部队的建制和隶属关系，先后经过多次变动，名称多次改变，采取了多种形式：一是属军队建制，由中央军委领导；二是属公安机关，由公安部门领导；三是分别领导，专区、县以下公安部队归公安机关，主力公安部队归公安军；四是双重领导，在执行公安任务方面受公安部领导，部队建设方面受中央军委和总部领导，建制仍属公安机关；五是编为中国人民解放军地方部队。从以上多种形式的变动中可以看出，对公安部队的职能、任务和特点的认识在逐步深化，也说明在完善武装力量体制上的不断探索。1975 年，中央军委召开会议，邓小平同志发表了军队要整顿的著名讲话，提出军队要精简整编。这次会议后经中央同意，将原来由县市公安部队改编的解放军地方部队仍交给公安部门管理并改为人民警察。后来，又通过 1980 年、1982 年的军队精简整编和体制改革，将人民解放军看押劳改犯、守护地方重要目标和警卫省、市、自治区党政机关以及外国使馆的任务和担任这些任务的部队移交公安部门，同公安部门原来实行义务兵役制的武装、边防、消防警察统一组建“中国人民武装警察部队”。1983 年 4 月，武警总部成立。1984 年 5 月，由最高国家权力机关——全国人民代表大会通过的兵役法，正式确立了中国人民解放军、中国人民武装警察部队和民兵组成的武装力量新体制。

《中华人民共和国国防法》规定，人民武装警察部队担负国家赋予的安全保卫任务，维护社会秩序的义务。它是人民民主专政的重要工具之一。人民武装警察部队根据人民解放军的建军思想、宗旨、原则，按照人民解放军的条令、条例和有关规章制度，结合武警部队特点进行建设。人民武装警察部队的主要职能作用是：第一，维护国家主权和尊严。人民武装警察部队主要是通过执行边境武装警卫勤务、边防检查勤务、安全检查勤务、海上巡逻勤务来履行这一职能的。第二，维护社会治安。作为公安机关的一部分，人民武装警察部队担负着用公开武装的形式预防和镇压敌对势力的破坏，应付各种紧急意外情况，维护社会治安的任务。第三，保卫党政领导机关、重要目标和人民生命财产的安全。主要通过执行警卫勤务、守卫勤务、消防工作、反恐怖活动来实现。

人民武装警察部队属于国务院编制序列，由国务院、中央军委双重领导，实行统一领导管理与分级指挥相结合的体制。人民武装警察部队设总部、总队（师）、支队（团）三级领导机关。各级机关设司令部、政治部、后勤部。武警总部是武警部队的领导指挥机关，领导管理武警内卫部队的军事、政治、后勤工作，对列入武警部队序列的其他部队的军事、政治、后勤工作进行指导。武警总部直辖若干师和大专院校。各省、自治区、直辖市设武警总队，各部队分设初级指挥学校；总队以下根据行政区划和任务需要，设若干个支队；支队下辖大队、中队。

中国人民武装警察部队依其任务不同分为以下三类。

第一类，内卫部队。这是武警部队主要组成部分，受武警总部的直接管理。其主要任务：一是承担固定目标执勤和城市武装巡逻任务，保障国家重要目标的安全；二是处置各种突发事件，维护国家安全与社会稳定；三是支援国家经济建设和执行抢救救灾任务。

第二类，列入武警序列由公安部门管理的部队。其中，边防部队主要担负边境检查、管理和部分地段的边界巡逻以及海上缉私；消防部队主要担负防火灭火任务；警卫部队主要担负党和国家领导人、省市主要领导及重要来访外宾警卫任务。

第三类，列入形式序列受国务院有关业务部门和武警双重领导的部队。这些部队既担负经济建设任务，同时又负有维护国家安全和社会稳定的任务。其中，黄金部队主要担负黄金地质勘察、黄金生产任务；水电部队主要承担国家能源重点建设项目，包括大中型水库、水电工程以及其他建设任务；交通部队主要担负公路、港口及城建等施工任务；森林部队主要担负东北、内蒙古、云南森林的防火灭火以及维护林区治安、保护森林资源的任务。

人民武装警察部队的武器装备，以步兵轻武器为主，兼有少量重型武器和特种武器。人民武装警察部队是国家必不可少的人民武装力量。它的存在，直接关系到国家和社会的安定，关系着人民生命财产的安全和民主专政的巩固。所以，人民武装警察部队的建设只能加强而不能削弱。

三、中国民兵

中国民兵初建于第一次国内革命战争时期。革命战争年代，民兵为民族的解放、为赶走日本侵略者、为新中国的建立做出了巨大的贡献。新中国成立后，中国民兵在建设祖国、保卫祖国中发挥了重大作用。

民兵是不脱离生产的群众武装组织，是人民解放军的后备力量，是进行现代条件下人民战争的基础。民兵工作在国务院、中央军委领导下，由总参谋部主管。民兵在军事机关的指挥下，战时担负配合常备军作战、独立作战、为常备军作战提供战斗勤务保障以及补充兵员等任务，平时担负战备执勤、抢险救灾和维护社会秩序等任务。

按照《中华人民共和国兵役法》的规定，凡年满 18 岁至 35 岁符合服兵役条件的男性公民，除征集服现役者外，编入民兵组织服预备役。民兵分为基干民兵和普通民兵。28 岁以下退出现役的士兵和经过军事训练的人员，以及选定参加军事训练的人员，编为基干民兵。其余 18 岁至 35 岁符合服预备役条件的男性公民，编为普通民兵。根据需要，也可吸收女性公民参加基干民兵。农村的乡镇、行政村，城市街道和具有一定规模的企事业单位，是民兵的基本组建单位。基干民兵单独编组，在县级行政区内的民兵军事训练基地集中进行军事训练，目前编有应急分队和高炮、高机、便携式防空导弹、地炮、通信、防化、工兵、侦察等专业技术分队。

为使民兵在遇有情况时能够召之即来，中国政府建立了民兵战备制度，定期在民兵中开展以增强国防观念为目的的战备教育，有针对性地按战备预案进行演练，提高遂行任务的能力。

第五节　国防动员

国防动员是指为捍卫国家利益，达成国家防务目的而进行的动员。国防动员从主体内容上说，就是主权国家进行防卫的战争动员，即国家采取措施，由平时状态转入战时状态，统一调动人力、物力、财力为战争服务。动员是国家行为，国家的人力、物力、财力，乃至所有物质和能量几乎都是动员的对象。平时就应该搞好以综合国力为基础的国防动员准备。

一、国防动员的地位和作用

第二次世界大战结束以后，随着经济和社会的发展，特别是科学技术的进步，国防斗争成了国与国之间以综合国力为后盾、运用多种手段的综合较量，国防动员也随之扩展为对国家整体力量发挥效能的准备和实践，其在现代国防斗争中的作用越来越显著。

1．动员已经成为国家安全与发展的重要因素

和平时期，任何国家都不可能也没必要经常维持庞大的战争准备规模，但必须拥有足以应付可能发生的战争、对潜在之敌构成威慑的国防力量。为减轻国家负担，又保持必要的国防力量，各国普遍选择了兼顾安全和发展两方面需要的途径。这就是在加快常备军精干化的同时，注重加强国防后备力量建设和动员准备。国防动员已被越来越多的国家作为总体发展战略的重要内容，成为与国家发展需求相适应的达成维护国家安全目标的重大战略举措。

2．动员是将战争潜力转化为实力的关键环节

为了进行战争，国家必须拥有能够随时补充和满足军队作战需要的后备兵员和物资，以及交通通信、工业生产、科学技术等多方面的条件。所有这些战争潜在的能力，只有通过实施有效的动员，才能转化为战争实力，形成赢得战争胜利的强大的物质和精神手段，以保证战争的顺利进行。无论是大规模战争，还是局部战争，战争动员对于形成和保持一定的兵力优势，补充和满足战争所需的作战物资，都是关键性的中间环节。

3．动员是坚持和进行现代人民战争的基本手段

在未来高技术条件下的战争中，人民战争仍将是我军赖以战胜敌人的优势所在。人民战争的人民性决定了人民群众是战争的主体力量，而人民群众的主体地位必须通过实施战争动员才能形成。只有通过实施战争动员，才能广泛地组织和武装群众，将蕴藏于人民群众的威力转化为战争实力，夺取最后的胜利。在未来战争中，只有实施充分有效的动员，我军的作战行动才能得到广大人民群众的配合，从而更加有效地运用人民战争的战略战术；才能组织群众支援前线、保卫后方，充分发挥人民战争的整体威力。

国防动员的地位和作用之所以如此突出，根本原因在于国防建设和经济发展之间存在一种依存关系。只有当国家拥有雄厚的综合国力，国防和军队建设才能更加强大。如果一味强调国家安全的需要，以过多的财力、物力用于国防和军队建设，势必会妨碍经济建设和社会发展，影响综合国力的提高。为此，世界上许多国家为使有限的国防开支获得最佳的国防效益，普遍选择了加强国防动员准备、提高动员能力的道路。中国还处于社会主义初级阶段，正在建立和发展社会主义市场经济体制。这一基本国情不仅使加强国防动员准备具有更加重要的现实意义，也为动员准备带来了一系列新的问题。我们必须集中力量发展经济、增强综合国力的同时，按照国防斗争的需要，适应社会主义市场经济发展的规律，认真做好动员准备，以保证国家安全利益得以有效地维护，社会主义现代化建设得以顺利进行。

二、国防动员的基本领域

动员按规模可分为总体动员和局部动员，按方式可分为公开动员和机密动员，按时机可分为战争初期动员和持续动员。动员的主要内容通常包括：武装力量动员、国民经济动员、人民防空动员、国防交通动员、政治动员。

1．武装力量动员

武装力量动员，即国家将军队及其他武装组织由平时体制转为战时体制的措施和活动。武装力量动员是夺取战略主动权，赢得战争胜利的重要手段，也是遏制战争爆发、维护和平与国家安全的重要因素，在国防动员中居于核心地位。武装力量动员，通常包括兵员动员、武器装备和后勤物资动员。

2．国民经济动员

国民经济动员，指国家将经济部门及其相应的机构有组织、有计划地从平时体制转入战时体制的措施和活动。其目的是充分调动国家经济能力，提高生产水平，扩大军品生产，保障战争和其他国防斗争的需要。在现代条件下，搞好经济动员，不仅是保障战争物资需求的基本手段，也是战争稳定社会经济秩序的必要措施，更是解决国防经济与国民经济、战时经济与平时经济矛盾的重要途径。国民经济动员，通常包括工业、农业、物资、商业贸易、邮电通信、财政金融、信息技术等方面的动员。在现代条件下，工业、财政金融和信息技术动员尤为突出。

3．人民防空动员

人民防空动员的主要任务是依据国家有关法律、法令，动员社会力量，进行防空设施建设，组织防空专业队伍，普及防空知识教育，组织隐蔽疏散，配合防空作战，消除空袭后果等。目的是保护居民、经济设施及其他重要的安全，减少国家及人民群众生命财产的损失，保存战争潜力。人防动员不仅是抗敌空袭、保护战争潜力的重要手段和战时稳定社会的重要保证，也是进行人民战争的一种有效形式。人民动员的内容包括群众防护动员、人防专业队伍动员、人防工程技术保障动员和人防预警保障动员。

4．国防交通动员

国防交通动员是指在全国或部分地区调集交通力量，全力保障战争需要的紧急行动。国防交通动员，通常在国家动员领导机构的统一领导下，由国防交通主管机构组织，协同政府、军队有关部门共同实施。国防交通动员准备包括：在平时制订完备的国防交通动员的法规和计划，健全国防交通机构和机制，建立国防交通保障队伍，储备必要的国防交通物资和器材等。

国防交通动员的主要任务包括：①根据战争规模和作战需要，有计划地将平时国防交通领导机构迅速按方案扩编为战时交通运输领导机构，政府交通运输部门随即转入战时体制；②根据作战保障需要，动员、征用社会运输力量，必要时对交通运输系统实行不同范围、不同形式的军事化管理；③动员、组织各交通保

障队伍和交通保障物资器材迅速到位，遂行运输、抢修、防护任务；④根据上级的命令，做好对弃守地区的交通遮断准备，保证及时遮断。

国防交通动员平时的主要任务工作有：①提出战时交通运输指挥机构的组成与形式的预案；②制定国防交通动员法规与制度；③建设、改善国防交通网路等交通基础设施；④制定战时交通保障计划和方案；⑤组织训练各类交通保障队伍；⑥筹措、储备交通保障物资器材；⑦开展国防交通研究，不断提高新的技术与手段；⑧组织实施国防交通教育等。国家发布动员令后，应严格按照国家动员领导机构规定的动员范围、时机、方式，有计划、有步骤地组织实施。

5．政治动员

政治动员，是国家从政治上、组织上发动军队和人民群众参加（支援）战争的措施和行动。政治动员在国防斗争中有着特殊重要的作用，是赢得战争胜利的根本保证，也是顺利进行其他动员的前提条件和基础。政治动员分为国内政治（思想）动员和国外政治（动员）。政治动员的目的在于：激发全体军民的爱国热情，动员军队英勇作战，动员人民军队踊跃参军参战，努力增加生产，厉行节约，全力支援战争；通过各种外交活动和对外宣传，争取世界人民和友好国家的同情和支援。

政治动员的主要任务是：①国家政治体制向适应战争需要的方向转变；②进行广泛的政治宣传和精神灌注，以形成良好的精神条件；③通过细致扎实的工作，调动各种力量支援战争；④开展外交活动和对外宣传，巩固和扩大国际统一战线。政治动员准备的主要工作是：①开展深入、广泛、持久的全民国防教育；②在军队和民兵预备役人员中加强战斗意志和作风培养；③加强对外友好往来和军事交往，建立广泛的国际统一战线。战时政治动员实施的主要工作是：运用舆论工具和宣传手段，广泛开展有关的宣传和精神灌注；调整对外政策，积极开展各种外交活动和对外宣传。

三、国防动员的改革发展

十一届三中全会以来，随着形式的发展和条件的变化，中国的国防动员建设正在进行调整改革，向着现代化的方向大步迈进。

中国的动员的领导体制，是在革命战争年代形成的。新中国建立以来虽有很大发展，但基本形式仍是主要由中央军委领导、以武装力量动员为主体。改革开放以来，随着国家经济、政治体制的改革，国防动员的领导体制也进行了调整。其中，最突出的是组建了国家国防动员委员会。

在国防动员领导体制调整的同时，动员基础有了很大发展，军民结合、平战兼容程度大大增强。近年来，我国有重点地开展了战争潜力调查，正逐步完善国民经济与国防动员准备的机制。在国家的一些基础性建设中，既考虑生产、生活的需要，也对适应国防需求进行了充分的论证。特别是在国家的一些基础性建设中，从设计、投产，到施工、验收，都尽可能做到军民结合、平战结合。比如：在沈大高速公路和济德高速公路上修建了公路跑道，具有平战结合功能的万吨级国防动员船正式启用。此外，在国防工业系统也加强了平战结合的研究论证，研制了动员模型等计算机软件系统。民兵预备役建设也在适应高技术局部战争的需要和社会主义市场经济要求方面进行了大胆的调整改革。以增强综合国力为基础的整个国防动员建设正在向着现代化方向大步迈进。

第六节　国防教育

国防教育，是国家为巩固和加强国防而对公民进行的普及性教育，主要包括国防思想、国防知识、国防技能等方面的教育。以爱国主义为核心的国防教育，是一个国家、一个民族必不可少的基本教育，是一个国家，一个民族重要组成部分，是激发公民爱国热情、依靠全民族人民建设和巩固国防的一项基础工程。

1. 国防教育的重要意义

国防教育作为我国国防建设的一个重要组成部分，其根本目的在于不断强化公民为捍卫国家主权、统一、领土完整和安全，防御外来侵略和颠覆的精神素质，普及军事知识和技能，提高群众的身体素质，在思想上、组织上为进行国防建设和开展国防斗争做好充分准备。

当今世界，科学技术的飞速发展及其在军事上的广泛应用，使战争对人的精神、知识、技能及体魄等方面提出了更高的要求。国防教育作为一种全面的综合性教育，提高人的国防素质方面正越来越显示出其重要作用。国防领域内无论物质建设、精神建设，还是制度建设，都与国防教育密切关联，都要依靠国防教育为之奠定思想基础。同时，国防领域内的人才培养、武器发展、人和武器的科学编组等，也都要依靠国防教育为之注入生机和活力。在新的历史时期，深入、广泛、持久地开展国防教育，更具有重大的战略意义。

首先，通过国防教育，可以使全民增强国防观念，树立居安思危的思想。冷战结束以来，国际形势总体趋向缓和，我国的安全环境相对稳定。长期处于和平的环境中，往往会使一些人的国防观念淡化，甚至产生和平麻痹思想。然而，天下并不太平，威胁我国国家安全的一些因素依然存在，我们对此绝不能放松警惕。开展国防教育的意义，就在于启发全体公民清楚地认清今天的形势，明确我国所面临的威胁，正确认识战争与和平相互转化的辩证关系，懂得只有居安思危，切实加强国防力量，才能提高威慑、遏制和赢得战争的能力，才能使和平得以实现。

其次，通过国防教育，可以使全民族的国防精神得以发扬，增强公民的使命感和责任感。国防精神是指与国防需要相适应和以维护国家利益为最高准则的意识思维和心理状态。它是一个国家保持强大国防能力的思想基础。国防精神作为一种相对独立的意识形态，不能自生自长，必须通过一定的教育手段进行灌输和培养。在全体公民中广泛、深入、持久地开展国防教育，使公民树立科学的战争观、国家安全观，掌握必要的国防和军事知识，发扬爱国主义、革命英雄主义精神和民族传统美德，在整个国家和民族中形成坚不可摧的精神长城。

最后，加强国防教育，对于加速培养国防人才，促进国防现代化乃至整个国家的社会主义现代化建设也有着重要的意义。实现国防现代化，人才是关键，教育是基础。有了充足的、优秀的国防人才，国防的巩固和发展便有了可靠的前提和保证。邓小平指出：“我们国家，国力的强弱，经济发展后劲的大小，越来越取决于劳动者的素质，取决于知识分子的数量和质量。”劳动者的素质包括广泛的内容，概括起来就是有理想、有道德、有文化、有纪律。这是国防现代化乃至整个社会主义现代化建设对人才的客观需求，也是现代化人才的基本条件。通过国防教育，不仅能使受教育者增强国防观念，学习和掌握必要的国防知识和技能，而且能使他们锻炼出保卫祖国、抵抗侵略所需要的强迫体魄，成为德、智、体全面发展的国防人才，从而促进我国的国防现代化乃至整个国家的社会主义现代化建设。

2．国防教育的基本特征

国防教育的基本特征有：一是教育对象的全民性。它要求国防教育具有层次性，把教育对象区分为不同的层次，才能使各种对象都有所收益。二是教育内容的多元性。它决定了各部门、各领域都要在统一的要求下，制定出自身的教育发展目标，使国防教育真正落实到实处。三是教育过程的长期性。它决定了国防教育具有阶级性，分阶段目标的实现是落实总目标的根本保证。四是教育目的的特殊性。它决定了国防教育具有较强的针对性，只有根据形势的需要，针对存在的主要问题进行教育，才能达到国防建设的目的。

3．国防教育的主要内容

● 国防理论教育。理论是行动的先导，从理论上搞清国防建设的必要性和国防斗争的规律性，才能引导公民树立强固的国防意识，自觉地为国防事业献身。在国防理论教育中，要以马列主义军事理论、毛泽东军事思想、邓小平建设思想、江泽民国防和军队建设思想、胡锦涛国防和军队建设理论为重点，此外，还包括战争理论、国防斗争是战争的理论，国家的防卫方针、政策及其理论原则，国际形势与国际关系理论等。

● 国防精神教育。国防教育的主要目的是要增强全体公民的国防意识，而国防意识中最基本的是国防建设和国防斗争所需要的各种精神。中华民族有着光荣的历史传统，在中国共产党领导下的革命斗争和社会主义现代化建设中又创造了许多宝贵的精神财富。概括起来主要有：爱国主义精神、革命英雄主义精神、自我牺牲精神、无私奉献精神、艰苦奋斗精神、爱军习武精神、民族团结精神和自强精神等。用这些传统和精神对全体公民尤其是青少年进行教育，是国防教育的基本任务。

● 国防知识教育。国防意识和国防精神是学习和掌握国防知识的动力，进行国防知识教育反过来又可以促进国防意识和国防精神的强化。国防知识的内容有很多。一般公民主要了解以下知识：国家领土、领海、领空和海洋权益知识；国防历史知识；现代战争及现代军事知识；国防科学技术普及知识；国防法律知识；等等。

● 国防技能教育。提高公民保卫祖国的素质，也是国防教育的一项基本任务和目标。这种素质除包括道德精神素质、知识理论素质外，还包括公民的身体素质和国防技术素质。通过广泛的群众体育和国防体育活动，使公民具有强壮的身体、敏捷的应变能力，以适应在保卫祖国斗争中艰苦环境的需要。通过各种国防技能的教育训练，使公民掌握现代战争条件下保卫祖国的技能，以适应战时部队动员扩编和开展地方武装斗争的需要。国防技能教育的具体内容包括：“三防”技术；战场救护技术；单兵、分队战术技术等。

此外，国防教育的内容还有准备形式教育、国防任务教育、敌情等特定教育。

这些教育相互联系、相互渗透、相互促进，其核心是爱国主义精神的教育。因为没有爱国主义精神，不仅无从为国家安全做出贡献，也无法理解国防投入的必要性。当然，爱国主义精神不仅体现在国防问题上，但对国防的态度无疑是爱国主义精神中最突出、最集中的表现。

第二章　军事思想

军事思想来源于军事实践，是人们长期从事军事实践的经验总结和理论概括。由于军事思想对军事实践活动具有重要的指导作用，因而普遍受到不同的阶级、国家和政治集团的重视。20 世纪 90 年代以来的几场战争表明，在高技术战争条件下，不仅需要大力推进军队体制编制和武器装备等方面的现代化，更需要更新军事理念，建立和发展现代的军事思想，把积极发展军事思想作为争夺 21 世纪军事斗争制高点的一个重要方面。

第一节　军事思想概述

一、军事思想的定义、特征与分类

1．军事思想的定义

军事思想是关于战争、军队和国防的基本问题的理性认识。这种理性认识，在不同的历史时期、不同的阶级、国家或政治集团，有不同的内容和表现形式。军事思想是军事科学的综合性基础理论，一方面，它从军事科学其他领域汲取精华，另一方面，对军事科学其他领域进行总体的指导。在长期的战争实践中，人们对战争的本质、战争的准备与实施、武装力量的建设与管理，形成了规律性的认识，成为研究和指导战争、加强和促进武装力量建设的指导思想。军事思想的内容可分为两个层次，一是军事哲学，主要是战争观、军事问题的认识论和方法论，二是指导战争、军队建设、国防建设的基本方针和原则。

2．军事思想的特征

● 军事思想具有鲜明的阶级性。军事思想作为人类思想体系的组成部分，也势必要与经济、政治和意识形态种种观念联系在一起。事实上，军事思想总是以阶级利益为目的来研究战争问题的。任何一种军事思想都是一定的阶级利益在军事问题上的反映，不同的阶级所奉行或推崇的军事思想，体现各个阶级对战争的不同认识和立场。不同的阶级、国家或政治集团有不同的军事思想。这就是说，军事思想不能不带有强烈的阶级性。

● 军事思想具有强烈的时代性。军事思想是一个历史的范畴，它是人类社会发展到一定的历史阶段，是特定社会条件下的产物。不同历史时期的军事思想有自己的特征，这些特征往往最能反映当时的物质生产和军事实践活动的总体水平。由于受到一定社会历史条件的限制，任何时代的军事思想都具有局限性。随着人类社会的发展，军事思想的内容会发生根本性的改变，体现出军事思想的时代特征。

● 军事思想具有明显的实践性。毛泽东指出："一切带有原则性的军事规律或军事理论，都是前人或今人做的关于过去战争经验的总结。"军事实践不仅是军事思想的来源和基础，而且是军事思想发展的动力。军事领域是一个充满变革精神的领域。随着生产力的发展、武器装备的变革、作战方式的变化，军事思想也相应地要以新的理论、原则和方针加以充实和发展，否则就不能适应未来作战的要求。反过来，军事思想是军事实践的指南，对军事实践活动与客观存在有着巨大源推动作用。

- 军事思想具有明显的继承性。战争特性之一，是强制人们主观认识同客观实际的一致性。所以，历史上所形成的许多军事原则、概念和范畴，有些因其反映了军事活动的共同规律，而流传下来为后人所继续使用，并不断地得以丰富和发展。可以说，军事思想的每一次发展，都离不开对以往军事思想的扬弃，是人们对以往军事实践正确理论的继承和发展。

3．军事思想的分类

军事思想可从不同的角度进行分类：按时代区分，有古代军事思想、近代军事思想和现代化军事思想；按阶级性质区分，有奴隶主阶级军事思想、封建地主阶级军事思想、资产阶级军事思想和无产阶级军事思想；按国家区分，有外国军事思想和中国军事思想；按人物可分为孙子军事思想、拿破仑军事思想、克劳塞维茨军事思想、毛泽东军事思想等。

二、军事思想的科学体系

在《中国军事百科全书》中，军事思想是一个知识门类，下设马克思恩格斯列宁斯大林军事理论毛泽东军事思想、军事辩证法、中国历代军事思想和外国军事思想四个学科。马克思恩格斯列宁斯大林军事理论毛泽东军事思想学科，主要介绍马克思列宁主义军事理论、毛泽东军事思想和邓小平新时期军队建设思想，包括形成过程、基本内容、历史地位和科学价值等。毛泽东军事思想凝聚了以毛泽东为代表的中国共产党领导广大军民长期奋斗的集体智慧。介绍毛泽东军事思想，也包括介绍周恩来、朱德等中国无产阶级军事家的军事思想。军事辩证法是军事科学与军事哲学相结合的产物，以介绍军事领域矛盾运动的一般规律和主观指导的思维法则为基本内容，为人们研究和解决军事问题提供认识论和方法论工具。中国历代军事思想科学，既对中国古代和近代的军事思想发展过程进行总体介绍，又对不同时期的军事思想进行断代性介绍，并对中国历史上著名军事人物及著名著作，特别是著名著作中的军事思想进行介绍，力图揭示中国古代军事思想和中国近代军事思想的发展规律。外国军事思想学科，分别介绍世界上一些有代表性的国家及著名军事将帅、著名军事著作等的军事思想。

军事思想在军事学科体系中处于基础性地位，与其他军事学科的关系，是一般与特殊、共性与个性的关系。军事思想从军事实践活动的全过程研究战争、军队和国防问题的总体性规律，各门具体学科研究军事领域的某个侧面、某个部分或某个阶段的规律。按照辩证唯物主义的观点，一般存在于特殊之中，共性存在于个性之中，各门具体学科的研究成果，经过抽象思维，就可以得出一般的、共性的认识，也是更概括、更高、更本质的认识，从而上升到高层次理性认识的军事思想，即对战争和军事领域矛盾运动一般规律的认识。同时，各门具体学科也离不开军事思想所揭示的一般规律的指导。由特殊到一般，再由一般到特殊，是人们深化认识不可缺少的循环往复的两个过程。军事思想是军事科学的综合性基础理论门类，既对军事其他门类的研究与发展具有总体指导作用，又从军事学科其他门类中汲取营养，使自身不断发展。

三、军事思想的发展简史

（一）古代军事思想

原始社会末期，私有财产和阶级产生，战争开始增多，进入奴隶制社会后，战争频繁，促使奴隶主阶级的军事思想开始萌芽，对军事问题的认识从“天意”、“神旨”迷信和一般的感性上升到了理性。对战争问题的认识进一步贴近客观实际，从历次的战争中积累了大量的经验，从而产生了最早的军事思想。

中国从奴隶制社会到封建社会前期，军事思想的发展水平一直居于世界前列。春秋以前已出现了专门的军事文献《军政》、《军志》，在《尚书》、《周易》等古代典籍中也包含一些军事思想。从这些史籍中，可以看到当时人们对建军、作战等问题的一些规律性认识。春秋战国时期，社会剧烈变革，争霸、兼并战争频繁、激烈，加之军事技术的进步和学术思想上的百家争鸣，有力地促进了军事思想的发展，使中国古代军事思想出现了一个前所未有的兴盛时期。不仅在儒、道、法、墨等诸子百家典籍中有大量深邃的军事思想，而且涌现了孙武、吴起、孙膑等一批兵学家，产生了《孙子兵法》、《吴子》、《司马法》、《孙膑兵法》、《尉缭子》等一大批兵学著作。孙武是先秦军事理论家的杰出代表，其著作《孙子兵法》不仅是中国，而且也是世界军事思想发展史上的第一座里程碑。以《孙子兵法》为代表的先秦军事思想对后来中国乃至世界军事思想的发展都产生了广泛而深远的影响。自公元前 221 年秦王朝建立，到 1840 年鸦片战争的 2 000 多年间，中国军事思想虽没有出现像春秋战国时期那样的兴盛景象，但仍然时缓时快地向前发展。

在古代，世界其他国家的军事思想，特别是古代希腊军事思想和古代罗马军事思想获得显著发展。从史书记载的古希腊底比斯军事统帅埃帕米农达、马其顿国王亚历山大三世，迦太基军事统帅汉尼拔，古罗马军事改革家 G·马略、奴隶起义军领袖斯巴达克等人的军事实践活动和这一时期的代表性军事著作，像希罗多德的《历史》、修昔底德的《伯罗奔尼撒战争史》、色诺芬的《远征记》、G·J·恺撒的《高卢战记》和《内战记》等书中，都可反映出古代欧洲一些国家的军事思想。

（二）近代军事思想

近代军事思想发展的总体特征，一是欧洲一些国家在文艺复兴和产业革命的推动下率先实行军事思想的变革，资产阶级军事思想体系得到确立；二是以马克思主义军事理论为代表的无产阶级军事思想宣告诞生。

资产阶级军事思想产生于欧洲，随着资产阶级革命战争实践进行，经历 3 个世纪的时间而逐步形成，并随着战争的发展而发展。15 和 16 世纪之交的文艺复兴使欧洲军事思想领域出现了近代化的萌芽。主要代表作是意大利思想家马基雅弗利为总结他领导的反对西班牙入侵的战争，于 1521 年发表了《论军事艺术》。书中提出了为巩固自己的统治，必须致力于战争，真正掌握军事实力，要普遍实行义务兵役制。17 世纪英国发生的资产阶级革命打破了封建地主阶级的生产关系，极大地解放了生产力，经济得到很大发展。资本主义制度建立后，大英帝国实力倍增，开始在北美、亚洲、非洲进行野蛮的掠夺殖民地的战争。葡萄牙、西班牙、荷兰甚至法国都成了英国的殖民地。英国经济的发展，科学技术的进步，社会思想的前进，极大地推动了资产阶级军事思想的发展。

17 到 18 世纪，欧美各国资本主义迅猛发展，促使战争和军队建设从形式到内容发生了巨大变化，欧美军事思想的近代化过程随之达到高潮。18 世纪末到 19 世纪前期，法国爆发了资产阶级革命和拿破仑战争；19 世纪中叶，德国、奥地利等国也爆发了资产阶级革命；1861年，俄国废除农奴制。在资产阶级革命过程中，一批资产阶级的军事思想家和军事思想的变革成果涌现出来，集中体现在 18 世纪末到 19 世纪前期拿破仑的战争艺术、克劳塞维茨的《战争论》和若米尼的《战争艺术概论》等著作中。克劳塞维茨在《战争论》中提出了“战争无非是政治通过另一种手段的继续”的著名论断，比较系统地探讨了战争的目的、战争的本质、战争与政治的关系、军队建设、战争艺术、消灭敌人和保存自己的关系、民众战争的作用与使用原则、精神和物质的关系、集中兵力和积极防御的思想等。若米尼在《战争艺术概论》中，论证了军事领域的许多基本原理和规则，提出了决定战争胜败的各种因素，指出全民参加的民族战争具有最可怕的力量。这两部著作均是在总结拿破仑战争经验的基础上产生的，标志着欧洲和世界近代资产阶级军事思想体系的基本确立。

无产阶级军事思想，作为一种崭新的军事思想体系，也是在近代确立的。19 世纪中叶，无产阶级以特殊身份参加了欧洲资产阶级革命。在这场大革命中，无产阶级一方面与资产阶级一道反对封建地主阶级的统治，推翻封建制度；另一方面，在革命中举行反对资产阶级的大规模起义。例如，巴黎六月起义、柏林三月起义、维也纳三月和十月起义、德国西南地区五月起义以及意大利和匈牙利等国的民族解放运动等。马克思和恩格斯及时总结了这些无产阶级斗争的经验，发表文章对人民战争、战争与政治的关系、战略战术和武装起义的思想进行了阐述和评论，体现了马克思和恩格斯早期的军事思想。到 19 世纪中后期，在世界发生了东方战争（1853—1865 年）、西班牙战争（1854—1856 年）、中国太平天国革命运动和战争（1851—1856 年）、美国内战（1861—1865 年）、普法战争（1870—1871 年）、巴黎公社革命（1871 年）等。马克思和恩格斯针对这些战争和起义撰写并发表了数百篇文章及评论，系统地阐述了关于战争、军队和作战指导方面的基本思想，以适应当时工人运动发展的需要和迎接即将到来的无产阶级革命。如战争的产生与消灭、战争与经济的关系、无产阶级对待战争的态度、无产阶级在战争与革命问题上的理论和策略等基本理论，形成了马克思主义关于战争、军队和作战理论的军事思想体系。他们应用辩证唯物主义和历史唯物主义确立了军事问题的认识论和方法论的科学原则，创立了马克思主义军事理论，建立了城市工人武装起义、无产阶级军队和人民战争及其战略战术原则的学说，为无产阶级军事科学奠定了坚实的理论基石。

中国在 1840 年的鸦片战争之后，传统兵学受到了西方军事思想的严重冲击。随着中国近代军事工业的建立，国防建设思想、作战指导思想和作战方式又向近代化迈进了一步，呈现出中西融合的特点，主要表现为：师姨长技，重整装备；依靠民众，积极备战；进敌之长，救吾之短；以弃为守，诱敌入险。以孙中山为代表的资产阶级革命党人，在共产国际和中国共产党的帮助下，提出“以党治军”、“军队与国民相结合”、“在军队中建立党代表和政治工作制度”，在建军思想上又迈出了一大步。从 1927—1949 年，蒋介石及国民党政府引进西方和日本的一些军事技术、体制、编制和资产阶级军事思想，按己所需承袭了一些中国古代军事思想，并与外来军事思想掺杂混用，从而形成其军事思想的政治特征。

（三）现代军事思想

1917 年俄国十月社会主义革命的成功，标志着人类文明跨入现代史时期，而世界现代军事思想的孕育，则向前推至 19 和 20 世纪之交。

19 世纪中叶以后，世界列强竞相利用产业革命所提供的崭新物质技术手段，在全球加剧争夺势力范围，相应的军事理论开始产生。世界资本主义向帝国主义发展，对外扩张的各种军事理论大量出现。日本首相山县有明提出，以朝鲜和中国等邻国国土为“利益线”，美国 A·T·马汉的海权论则提出，谁控制了海洋谁就能控制世界，为此必须大力发展海上力量。他的理论被美、英、日等国奉为国防发展的主导原则。随着垄断资本主义的进一步发展，帝国主义国家之间重新瓜分世界的争斗愈演愈烈，终于导致了第一次世界大战。这场大浩劫结束后，帝国主义列强实行军备控制的同时，纷纷抢先发展坦克、飞机、潜水艇、航空母舰等机械化兵器并大量装备军队，种种新的战争理论也应运而生。英国 H·J·麦金德提出“大陆心脏说”，认为谁控制了东欧和中亚，谁就能控制世界；E·鲁登道夫提出“总体战”理论，强调动员国家一切力量、使用一切手段进行战争为希特勒发动第二次世界大战奠定了军事理论基础；意大利的 G·杜黑、英国的 H·M·特伦查德、美国的 W·米切尔等人认为空中力量在现代战争中有决定性作用，主张建立并优先发展独立的空军；英国的 J·F·C·富勒和 B·H·利德尔·哈特、法国的 C·戴高乐和德国的 H·古德里安等人认为现代战争中的决定性制胜手段是高度装甲化机械化的机动突击力量。为此，古德里安提出“闪击战”理论，戴高乐主张把小型职业军队作为军队建设的发展方向。利德尔·哈特还提出“间接路线”战略，认为在战争指导上应尽量采取迂回打击的方式。这些理论在第二次世界大战中得到一定程度的应用，并得到了发展。第二次世界大战后，以美国为首的资产阶级军事思想得到了进一步的发展，表现为“总体战争”、“联盟战争”的思想进一步确立和火箭核战略思想、“大战略”思想的出现，这使资产阶级军事思想提高到一个崭新的阶段。

在这一阶段，无产阶级军事思想在世界范围内蓬勃发展。列宁在领导俄国十月社会主义革命、反对帝国主义武装干涉和国内战争中，从帝国主义和无产阶级革命时代的特点与俄国的实际出发，创立了关于战争与革命、武装起义和建设工众红军、实行全民战争等学说，为马克思主义军事理论谱写了新篇章。列宁逝世后，斯大林等继承和发展了马克思列宁主义的军事理论，制定了苏维埃国家军队和国防建设的基本原则，作出了关于决定战争命运的诸因素及其相互关系、战略与策略等问题的论述，全面建立苏联军事思想体系。世界其他一些国家的无产阶级政党在领导本国人民的革命武装斗争中，把马克思列宁主义军事理论的原理与本国的实际结合起来，创立了各具特色的军事思想。产生和形成于中国革命战争中，并在中华人民共和国建立后继续发展的毛泽东军事思想，成功指导了中国革命战争的胜利，成为指导新中国军队和国防建设的理论武器与行动指南。毛泽东军事思想中的人民战争思想、人民军队思想、人民战争的战略战术思想、国防建设思想和关于战争观、方法论的学说，既深刻揭示了中国革命战争、人民军队建设和国防建设的特殊规律，又反映了军事领域的一般规律，其丰富性和系统性前人未及，是无产阶级军事思想发展史上的一座丰碑。毛泽东军事思想以回答现实军事实践所面临的问题为出发点和落脚点，博采古今中外军事思想的优秀成果，尊重人民群众的实践经验，把个人才智与集体智慧融为一体，是一个求实的、开放的和不断创新的思想体系。

20 世纪 80 年代起，随着新科技革命在世界范围内蓬勃兴起，大量新技术用于军事目的，促使军事领域发生新的变革。和平与发展成为时代主题。苏联解体后，世界格局加快向多极化方向发展。武装冲突和局部战争频繁发生，尤其是海湾战争，参战国家和兵力多，使用高新技术武器装备种类、数量繁多，现代化程度高。这些都有力地推动了各国现代军事思想的发展，集中体现为着重探索现代条件特别是高技术局部战争的客观规律及指导原则，探索在这种新的战争形态下军队建设和国防建设的指导方针及原则。如美国提出了低强度冲突理论和空地一体战思想等；俄罗斯联邦的军事学说中，增加了“积极防御”的战略思想等。20 世纪 70 年代末期以来，中国军事思想发生了阶段性变化，“早打、大打、打核战争”成为了历史，邓小平从新的历史条件出发，继承和发展毛泽东军事思想，创立了新时期军队建设思想。毛泽东军事思想、邓小平新时期军队建设思想关于军队建设的一系列重要论述，是当今中国军队建设、国防建设和未来反侵略战争的理论基础和指南。

第二节　毛泽东军事思想

毛泽东是一位集战略家、军事家和军事理论家于一身的伟人。据不完全统计，仅在土地革命战争和解放战争时期，毛泽东组织指挥和参与组织指挥的战役战斗就达 239 次之多，尚存的从 1927 年到抗美援朝战争时期他亲手撰写的军事论著和指挥作战的文电就达 5 000 余篇，约 400 余万字。1963 年 12 月，毛泽东在一次与外国客人谈话时说过这样的话：我这一辈子就是在打仗中过的，共打了二十二年。从没有打仗的决心到有打仗的决心，从不会打仗到学会了打仗。军事领域，可以说是毛泽东一生中最光辉、最成功、最精彩的一个活动领域。毛泽东军事思想，也是毛泽东思想中最丰富、最完善、最系统化的理论。毛泽东在全党的领袖地位和在亿万人民群众中的崇高威望，是与他用兵如神的军事实践和科学的军事理论创造分不开的。毛泽东军事思想，是中国共产党人最伟大的理论创造之一，是马克思军事理论发展史上的一个丰碑。

一、毛泽东军事思想的科学含义

《中国军事百科全书》把毛泽东军事思想定义为：“关于中国革命战争、人民军队和国防建设以及军事领域一般规律问题的科学理论体系。毛泽东思想的重要思想部分。它是马克思列宁主义普遍原理与中国革命战争和国防建设实际相结合的产物，是中国共产党领导中国人民及其军队长期军事实践经验的科学总结和集体智慧的结晶，同时也多方面汲取了古今中外军事思想的精华，是中国共产党领导中国革命战争、军队建设、国防建设和反侵略战争的指导思想。”

从这一定义中我们可以看出，毛泽东军事思想这一概念具有四个方面的科学含义。

第一，是马克思列宁主义军事理论与中国革命战争实践相结合的产物

毛泽东一贯强调，马克思列宁主义是指导我们思想的理论基础，只有这种理论，才是引导中国革命走向胜利的指南。但是，马克思列宁主义所提供的只是一般的指导原理，而不是绝对适应于一切时代和时期的一成不变的结论和公式。因此，毛泽东特别强调马克思列宁主义所具有的方法论功能。中国共产党领导的革命战争，是在占世界人口四分之一的半封建半殖民地的东方大国里进行的。无产阶级政党怎样组织军队，建立一支什么样的军队，如何进行革命战争，依靠谁进行战争，又怎样按照中国革命战争的客观发展规律将革命战争引向胜利的彼岸？这是摆在中国共产党人面前的一个特殊而又极为复杂的任务。要完成这个任务，需要解决许多特殊而又复杂的问题，这些问题的解决，在马克思列宁主义的普遍原理中是不可能找到直接的现成答案的。以毛泽东为代表的中国共产党人，在指导中国革命战争的实践

中，只能从中国半封建半殖民地这一特殊的社会条件出发，不断地抵制“左”倾教条主义的错误，坚持把马克思列宁主义同中国革命战争的具体实践相结合，探索中国革命战争的特点和规律，才能正确地解决在半封建半殖民地的大国里如何夺取革命战争胜利的一系列重大问题。正是在这种结合中，产生了第一次历史性的飞跃，从而创立了具有中国特点的完整科学的军事思想体系——毛泽东军事思想。因此，毛泽东军事思想可以说是马克思列宁主义普遍原理与中国革命战争具体实践相结合的第一次历史性飞跃的产物，是马克思列宁主义军事理论在中国革命战争实践中的具体运用和发展。这就是说，毛泽东军事思想是马克思列宁主义的，但又不是马克思列宁主义的简单照搬，而是中国化的马克思列宁主义军事理论。

第二，是中国革命战争实践经验的科学总结

理论来源于实践而又被实践检验证明是正确的才是科学的理论。毛泽东军事思想不是个别天才人物头脑里主观臆造的理论概念，不是先于中国革命战争实践的神秘产物，而是以毛泽东为代表的中国共产党人对中国革命战争实践经验的科学总结，是来源于中国革命战争实践又是被中国革命战争实践所证明是正确的科学理论。我们在理解什么是毛泽东军事思想时，一方面要看到它的实践来源，懂得离开了中国革命战争的实践，就不可能有毛泽东军事思想的产生的道理；另一方面还必须看到只有经过中国革命战争实践检验是正确的理论，才是毛泽东军事思想，否则就不是。这也就是说，从理论体系和贯彻的角度来讲，如果被中国革命战争实践检验是不正确的理论，不论是出自毛泽东的言论，还是出自我们党的文件，都不能纳入毛泽东军事思想的范畴。因此，什么思想属于毛泽东军事思想的范畴，什么思想不能属于毛泽东军事思想的范畴，决不是看这个思想出于何人，而是要看这个思想是否来源于中国革命战争实践，是否被中国革命战争实践检验是正确的。这是惟一的一个标准。

第三，是毛泽东思想的重要组成部分

毛泽东思想是一个完整的科学理论体系。对于这一科学理沦体系的内容，党的第十一届六中全会通过的《关于建国以来党的若干历史问题的决议》中作了概括。其基本点是：①关于新民主主义革命的理论；②关于社会主义革命和社会主义建设的理论；③关于革命军队建设和军事战略的理论；④关于政策和策略的理论；⑤关于思想政治工作和文化工作的理论；⑥关于党的建设的理论。可以看出，毛泽东军事思想是毛泽东思想的一个重要组成部分。之所以如此，这是由于中国革命是武装的革命反对武装的反革命这个特点所决定的。旧中国是一个以农民为主体的半封建半殖民地的国家。这一基本国情决定了中国革命的主要斗争形式只能是武装斗争，主要组织形式是军队。因此，以毛泽东为代表的中国共产党人所领导的中国人民进行的新民主主义革命的历史，实际上是一部武装斗争的历史。军事斗争是中国共产党人所要解决的一个最突出、最中心的问题。这也决定了以毛泽东为代表的中国共产党人不得不在夺取政权前的 22 年，以极大的精力关注战争，研究军事。可以说，毛泽东思想完全是伴随着武装斗争为核心的历史而产生和发展起来的。因此，毛泽东军事思想便成为毛泽东思想最深刻、最基本、最典范的证明和运用，自然也是其整个思想体系中最重要的组成部分。因而，在毛泽东著作中，他的军事著作就很自然地占有大量篇幅和重要地位。

第四，是中国共产党人集体智慧的结晶

毛泽东军事思想虽然是以毛泽东命名的，但它不是毛泽东一个人智慧的产物，而是中国共产党人集体智慧的结晶。这是因为，中国革命战争及其人民军队的创建是在以毛泽东为代表的中国共产党人共同领导下进行的。早在大革命时期，正如朱德所说：“大革命时代，许多进行军事运动的同志，当时中央军委的负责人周恩来、聂荣臻、李富春等同志，以及党所举办的秘密军事训练班的同志，对我军的创建是有功劳的。没有他们所进行的军事运动，就不能有独立团，就不能有南昌、秋收、广州、湘南等起义。”加之毛泽东在指导中国革命战争的过程中不仅能非常注意听取各战略区指挥员的意见，而且善于把各战略区作战、建军的经验教训上升到理论高度加以认真地总结和抽象。这样，一方面使各战略区指挥员的聪明才智和创造精神得到充分的发挥；另一方面也使各战略区的经验得到及时的总结和推广，从而使毛泽东军事思想在指导战争的实践中，不断得到丰富和发展。所以，毛泽东在 1942 年延安整风时说：“毛泽东思想这不是我一个人的思想，是千万先烈用鲜血写出来的，是党和人民的集体智慧。”毛泽东提出的许多有关党的路线、方针、政策和重大决策，都是经过党中央的集体讨论，凝集着党中央的集体智慧。

当然，强调毛泽东军事思想是中国共产党人集体智慧的结晶，并不是要否认毛泽东在毛泽东军事思想的形成过程中的突出地位和作用。因为，这里所说的“集体智慧的结晶”，并不是指把若干个领导人的军事观点，用简单的数学方法把它拼凑在一起就形成了毛泽东军事思想，而是指经过毛泽东对中国革命战争实践经验的科学理论总结，尤其是对其他老一辈无产阶级军事家的思想、意见、建议的总结，由毛泽东本人的智慧和艰苦的探索创造，经过科学的提炼、加工和理论升华的结果。可以这样说，在创立毛泽东军事思想的反复实践和认识的过程中，全党全军特别是老一辈无产阶级军事家不断为毛泽东军事思想的形成和发展提供充足的“原料”和丰富的“营养”，而毛泽东则是产生这个思想的理论加工者和集大成者。由此可见，毛泽东军事思想既是中国共产党人集体智慧的结晶，又同时反映了毛择东个人的知识、智慧和贡献，而且是其中的杰出代表。正因为如此，如同用马克思的名字来命名马克思主义这一科学理论一样，中国共产党也以毛泽东的名字来命名这一中国化的马克思主义军事理论——毛泽东军事思想。

综上所述，要正确地理解什么是毛泽东军事思想，我们必须要处理好以下四个关系：一是毛泽东军事思想与马克思列宁主义军事理论的关系；二是毛泽东军事思想与中国革命战争实践的关系；三是毛泽东军事思想与毛泽东思想的关系；四是毛泽东本人与党的领导集体在毛泽东军事思想形成、发展中的作用的关系。认清了这四个关系，我们对什么是毛泽东军事思想就会有一个正确的认识。

二、毛泽东军事思想的形成和发展

毛泽东军事思想的形成和发展是一个历史过程，它是在中国革命战争的实践中逐步形成和发展起来的科学体系。它萌芽于第一次大革命时期，产生于土地革命中期，形成于抗日战争时期，在解放战争及其以后得到了全面的运用和发展。

1．毛泽东军事思想的萌芽

从 1921 年 7 月中国共产党成立，到 1927 年 7 月第一次国内革命战争失败，是毛泽东军事思想的萌芽时期。在这一时期，中国共产党在理论上接受了马克思主义关于暴力革命的学说，在实践上参与了革命的军事斗争，与国民党合作进行了北伐战争。在军事斗争实践中积累了经验，培养了军事干部，影响并掌握了部分武装，领导了工农运动，初步认识到了武装斗争的重要性，他在《湖南农民运动考察报告》中明确提出“推翻地主武装，建立农民武装”的主张，这标志着毛泽东军事思想的萌芽。

2．毛泽东军事思想的产生

从"八一"南昌起义，到土地革命中期的遵义会议，是毛泽东军事思想的产生的重要时期。在这一时期，党中央召开了"八七会议"，结束了陈独秀右倾投降主义在党中央的统治，党开始独立创建和领导军队，与国民党反动派展开了激烈的、长期的武装斗争。以毛泽东为代表的中国共产党人在斗争实践中，深刻认识到武装斗争在中国革命中的重要地位，确立了武装斗争是中国革命的主要斗争形式的思想；创造性地解决了中国革命和革命战争的道路问题，创立了农村包围城市，武装夺取政权的革命道路；确立了人民军队的建军原则；提出了人民战争思想，并在复杂的对敌斗争中，创造了"敌进我退，敌驻我扰，敌疲我打，敌退我追"的十六字诀等战略战术原则。这些都标志着毛泽东军事思想的产生。

3．毛泽东军事思想的成熟

从 1935 年 1 月遵义会议到 1945 年的抗日战争胜利，是毛泽东军事思想科学体系的形成时期。遵义会议批判了"左"倾冒险主义的错误，实际上确立了毛泽东在全党和红军的领导地位，成为中国革命由挫折走向胜利的伟大的转折点，也是毛泽东军事思想形成发展的新起点。

1935 年 10 月，红军长征到达陕北，日本帝国主义加紧侵略中国，为了抵抗日本的侵略，同时继续同国民党反动派作斗争，迫切地需要从理论上科学地回答中国革命战争的战略策略问题。为此，毛泽东等中央领导同志认真地研究了马克思主义哲学，研究古今中外军事理论，总结十年土地革命的经验，发表《中国革命战争的战略问题》、《抗日游击战争的战略问题》、《论持久战》、《战争和战略问题》等著作，全面分析了抗日战争的特点和规律，批判了"亡国论"和"速胜论"，深刻地阐述了中国武装斗争的基本规律，系统地提出了无产阶级的战争观和方法论；人民军队的建军原则更加完善和系统化；人民战争思想走向全面成熟，总结了符合中国革命战争特点的人民战争战略战术的系统理论，从而形成了科学的军事理论体系。

4．毛泽东军事思想的发展

抗日战争胜利后，国内矛盾成为主要矛盾，经过解放战争、抗美援朝战争，毛泽东军事思想得到了全面的丰富和发展。在战争指导上，毛泽东相继发表了《抗日战争胜利后的时局和我们的方针》、《以自卫战争粉碎蒋介石的进攻》、《集中优势兵力，各个歼灭敌人》、《大举出击，经略中原》、《解放战争第二年的战略方针》、《目前的形势和我们的任务》、《评西北大捷兼论解放军的新式整军运动》、《关于三大战役的作战方针》、《将革命进行到底》等大量文章。其中在《目前的形势和我们的任务》一文中明确提出了著名的"十大军事原则"。解放战争时期，毛泽东军事思想得到了极大的发展，不仅使战略防御和运动理论有了发展，而且还创立了战略进攻、战略决战和战略追击的系统理论。新中国成立前夕，毛泽东明确指出：我们不但要有一个强大的陆军，还要有一个强大的空军和一个强大的海军。这为和平时期建军指明了方向。

抗美援朝战争是一场挫败现代化敌人的反侵略战争。毛泽东根据当时的情况和特点，提出了一系列在现代条件下进行反侵略战争的理论及原则。如对英美军实行战术小包围，打小规模歼灭战；把阵地战提高到战略地位；建立强大的后勤系统，搞好后勤保障；军事打击紧密配合政治斗争等。

新中国成立后，毛泽东提出了建设现代化、正规化的国防军，发展尖端国防科技和全民皆兵的思想，指出要在大力发展国民经济，增强国家经济实力的基础上，建立完整的国防工业体系，发展现代化的技术装备，独立自主地建设强大的国防，做好反侵略战争的准备。

党的十一届三中全会后，以邓小平同志为核心的党的第二代领导集体和以江泽民同志为核心的党的第三代领导集体，继承和发展了毛泽东军事思想，在建设现代化国防，制定新时期军事战略方针和打赢现代技术特别是高技术条件下局部战争等方面，均有新的建树和发展。综上所述，毛泽东军事思想随着革命战争的发展和历史条件的变化，不断充实新的内容，具有强大的生命力。

三、毛泽东军事思想的科学体系

毛泽东军事思想揭示了中国革命战争和国防现代化建设的客观规律，是具有中国特色的发展了的马克思主义军事理论，是一个完整的科学体系。它的主要内容包括无产阶级的战争观和方法论，人民军队建设思想、人民战争思想、人民战争的战略战术思想、国防现代化思想等。

（一）无产阶级的战争观和方法论

1．无产阶级战争观

（1）战争的起源与根源。不同的战争观对战争的解释是不同的。毛泽东继承和发展了马克思主义关于战争理论学说，站在无产阶级的立场上，对战争下了科学的定义："战争——从有私有财产和有阶级以来就开始了的，用以解决阶级和阶级、民族和民族、国家和国家、政治集团和政治集团之间，在一定发展阶段上矛盾的一种最高的斗争形式。"这一定义对战争的起源、实质、形式作出精辟的概括。战争不是从来就有的，它是人类社会发展到一定阶段的产物。私有制和阶级的产生是战争的起源。

战争的起源与战争的根源既有联系，又有区别。只有弄清了战争的起源才能理解战争的根源。在阶级社会里，压迫阶级为了贪图更多的私有财产，镇压被压迫者的反抗，把以掠夺和奴役为目的的战争变成其经常性的职业。因此，压迫、剥削阶级是人类战争的根源；列宁指出："战争总是由剥削者、压迫者阶级挑起的。"在现代，帝国主义、霸权主义就是战争。

（2）战争的本质。毛泽东指出："'战争是政治的继续'，在这点上说，战争就是政治，战争本身就是政治性质的行动，自古以来没有不带政治性质的战争。""战争一刻也离不开政治。"这就深刻地阐明了战争与政治的一致性。任何战争都有其政治目的，都是为政治服务的，因而必须从政治的高度去观察分析战争。

战争就是政治，但不等于一般的政治。毛泽东指出："战争有其特殊性，在这点上说，战争不等于一般的政治。战争是政治的特殊手段的继续。政治发展到一定的阶段，再也不能照旧前进，于是爆发了战争，用以扫除政治道路上的障碍。""政治是不流血的战争，战争是流血的政治"，为了达到政治目的，可以采取经济、外交、文化等和平的、不流血的手段。当使用这些和平的手段仍达不到政治目的时，就会发生战争。战争作为政治的特殊手段，具有其特殊性：组织特殊，过程特殊，方法特殊，经验特殊。所以，不能用一般政治的观点来看待战争，必须按照战争规律去指导战争，才能取得胜利。

（3）战争的性质和对待战争的根本态度。毛泽东指出："历史上的战争分为两类，一类是正义战争，另一类是非正义战争。一切进步的战争都是正义的，一切阻碍进步的战争都是非正义的。"区分战争性质的标准是看战争的政治目的和对历史所起的作用。毛泽东指出：

“战争的性质是根据战争的政治目的而定的。”凡是由被压迫阶级和民族进行的谋解放、争独立的进步的革命战争，都是正义战争，反之则是非正义战争。

基于对战争性质和作用的认识，毛泽东指出：“我们共产党人反对一切阻碍进步的非正义战争，但不反对进步的正义的战争。对于后一类战争，我们共产党人不但不反对，而且积极地参加。”这是马克思主义者对待战争的根本态度。

（4）战争的最终目的和消灭战争的道路。战争既不是从来就有的，也不是永远存在的。毛泽东指出：“战争——这个人类互相残杀的怪物，人类社会的发展终究要把它消灭的。”我们研究和进行战争的最终目的就是为了消灭一切战争，实行人类的永久和平。列宁指出：“只有完全消灭社会划分为阶级的现象，才可能消灭战争”。毛泽东说：“人类社会进步到消灭了阶级，消灭了国家，到了那时，什么战争也没有了，反革命战争没有了，革命战争也没有了，非正义战争没有了，正义战争也没有了……这就是人类的永久和平的时代。”关于怎样去消灭战争，毛泽东指出：“消灭它的方法只有一个，就是用战争反对战争，用革命战争反对反革命战争。”“我们是战争消灭论者，我们是不要战争的，但是只能经过战争去消灭战争，不要枪杆子必须拿起枪杆子。”以求国家的和平，世界的和平，人类的永久和平，这就为无产阶级和革命人民指明了消灭战争的根本道路和方法。

2. 研究战争的基本方法

战争是阶级社会的必然现象，它的产生和发展具有自身的规律，是不以人们的主观意志为转移的客观实际。战争规律是指战争敌对双方的政治、经济、军事、自然诸条件相互联系而形成的战争特点及一般发展趋势。毛泽东指出：“战争规律——这是任何指导战争的人不能不研究和不能不解决的问题”。“不知道战争的规律，就不知道如何指导战争，就不能打胜战争”。只有认识与掌握了战争规律，才能制定出战争的一般指导原则。要把握战争和指导战争，必须解决四个问题。

第一，以发展观点看待战争

战争的客观规律是随着社会的政治、经济、军事、自然、地理诸条件以及作战中的敌情、我情和国际环境的变化而变化。因此，必须用发展的观点制定正确的战争指导策略。

第二，要熟悉敌我双方的情况

“知彼知己”是指导一切战争普遍适用的原则。毛泽东认为：“指挥员的正确部署来源于正确的决心，正确的决心来源于正确的判断，正确的判断来源于周到的和必要的侦察和对各种侦察材料的联贯起来的思索。”从中找出规律性的东西，得出正确的判断，定下实施的决心。但由于战场发展错综复杂，战情瞬息万变，指挥员必须不间断地掌握情况，做到敌变我变。因此，熟悉敌我双方的情况，是实施正确的战争指导的前提，是取得战争胜利的基础。

第三，要善于学习，勇于实践

毛泽东认为：“一切带原则性的军事规律，或军事理论，都是前人或今人做的关于过去战争经验的总结。这些过去的战争所留给我们血的经验教训，应该郑重地学习它。”他强调：“使用也是学习，而且是更重要的学习，从战争中学习战争，这是我们的主要方法。”因此，研究战争和指导战争必须坚持主客观一致的原则。既要学习前人的经验，又要及时总结自己的经验；既要重视学习书本上的东西，更要重视作战实践，在实战中学习，在实战中提高。和平年代，主要靠教育、训练提高战争艺术水平。

第四，尊重战争的客观规律，充分发挥自觉能动性

毛泽东指出：“战争就是两军指挥员以军力财力等项物质基础作地盘，互争优势和主动

的主观能力竞赛。”他强调：“军事家不能超过物质条件许可的范围外企图战争的胜利，然而军事家可以而且必须在物质条件许可的范围内取得战争的胜利。”毛泽东的这些论述阐明了战争竞赛由客观物质和主观能力两个条件构成。客观物质条件是基础，主观能力是最终决定胜利的条件。离开了客观物质条件谈战争的胜利是唯心论，客观物质条件具备，不发挥主观能动性去实施正确的指挥就不可能把战争胜利的可能性变成现实性。

（二）人民军队建设思想

人民军队是人民群众自发地或在先进阶级领导下建立的并为人民群众利益而战斗的军队。毛泽东在领导中国革命战争实践中，运用马克思主义的原理，系统地解决了把一支以农民为主要成分的队伍，建设成为无产阶级性质的，同人民群众保持密切联系的，具有严格组织纪律和高度军事素养的新型人民军队的理论、方针和原则问题。

1．人民军队政治建设

（1）确立了党指挥枪的原则。中国人民军队是在中国共产党的领导之下创立的，把军队置于党的绝对领导下是毛泽东加强军队政治建设的核心。早在井冈山和中央苏区时，毛泽东就指出：我们感觉无产阶级思想领导的问题，是一个非常重要的问题。认为军队中存在的机会主义、盲动主义、地方主义、单纯军事观点、极端民主化、非组织观念、绝对平均主义、流寇思想等都是非无产阶级思想，是军队的腐蚀剂，并对其表现、根源和危害，以及纠正方法都作了系统说明。1927 年 9 月底，毛泽东在“三湾改编”中，根据斗争的实际情况设立了党代表制度，规定了班有党员，排有党小组，连有党支部，营团有党委，使起义军从一开始就置于中国共产党的绝对领导之下。1928 年 12 月，毛泽东在古田会议上又一次强调，一定要加强党对军队的绝对领导。1938 年 11 月 6 日，毛泽东在延安指出：“我们的原则是党指挥枪，而决不容许枪指挥党。”因为，只有坚持和实施党对军队的绝对领导，才能保证人民军队的无产阶级性质，才能坚持全心全意为人民服务，才能完成党交给的各项艰巨任务，才能捍卫我们的国家。

（2）规定军队的惟一宗旨。人民军队是为无产阶级利益服务的工具，无产阶级的利益与广大人民的利益的一致性决定了这支军队的无产阶级性和任命性的统一。毛泽东指出：“我们的共产党和共产党所领导的八路军、新四军，是革命的队伍。我们这个队伍完全是为着解放人民的，是彻底地为人民的利益工作的。”在井冈山斗争时期，毛泽东就指出：“要教育我们军队的士兵明确为人民去打仗。”在 1945 年 4 月党的七大的报告中，毛泽东对我军的宗旨作了最完整的概括：“为着广大人民群众的利益，为着全民族的利益，而结合，而战斗的。紧紧地和中国人民站在一起，全心全意地为中国人民服务，就是这个军队的惟一的宗旨。”全心全意为人民服务的宗旨是我军建军原则的核心，是我军区别于其他军队的本质特征。

（3）实行了军队内的“三大民主”。毛泽东把群众路线系统地运用于军队建设的各个方面，成功地建立了有领导的民主制度。毛泽东在《井冈山的斗争》中写道：“红军的物质生活如此菲薄，战斗如此频繁，仍能维持不敝，除党的作用外，就是靠实行军队内的民主主义。官长不打士兵，官兵待遇平等，士兵有开会说话的自由，废除繁琐的礼节，经济公开。”1938 年 10 月，他在中共六届六中全会所作的《论新阶段》的报告中，要求部队“就现有物质基础改善士兵生活，在连队中组织经济委员会，由士兵管理伙食”。关于军事民主，毛泽东指出实行官兵互教、兵兵互教。1948 年 1 月 30 日，他又写了《军队内部的民主运动》一文，第一次把军队内部的民主概括为政治民主、军事民主、经济民主。军队内的民主主义制度，成为破坏封建雇佣军队的一个重要武器。

（4）坚持政治工作的“三大原则”。毛泽东为这支军队建立了强有力的革命政治工作制度，推行进步的政治教育思想，造成生动活泼的政治局面，以保证中国共产党的路线、方针和政策的贯彻执行，保证军队各时期任务的顺利进行，保证军政首长命令、指示的付诸实施，保证全体官兵充分发挥为人民而战的积极性和创造性，保证军队各项任务的顺利完成。1937 年 10 月 25 日，毛泽东在与英国记者贝特兰的谈话中指出：“八路军的政治工作的基本原则有三个，即：第一，官兵一致的原则，这就是在军队中肃清封建主义，废除打骂制度，建立自觉纪律，实行同甘共苦的生活，因此全军是团结一致的。第二，军民一致的原则，这就是秋毫无犯的民众纪律，宣传、组织和武装民众，减轻民众的经济负担，打击危害军民的汉奸卖国贼，因此军民团结一致，到处受到人民的欢迎。第三，瓦解敌军和款待俘虏的原则。我们的胜利不但是依靠我军的作战，而且依靠敌军的瓦解。”

（5）规定了人民军队的“三大任务”。毛泽东指出：“红军决不是单纯地打仗的，它除了打仗消灭敌人军事力量外，还要负担宣传群众、组织群众、武装群众、帮助群众建立革命政权以至于建立共产党的组织等项重大的任务，”“我们有打仗的军队，又有劳动的军队。打仗的军队，我们有八路军新四军；这支军队也要当两支用，一方面打仗，另一方面生产。我们有了这两支军队，我们的军队有了这两套本领，再加上做群众工作一项本领，那么，我们就可以克服困难，把日本帝国主义打垮。”在井冈山时期，毛泽东就规定了我军的三大任务：打仗消灭敌人、打土豪筹款子、做群众工作。抗日战争时期，毛泽东发展为：战斗队、工作队、生产队。打仗以消灭敌人；工作以组织、宣传、武装群众，帮助人民群众建立政权；生产以改善部队生活、减轻人民负担。但“三大任务”中“战斗队”永远是人民军队的根本任务。全国解放后，这支人民军队既是祖国的保卫者，又是精神文明和物质文明的建设者。

2．人民军队军事建设

（1）提高主力军的战斗力。毛泽东在领导我军建设的实践中，对提高战斗力是加强军队军事建设的根本的问题，给了极大的关注。他认为战斗力是衡量军队强弱的主要标志，是决定军队胜败的根本条件。加强军队的军事建设，说到底是提高军队战斗力的问题。军队的政治建设如何，最终还是要在战斗力上得到最实际的检验。提高战斗力必须做好三件事：①“把数量扩大和质量提高”统一起来；②“必须抓紧练兵工作”；③“军事要整顿”。

（2）逐步实现军队的现代化和正规化。提高军队的战斗力和实现军队的现代化、正规化是一致的。要真正提高军队的战斗力，就必须进行军队现代化、正规化建设。无论在战争年代，还是在和平建设时期，毛泽东对我军的现代化、正规化建设都十分关注，并对如何实现我军的现代化、正规化作过一系列论述。主要内容为：①“逐渐改善军队装备”；②“革新军制离不了现代化”；③“要有大批能够掌握和驾驭技术的人”。

（3）加强对部队的军事管理工作。加强军队的军事建设与做好部队的管理工作是分不开的。从一定意义上说，管理可以出战斗力。1952 年 10 月，毛泽东在分析一些部队因放松管理而导致部队纪律废弛、作风松散、战斗力下降的原因时，曾严肃地指出：“产生上述现象的原因，最主要的是由于各级干部中长期存在的游击性的习气，缺乏严格的军事管理的要求，缺乏严肃的内部秩序的建立；不是按统一的规定来组织部队的工作日程，常常是由个别首长的一时兴趣来决定或改变这些规定；以及长期存在的对于武器和装备的保管与爱护的不注意和不认真；甚至个别的指挥人员，因为害怕严肃认真的管理可能在民主大会上受到战士的批评，或多或少地产生有意放松的现象。”他要求，必须“加强对部队的军事管理工作”，主要内容有：①“带兵即管理”；②“以革命军队的管理教育方法”管理部队；③以法管理军队。

（三）人民战争思想

毛泽东的人民战争思想是党的群众路线在革命战争中的具体运用，是人民军队思想、战略战术思想及国防建设思想的基础，是我党历来坚持的指导战争的根本路线，是毛泽东军事思想区别于其他军事理论的主要标志，它是毛泽东军事思想的核心内容。

1．毛泽东人民战争思想的含义

人民战争，就是指被压迫阶级或被压迫民族为谋求自身的解放，发动广大人民群众所进行的战争。战争的正义性、群众性和组织性是它的三个显著的特点。历史上曾有过不同规模的人民战争，这类战争反映了人民群众的愿望，符合被压迫阶级和被压迫民族的利益，不同程度地推动着历史的进步，在战争史上占有十分重要的地位。然而，由于时代和阶级的局限性，历史上的人民战争往往是不彻底的。马克思、恩格斯创立了无产阶级的人民战争理论，克服了历史上人民战争的不彻底性。毛泽东人民战争思想就是马克思主义的人民战争理论在中国革命实践中的运用和发展。以毛泽东为代表的中国共产党人为了中华民族的解放，领导和团结全中国人民进行的革命战争和反侵略战争，是历史上任何人民战争都无法比拟的“真正的人民战争”。它的基本精神是：从广大人民群众的根本利益出发，在中国共产党的领导下，以人民军队为骨干，充分动员和依靠人民群众，建立农村革命根据地，实行“三结合”的武装力量体制，并使武装斗争与其他斗争形式紧密结合的全民战争。

2．毛泽东人民战争思想的理论基础

（1）人民群众是夺取战争胜利的决定力量。马克思主义认为，人民群众是历史的创造者，是社会变革的决定力量。毛泽东指出：“人民，只有人民，才是创造历史的动力。”这是历史唯物主义的基本观点，也是毛泽东人民战争思想的根本出发点。毛泽东认为：“革命战争是群众的战争，只有动员群众才能进行战争，只有依靠群众才能进行战争。”战争的伟力之最深厚的根源，存在于民众之中。只有动员了千千万万的人民群众，组成浩浩荡荡的革命大军，才能造成陷敌于灭顶之灾的汪洋大海。因此，人民群众是取得战争胜利的决定力量。

（2）人是战争胜负的决定因素。战争是人和物的综合竞赛，人和武器构成了战斗力的两个基本因素。正确摆正人与物在战争中的位置是非常重要的。毛泽东指出：“武器是战争中的重要的因素，但不是决定的因素，决定的因素是人不是物。力量对比不但是军力和经济力的对比，而且是人力和人心的对比。军力和经济力是靠人去掌握的。”“决定战争胜败的是人民，而不是一两件新式武器。”在现代战场上虽然出现了高技术武器，并在战争中的地位明显加强，但它始终不能代替人的决定作用。而且，技术越高，越复杂，越需要高素质的人去掌握和使用。因而，人和武器在战争中各自所处的地位是不会改变的。

（3）战争的正义性是实行人民战争的政治基础。战争的性质决定着人民对战争的态度，正义战争是进步战争，代表着社会的发展方向和人民的根本利益，人民群众不但真心拥护，而且积极支持，踊跃参加。非正义的战争阻碍历史的发展，违背人民的利益，必然遭到人民反对。只有正义的革命战争才能实行最广泛的人民战争。

3．毛泽东人民战争思想的主要内容

（1）实行“三结合”的组织形式。发动全体人员参加革命战争，需要有一定的形式把广大军民有效地组织起来，形成有机的整体合力。毛泽东在指导中国人民革命战争中，创造了“三结合”的武装力量体制。这就是：主力兵团与地方兵团相结合；正规军与游击队、民兵相结合；武装群众与非武装群众相结合。这种组织形式，能够把人民群众中蕴藏的各种力量有效地调动和协调起来，充分地发挥各种武装力量的作用，同时充分地发挥非武装的广大人民群众的作用，形成战胜敌人的强大威力。国民党之所以失败，就是因为它拼命反对人民战争。

（2）以武装斗争为主，多种斗争形式相配合。毛泽东认为，人民战争不是一个孤立的武装斗争问题。中国革命的主要形式是武装斗争，但为了战胜强大的敌人，仅靠武装斗争是不够的，还必须与其他战线、其他形式的斗争紧密地结合。毛泽东指出：“着重武装斗争，不是说可以放弃其他形式的斗争；相反，没有武装斗争以外的各种形式的斗争相配合，武装斗争就不能取得胜利。”

（3）革命根据地是实行人民战争的战略基地。毛泽东分析中国的革命现实情况，认为中国革命战争必须走的是建立农村建立革命根据地，以农村包围城市的武装斗争的道路。这是因为，强大的敌人长期占据着中心城市，因而必须把落后的农村建设成先进的、巩固的根据地。毛泽东指出：“没有这种战略基地，一切战略任务的执行和战争目的的实现就失去了依托。”革命根据地在政治上是团结人民的中心，在军事上是战争的依托，在经济上是后勤保障的基地。

（4）使用灵活机动的战略战术。人民战争要取得胜利必须有与之相适应的战略战术。毛泽东指出：“需要进步的、灵活的战略战术，没有这一点，也是不能胜利的。”人民战争的战略战术的基本特征，就是按照变化的情况进行灵活的作战，从战争实际出发，以时间、地点、战情、敌情等条件为转移。正如毛泽东指出的那样，“你打你的，我打我的，你打我这里，我打你那里”，“打得赢就打，打不赢就走”。

（四）人民战争的战略战术思想

人民战争的战略战术思想，深刻地揭示了在半封建半殖民地的中国，以小的革命力量战胜国内外强大敌人的战争指导规律，成为毛泽东军事思想的最为光彩夺目的部分。

1. 战争的目的是保存自己，消灭敌人

保存自己，消灭敌人，这是战争的目的，也是战争的本质。战争中，既要保存自己，又要消灭敌人，有时是很难处理的。消灭敌人离不开保存自己，如果自己失去了武装力量，就谈不上去消灭敌人；保存自己也离不开消灭敌人，因为敌人的有生力量被消灭了，才可以有效地保存自己。战争中只想消灭敌人，不注意保存自己，或单纯想保存自己，不去想法消灭敌人，都是要吃亏的。正如毛泽东所指出的“一切技术、战术、战役、战略原则，一切技术、战术、战役、战略行动，一点也离不开战争目的，它普及于战争的全体，贯穿于战争的始终。”例如，作战手段上的攻与防，兵力使用上的集中与分散，战场形势上的主动与被动，战争的胜利与失败，等等，都离不开保存自己、消灭敌人这个基本原则。

保存自己、消灭敌人两者的关系是辩证的，毛泽东强调：“一方面尽可能地保存自己的力量；另一方面尽可能地消灭敌人的力量。”“保存自己的目的，在于消灭敌人，而消灭敌人又是保存自己的最有效手段。”由此得出了这样的结论：“只有大量地消灭敌人，才能有效地保存自己；只有善于保存自己，才能有力量消灭敌人。”在战争中，消灭敌人是主要的。因为只有消灭了敌人，解除了敌人的武装，才能从根本上消除敌人的威胁。保存自己是指保存整体，要保存整体，往往要有局部的、暂时的不保存，否则就不可能取得全体的、长远的保存。从总体上说，消灭敌人是第一位的，保存自己是第二位的。但在某一些情况下，两者的主次关系可以转化。如延安时期，我军主动放弃延安，与敌人周旋，保存自己成了第一位，就是为了创造条件，伺机破敌。

2．战略上藐视敌人，战术上重视敌人

要树立敢打必胜的信心，善于斗争。毛泽东指出：从战略上看，必须如实地把帝国主义和一切反动派都看成纸老虎，在这点上建立我们的战略思想；另外，它们又是活的铁的真老虎，它们会吃人的，从这点上建立我们的策略思想和战术思想。毛泽东关于帝国主义和一切反动派既是纸老虎又是真老虎的论断，奠定了人民战争战略战术的基本原则：战略上敌人是纸老虎，我们要藐视它，树立敢打敢胜的信心；在战术上，敌人又是真老虎，我们要重视它，注意采取善斗善胜的方法。毛泽东在指导弱小的人民军队抗击强大的反动军队时，运用巧妙的指挥艺术，抑制和削弱敌之强点，集中优势兵力，各个击破敌人，逐步削弱敌人总体上的优势，最后完成人民军队在总体上由弱变强的转变，战胜敌人。

3．实行积极防御，反对消极防御

实行积极防御，反对消极防御是毛泽东战略防御规定的基本原则。积极防御是为了反攻或进攻，采取积极的攻势行动，挫败进攻之敌的防御。它又称为攻势防御或决战防御。这种积极防御是为辅助进攻或转入进攻创造条件的，它既可以作为战略指导思想，也可以作为战役、战斗的作战原则。消极防御是为了单纯阻挡敌人进攻的专守防御，也叫单纯防御。消极防御实际上是一种假防御，在战略指导上，它不是为了转入反攻和进攻而进行的防御；在作战行动上，也不采取积极的攻势行动，完全处于被动挨打的境地，其结果是防不胜防，根本达不到防御的目的。毛泽东的积极防御思想是建立在人民战争思想基础之上的军事战略思想，是毛泽东军事思想的重要内容。它的基本精神是："从自卫的、后发制人的立场出发，在敌强我弱的总形势下，将战略上的防御与战役战斗上的进攻紧密结合起来，以积极的攻势行动抗击敌人，来消灭和消耗敌人，转化敌我力量的对比，夺取战略主动权。"毛泽东积极防御的基本精神主要体现在三个方面：一是自卫、后发制人的原则；二是把战略上的防御与战役战斗上的进攻紧密结合起来；三是把战略防御适时地导向战略反攻或进攻，最终战胜敌人。

4．三种作战形式相结合，适时进行战略转变

运动战、阵地战、游击战是中国革命战争的三种基本作战形式。前两种是正规战，后一种是非正规战。由于中国革命战争情况复杂多变，为了适应作战形势的需要，我军也采用了多种作战形式。运动战是正规兵团在长的战线和大的战区上进行战役和战斗的外线速决进攻战的作战形式。它的特点是主力兵团、战役战斗的优势兵力、进攻性和流动性。运动战的任务是执行歼灭任务。阵地战就是依托坚固阵地或野战阵地进行防御，或对据守坚固阵地或野战阵地之敌实施进攻的作战形式。它的特点是正规兵团，固定的作战方向和战线。游击战是分散流动的作战形式，是以民兵、游击队或由正规军组成的游击队，灵活机动地袭击敌人的一种群众性的武装斗争形式。它的特点是队伍小，具有灵活性、进攻性、流动性和主动性。游击战具有双重任务：一是配合正规战；二是使自身向正规战发展。

战略转变是在战争发展的不同阶段，根据不同的形势和任务、敌我力量对比情况的变化，对军事战略实施转折性的改变。

5．集中优势兵力，各个歼灭敌人

这是毛泽东战略战术思想的重要组成部分，是我军传统的基本作战方法。毛泽东认为集

中优势兵力各个歼灭敌人，二者是辩证统一的，只有集中优势兵力，才能有力量各个歼灭敌人；而只有各个歼灭敌人，才能形成和保持兵力的优势。因此，它是作为一条原则来运用的。这条原则的重要性表现在两个方面：第一，只有集中优势兵力，才能使自己的军队在战争中处于主动地位。第二，只有集中优势兵力，才能最有效地打击敌人，既能全歼，又能速决；既然使已方迅速转移兵力，又不致因敌人援军云集而使自己陷入被动。

6．打歼灭战，辅之以消耗战

歼灭战是消灭敌人全部或大部的作战，是毛泽东作战思想的核心。由于敌强我弱是中国革命战争的一个大特点，因此，必须通过战役战斗上的歼灭战，不断改变敌我力量的对比，扭转我军在战略上的劣势。这是因为：第一，只有打歼灭战，才能给敌人以歼灭性的打击，使敌人的人力、物力不断减少，越战越弱；第二，只有打歼灭战，才能大量俘虏、缴获敌军的人员和武器来补充自己，增强革命力量和我军的壮志，巩固和发展革命根据地。打歼灭战要具备如下条件：在作战指导思想上，要以歼灭敌人的有生力量为主要目标；在作战方法上，要集中优势兵力，采取包围迂回的战术，各个歼灭敌人；在作战对象的选择上，要先打弱敌，后打强敌。除此之外，还要尽可能得到人民的支援和选择对我军有利的地形。

7．慎重初战，执行有利决战，避免不利决战

初战，是指战争或战役的第一仗。初战胜负对随后战争或战役的发展影响颇大，为此，毛泽东制订了初战的三大原则：第一，必须打胜；第二，必须照顾全战役计划；第三，必须照顾下一战略阶段。决战，是敌对双方使用主力进行决定胜负的作战，分为战略决战、战役决战和战斗决战。毛泽东指出："不到决战时机，没有决战的力量，不能冒冒失失地去进行决战"要"执行有利决战，避免不利决战"。

（五）国防现代化建设理论

中华人民共和国成立后，中国共产党军事工作的中心，随之转移到巩固国防，建设现代化国防上来，为此，毛泽东提出了国防现代化建设一系列基本原则。

（1）国防建设与经济建设相协调发展。国防建设与经济建设是一对矛盾着的事物，既相互对立又相互统一。毛泽东正确地解决了这两者之间的关系，摸索出了一条在经济不发达的国家进行国防现代化建设之路。

要加强国防现代化建设，首先要加强经济建设。毛泽东认为国家的经济是国防建设的物质基础，"只有经济建设发展得更快了，国防建设才能够有更大的进步"。这就要求国防建设必须服从和服务于国家的经济建设这个大局。新中国成立以后，我们的国家面临的经济建设的任务很重，国家财政极度困难。在这种情况下，毛泽东提出，如果你是真正想加强国防现代化建设，就必须把军政费用降到一个适当的比例，增加经济建设费用。他说："你对原子弹是真正想要、十分想要，还是只有几分想，没有十分想呢？你是真正想要、十分想要，你就降低军政费用的比重，多搞经济建设。你不是真正想要、十分想要，你就还是按老章程办事。这是战略方针的问题。"

在加强经济建设的同时，不应忽视国防建设。强调首先要加强经济建设，但并不意味着可以放松国防建设。恰恰相反，毛泽东认为一定要在加强经济建设的同时，努力加强国防建设。"因为还有敌人，我们还受敌人欺负和包围嘛！我们一定要加强国防。"国家的经济发展了，并不等于国防自然而然就强大了，如果不从主观指导上在国家经济发展的同时加强国防建设，即使国家的经济发展了，国防还是强大不起来。因此，在经济建设中必须适当地照顾

国防建设。特别是像我国这样工业和国防工业都非常薄弱的国家，如果只注意了经济建设，而忽视了国防建设，或者等经济建设完全搞好了，再搞国防建设，那么，经济建设也是不会有保障的，也就更谈不上国防建设了。总的来说，我们的国防建设与经济建设要做到协调发展。

（2）自力更生为主，争取外援为辅。这是毛泽东一贯坚持的原则。早在抗日战争时期，他就阐述了抗战的胜利与争取外援的关系，指出：“在伟大抗战中，基本地依靠中国自力胜敌，中国的力量也正在发动，不但将成为不可战胜的力量，且将压倒敌人而驱除之，这是没有疑义的。但同时，需要外援的配合……孤立战争的观点历史已指明其不正确了。”又说：“我们希望有外援，但是我们不能依赖它，我们依靠自己的努力，依靠全体军民的创造力。”抗日战争胜利后不久，毛泽东在延安干部会议上的讲演中又指出：“我们的方针要放在什么基点上？放在自己力量的基点上，叫做自力更生。”“我们强调自力更生，我们能够依靠自己组织的力量，打败一切中外反动派。”新中国成立后，毛泽东更加强调要自力更生，独立自主。在国防建设上，他强调要依靠自己的力量，武器装备等自己能生产、自己能制造。1956年，他在最高国务会议上讲的“十条方针”中指出，我们不能单靠输入来加强，过去的加强，基本上是向苏联购入的，各种装备如飞机、大炮、坦克、汽车、大口径的武器，都是输入的，这样是不能从根本上解决国防的问题的。要从根本上解决就必须自己制造。从我国的实际来看，我国幅员广大，国防任务繁重。对于像我们这样的一个大国，要完成国防所赋予的如此巨大的任务，不依靠自己的力量也是不行的。

毛泽东倡导独立自主、自力更生，但从不排斥外援，从不反对向国外学习。20 世纪 50 年代，他根据我军现代化水平低，与现代战争发展的新形势、新特点的要求不相适应的实际，提出“必须向苏联的军事科学学习，以便迅速把我军提高到足以在现代化的战争中取胜的水平。”并且要求我军永远不要骄傲自满，一定要把苏联的一切先进经验都学到手，改变我军的落后状态，把我军建设成为世界上第二支最优良的现代化军队，以利将来有把握地战胜帝国主义军队。当然，这种学习并不是盲目地死搬硬套，更不是完全地依赖外国，而是结合中国自己的特点，有选择地进行学习。在任何情况和任何时候，争取外援只能起着辅助的作用，我们的基点应放在自力更生之上。

（3）军民结合、平战结合。对于这一原则，早在新中国成立以前，毛泽东就给予了高度的重视。1942 年 12 月，他指出；“厉行‘军民兼顾’的原则，军队、党部、政府的经济活动应与人民的经济活动取得协调，一切损害人民利益引起人民不满的事均不许作。”新中国成立后，毛泽东对“军需与民用生产相结合”的思想逐渐明确了起来。1956 年 4 月，他强调要兼顾“军需与民用”。1957 年年初，中共中央和国务院又提出，国防工业要贯彻“两重任务、两套本领、平战结合”的原则。这些原则的提出，对国防建设起到了重要的作用。

（4）“两条腿走路”。毛泽东在这里提出的所谓“两条腿走路”，主要是指在发展国防尖端武器的同时发展常规武器。他认为单纯发展国防尖端武器只是一条腿走路，这是不行的，还必须发展常规武器，使两者同时并举，“小米加步枪可以同现代化结合起来”，做到土洋结合。他说过，我们还有一条，就是洋办法与土办法相结合，人民解放军搞现代化，搞洋办法，也应该搞一点土办法。

事实证明，毛泽东提出的这些国防现代化建设的基本原则，反映了我国国防现代化建设的规律，至今还是有重大的现实指导意义。

毛泽东军事思想作为 20 世纪上半叶产生于中华大地上的科学的军事理论体系，至今仍然具有强大的生命力。这种“永葆青春”的生机和活力，最根本的就在于它是一个随着军事实践的发展而不断发展的科学理论体系。没有发展，它就会没有活力。正如毛泽东自己在1958年谈到“十大军事原则”时所说：“十大原则目前还可以用，今后有许多地方还可以用。但马克思列宁主义不是停止的，是向前发展的，十大原则也要根据今后战争的实际情况，加以补充和发展，有的可能要修正。因此，发展是毛泽东军事思想永葆生机和活力的动力。在新的历史时期，我们要坚持以毛泽东思想为指导，就必须在发展中坚持，在坚持中加以发展，在新的军事实践的基础上，把坚持和发展统一起来。在这一方面，邓小平作为中国共产党的第二代领导集体核心，为我们树立了光辉的典范。

四、毛泽东军事思想的特征与科学价值

毛泽东军事思想诞生于中国革命战争，是具有鲜明中国特色的无产阶级军事理论，它不仅是马克思主义军事理论和中国革命战争的具体实际相结合的产物，而且是中华民族精神和民族气概的完美体现，同时还具有毛泽东本人独到的个性品格。毛泽东军事思想的不凡之处，不仅表现在指引中国革命战争夺得胜利，把马克思主义军事理论的历史发展推进到一个崭新的境界，而且还表现为它在世界军事科学领域享有的崇高地位与价值。

1．毛泽东军事思想的特征

毛泽东军事思想是中国革命战争实践经验的科学总结。中国革命战争的独创性，使毛泽东军事思想和其他军事思想相比，有着鲜明的特点，主要表现在：一是它贯穿着实事求是、一切从实际出发的思想路线，充满求实精神，以回答和解决现实问题为起点和归宿，具有很强的实践性。二是它以人民的利益为出发点，充分相信群众，依靠群众；尊重群众的创造精神，最易于为广大兵民所掌握、所运用，具有广泛的人民性。三是它坚持大无畏的革命胆略和严谨的科学态度相统一，强调既敢于斗争又善于斗争，是中国人民及其军队以弱小力量战胜强大敌人的制胜科学，具有先进的科学性。四是它坚持马克思列宁主义军事理论与中国革命战争实际相结合，同时充满了创新精神，反对军事上的教条主义和经验主义，反对一切脱离实际的东西，强调理论要随着实践的发展而发展，具有极大的创新性。五是它具有很强的民族气概，同时又汲取了古今中外军事思想的精华，具有独特的民族性。

2．毛泽东军事思想的科学价值

中国革命战争的彻底胜利和新中国军事斗争的辉煌成就，无可辩驳地验证了毛泽东军事思想具有无与伦比的科学价值。它的科学价值主要表现在：

一是它创造性地解决了在半殖民地半封建的中国如何进行革命武装斗争和在夺取政权以后如何进行军队和国防建设的理论和实践问题。

二是在走农村包围城市、最后夺取城市的道路，建设一支以农民为主要成分的无产阶级性质的新型人民军队，实行灵活机动的人民战争的战略战术，以及国防现代化建设等方面，极大地丰富和发展了马克思列宁主义军事理论，树立了无产阶级军事理论发展的新的里程碑。

三是创造了在正义战争中以弱胜强的高超战争指挥艺术，为被压迫民族和被压迫阶级在争取解放的正义战争中实现以小敌大、以劣势装备战胜优势装备之敌，提供了成功的实践范例和理论武器。

四是揭示的军事规律达到了前所未有的深度和广度，是一座博大精深的军事理论大厦，在世界军事思想史上占有重要地位。特别是它的军事辩证法思想，为人们科学地认识军事领域的各种矛盾运动规律，提供了最基本的立场、观点和方法，尤其具有普遍的真理性意义。

第三节　邓小平新时期军队建设思想

邓小平新时期军队建设思想是邓小平关于新时期中国革命战争，军队建设和国防建设问题的科学理论体系，是发展了的毛泽东军事思想。

一、邓小平新时期军队建设思想的形成与发展

邓小平军队建设思想作为邓小平理论的重要组成部分，作为马列主义军事理论、毛泽东军事思想在新的历史条件下的创造性运用和发展，如同其他任何军事思想一样，伴随着我国国防建设、军队建设和军事斗争实践的不断深入和发展，经历了一个逐步形成、不断发展完善的历史过程。这一历史过程大几个主要阶段。

（一）1975年到1978年是邓小平新时期军队建设思想的酝酿奠基阶级

从1975年到1978年党的十一届三中全会召开，这一时期是我们党、国家和军队拨乱反正，国家经济建设和军队建设百废待兴的时期。在这一时期，邓小平以无产阶级革命家的非凡勇气和政治智慧，排除了“四人帮”的种种干扰和破坏，坚决贯彻了毛泽东提出的“军队要整顿”、“要准备打仗”的思想，强调要完整准确地理解毛泽东思想，包括毛泽东军事思想，恢复毛泽东军事思想的本来面目，为坚持和发展毛泽东军事思想奠定了思想理论基础，并依据发展变化了的新情况，提出了一系列适应新时期我国国防和军队建设与作战指导要求的新思想。

1975年1月6日，邓小平任党中央副主席、国务院副总理、军委副主席兼总参谋长。同月25日邓小平在总参团以上干部会上发表了题为《军队要整顿》的重要讲话。邓小平说：“我们这个军队有好传统，从井冈山起，毛泽东同志就为我军建立了非常好的制度，树立了非常好的作风。我们这个军队是党指挥枪，不是枪指挥党……可是从1959年林彪主管军队工作起，特别是在他主管的后期，军队被搞得相当乱。现在，好多优良传统丢掉了，军队臃肿不堪。”针对这种情况，邓小平强调，要按照毛泽东提出的“军队要整顿”对军队加以整顿，“要按照毛泽东制定的军事路线、建军原则，好好地清理一下”。恢复我军优良传统，使军队的各项工作重新回到毛泽东军事思想的正确轨道上来。这次整顿在短时间内就收到明显效果，但由于受到“四人帮”的破坏与干扰，整顿被迫中止。

1976年10月，我党一举粉碎了“四人帮”反革命集团。1977年7月，党的十届三中全会决定恢复邓小平1975年年初担任的全部职务。这时，邓小平在解决思想路线上的拨乱反正的同时，于1977年8月，提出军队要切实把教育训练提高到战略地位的思想。邓小平指出，一方面是部队本身要提倡苦学苦练，掌握现代化战争知识，另一方面是通过办学校来解决干部指挥现代化战争能力不够的问题。此后，他在1977年12月召开的中央军委全体会议

上的讲话中进一步强调：要“抢时间”搞好军队建设；“只要我们坚持人民战争”，以现有装备也可以战胜敌人；国防现代化，只有建立在国家整个工业以及农业，特别是科学技术发展的基础上才有可能。这次会议在邓小平主持下就当时军队建设面临的问题，提出了贯彻毛主席的战略思想，做好作战准备；整顿领导班子，加强干部队伍建设；加强党的建设，充分发挥政治工作的威力；把教育训练提到战略地位，加强军事科学研究，提高我军军政素质；大力加强国防科学技术研究和军工生产，加速装备现代化；坚持野战军、地方军和民兵三结合的武装力量建设体制，加强民兵建设；恢复和发扬我军的优良传统和作风等 10 项任务，通过了《关于加强部队教育训练的决定》、《关于办好军队院校的决定》、《关于加速我军武器装备现代化的决定》、《关于军队编制体制的调整方案》和《关于兵役制问题的决定（草案）》等 9 个决定和条例，就我军建设的几乎所有领域、所有方面都订出了章程。在 1978 年 6 月召开的全军政治工作会议上，邓小平又突出强调要坚持实事求是的思想路线，研究和解决在新的历史条件下，怎样恢复和发扬政治工作的优良传统，提高我军战斗力的问题，指出：实事求是，一切从实际出发，理论和实践相结合，就是要用马克思主义的立场、观点、方法来分析问题，解决问题，就是要把中央的指示、上级的指示同本单位的实际情况结合起来，分析问题，解决问题，不能当“收发室”，简单地照抄照转。1978 年 7 月，邓小平在一次重要谈话中指出，“我们的战略是毛泽东主席制订的。毛主席的战略思想就是人民战争，过去是正规军、游击队和民兵三结合，现在是野战军、地方军和民兵三结合。”“敌人要打进来，中国的‘三结合’就会叫敌人处于人民战争的汪洋大海之中。”当然，“现在的人民战争与过去不同，装备不同，手段也不同。”但战略思想仍然是人民战争。条件不同，人民战争的表现形式也不同。装备的改进，使人民战争更有力量。邓小平上述重要谈话，涉及我军建设和作战的许多方面，从而为邓小平新时期军队建设思想的形成初步奠定了基础。

（二）1979 年到 1985 年 6 月的军委扩大会议是邓小平新时期军队建设思想的全面成熟阶级

党的十一届三中全会后，邓小平同志通过对新的历史条件下国防和军队建设面临的新问题的分析，为我军现代化建设规划了宏伟蓝图，提出了一系列具有重大指导意义的新时期国防和军队建设的理论原则，并就新时期如何贯彻积极防御的战略方针，实行现代条件下的人民战争等问题，发表了重要谈话，从而使邓小平新时期军队建设思想进一步成熟。

1979 年 2 月 17 日至 3 月 6 日，根据党中央和中央军委的决策，我军进行了对越自卫还击作战，并取得了重大胜利。对越自卫还击作战的胜利，既大大提高了我国在国际反霸斗争中的威望，也大大提高了人民解放军在全国人民中的威望。同年 7 月 29 日，邓小平在接见海军常委扩大会议全体同志的讲话中，强调军队建设要讲质量，讲真正的战斗力，搞少而精的，真正顶用的。1980 年 3 月 12 日，邓小平在军委常委扩大会议上，发表了《精简军队，提高战斗力》的讲话，指出军队的问题，主要是“消肿”，改革体制、训练和加强政治思想工作。他明确指出：“军队要提高战斗力，提高工作效率，不‘消肿’不行。”同时指出，在不打仗的情况下，部队军事素质的提高就得靠训练，要把这个问题作为一个制度加以解决，强调要把军队训练得像个军队的样子，要把军民关系搞得更好。同年 10 月 15 日，邓小平又专门论述了积极防御的战略方针问题，指出：“我们总是要立足以弱胜强，以劣势装备战胜现代化装备，以持久战消耗敌人。所以战略方针是积极防御。”强调要立足现有武器作战，军队改革要逐步去做，要搞点合成军并注意抓合成军训练。同时强调，要处理好国防建设和经济建设的关系。1981 年 6 月召开的党的十一届六中全会上，邓小平当选为中央军委主席。同年的 9 月 19 日，邓小平在华北某地检阅演习部队时，发表了题为《建设强大的现代化正规化的革命军队》的重要讲话。在这一纲领性的文献中，邓小平深刻地阐述了我军在新时期的地位和作用，规定了新时期我军建设的总方针、总目标和总任务。指出："我军是人民民主专政的坚强柱石，肩负着保卫社会主义祖国、保卫四化建设的光荣使命。因此，必须把我军建设成为一支强大的现代化、正规化的革命军队。"1982 年 7 月，邓小平在军委座谈会上又指出：军队也有个体制改革问题。军队的体制改革，一是要提高战斗力，二是要选拔人才。1984 年，邓小平在纪念中华人民共和国成立 35 周年大会上的讲话中强调，"我们必须巩固国防。中国人民解放军的全体指战员，务必时刻保持警惕，不断提高自己的军事政治素质，努力掌握应付现代战争的知识和能力。"同年 11 月，邓小平在军委座谈会上谈到军队律设和国家建设的关系问题时指出，军队要服从整个国家建设大局，要紧密地配合这个大局，在这个大局下面行动，不能妨碍这个大局。军队培养军地两用人才，也是个顾全大局的问题。此后不久，邓小平又先后提出了战争与和平、一国两制等重要思想。指出："现在世界上真正大的问题，带全球性的战略问题，一个是和平问题，一个是经济问题。和平问题是东西问题，经济问题是南北问题。概括起来，就是东西南北四个字。南北问题是核心问题。"争取和平就必须反对霸权主义。反对霸权就是维护世界和平。现在世界和平力量在发展，战争危险还存在。虽然如此，但制约战争的力量有了可喜的发展。中国发展得越有力量，世界和平就越靠得住。包括中国在内的第三世界的力量是世界和平力量发展的重要因素。同时，他还指出："世界上有许多争端，总要找个解决问题的出路。我多年来有个想法，用什么方法来解决这种问题，不用战争手段，用和平方式。"一个国家，两种制度。"世界上的许多争端用这种办法解决，我认为是可取的。我们可以用这种办法解决香港和台湾问题，这样可以消除爆发点，稳定国际局势。

1985 年 6 月，中央军委召开了扩大会议。邓小平指出："粉碎'四人帮'以后，特别是党的十一届三中全会以后，我们对国际形势的判断有变化，也就是对战争与和平问题的认识有变化。改变了原来的战争迫在眉睫的看法，尽管世界战争的危险是存在的，但是，因为和平力量的发展超过了战争力量的发展。因此，在较长时间内不会发生大规模的世界战争是有可能的，维护世界和平是有希望的。"鉴于对国际形势和战争与和平问题的分析，邓小平提出，"中国人民解放军减少员额一百万"。同时指出，"减少一百万，实际上并没有削弱军队战斗力，而是增强了军队的战斗力。即使国际形势恶化，这个裁减也是必要的，而且更必要。"如果我们不"消肿"，不要说指挥作战，就是疏散也不容易。在这次会议上，邓小平还强调了要重视国防现代化问题，重视军队装备的现代化问题，指出："我们的四个现代化，其中就有一个国防现代化。如果不搞国防现代化，那岂不是三个现代化？但是，四化总得有先有后。军队装备真正现代化，只有国民经济有了比较好的基础才有可能。所以，我们要忍耐几年。"同时要在现有经济条件下，立足自己搞科学研究，逐步改善我军的武器装备。纵观这一时期邓小平的重要谈话及其所阐述的重要理论观点，可以看出，邓小平不仅提出了建设有中国特色社会主义的理论，而且坚持和发展了毛泽东新中国成立初期就提出的建设现代化、正规化革命军队的思想，阐明了新时期国防和军队建设的总方针、总任务及其基本途径、方法和要求，并就继承和发展人民战争理论，实行现代条件下的人民战争等一系列重大问题作出了比较系统的概括。这表明，在这一时期，邓小平新时期军队建设思想已趋于成熟。

（三）1985 年以后是邓小平新时期军队建设思想的发展升华阶级

从 1985 年军委扩大会议后，我国处于进一步改革开放、经济飞速发展的时期。邓小平基于对国际、国内形势和任务的科学分析，发表了《维护世界和平的实际行动》、《在军委扩大会议上的讲话》、《中国必须在世界高科技领域占有一席之地》、《在接见首都戒严部队军以上干部时的讲话》、《会见参加中央军委扩大会议全体同志时的讲话》等重要谈话和讲话，深刻阐明了军队建设必须从准备早打、大打、打核战争的临战状态转变到和平时期建设的轨道，进一步明确了新的历史条件下军队的性质、职能及任务，并就如何在新的历史时期，结合发展变化了的新情况，继承毛泽东军事思想，研究和实行现代条件下的人民战争，发展我国军事科学等重大理论和实际问题，提出了一系列重要思想。这些重要思想，概括起来主要有以下几个方面：

一是进一步辩证地论述了战争与和平问题。明确指出，由于和平力量的增长，尽管仍存在战争的危险，但如果我们的工作搞得好，战争是可以避免的。如果本世纪打不起来，下个世纪和平就更有希望。但不能掉以轻心，和平必须争取才能赢得。

二是进一步完善了解决两种社会制度矛盾的“一国两制”的构想。认为，这种办法也可以用于解决国际上的历史纠葛，也是面向国际社会的。

三是明确提出在国际关系问题上，我们关心的是两个问题，一个是和平问题，另一个是发展问题。并且指出，解决国际争端，对话比对抗好，缓和比紧张好。反对霸权主义、维护世界和平是我们的根本国策。

四是进一步明确提出搞社会主义现代化建设是我们的基本路线。同时指出，要坚持以社会主义现代化建设为中心，就必须实行改革开放政策，坚持四项基本原则。这两个基本点是相互依存的。

五是号召全军要为把我军建设成为一支强大的现代化、正规化革命军队而奋斗。

六是在 1989 年平息北京地区发生的动乱和暴乱之后，邓小平从国际和国内政治斗争的高度，阐述了坚持四项基本原则与反对资产阶级自由化斗争的长期性。指明了这种斗争在一定条件下不可避免地将采取激烈的形式。处理这件事对我军是一次很严峻的政治考验。至此邓小平为我军更好地坚持人民军队的性质和宗旨，胜利完成我军所担负的任务提出了明确的要求。

从上述邓小平新时期军队建设思想形成和发展的过程，可以看出，邓小平军队建设思想，是马克思列宁主义、毛泽东思想基本原理同新时期的国际国内形势及我国国防建设、军队建设和军事斗争的实际相结合的产物，是对新时期国防建设、军队建设和军事斗争实践经验的科学总结，是毛泽东军事思想在新时期的创造性运用和发展。

二、邓小平新时期军队建设思想的内容

邓小平新时期军队建设思想是一个完整的科学体系。它以“实事求是”为总的指导原则，以马克思的战争与和平的理论，社会主义初级阶段的理论，国防建设、军队建设与国家经济建设关系的理论为依据，明确提出了建设一支具有中国特色的强大的现代化、正规化、革命化的军队，阐明了新时期军队建设的一系列基本原则。邓小平新时期军队建设思想主要内容包括：战争与和平、建设现代化正规化革命军队、现代条件下人民战争和积极防御战

略、新时期国防建设。

（一）战争与和平

战争与和平问题是军事领域的一个基本问题，是国际社会中影响全局的重大问题。邓小平科学地观察和分析国际形势的发展变化，对战争与和平问题作出了新的战略判断。

1. 霸权主义是现代战争的主要根源

党的十一届三中全会之后，邓小平对战后国际形势进行分析后指出：霸权主义是现代战争的根源。这一论断具有丰富的内涵，是对马克思列宁主义、毛泽东军事思想的战争根源理论的重大发展。第一，它阐明了人类社会的不同历史时期，战争根源的主要表现形式是不同的。今天的“霸权主义战争根源说”是对过去“帝国主义战争根源说”的发展，是对马克思主义战争根源基本原理的具体运用和实践体现。第二，它揭示了社会主义国家搞霸权主义同样也会成为战争的策源地。过去对社会主义国家为什么也会搞霸权主侵略扩张往往难以理解，其实，现实的社会主义和理想的社会主义还有很大的差距，有的社会主义国家由于种种原因也可能产生霸权主义，从而成为战争的一个根源。第三，它阐明了世界霸权主义和地区霸权主义两者侵略扩张的本质相同，地区霸权主义也是引发现代战争的重要根源。第四，它论述了苏联解体、美国暂时一霸独存，绝不意味着霸权主义的争夺已经消失，世界仍然会产生新的霸权主义国家或者国家集团。因此，老的霸权主义以及新产生的霸权主义都是当代世界战争的主要根源。

2. 和平与发展是时代的主题

邓小平通过对国际形势发展的观察和分析，紧紧把握形势发展变化中最具有根本意义的时代条件，作出了和平与发展是当今世界两大主题的科学论断。他说：“现代世界上真正的问题，带全球性的战略问题，一个是和平问题，一个是经济问题或者说发展问题。”这一论断，揭示了当代世界的主要矛盾，指明了维护世界和平是当代世界的历史主流，促进发展是当今各国的根本任务。

3. 世界大战可以避免

1985 年 9 月邓小平指出：当前战争的危险仍然存在，如果搞得好，战争是可以避免的。后来他又指出：“如果世界和平的力量发展起来，第三世界国家发展起来，可以避免世界大战”，邓小平认为，世界大战的避免是有条件的；不是靠消极等待，而是积极工作争取来的；战争的危险是依然存在的；局部战争和武装冲突成为当代战争的主要形式；世界矛盾并未消失，而是转入无硝烟的战场。邓小平指出：“西方国家正在打一场没有硝烟的第三次世界大战。”

4. 战争不是解决国家、民族、阶级间利益矛盾的惟一手段

在阶级社会中战争绝不会自动退出历史舞台。战争总是以流血的方式去贯彻政治意志。随着人类社会的进步和科学技术迅猛发展，国家间的利益冲突，不一定必然导致战争。只有当争端一方诉诸武力，战争才可能爆发，如果双方都选择政治解决方式，战争就可避免。也就是说，在解决国际争端问题上，军事手段与政治手段都是可能的选择。过去各国在选择解决争端上，更偏重于军事手段，把政治手段仅作为军事手段的补充。因此，政治解决争端没能构成主要的手段。

邓小平针对新的现实指出：维护世界和平，应当放弃用暴力解决国家间冲突和争端的方式，而代之以政治解决。冲突双方应互相克制，求同存异，用灵活协商和对话等一系列政治

方式，加以和平解决。邓小平认为，国家间的利益冲突、领土争端和历史遗留的许多问题，都应当本着双方受益、合情合理的原则化解“热点”，同时还主张加强联合国调解和仲裁国际争端的功能。邓小平还成功地运用了“一国两制”的和平方式，解决了香港、澳门回归祖国的问题，为国际争端的和平解决做出了典范。

（二）建设现代正规化革命军队

根据新的历史条件，邓小平明确提出，中国人民解放军必须建设成为一支强大的现代化的革命军队。这是新时期军队建设的奋斗总目标和任务。

1．以革命化建设为根本，确保政治上永远合格

在新时期，我们要建设有中国特色的现代化军队，要保持我军的无产阶级性质，完成好党和人民赋予我军的历史使命，应当在继承和发扬我军革命化建设的优良传统的同时，赋予其新的时代内容。邓小平科学地总结了我军革命化建设的成功经验，并根据新时期的形势和任务，明确地提出了新时期我军革命化建设的目标和要求。其基本内容是：

- 永远坚持毛泽东建军思想，坚持无产阶级政治方向，坚定不移地把军队置于党的绝对领导之下，坚决维护以江泽民同志为核心的党中央领导集体，同党中央在政治上、思想上、行动上保持高度一致。
- 坚持四项基本原则，坚决维护党的基本路线，做贯彻执行党的路线、方针、政策的模范。
- 坚持全心全意为人民服务的宗旨，永远把党和人民的利益摆在高于一切的位置，保持人民军队的性质，忠于党，忠于国家，忠于社会主义，忠于人民。
- 坚持共产主义的理想、信念、道德、纪律，发扬革命和拼命精神，严守纪律和自我牺牲精神，大公无私和先人后己精神，压倒一切敌人、一切困难的精神，坚持革命乐观主义、排除万难去争取胜利的精神。
- 谦虚谨慎，戒骄戒躁，艰苦奋斗，廉洁奉公，密切联系群众，永远保持军队与人民群众的血肉联系。
- 解放思想，实事求是，理论联系实际，一切从实际出发。
- 继承和发扬人民军队的光荣传统，保持老红军的本色不变；等等。

总之，要使我们这个军队真正成为党和国家的钢铁长城，不管如何更新换代，我们这个军队永远是党领导下的军队，永远是国家的捍卫者，永远是社会主义的捍卫者，永远是人民利益的捍卫者。邓小平的这些重要思想，极大地丰富和发展了军队革命化建设的理论，为新时期加强我军革命化建设指明了方向。

2．以现代化建设为中心，努力适应现代化战争的要求

邓小平科学地总结了几十年来我军现代化建设的经验教训，并根据新的历史条件，正确地提出了在社会主义初级阶级和相对和平时期进行军队现代化建设的目标和要求。概括起来讲，主要有以下几个方面：

一是加速科学技术和武器装备现代化。实现现代化，关键是科学技术现代化。中国必须发展自己的高科技，在世界高科技领域占有一席之地。武器装备现代化是国防和军队现代化的主要标志，我们一定要在国民经济不断发展的基础上，有现有的国力下加速改进武器装备。

二是培养现代化人才。现代化战争非常复杂，必须有知识，有人才。现代化人才是军队

现代化建设之本。要造成一种尊重知识、尊重人才的浓厚氛围，激励人们攀登现代科学技术高峰，不断增强部队的军政素质，军队领导干部要掌握现代科学文化知识和现代化战争知识，努力提高现代条件下诸军兵种协同作战的组织指挥能力。

三是建立适应现代战争的科学的体制编制。要搞好军队的体制编制整顿，改革机构，优化结构，要把部队搞精干，使军队的组织编制逐步适应未来作战任务、武器装备发展、部队训练和领导管理的需要，实现人与武器的最佳组合。要编组合成军，从体制编制上逐步把部队合成起来。

四是加强后勤现代化建设。后勤现代化是现代战争对后勤的必然要求。现代战争在一定意义上说就是“打钢仗”、“打装备”、“打后勤”。要认真研究后勤工作在新的历史条件下出现的新情况和新问题，增强现代条件下的后勤保障能力和后勤自身的防卫能力。

五是要继承毛泽东军事思想，研究现代条件下的人民战争，发展我国军事科学。

总之，邓小平确定的军队现代化建设的基本目标是，建设一支拥有精良的武器装备，掌握先进军事科学理论和军事技术，实现人与武器的最佳结合，具有现代条件下自卫作战能力的现代化军队。

3．加强正规化建设，提高我国正规化水平

对于正规化的目标和要求，邓小平作了许多重要论述。其基本内容包括：

- 军队的最高领导权和最高指挥权属于中国共产党中央委员会和中央军事委员会。全军必须无条件地服从党中央和中央军委的领导和指挥，保持高度的集中统一。
- 健全规章制度，完善军事法规，严格按条令条例和规章制度行事，全面建立战备、训练、工作、生活等方面的正常秩序。在军队的体制编制、军事训练、院校教育、干部工作、后勤建设、国防科技等所有的领域、所有的方面，都要建立制度，制定法规，纳入法制轨道，使军队建设各个方面都做到有章可循，有法可依。用法规统一认识，统一行动。搞好军队的编制体制整顿。编制要严格搞，编制就是法律，要切实遵守编制。
- 严格军队纪律。军队非讲纪律不可，纪律松懈是不行的，要一切行动听指挥，自觉遵守革命纪律。
- 把部队管理好。军队要雷厉风行，艰苦奋斗，紧张快干。不能慢慢吞吞，拖拖拉拉，议而不决，决而不行。要通过加强责任制，通过赏罚严明，形成你追我赶、争当先进、奋发向上的风气。

邓小平关于军队正规化建设目标的思想，突出强调了保持军队的高度集中统一，强调了依法从严治军，是对毛泽东建军思想的继承和发展，完全符合新时期军队建设的实际。

（三）现代条件下人民战争和积极防御的战略

1．实行积极防御的战略方针

邓小平指出，我们未来的反侵略战争，究竟采取什么样的战略方针？我赞成就是积极防御四个字。因为积极防御是我军历次革命战争和卫国战争克敌制胜的法宝，是制定新时期军事战略方针的基本理论依据，是由我们的基本国情决定的，是能够满足指导新时期军事斗争的需要，是顺应和平与发展的时代主题，适应现代技术特别是高技术战争的需要。

2．现代条件下仍然要坚持人民战争

邓小平非常重视在现代条件下贯彻毛泽东人民战争思想。他指出，我们历来的经验，就是以劣势装备打败优势装备的敌人，因为我们进行的是正义战争，是人民战争。这一点，我们要有充分的信心。邓小平在会见英国詹金森爵士的谈话中进一步指出，我们的战略是毛泽东主席制定的，毛泽东的战略思想就是人民战争。我们现在还是坚持人民战争。但必须创造现代条件下人民战争的新形式、新战法。既不能因为军队的现代化程度提高了，就抛弃了人民战争思想，完全照搬别人的军事理论，也不能因为还是打人民战争，就原封不动地照搬过去的一套战略战术。要求我们根据现代战争的新特点、新要求，根据变化发展的新情况，努力探索现代战争的规律，"研究现代条件下人民战争"，丰富和发展毛泽东人民战争的战略战术思想，从理论和实践上为毛泽东人民战争思想注入新的生机和活力。

3．立足打赢现代条件特别是高技术条件下的局部战争

积极防御的战略具有打赢自卫战争和遏制侵略战争的双重功能。与其相适应，新时期军事斗争准备和军队建设同样需要发挥这两种功能。坚持新时期积极的、防御的战略方针，在军队建设和军事斗争主观指导上必须适应新的客观实际。当前和今后一个时期世界大战和大规模战争目前尚难打起来，但局部战争还时有发生。因此，要把军队建设和军事斗争准备的基点放在打赢现代条件特别是高技术条件下的局部战争上。只要我们坚持以积极防御的战略方针为指导，实行现代条件下的人民战争，就一定能够夺取高技术条件下局部战争的胜利。

（四）新时期国防建设

1．国防建设必须服从国家经济建设大局

邓小平以他战略家的眼光胆略，通过对战争与和平的分析后，明确指出，战争的危险仍然存在，但和平力量的发展超过了战争力量的发展，世界大战至少在 20 世纪末打不起来，我们有可能争取到一个较长时期的和平环境。我们要充分利用大仗一时打不起来的这段和平时期，放心大胆地一心一意搞现代化建设。为此，邓小平指出：一是国防建设要从我国的实际出发，与国情相适应。二是必须正确处理国防建设和国家建设的辩证关系。指出国防建设的规模、质量和速度，总要受国家经济实力的制约和影响。军队和国防只有服从国家经济建设的大局，才能增强国力、军力。在现代条件下，国家的防御能力、军队的发展，比以往任何时候都更加依赖和取决于经济、科学技术与现代工业的发展水平。振兴国防首先要振兴国家经济。国家建设搞好了，经济实力增强了，军队和国防现代化才有坚实的基础。三是国防建设和国家建设要协调发展。我们必须在发展经济的基础上逐步增强国防力量，使国防建设和经济建设相互促进，达到富国与强兵协调发展，综合国力有效增强的目的。

2．抓好"三结合"的武装力量体制建设

人民战争在革命战争年代是我军克敌制胜的法宝。邓小平结合国际军事斗争形势发展变化的实际重申："我们现在还是坚持人民战争。我们不会去侵略人家。敌人要打进来，中国的'三结合'就会叫敌人处于人民战争的汪洋大海之中。"邓小平强调，要打好人民战争必须要有精悍的常备军与强大的后备力量相结合。他提出要"两手抓"：一手抓建设一支现代化、正规化的部队，作为现代条件下人民战争的武装骨干力量；一手抓建设强大的后备力量，作为现代条件下人民战争的武装力量基础。邓小平指出："我们是三结合的武装力量体制，野战军、地方军和民兵相结合，就是人民战争。民兵就是要提到战略地位。"邓小平还特别强调，必须重视民兵建设，坚持和完善民兵制度，并指出："现在的人民战争与过去不同，装备不同，手段也不同，条件不同，人民战争的表现形式也不同。"

3．军民结合、平战结合发展国防工业

邓小平根据国家经济建设和国防建设的双向需要提出："国防工业设备好，技术力量雄

厚，要充分利用起来，加入整个国家建设中去，大力发展民用生产。”根据邓小平这个思想，党中央制定了国防工业实行“军民结合、平战结合、以军为主、以民养军”的方针。1982 年，邓小平将其中的“以军为主”改为“军品优先”从而使这一方针更具体化，军民结合是指军品与民品生产兼顾。平战结合是指兼顾平时和战时的需要。国防工业平时军转民用，多生产民品，而战时，又可以迅速民转军用，大量生产战争所需的武器装备。

4．自力更生与引进技术相结合发展国防科技

在国防科技发展上，邓小平坚持自力更生为主的方针，并同时强调自力更生和对外开放是统一的，要适当地引进和借鉴外军先进技术和经验。他说：“关起门搞建设是能成功的，中国的发展离不开世界。当然，像中国这样大的国家搞建设，不靠自己不行，主要靠自己，这叫自力更生。但是，在坚持自力更生的基础上，还需要对外开放，吸收外国资金和技术来帮助我们发展。”只有以自力更生为主，与引进先进技术相结合，在先进性与适应性的结合点上找到最佳优选点，才能提高我们自己的创造力。

三、邓小平新时期军队建设思想的地位与作用

1．邓小平新时期军队建设思想是当代马克思主义军事理论

邓小平新时期军队建设思想诞生于我国社会主义改革开放和现代化建设的伟大实践之中，它的形成和发展既是邓小平对当今世界形势冷静观察和正确分析的结果，又是他对新时期我国国情、军情进行实事求是的科学分析的产物，因而它具有鲜明的时代特征。它着眼于马克思主义军事理论和毛泽东军事思想在新的历史条件下的运用和发展，着眼于对国际战略形势和我国国情的深刻分析，着眼于新时期我国军队和国防建设的实际，是具有中国特色的当代马克思主义军事理论。

2．邓小平新时期军队建设思想揭示了新时期军事实践的客观规律

邓小平坚持把当今世界各国国防和军队建设的一般规律和原则，同我国我军特殊情况有机结合，把我军传统的经验和原则同新时期的新情况有机结合，紧紧抓住我军建设的主要矛盾，创造性地回答和解决了新时期我军建设亟待解决的一系列重大理论和实际问题。

邓小平根据新时期军事实践的客观规律，确定了建设有中国特色的现代化、正规化革命军队作为我军建设的总任务、总目标。强调以现代化为中心，按照现代和未来战争的客观要求，作为我军建设的基本着眼点和落脚点。同时，他在指导我国国防和军队建设的过程中，自始至终贯穿着要全面提高我军实行现代条件下人民战争能力的重要思想，进一步奠定了邓小平新时期军事思想对我国新时期军事斗争和军队建设的指导地位。

3．邓小平新时期军队建设思想是我军克敌制胜的锐利思想武器

邓小平新时期军队建设思想，是邓小平理论的重要组成部分。邓小平关于和平与发展时代主题的理论，极大地丰富了马克思主义的战争观。他提出的现代条件下的人民战争理论，丰富和发展了人民战争思想。他为我军制定了新时期积极防御战略方针，赋予了具有时代特点的新内涵。他确立了新时期我军建设和发展的总目标，强调以现代化为中心，全面加强军队的质量建设。这些，不仅是新时期军队和国防建设的依据，同时也是我们赢得现代高技术局部战争胜利的锐利思想武器。

第四节　江泽民论军队建设

江泽民同志作为我党的第三代领导核心，是毛泽东、邓小平开创的伟大事业的忠实继承者和奋发有为的开拓者。他关注世界格局的发展趋势，关注世界军事领域里的革命性变革，关注我军现代化建设的伟大实践，对新时期我军建设、国防建设和军事战略等基本问题提出了一系列重要论述，确立了我军在新时期必须贯彻执行的一系列的重大方针和原则，极大地丰富和发展了毛泽东军事思想和邓小平新时期军队建设思想。

一、江泽民新时期军队建设重要论述的时代背景

（1）国际战略格局发生了重大变化。1990 年，东欧剧变，两极格局趋向分化瓦解，江泽民在 1993 年 12 月的一次会议上用四句话精辟地概括了当时的国际形势：走向多极格局，局势有所缓和，矛盾复杂多变，世界并不安宁。国际战略格局的演变，既给我们提供了发展的机遇，也使我国面临严峻的挑战。

（2）随着我国经济体制改革进一步深化，社会主义市场经济制度的建立，要求军队建设与改革必须与国家经济体制改革相协调。

（3）现代化高技术局部战争已成为当代军事斗争的主要表现形式。这要求我们必须把军事斗争准备的基点，放在打赢可能发生的现代技术特别是高技术条件下的局部战争上，并根据新的需要确立适应新时期需要的新军事战略方针。

（4）精少常备军，强大国防后备力量成为国防武装力量建设的发展趋势。

二、江泽民论国防和军队建设的主要内容

江泽民作为我国国防和军队现代化建设的第三代领导核心，对新时期军事实践活动的各个方面，都有着高屋建瓴、深刻精辟的论述，主要内容以下几个方面。

（一）坚持和加强党对军队的绝对领导

坚持中国共产党对军队的绝对领导，是毛泽东等老一辈无产阶级革命家创立的根本建军原则。

新的历史时期，江泽民用极大的精力坚定不移地贯彻了这一原则。江泽民主持军委工作以来，结合新的建军实践，把这一问题的重要性提到新的理论高度。江泽民指出，坚持党对军队的绝对领导，这是我们建军的根本原则，是我们党的优良传统，是我们军队特有的政治优势，必须继续保持和发扬。江泽民特别强调，一个军队要有军魂，我们军队的军魂就是党的绝对领导。这一点在新的历史时期尤为重要。近几年来，军委狠抓军队党的建设，军队中各级党组织较好地发挥了核心领导作用和战斗堡垒作用，部队的思想政治建设得到了加强。我军在政治上是合格的，党中央是信赖的。同时必须看到，西方敌对势力为实现其“西化”、“分化”中国的图谋，正在伺机对我军进行渗透和破坏，他们鼓吹的“军队非党化”和“军队非政治化”那一套，就是妄图改变我军的性质，使我军脱离党的领导。军队同志特别是高中级干部，对此必须高度警惕，始终保持政治上的清醒和坚定。为了把党对军队的绝对领导

落到实处，江泽民特别强调，一要严守政治纪律；二要加强思想政治教育；三要搞好军政军民关系和官兵关系，加强军政军民团结和军队内部的团结；四要加强各级领导班子建设。

（二）实行积极防御的军事战略方针，立足于打赢现代技术特别是高技术条件下的局部战争

江泽民于 1991 年《在海湾战争座谈会上的讲话》指出："我们积极防御的军事战略，从根本上讲，就是我们的社会主义制度社会主义国家的性质所决定的我们对外不搞侵略，也不去控制别的国家，这与资本主义国家的战略有根本区别。" 1993 年 1 月又指出"把未来军事斗争准备的基点，放在打赢可能发生的现代技术特别是高技术条件下的局部战争上"。以江泽民为核心的党的第三代领导集体在邓小平国防思想的正确指导下，把积极防御战略同当代军事斗争的最新发展趋势结合起来，提出新时期军事战略方针的基本精神。它反映了当今世界形势和战略格局所发生的重大变化，反映了高技术条件下的局部战争成为主要作战形式的发展趋势，符合我国国情及面临的主要威胁和周边安全的实际情况。

（三）实施科技强军战略，加强军队质量建设，走有中国特色的精兵之路

大力加强军队质量建设，坚定不移地走有中国特色的精兵之路，是以江泽民为核心的中央军委在新时期作出的一个最重要的战略决策。江泽民主持军委工作后，反复强调军队必须加强质量建设，走精兵之路。1990—1992 年，江泽民多次指出，加强国防不能在增加军队数量上打主意，不但不能在数量上打主意，我们还应该使军队更精干，政治质量更高，军事素质更高；要从严治军，走精兵之路，进一步收缩摊子，优化结构，加强管理，通过提高部队质量来提高部队战斗力；部队要严格训练，严格管理，加强教育，把质量建设的方针落实到各项工作中去，不断提高部队的战斗力和作战指挥能力。为此，1995 年年底，在中共中央、国务院提出科教兴国战略的同时，中央军委明确提出在军队建设上要逐步实现由数量规模型向质量效能型、由人力密集型向科技密集型的转变。它的提出，标志着我军科技强军战略的正式形成。

走科技强军和精兵之路，必须正确处理军队数量与质量的关系。江泽民指出："我国幅员辽阔，地形复杂，由于装备性能比较落后，机动能力比较低，军队需要保持一定的规模。"但是规模过大，又会影响整个国家的经济建设，从而最终影响军队的现代化建设。江泽民说："随着世界科学技术日新月异的进步，以及由此带来的世界军事变革的加速发展和武器系统效能的空前提高，加强我军的质量建设显得愈来愈重要，愈来愈紧迫。军队质量在现代战争中具有决定性的意义。我们必须把质量建设作为实现我军现代化的基本指导方针，摆在更加突出的位置。"减少数量，提高质量，争夺质量优势，就是我军实现现代化的必然选择。要积极稳妥地进行编制、体制的调整和改革。军队编制、体制是实现人与武器有机结合的组织形式，科学的编制、体制是战斗力的倍增器。今天，在广泛使用高技术的情况下，军队编成的科学性，结构的合理性，指挥的灵便性，运转的协调性，构成作战体系的严密性等，直接关系到军队战斗力生成与发展。

走科技强军和精兵之路，关键是要科技强军。走有中国特色的精兵之路，核心是一个"精"字。江泽民指出："精，既是对'量'的要求，更是对'质'的要求。减少数量，并不等于质量会自然而然地提高"，"加强质量建设的关键，是实施科技强军的战略，提高军队现代化建设的各个方面的科学技术含量，增强现代技术特别是高技术条件下的防卫作战能

力”。面对世界军事发展的新形势，我们必须更加自觉、更加坚定地贯彻科技强军战略，争取实现我国国防和军队现代化建设的跨越式发展，尽快缩短同世界主要军事强国的差距。实施科技强军的关键是要把我军的武器装备搞上去。武器装备现代化是军队现代化的物质基础，也是科技强军的突出标志。因此，必须把国防科技发展和武器装备建设放在优先的位置，“千方百计把我军武器装备搞上去”。

（四）按“五句话”总要求，全面加强军队建设

1991 年 1 月 25 日，江泽民在中央军事扩大会议上的讲话中指出：我们一定要建设一支政治合格、军事过硬、作风优良、纪律严明、保障有力的战斗力很强的人民军队。

政治合格，其核心就是要解决我军永不变质的问题。政治合格的根本含义就是要坚持和接受中国共产党的绝对领导，保证我军人民军队的性质和宗旨，确实履行党和人民所赋予的神圣使命。要做到政治合格，一是要始终不渝地坚持和接受党对军队的绝对领导，保证枪杆子永远听从党的指挥；二是要努力贯彻和实践全心全意为人民服务的宗旨；三是要坚定不移地用科学的思想武装全军官兵，引导官兵树立正确的人生观、价值观，与党中央和中央军委保持一致；四是坚持党管干部的原则，努力建设一支高素质的干部队伍。

军事过硬，其关键就是要解决我军打得赢的问题。军队是国家的武装力量，是执行国家专政的暴力工具。军队的根本任务就是保卫人民和国家的生命安全、经济利益和国家的主权与领土完整。为此，针对新形势的要求，江泽民对军队再三强调，一是必须坚持毛泽东军事思想和邓小平新时期军队建设思想的科学指导地位，深入研究高技术战争的指导规律，务求军事理论建设的优势地位；二是贯彻积极防御的新时期军事战略方针；三是以科技为先导，不断改善我军的武器装备，确保我军掌握具有世界先进水平的“撒手锏”；四是用科学知识武装全军官兵，不断提高我军官兵的军事素质；五是实行科学的编制体制，走科技质量效能型之路；六是以训代战，努力提高高技术条件下的防卫作战能力；七是牢固树立战斗队的思想。

作风优良，其重点就是要解决我军永葆本色的问题。优良的光荣传统和特有的政治优势，是我军性质宗旨的集中体现，也是构成我军战斗力的重要因素和克敌制胜的法宝。其主要内容是实事求是、言行一致、公道正派、廉洁奉公、艰苦奋斗、勤俭节约、尊干爱兵、拥政爱民、雷厉风行、英勇顽强等。江泽民反复强调，在新的历史条件下，更要大力加强我军的作风建设，发扬我党我军光荣传统，发扬老红军的优良传统，特别要发扬邓小平倡导的“五种革命精神”，永葆人民军队的本色。

纪律严明，其重心就是要解决新时期军队指挥到位的问题。江泽民根据新的历史条件强调指出，必须“以加强纪律建设为核心内容，依法从严治军”，因为，“在长期的和平环境中，部队容易松懈，坚持从严治军很不容易，但正因为如此，治军就更要严格，丝毫懈怠不得。”为此，一要严格政治纪律，坚持维护政令军令的权威性、严肃性，确保党中央、中央军委决策的贯彻落实；二要树立高度自觉的组织观念，无论客观环境如何变化，都必须按组织原则行事；三要严格遵守各项条令、条例和规章制度；四是严格执行群众纪律，自觉接受群众的监督，维护人民的利益。

保障有力，其要害就是要解决我军在高技术战争条件下供得上的问题。现代技术条件下的作战，消耗大，技术保障复杂，时效性要求高，对后勤和技术保障的依赖性大。实现保障有力，就是要根据高技术条件下的作战需要，加强后勤和技术保障建设。主要抓好应急综合

保障能力的提高，后勤建设的改革；建立平战结合、军民兼容的后勤保障体系；加强后勤保障技术的训练等，以适应高技术战争的需要。

（五）建设具有中国社会主义特色的现代化国防

建设具有中国社会主义特色的现代化国防是国家战略目标之一。建设国防现代化首先必须建立现代化的军事理论。要建立现代化的军事理论，就必须正确处理继承与创新的关系。江泽民指出，马克思主义的发展史告诉我们一个深刻的道理：社会实践是不断发展的，我们的思想认识也必须不断前进，不断根据实践的要求进行创新。思想解放、理论创新，是引导社会前进的强大力量。我们始终要坚持以马列主义、毛泽东思想，特别是邓小平理论为指导，这一点丝毫不能动摇。同时，我们也必须根据新的实践不断进行新的探索，不断为实践提出新的理论指导。军事理论来源于军事实践，科学技术的发展强制性地改变了战争的形态、方式和方法，有了新的战略战术。我们必须根据新的时代条件的变化和军队建设、国防建设的现实需要，努力发展具有中国特色的军事指导理论。江泽民指出："当前和今后一个时期，主要是抓好两大课题的研究。一是研究现代技术特别是高技术条件下仗怎么打的问题，一是研究在对外开放和发展社会主义市场经济条件下军怎么治的问题。……要集中全军的智慧，共同完成时代赋予我们的这一历史任务。"

其次，国防现代化的重要内容是实现武器装备的现代化。江泽民强调指出，我们不是唯武器论者，相信最终决定战争胜负的是人而不是物，但是先进的武器毕竟是重要的，科学技术是不能忽视的；必须把国防科学技术发展和部队装备建设放在突出地位，我们有信心有能力战胜任何敌人，但武器装备落后，特别是高技术条件下的对抗能力不强，夺取战场主动权就比较困难，赢得胜利就要付出较大代价，因此，必须尊重科学，重视武器的作用。要把国防科技发展和武器装备建设放在突出地位，必须坚持国防建设与经济建设相互促进、协调发展，使国防科技发展与武器装备建设适应新时期军事战略以及整个国家现代化建设事业发展的需要。江泽民从新时期的形势、任务和实际情况出发，指出："把经济搞上去和建立强大的国防，是我国现代化建设的两大战略任务。"一方面，把经济建设搞上去，是发展国防科技，改善武器装备的前提条件。雄厚的经济基础，是推动武器装备上质量、上台阶、上水平的根本保证。另一方面，要在国家财力增加的基础上，逐步加大国防科技发展和武器装备建设的投入，努力提高武器装备的现代化水平。"如果不随着经济的发展而努力加强国防建设，提高军队武器装备的现代化水平，一旦发生战争，我们就可能陷于被动，就难于有效地维护国家安全"。

最后，建立具有中国社会主义特色的现代化国防工业体系。我国的国防工业体系是在以毛泽东为首的老一辈无产阶级革命家关心、支持，并亲自过问和指挥下建立起来的。国防工业在保卫国家主权，反对外国入侵，维护世界和平，反对霸权主义和强权政治的斗争中，做出了巨大的贡献，捍卫了国家的尊严。江泽民指出："我国'两弹一星'事业不断取得辉煌的发展，这极大地鼓舞了中国人民的志气，振奋了中华民族的精神，为增强我国的科技实力特别是国防实力，奠定我国在国际舞台上的重要地位，做出了不可磨灭的巨大贡献。"在发展社会主义市场经济的新形势下，具有中国社会主义特色的现代化国防工业体系应如何发展呢？江泽民指出："在发展社会主义市场经济的新形势下，我们不断探索和完善国防建设与经济建设相互促进、协调发展的机制，坚持寓军于民，推动国防科技工业走'军民结合、平战结合、军品优先、以民养军'的发展道路。……第一，坚持寓军于民。……寓军于民，是把这两项战略任务有机统一起来的重要举措。关键要坚持按照经济规律和科学规律办事，发挥市场配置资源的基础性作用，建立和完善适应新形势的新体制，把各方面的积极性、主动性和创造性充分发挥出来。……第二，坚持大力协同，形成推动国防科技建设的社会大协作体系。搞国防科技建设，必须坚持大力协同的原则，绝不能搞成过去那种自成体系、自我封闭、分工过细、军民分割的局面。……第三，坚持自力更生，瞄准实现技术发展的跨越，加强自主创新。推进国防科技建设要两条腿走路，一是要坚定不移地发扬自力更生、奋发图强的精神，坚持自主创新，不断攀登科技高峰；二是抓住有利时机，有选择地引进先进的技术装备和管理方法，提高我国的武器装备水平。”

第五节　胡锦涛关于国防和军队建设重要论述

胡锦涛主持中央军委工作以来，从治党治国治军的战略高度，科学把握当代世界军事发展的大势，在深刻洞察中国军队建设现状，准确把握世界军事发展客观规律的基础上，根据新世纪、新阶段中国国防和军队建设的新形势新任务，作出了许多重要论述，提出了一系列国防和军队建设的新思想和新观点。

一、主要内容

胡锦涛关于国防和军队建设的主要论述有：确立了以科学发展观统领国防和军队建设指导方针；确立了新世纪、新阶段人民军队要为党巩固执政地位提供重要的力量保证，为维护国家发展的重要战略机遇期提供坚强的安全保障，为维护国家利益的拓展提供有力的战略支撑，为维护世界和平和促进共同发展发挥重要作用的新的历史使命；重新确定军事训练的战略地位和作用；强调在科学技术迅猛发展并广泛应用于军事的新形势下，要向科学管理要效益，向科学管理要战斗力，特别是在当今信息化条件下，中国军队建设正在由机械化、半机械化向信息化转型，使得军队建设的系统构成日益复杂，迫切需要强化科学管理的思想；强调要抓住机遇，应对挑战，加快发展，以自主创新精神推动军队的改革发展；强调在复杂多变的新形势、新环境下，要始终不渝地坚持党对军队绝对领导的根本原则和制度。

二、地位和作用

胡锦涛关于国防和军队建设重要论述，集中反映了新世纪、新阶段中国国防和军队建设的最新成果，是对毛泽东军事思想、邓小平军队建设思想、江泽民国防和军队建设思想的继承和发展，是科学发展观在国防和军队建设领域的延伸和重要组成部分，为新世纪、新阶段中国国防和军队建设提供了重要理论指导。

胡锦涛出席全国人大解放军代表团会议

第六节 习近平国防与军队建设思想

党的十八大以来，习近平总书记着眼坚持和发展中国特色社会主义、实现中华民族伟大复兴中国梦，对加强国防和军队建设作出一系列重要论述，鲜明回答了在世界形势发生深刻复杂变化、我国全面建成小康社会进入决定性阶段新的历史条件下，建设一支听党指挥能打胜仗作风优良的人民军队的重大课题。

2012 年 12 月 5 日，习近平在北京会见第二炮兵第八次党代表大会代表时表示："要坚持从思想上政治上建设部队，坚持党对军队绝对领导的根本原则和制度，坚持不懈用中国特色社会主义理论体系武装官兵，持续培育当代革命军人核心价值观，弘扬我军光荣传统和优良作风，确保部队绝对忠诚、绝对纯洁、绝对可靠，永葆人民军队的性质和本色。"

2012 年 12 月 8 日和 10 日，习近平在广州战区考察时指出："实现中华民族伟大复兴，是中华民族近代以来最伟大的梦想。可以说，这个梦想是强国梦，对军队来说，也是强军梦。我们要实现中华民族伟大复兴，必须坚持富国和强军相统一，努力建设巩固国防和强大军队。"

2013 年 1 月 29 日，习近平到武警部队视察时强调："武警部队要牢记使命责任，全面贯彻落实党的十八大精神，全面加强革命化现代化正规化建设，不断提高履行使命任务能力，确保完成以执勤处突为中心的各项任务，确保部队高度集中统一和安全稳定，努力建设一支听党指挥、能打胜仗、作风优良的现代化武装警察部队。

武警部队官兵天天在一线，时时接受考验，必须加强战斗精神培育，教育引导广大官兵继承和发扬我军大无畏的英雄气概和英勇顽强的战斗作风，保持旺盛革命热情和高昂战斗意志。

要深刻认识当前维稳形势的复杂性和武警部队在维稳工作中的重要性，下好先手棋、打好主动仗，保持箭在弦上、引而待发的高度戒备态势，确保部队召之即来、来之能战、战之必胜。

要把依法治警、从严治警作为全局性、基础性、长期性工作抓紧抓实，真正使武警部队既成为能打胜仗的威武之师，又成为人民群众爱戴的文明之师。"

2013 年 2 月 2 日和 4 日，习近平在空军某试验训练基地、酒泉卫星发射中心和兰州军区机关视察时强调："要深入贯彻落实党的十八大精神，加强部队全面建设和军事斗争准备，不断提高履行使命任务能力，不断创造无愧于党、无愧于祖国、无愧于人民的新业绩。

要着力加强作风纪律建设，抓好依法治军、从严治军方针落实。要坚持和发扬艰苦奋斗精神，使厉行节约、反对浪费在部队蔚然成风。要严肃各项纪律，确保政令军令畅通。要始终把工作重点放在基层，关心关爱基层官兵，注意把人力、物力、财力向边防、向基层、向一线倾斜。要着力做好支援地方经济社会发展各项工作，巩固军政军民团结和民族团结，以实际行动为西北地区人民造福、为西北地区发展兴利。"

2013 年 3 月 11 日，习近平出席十二届全国人大一次会议解放军代表团全体会议并发表重要讲话时指出："建设一支听党指挥、能打胜仗、作风优良的人民军队，是党在新形势下的强军目标。听党指挥是灵魂，决定军队建设的政治方向；能打胜仗是核心，反映军队的根本职能和军队建设的根本指向；作风优良是保证，关系军队的性质、宗旨、本色。

要统筹经济建设和国防建设，努力实现富国和强军的统一。进一步做好军民融合式发展这篇大文章，坚持需求牵引、国家主导，努力形成基础设施和重要领域军民深度融合的发展格局。

要发扬艰苦奋斗精神，厉行勤俭节约，反对铺张浪费，把军费管好用好，使国防投入发挥最大效益。

要弘扬拥政爱民、拥军优属的光荣传统，开展军民共建与和谐创建活动。地方各级党委和政府要关心支持国防和军队建设，加强国防教育，增强全民国防观念，使关心国防、热爱国防、建设国防、保卫国防成为全社会的思想共识和自觉行动。”

2013 年 3 月 17 日，习近平在第十二届全国人民代表大会第一次会议上讲话时强调：“中国人民解放军全体指战员，中国人民武装警察部队全体官兵，要按照听党指挥、能打胜仗、作风优良的强军目标，提高履行使命能力，坚决捍卫国家主权、安全、发展利益，坚决保卫人民生命财产安全。”

2013 年 4 月 9 日，习近平视察海军驻三亚部队时表示：“当前和今后一个时期，部队思想政治建设的一项重大任务，就是要教育引导广大官兵牢记强军目标，努力把个人理想抱负融入强军梦，强化使命担当，矢志扎根军营、建功军营。抓思想政治建设，必须把培育战斗精神、培养战斗作风突出出来，强化官兵当兵打仗、带兵打仗、练兵打仗的思想，探索形成战斗精神培育的长效机制。

海军部队类型多、驻防分散，点多、线长、面广，尤其要抓好基层党组织建设。要配强基层党委、支部班子，强化组织功能，把基层党组织建设成为坚强战斗堡垒。要重视和加强基层干部队伍建设，着力提高他们能力素质，关心他们成长进步，主动为他们排忧解难，充分调动基层干部的积极性、主动性、创造性。”

2013 年 5 月 21 日至 23 日，习近平到四川芦山地震灾区考察时表示：“芦山强烈地震发生后，你们迅速投入抗震救灾斗争第一线，大力发扬我军能打仗、打胜仗的精神和不怕疲劳、连续作战的作风，发挥了主力军和突击队作用，做出了突出贡献，党和人民感谢你们！”

2013 年 7 月 7 日至 8 日，习近平主持召开党的群众路线教育实践活动专题民主生活会时表示：“做到听党指挥、政治坚定。政治上坚定，关键要理论上坚定。军委的同志要系统学习马克思主义理论特别是中国特色社会主义理论体系，学习国史党史军史，打牢思想根基，坚定理想信念，始终与党同心同德，在思想上政治上行动上同党中央、中央军委保持高度一致。

党叫干什么就坚决干，党不允许干什么就坚决不干，带头维护中央权威，维护军委权威，不能有半点含糊。坚持党对军队绝对领导，确保枪杆子永远掌握在忠于党的可靠的人手中。

做到善谋打仗、能打胜仗。带兵打仗、指挥打仗是军委的基本职责。能打仗、打胜仗首先是对军委的要求。必须树立军队要能打仗、打胜仗的思想，什么时候都要有带领部队打胜仗的观念，全部心思要向打仗聚焦，各项工作要向打仗用劲。

做到求真务实、真抓实干。实干兴邦，实干兴军。军委一班人要紧紧围绕实现强军目标想问题、作决策、抓建设，用战斗力标准检验工作，把说的和做的真正一致起来，把对上负责和对下负责真正一致起来，多干打基础、利长远的工作，既要锐意创新，又要防止急功近利，不受虚言，不听浮术，不采华名，不兴伪事。

做到廉洁自律、风清气正。要牢固树立正确的权力观、地位观、利益观，坚持自重、自省、自警、自励，带头遵守廉洁自律各项规定，坚决不搞特殊化，坚决不搞特权，坚决不搞不正之风，坚决不搞腐败。选人用人是广大干部最关心的问题，军委的同志要有宽阔的胸襟，坚持德才兼备，坚持五湖四海，注重选贤任能，为强军目标的实现奠定坚实组织基础。”

2013 年 7 月 29 日，习近平到北京军区机关视察时强调：“要紧紧围绕实现党在新形势下的强军目标，聚焦能打仗、打胜仗，全面加强部队建设，不断提高履行使命任务能力，坚决完成党和人民赋予的各项任务。

要坚持把思想政治建设摆在首位，坚持不懈用中国特色社会主义理论体系武装官兵，持续培育当代革命军人核心价值观，发展先进军事文化，加强各级党组织建设，确保思想政治上特别纯洁、特别过硬、特别坚定。

要始终坚持战斗力这个惟一的根本的标准，全部心思向打仗聚焦，各项工作向打仗用劲。要深入开展我军根本职能教育，真正使战斗队意识在官兵头脑中深深扎根。要坚持信息化的发展方向，推动信息化建设加速发展，增强基于信息系统的体系作战能力。要坚决贯彻战训一致原则，切实端正训风、演风、考风。要进一步抓好训练基地建设和使用，充分发挥训练基地在提高部队实战化水平方面的重要作用。

要坚决贯彻落实中央和军委有关作风建设规定，持之以恒、锲而不舍，善始善终、善做善成，不断把作风建设引向深入，以良好作风推动部队全面建设。要认真落实标准更高、走在前列的要求，扎扎实实抓好党的群众路线教育实践活动，深入基层、深入官兵，广泛听取意见建议，搞好专项整治。”

2013 年 8 月 29 日，习近平视察沈阳战区部队时强调：“要按照‘照镜子、正衣冠、洗洗澡、治治病’的总要求，集中精力持续解决‘四风’问题，针对问题抓好整改，确保专项整治取得实实在在的成效。要坚持开门搞活动，群策群力把问题解决好、把教育实践活动搞扎实。要坚持自上而下抓，一级抓一级，一级带着一级改。

要拓展军民融合的领域和范围，积极推进国防经济和社会经济、军用技术和民用技术、部队人才和地方人才兼容发展。要支持和参加地方生态文明建设，军民合力把美丽、富饶的白山黑水保护好、发展好。”

2013 年 11 月 5 日，习近平在国防科学技术大学视察时指出：“要牢牢扭住培养高素质新型军事人才这个中心任务，深入研究现代军事教育特点和规律，坚持走以提高质量为核心的内涵式发展道路，努力培养造就能够担当强军重任的优秀军事人才。

要牢牢抓住国防科技自主创新这个战略基点，大力推进科技进步和创新，努力在前瞻性、战略性领域占有一席之地。要继续抓好基础研究这项打基础、利长远的工作，为国防科技和武器装备持续发展增强后劲。

要牢牢抓住培育优良校风这个基础工程，坚持从严治校、从严治教、从严治学，使官兵做到德、智、体、美全面发展。要坚持高标准抓好党的群众路线教育实践活动，提高领导班子发现和解决自身问题的能力，发扬‘钉钉子’精神，紧紧抓住纠治‘四风’问题不放松，立行立改，不断取得新成效。”

2013 年 11 月 6 日，习近平在接见全军党的建设工作会议代表时强调：“当前，我们正在进行具有许多新的历史特点的伟大斗争，这对全面推进党的建设新的伟大工程提出了更高要求，必须把军队党的建设摆在更加突出的位置，始终坚持党对军队的绝对领导，始终坚持以能打仗、打胜仗为根本着眼点，始终坚持党要管党、从严治党方针，始终坚持以改革创新精神加强军队党的建设，不断提高军队党的建设科学化水平，为实现党在新形势下的强军目标提供坚强思想和组织保证。

搞好军队党的建设，是军队建设发展的核心问题，是军队全部工作的关键，关系到党的执政地位，关系到我军性质宗旨，关系到部队战斗力。

我军之所以能够战胜各种艰难困苦、不断从胜利走向胜利，最根本的就是坚定不移听党话、跟党走。这是我军的军魂和命根子，永远不能变，永远不能丢。军队党的建设的首要任务是确保党对军队的绝对领导，这也是对军队党的建设的根本要求。

军队党的建设必须紧紧围绕能打仗、打胜仗来展开，成为部队战斗力的增强剂和功放器。要强化战斗队思想，把战斗力标准贯彻到军队党的建设各个方面，加强各级党组织能力建设，造就高素质干部队伍，发挥党委领导核心作用、党支部战斗堡垒作用、党员先锋模范作用，团结带领广大官兵坚决完成党和人民赋予的光荣使命。

我军是执行党的政治任务的武装集团，军队党的建设必须高标准、严要求，努力走在全党前列。要坚持贯彻民主集中制，用好批评和自我批评这个有力武器，严格落实党内生活制度，着力巩固和加强党的团结。

党的建设面临的社会条件、党员队伍成分结构都发生了深刻变化，要继承我军党建工作优良传统，也要推进新形势下军队党的建设创新发展。要认真学习贯彻落实即将召开的党的十八届三中全会精神，深入研究新形势下军队党的建设特点和规律，推进制度创新，改进方式方法，不断增强军队党建工作的时代感和科学性，不断增强各级党组织的创造力、凝聚力、战斗力。”

2013 年 11 月 28 日，习近平视察济南军区部队时强调：“希望大家在部队大熔炉大学校里刻苦训练、磨砺成才、茁壮成长，尽快成长为合格军人，实现人生理想，谱写青春篇章。

要注意掌握官兵思想动态，面对面、心贴心、实打实做好经常性思想工作和管理教育工作。各级党组织要管党员、管干部、管思想，基层带兵干部要知兵、爱兵、育兵。

要充分发挥优秀传统文化教化人、培育人的作用，塑造中国心、民族魂，助推中国梦、强军梦的实现。

军事训练是提高实战能力的重要途径和抓手，要坚持仗怎么打兵就怎么练，打仗需要什么就苦练什么，部队最缺什么就专攻精练什么，突出使命课题训练，加大对抗性训练力度，走开基地训练的路子，在近似实战的环境下摔打锻炼部队。要强化信息主导、体系支撑、精兵作战、联合制胜的观念，发展具有我军特色的作战理论和作战思想。

当前，军队党的群众路线教育实践活动取得明显成效。要乘势而上、乘胜追击，善始善终、善作善成，努力实现作风根本好转。要组织好回头看，做到已经纠治的防反弹，承诺解决的要兑现，深层次矛盾敢触及，新出现的问题不放过。

要发挥军队优势，深入做好扶贫帮困、助学兴教、医疗扶持、支持新农村建设等工作，书写军民鱼水情的时代新篇章。”

2014 年 1 月 26 日，习近平到内蒙古军区边防某部看望慰问戍边官兵时表示：“为了祖国和人民和平安宁，必须建设巩固的边防。作为新时代戍边军人，使命光荣，责任重大。

希望大家深入学习贯彻强军目标，抓好思想政治建设，坚定理想信念，弘扬‘北疆卫士’精神，坚决听党的话、跟党走，矢志扎根边防、守卫边防、建功边防。坚持执勤训练一体化，提高管边控边能力，有效履行卫国戍边职责。”

2014 年 3 月 11 日，习近平出席十二届全国人大二次会议解放军代表团全体会议并发表重要讲话时指出：“实现强军目标，必须勇敢承担起我们这一代革命军人的历史责任。面对新的形势任务，必须以只争朝夕的精神推进国防和军队现代化。我们希望和平，但任何时候任何情况下，都决不放弃维护国家正当权益、决不牺牲国家核心利益。现在，强军的责任历史性地落在了我们肩上，要挑起这副担子，必须敢于担当，这既是党和人民的期望，也是当代革命军人应有的政治品格。

要破除思维定势，树立与强军目标要求相适应的思维方式和思想观念。必须坚持问题导向，坚持战斗力标准，深入研究现代战争特点规律和制胜机理，抓住制约战斗力建设的重难点问题，以重点突破带动整体推进，让一切战斗力要素的活力竞相迸发，让一切军队现代化建设的源泉充分涌流。

实现强军目标，必须同心协力做好军民融合深度发展这篇大文章，既要发挥国家主导作用，又要发挥市场的作用，努力形成全要素、多领域、高效益的军民融合深度发展格局。”

2014 年 3 月 15 日，习近平主持召开中央军委深化国防和军队改革领导小组第一次全体会议强调：“国防和军队改革是全面改革的重要组成部分，也是全面深化改革的重要标志。军委对贯彻落实党的十八届三中全会精神高度重视、抓得很紧，各级各部门迅速行动，全军上下形成了拥护支持改革的浓厚氛围。要因势而谋，顺势而为，狠抓落实，确保深化国防和军队改革工作起好步、开好局。”

要着眼实现强军目标，正确把握深化国防和军队改革的指导原则。要牢牢把握坚持改革正确方向这个根本。深化国防和军队改革是中国特色社会主义军事制度自我完善和发展，是为了更好发挥中国特色社会主义军事制度的优势。改革是要更好坚持党对军队的绝对领导，更好坚持人民军队的性质和宗旨，更好坚持我军的光荣传统和优良作风。

要牢牢把握能打仗、打胜仗这个聚焦点。坚持以军事斗争准备为龙头，坚持问题导向，把改革主攻方向放在军事斗争准备的重点、难点问题上，放在战斗力建设的薄弱环节上。要牢牢把握军队组织形态现代化这个指向。没有军队组织形态现代化，就没有国防和军队现代化。

要深入推进领导指挥体制、力量结构、政策制度等方面改革，为建设巩固国防和强大军队提供有力制度支撑。要牢牢把握积极稳妥这个总要求。该改的就要抓紧改、大胆改、坚决改。同时，重大改革举措牵一发而动全身，必须稳妥审慎。改革举措出台之前，必须反复论证和科学评估，力求行之有效。

2014 年 4 月 9 日，习近平视察中国人民武装警察部队特种警察学院时指出：“希望大家牢记强军目标，严格训练、严格要求、严格管理，做到思想政治非常过硬、专业素质非常过硬、战斗作风非常过硬，努力成为国际一流水平的反恐特战劲旅，永远做党和人民的忠诚卫士。”

2014 年 4 月 14 日，习近平到空军机关调研时强调：要紧紧围绕党在新形势下的强军目标，全面加强部队革命化现代化正规化建设，加快建设一支空天一体、攻防兼备的强大人民空军，为实现中国梦、强军梦提供坚强力量支撑。

建设强大空军是党和人民的不懈追求，是实现强军目标的重要组成部分。要强化使命担当，以只争朝夕的紧迫意识、责无旁贷的担当精神、搏击空天的凌云壮志，埋头苦干，加快空军现代化建设步伐。

要强化改革创新，认清深化国防和军队改革的重大意义，统一思想，凝聚共识，自觉拥护改革、支持改革、投身改革，坚决完成好担负的改革任务，为空军建设发展注入强大动力。

要强化政治保证，紧紧围绕深入学习贯彻强军目标，坚持不懈抓好中国特色社会主义理论体系武装，扎实开展“牢记强军目标、献身强军实践”主题教育活动，深化革命传统教育和战斗精神培育，加强各级党组织建设，牢牢把握空军建设正确方向。

2014 年 4 月 27 日和 29 日，习近平视察驻新疆部队时表示：“驻南疆部队要从国家安全和发展战略全局的高度，认清肩负的政治责任，强化使命担当，形成整体合力，积极协助地方党委和政府做好反恐维稳各项工作，坚持凡‘恐’必打、露头就打，给暴力恐怖势力以毁灭性打击，坚决把暴力恐怖分子嚣张气焰打下去，坚决挤压暴力恐怖活动空间，坚决遏制其蔓延升级势头，切实维护社会稳定、保障人民安居乐业。

你们开展的‘红色基因代代传’工程建设，把‘红色基因’融入官兵血脉，这个做法很好。要发扬光荣传统，永葆老红军政治本色。

要发挥战斗队工作队生产队作用，促进新疆社会稳定和长治久安。当好战斗队，就是要坚决保卫边防、坚决打击暴力恐怖活动，捍卫国家政治安全、政权安全，维护祖国统一和民族团结。当好工作队，就是要做到深入群众、联系群众、宣传群众、团结群众、依靠群众，发挥我军特有的政治优势，靠真心真情做好民族团结工作，军民共筑维护新疆社会稳定的铜墙铁壁。当好生产队，就是要在完成军事任务的同时，积极参加和支援新疆开发建设，为建久安之势、成长治之业贡献力量。”

2014 年 6 月 17 日，习近平接见空军第十二次党代会代表时强调：现在，目标已经明确，任务已经部署，关键在于落实。大家要发扬钉钉子精神，乘势而上、真抓实干，努力把战略部署变成现实。

建设空天一体、攻防兼备的强大人民空军，是时代赋予空军的重大使命，是新形势下维护国家主权、安全、发展利益的必然要求。加强党的领导是完成这个庄严使命的根本保证。

空军党委要按照党中央、中央军委的要求，切实抓好空军党的建设。要坚持党要管党、从严治党，重点在铸牢党对军队绝对领导的军魂上下功夫，在坚定理想信念上下功夫，在培养战斗精神、提高战斗力上下功夫，在强化党的组织上下功夫，在改进作风、弘扬正气上下功夫，为实现强军目标提供可靠保证。

2014 年 7 月 30 日，习近平看望慰问驻福建部队官兵时强调：要铸牢强军之魂，毫不动摇坚持党对军队的绝对领导，把福建革命老区的红色资源利用好、红色传统发扬好，坚定不移听党的话、跟党走。要提高实战化水平，坚持从难从严训练部队，大力培育敢打必胜的战斗精神，确保召之即来、来之能战、战之必胜。要改作风正风气，高标准抓好党的群众路线教育实践活动，坚决纠治“四风”、坚决惩治腐败，始终保持人民军队良好形象。要加强军政军民团结，不断谱写军民鱼水情时代新篇。

拥军优属、拥政爱民是我党我军特有的政治优势，坚如磐石的军政军民关系是我们战胜一切艰难险阻、不断从胜利走向胜利的重要法宝。

2014 年 8 月，习近平签署命令给 1 个单位、1 名个人授予荣誉称号，并强调：紧紧扭住作风建设，坚持严字当头改作风正风气，大力弘扬我党我军光荣传统和优良作风，下功夫解决“四风”方面的突出问题，进一步纯洁部队内部关系，着力凝聚强军兴军的强大正能量。

2014 年 12 月 14 日，习近平在南京军区机关视察时说：高中级干部是治军带兵的骨干，必须加强教育、管理、监督，严格考核和选拔任用。要深入推进作风建设，坚决抓好问题整改和调查处理，巩固和发展群众路线教育实践活动成果，不断取得官兵满意的实效。

2014 年 12 月 14 日，习近平在南京军区机关视察时说：要强化法治观念，严格部队管理，狠抓条令条例贯彻落实，提高部队正规化水平。各级领导和机关要依法筹划和指导基层建设，严格按照《军队基层建设纲要》开展工作，推动基层建设全面进步、全面过硬。

2015 年 2 月 16 日，习近平春节前夕视察看望驻西安部队时说：当前，国防和军队建设目标任务已经明确，关键在抓好落实，抓住领导干部这个“关键少数”。各级领导干部要强化使命担当，践行“三严三实”要求，在实现强军目标中发挥模范带头作用。

2015 年 3 月 12 日，习近平出席十二届全国人大三次会议解放军代表团全体会议并发表重要讲话：把军民融合发展上升为国家战略，是我们长期探索经济建设和国防建设协调发展规律的重大成果，是从国家安全和发展战略全局出发作出的重大决策。今后一个时期军民融合发展，总的是要加快形成全要素、多领域、高效益的军民融合深度发展格局，丰富融合形式，拓展融合范围，提升融合层次。

2015 年八一建军节前夕，习近平到第 16 集团军视察时强调：要坚持思想领先、坚持练兵备战、坚持严字当头、坚持以身作则，适应新形势新任务管好部队带好兵，着力培养“四有”新一代革命军人，推动强军目标在基层落地生根。

2015 年 9 月 3 日，习近平在纪念中国人民抗日战争暨世界反法西斯战争胜利 70 周年大会上的讲话中指出：“中国人民解放军是人民的子弟兵，全军将士要牢记全心全意为人民服务的根本宗旨，忠实履行保卫祖国安全和人民和平生活的神圣职责，忠实执行维护世界和平的神圣使命。我宣布，中国将裁减军队员额 30 万。”

2015 年 11 月 26 日，习近平在中央军委改革工作会议上强调：“现在，我国进入由大向强发展的关键阶段，国防和军队建设处在新的历史起点上，放眼世界，纵观全局，审时度势，应对国际形势深刻复杂变化，坚持和发展中国特色社会主义，协调推进‘四个全面’战略布局，贯彻落实强军目标和军事战略方针，履行好军队使命任务，都要求我们必须以更大的智慧和勇气深化国防和军队改革。”

2015 年 11 月 26 日，习近平在中央军委改革工作会议上强调：“深化国防和军队改革是实现中国梦、强军梦的时代要求，是强军兴军的必由之路，也是决定军队未来的关键一招。要深入贯彻党在新形势下的强军目标，动员全军和各方面力量，坚定信心、凝聚意志，统一思想、统一行动，全面实施改革强军战略，坚定不移走中国特色强军之路。”

第三章 战略环境

战略环境是制定战略的客观基础。研究战略环境，揭示其特点和规律，可辨析影响自己生存与发展的有利条件和不利条件、积极因素和消极因素、现实威胁和潜在威胁、谁是朋友和谁是敌人、主要矛盾和次要矛盾，更好地把握时代主题，从维护国家安全与发展的根本利益出发，建设强大的现代化中国国防，促进世界和平。本章主要介绍战略、战略环境，战略格局的相关情况和我国周边的安全环境。

第一节 战略环境的概述

一、战略的含义，特点和分类

（一）战略的含义

战略，亦称军事战略，是对军事斗争全局的筹划和指导。其基本含义是，战略指导者基于对军事斗争赖以进行的主客观条件及其发展变化的规律性认识，全面计划、部署、指导军事力量的建设和运用，以保证有效地达成既定的政治目的。

战略是在军事斗争的实践中产生的，也是在军事斗争实践不断发展、深化的过程中丰富和完善的。应当说，早在“战略”这个概念出现之前，人们就已具有了一定的战备思维与战略意识，只是没有直接使用“战略”这个词语来表述。即使在“战略”这个概念出现后的相当长时间里，人们也没有对它的内涵和外延作出确切的界定。随着社会的演变，环境的变化，以及军事斗争的不断发展，在人们认识、运用以及驾驭战略的能力不断得到提高的同时，战略所服务的主体（阶级、民族、国家、政党及政治集团）的性质、地位和斗争的目的、目标等也表现出不同的特点。因此，在不同的社会时代和不同的历史时期以及不同的国家（集团），都有自己的战略概念，其含义和内容也不尽相同。例如：

瑞士的若米尼（1779—1869 年）认为：战略是在地图上进行战争的艺术，“就是指一支军队的最大部分兵力集中到战争区或作战地区的最重要点上去的一种艺术”。

普鲁士的克劳塞维茨（1780—1831 年）认为：“战略是为了战争目的运用战斗的学问。”

英国的利德尔（1895—1970 年）在其《战略论》中指出：“战略是一种分配和运用军事工具以来达到政治目的的艺术。”

美国参谋长联席会议认为：“军事战略是运用一国武装力量，通过使用武力或以武力相威胁，达成国家政策的各项目标的一门艺术和科学。”

《苏联军事百科全书》称战略是“军事学术的组成部分和最高领域，它包括国家和武装力量准备战争、计划与进行战争和战略性战役的理论与实践”。

日本防卫研究所认为：“军事战略是有关军事力量的运用及计划。”

战略概念在中国出现最早，使用也最广，但对战略的界定一直是围绕着战争和作战活动展开的。古代是这样，近代和现代也是这样。这里仅从新中国出版的辞书中引证几例：

1972 年军事科学院出版的《军语》称战略是“对战争全局的筹划和指导”。

1978 年商务印书馆出版的《现代汉语词典》称战略是“指导战争全局的计划和策略”。

1997 年军事科学出版社出版的《中国军事百科全书》和中国人民解放军《军语》称战略是“筹划和指导战争全局的方略”。

战略这个概念产生于军事斗争的实践，长期以来也一直运用于军事领域。但近年来被其他领域使用得越来越广泛。为了便于对不同领域的战略作出明确区分，使用时须在“战略”之前冠以领域的名称，如政治战略、外交战略、经济战略等。如果只在军事领域内进行研究和使用，也可直接使用战略称谓。

军事战略通常由战略目的和任务、战略方针、战略手段和军事力量等几个基本的要素构成，主要通过对军事力量的建设和运用来达成既定的政治目的。军事战略应当解决的主要问题是：判明国家（集团）安全面临威胁的性质和程度，确定战略上的主要对手和作战对象，提出军事斗争所要达到的总体目的和主要任务，规定战略上的重点方向、地区，确定准备与实施军事斗争的指导方针和基本原则，明确斗争的主要手段、形式和协同、保障的主要方法等，并依此制定总体的行动计划和实施步骤。不同历史时期的战略，有着不同的内容和特点，其决定的因素主要有以下三个方面：一是战略思想，即国家（集团）对待军事斗争特别是战争问题的根本立场和态度，指导军事斗争的基本观点和理论原则，这是它的理论基础；二是战略环境，包括世界战略格局、国际战略形势，尤其是周边安全和国内稳定的基本状况，这是它的客观依据；三是军事力量，主要是国家（集团）军事力量的性质、职能、构成、规模、作战能力、战争潜力、动员机制和发展方向等，这是它的物质条件。战略指导者基于对一定历史时期内上述情况的综合分析，提出军事斗争的基本对策和保障国家（集团）安全的基本方法，就是这个时期军事战略的基本内容。

（二）战略的特点

军事战略因有特定的研究对象、内容和表现形式，而具有自身的特点，主要表现为：

（1）全局性，全局性是战略的首要特点。这个全局指的是国家（集团）整个军事斗争的全局，带有照顾各方面，各部分和各阶段的性质，战略是国家（集团）关于军事问题的最高决策，处于军事领域的最高层次。在现实生活中，全局是可以区分层次的，凡是独立的具有照顾各个方面、各个部分、各个阶级性质的事物，都可以称之为全局，如世界可以是一个全局，一个国家、一个独立战区也可以是一个全局。战略统筹军事斗争的各个方面和各个部分，指导军事斗争的全部过程，并通过对全局具有决定影响的关键问题的策划和解决来实现的。

（2）对抗性。军事斗争，尤其是战争，是一种有组织、有计划的暴力行为，是敌对双方以军队或其他武装组织为骨干而展开的激烈较量。战略本身所具有的政治性质，是其对抗性产生和依存的基础。战略的对抗性，在实践中主要表现为针对国家安全所面临的威胁，全面筹划和运用国家的军事力量去夺取军事斗争的胜利。战略的对抗性，具有整体性和连续性的特点，表现在对整个国家（集团）军事斗争全局的整体运筹上，具有更广阔的空间和时间范围，它既包括对军事力量建设的全局筹划，也包括对军事力量使用的全面策划，既包括战时对战争的全局的整体、运筹，也包含和平时期对各级军事斗争方式的整体运筹。

（3）谋略性。谋略是指挥员基于客观情况而提出的计谋和策略。它是人的自觉能动性的高度体现，是指导军事斗争取得胜利的一个重要因素，也是战略的一个突出的特点。战略是主客观结合的产物。从本质上讲，它是政治的选择，有严格的规定性，但从实践的意义上讲，它又是手段的选择，有高度的灵活性。自古以来，任何战略都体现着一定的谋略思想，中国历史上战略的谋略性更有自己的特色。《孙子兵法》就是一部充满谋略思想的经典之作。它明确推出，“兵者，诡道也”，主张“上兵伐谋”，把以智谋取胜定为用兵之上策。广为流传的《三十六计》也是一本专门论述军事计谋的兵书。

（4）相对稳定性。军事斗争情况的发展变化，决定着军事斗争指导规律的发展变化。战略必须随着军事斗争的发展而发展，依照情况的变化而改变，一成不变的战略是不存在的。然而，由于战略处于军事领域的最高层次，指导范围广，影响重大而深远，是一切军事活动的依据和准则，因此，战略又具有相对的稳定性。这主要体现在：一是战略的指导对象是相对稳定的，战略是对军事斗争全局的筹划和指导，这个全局不是一个方向、某一个地区或某一种斗争方式；二是战略的理论指导原则是相对稳定的，战略作为国家（集团）根本性的军事政策，其基本的理论指导原则受国家（集团）所遵循的理论和总政策的支配和制约，因而在一定时期内也是基本稳定的；三是战略的基本内容是相对稳定的，战略是为了实现国家（集团）在一定时期内所确定的政治目的，而从全局上对军事斗争进行的筹划和指导，它具有很强的前瞻性和导向性，因而是基本稳定的。

（三）战略与分类

战略可按不同的标准划分不同类型。按社会历史时期划分，有古代战略、近代战略、现代战略；按军事行动的基本样式划分，有进攻战略和防御战略；按军事行动的目的分，有扩张战略和自卫战略；按军事行动的性质分，有歼灭战略、消耗战略、瘫痪战略，以及军事竞争战略、遏制战略；按军事行动的方式分，有实战战略、威慑战略，以及实战和威慑相结合的战略；按作战持续时间划分，有速决战略和持久战略；使用武器的类型划分，有常规战争战略和核战争战略；按军种划分，有陆军战略、海军战略和空军战略等。

二、战略环境

（一）战略环境的基本概念

战略环境是指影响国家安全或战争全局的客观情况和条件，主要包括国际和国内的政治、经济、军事、外交、科技、地理等方面综合形成的客观情况和条件，以及由此而形成的战略态势，特别是战争与和平的总态势。战略环境是动态的，随着国内外形势的发展而不断变化。

（二）战略环境研究的主要内容

1. 国际战略环境

国际战略环境，是指世界各主要国家和政治集团一定时期内在战略上相互联系、相互作用、相互斗争所形成的世界全局性的大环境。它从本质上反映了世界各主要国家和政治集团建立在一定军事经济基础上的政治关系的基本状况和总体趋势。核心问题是战争与和平问题，主要包括有关各方力量消长、利益得失、矛盾升降、斗争起伏，特别是在双边或多边关系中敌与友、战与和、对抗与妥协、分化与组合、多助与寡助，在战争中进与退、攻与守、胜与负、强与弱、优势与劣势等方面。国际战略环境关系到国家的生存与发展、安危与兴衰，影响一个国家（集团）军事斗争的对象、性质、目标、敌友关系以及军事力量建设与运用的基本方向，因而是各个国家（集团）制定战略必须首先考察和关注的外部环境和条件。

国际战略环境的范围对于某一国家（集团）的战略指导者来说，最值得关注以下几个方面：

一是时代特征。所谓时代，是指世界整体在发展进程中所处的大阶段。不同阶段之间相互区分的标志，就是时代特征。时代特征反映了世界发展总进程中的矛盾领域和斗争状况。时代特征是世界性的、阶段性的，它所反映的是世界的总貌，是整个世界在一定历史阶段的总的标志，而不是个别国家的个别现象，也不是国际社会一时一事的情节或短时期的形势变化。正确认识时代特征，有助于战略指导者从宏观上把握当代世界的主要矛盾和总的发展趋势，从而对国际战略环境作出正确的判断，避免战略指导的重大失误。

二是世界战略格局。世界战略格局，是世界各国政治、经济、军事力量在其消长、分化和组合过程中所形成的，对世界战略全局具有重大影响而又相对稳定的力量结构。世界战略格局反映了一定时期内国际间的力量对比、利益矛盾和需求，以及基本的战略关系。对世界战略格局进行分析与研究，有助于从总体上了解世界各主要国家在世界全局中的地位以及战略利益方面的矛盾和需求，有助于对世界形势及其可能的发展趋向作出基本的估计。

三是主要国家的战略动向。世界各国之间由于战略利益和政策的异同，既可能是对手，也可能是朋友。各国的战略动向，既互为条件、相互依存，又相互影响和制约。其中，一些实力较强的世界性和地区性大国，特别是超级大国所推行的战略，对地区乃至世界的安全与稳定具有重大的影响，对其他国家的战略也有不同程度的影响。因此，一定时期内各主要国家的战略及其发展趋势，是国际战略环境的重要部分。了解主要国家的战略动向，有助于从世界各国特别是大国之间关系上具体地研究国际战略环境，进而对世界形势作出正确判断。

四是当代世界战争与和平的趋势。战争是解决阶级和阶级、民族和民族、国家和国家、政治集团和政治集团之间利益矛盾和冲突的最激烈的手段。只要战争根源还存在，战争与和平始终是国际安全面临的重大问题。对于一个国家的主权和安全来说，来自外部的战争威胁是最严重的威胁。因此，当代世界战争与和平的趋势在国际战略环境中最引人注目，也是世界各国研究和制定军事战略时关注的中心。

五是周边安全形势。周边安全形势，是指周边国家（集团）直接、间接影响本国安全的条件和因素。周边安全形势中最值注意的是周边国家与本国的利益矛盾、对本国的政策企图、与本国密切相关的军事力量及其部署等直接影响本国安全的情况和因素。

2．国内战略环境

从军事斗争的角度讲，国内战略环境是指对筹划、指导军事斗争全局具有重大影响的国内社会环境与自然环境。它反映了国家军事力量建设与运用的可能条件和制约因素，决定着战略的基本性质和方向，是制定战略的依据。国内战略环境主要包括国家的政治、经济、军事、地理等方面的基本状况，其中，对战略具有直接影响的是国家的地理环境、政治环境和综合国力状况，因此，研究国内战略环境应重点把握以下情况。

一是地理环境。地理环境主要包括国家（战区）地地理位置、幅员、人口、资源、地形、气候以及行政区划、交通、要地等状况。这些地理要素与军事斗争的关系十分密切，是军事力量生存、活动的空间条件。军队的集结、运输、作战、训练、后勤补给等一切军事活动都离不开一定的地理空间，都要受到地理环境的影响和制约。地理环境不仅是制定战略的重要客观依据，而且是影响战争胜负的重要因素。加强对地理环境的研究与认识，是使战略指导符合客观实际的一个重要环节。

二是政治环境。国内政治环境，涉及的范围较广，但对战略影响最大的有两个方面：①是国家的政治法律制度与基本国策，是国内政治环境的本质和核心，对军事斗争全局的筹划指导具有决定性的影响。②是政治安全形势，主要包括一定时期内国内的阶级、民族、宗教（教派）、政治集团之间相互关系的基本状况及其对政局和国家安全的影响。其中，敌对势力分裂、颠覆国家和发生武装冲突或国内战争的情况是直接影响国家统一和稳定的国内因素。

三是综合国力。综合国力是一个主权国家赖以生存与发展的全部实力及国际影响力的合力。它包括国家的人力、物力、财力、军力、科技与生产能力、社会保障与服务能力以及组织动员能力等。综合国力是军事斗争特别是战争的物质基础，也是军事理论和作战方法发展进步的重要条件。一切军事斗争和军事活动，归根结底都要依靠综合国力，特别是经济、科技和军事实力的支撑，并受其制约。战略指导者必须立足于国家综合国力的实际状况，本着勤俭节约、讲究效益的原则，筹划、指导军事力量的建设与运用，使之与国家建设和社会发展的总体水平相适应。

第二节　国际战略格局

一、国际战略格局的概述

（一）国际战略格局的含义

所谓格局，是指事物内在的结构或状态。国际战略格局，是指一定时期内国际关系中起主导作用的力量之间的相对关系和结构形式。它的形成，取决于主要国家或国家集团综合国力的对比，取决于它们在国际舞台上的地位和作用。

国际战略格局是一定时期内国际关系的集中反映，它对各国之间的关系具有普遍的制约作用。国际战略格局一经形成，就具有相对稳定性，从而在一个相当长时期内主导着国际关系的发展变化。

（二）国际战略格局的结构类型

国际战略格局的结构，是指它所表现出的基本形态。它是包括国际政治、经济、军事关系在内的国际战略关系的表现形式，是国际战略力量对比的结构形态。区分国际战略格局的不同类型，主要依据格局的内部结构和外在形态。所谓内部结构，是指构成一定格局的战略力量的特征，以及各种力量之间相互组合的状况。所谓外在形态，是指战略力量之间相互作用的形式与存在状态。一般把国际战略格局区分为四种基本类型。

1．单极格局

即某一个大国在国际战略格局中占据主导地位，形成一国独霸的局面。这种情形在历史上曾经出现过，如资本主义初期的西班牙、荷兰和英国，都曾有过独霸世界的历史。英国的世界霸权地位甚至维持了 200 年之久。这种格局，是资本主义刚刚形成时期的特定产物。当资本主义刚刚在局部地区出现，近现代意义上的国际社会正在逐步形成时，在资本主义发展最早的国家，往往能够确立独霸地位，这种霸权在很大程度上仅局限于在欧洲，真正的世界霸权并未建立起来。

2．两极格局

即两大战略力量之间的相互对立和相互斗争，对整个国际事务起着决定性影响的局面。这种格局在历史上曾多次出现过，如第一次世界大战期间的同盟国和协约国，第二次世界大战期间的法西斯轴心国和反法西斯同盟国，战后初期的社会主义和资本主义两大阵营以及随后的美苏两极对抗，都是历史上的两极格局。从中可以看出，“两极”主要是两大对立的国家集团，而不完全是两个国家之间或某个国家单独与另一个国家集团之间的对立。同时，在两极之外总有不从属于两大集团的其他国家存在。第一次世界大战前的两大集团之外有美国和日本；第二次世界大战期间也存在一些没有卷入战争的国家；战后初期则存在着广大的“中间地带”国家。当然，以上所分析的两极格局，除了冷战时期两个超级大国和两大政治军事集团的对抗具有较典型的两极特征并延续了较长时间外，其他都是在新旧格局过渡时期形成的具有一定特殊性的两极体制。

3．多极格局

即多种战略力量既相对独立又相互联系，既相互合作又相互制约而形成的一种相对平衡的战略关系。在多极格局中，作为格局构成要素的战略力量，可以是单个的国家，也可以是国家集团。这种格局类型在 20 世纪 70 年代以后已见端倪，即中、美、苏、日、西欧和其他第三世界这六大力量的竞相发展。冷战结束后，多极化趋势呈现出更加强劲的发展势头，目前已经形成了初步的轮廓。

4．多元交叉格局

这是一种由两极向多极，或由多极向两极的过渡性格局。在这种格局状态下，一方面存在着主导格局的两大战略力量或多种战略力量之间的对立，另一方面也存在着独立于上述力量之外的其他战略力量。这些战略力量既在一定程度上受到现有格局中的支配力量的影响，又能够在国际事务中发挥自身的独特作用，从而构成国际战略格局中潜在的一极。冷战结束后，在向多极格局的过渡时期，多元交叉格局表现得更为明显。欧美虽是盟友关系，但欧洲正在成为新的一极；美日同盟也有新的发展，但日本的政治独立性有很大增强，很可能在多极格局中占有一席之地；中、俄既与其他战略力量保持着联系，同时又坚持自身的独立地位。这种多元交叉格局无疑成了未来多极格局的基础。

二、当前国际战略格局的特点

冷战结束后，两极格局被打破，国际社会的各种力量进行新的组合，当前国际战略格局正处在由单极向多极过渡的时期。目前在国际事务中，起主导作用的是美国、俄罗斯、欧盟、日本、中国五大力量，其他一些重要的国际组织、区域集团和地区性大国，也将发挥重要作用。鉴于还没有一个其他的“极”可以与美国相抗衡，人们往往用“一超多强”来形容目前的国际格局。

（一）美国成为世界惟一的超级大国，谋求绝对优势，加快战略调整

第二次世界大战结束以来，美国凭借其强大实力，长期推行霸行主义的全球战略，在世界各地同苏联展开了激烈的争夺，扩张其经济、政治、军事的力量和影响，处于西方霸主地位，发挥着领导整个西方的作用。苏联解体之后，美国成为世界上惟一的超级大国，虽然其实力地位和国际影响力相对有所下降，但从经济实力、科技实力、军事实力等方面看，仍将是各极力量中最强大的一极。

就经济而言，美国 1999 年的 GDP 总量达到 91 904 亿美元，占全球 GDP 总量的 31%，相当于日本、德国、英国、法国、意大利、中国、俄罗斯、印度 8 大国 GDP 总量的 80%。

从政治上看，美国是联合国的发起国和常任理事国，自称是全世界最民主和自由的国家，自诩拥有强大的政治资源。美国是北约和八国首脑会议的核心，在国际事务中，特别在许多国际热点上，都要插进一只脚。

在科技领域，美国在科研方面的投入也是世界之最，美国科学家获得诺贝尔奖的人数占世界获奖总人数的三分之一。

第二次世界大战结束以来，美国凭借其强大实力，长期推行霸权主义的全球战略。这和它强大的经济实力分不开的，比如当前美国的 GDP 总量占全球总量的 24%。同样在科技领域，自 1995 年以来，美国在七大技术领域的 27 个关键技术上一直处于领先水平。最近几年，在高能激光、纳米材料、宽带通信、人工智能、生物仿生、生物芯片等方面又取得了重大突破。更何况在军事领域，美国拥有一支全球进攻军事力量。美国军费开支，也稳居全球之首。2016 年军费预算开支为 5 340 亿美元。美国把全球划分为五大战区，在海外部署了占其总兵力近四分之一的军事力量。21 世纪 90 年代以来，由于美国先后在东欧、中东和北非四处挑衅，对南斯拉夫、阿富汗、伊拉克和利比亚等的一系列军事打击，使得其债台高举，从而使得它不得不收缩在海外的大肆扩张和部署。

（二）俄罗斯——“和美靠欧联中”，欲重振世界大国地位

苏联解体后，俄罗斯失去了苏联的“超级大国”地位，实力和国际影响力大大削弱。面对小布什上台后对俄采取类似“冷战”的僵硬政策，以及在一系列问题上明显加大对俄的防范、挤压，俄本能地做出反应。然而，俄罗斯要复兴经济，在国际舞台上发挥大国作用，必须改善与美国的关系。“9·11”事件后，俄对美政策进行重大调整，俄美关系迅速升温。此外，普京一直认为“俄罗斯是欧洲的一部分”。新政伊始，他就从国家整体利益的战略高度来发展与欧盟的关系，呼吁把俄看成是西方世界的平等一员和有机组成部分。2001 年，俄欧关系发展很快。俄、欧分别举行了两次高级首脑会晤，双方就俄欧关系、欧洲安全、国际局势等问题交换意见，在许多方面达成了共识。另外，自俄中建立外交关系以来，双边关系不断发展，已成为冷战后新型国家关系的典范。这种关系的特点是不结盟、不对抗、不针对第三国，在相互尊重主权和领土完整、互不侵犯、互不干涉内政、平等互利、和平共处等原则基础上，谋求长期睦邻友好、平等信任、互利合作和共同发展。

经双方努力，俄中关系已提升到“面向21世纪的战略协作伙伴关系”。

由于俄罗斯单一的经济模式，再加上苏联计划经济政策的滞后影响，使得这几年俄罗斯经济一直处于下滑状态。近期油价的大幅下跌，使得俄罗斯的经济步履维艰。再强大的军事实力，也离不开经济基础的支撑。其结果导致俄罗斯的军事科研，大大落后于美国和欧盟，从而使得其国防战略和国防政策缩手缩脚。

（三）欧盟——治内谋外、悄然壮大

欧盟是当今世界上规模最大、一体化程度最高的地区经济集团，现由 15 国组成，人口共计 3.7 亿。欧盟具有雄厚的经济、科技和军事实力，其整体经济实力已经超过美国。在联合国安理会 5 个常任理事国中占有 2 个席位，在处理全球或地区事务中有很大的发言权；在南北关系中有较大的影响力，尤其与曾是其殖民地的发展中国家，还保持着较为密切的政治经济文化联系。

冷战时期，欧洲是两极对抗的主战场，欧盟依附于美国。冷战结束后，尽管欧盟国家对美国产生了离心力，美国的盟主地位受到冲击，但欧盟仍未摆脱对美国的依赖。与此同时，欧盟也在设法排除各国在政治、外交、防务等问题上的分歧，共同谋求使欧洲真正成为未来多极世界中强有力的一极。近年来，美虽一再强调加强与欧盟的战略关系，但欧盟对美离心倾向反而加重，自主性增强，欧美同盟关系的距离正在扩大，并争取其与美国平起平坐的地位。

2001 年，是欧盟经济、政治、防务一体化深入发展的一年。这一年，欧盟加快统一进程，力争发挥重要的国际作用。如争取自主处理欧洲事务，安全上尽量减少对美依赖；继续实施东扩战略，强化与俄罗斯的关系；加强欧盟在亚洲的存在，将欧亚战略关系“提升到能够与扩大后的欧盟在全球的分量相适应的水平”，进一步加强欧中全面合作伙伴关系等。欧盟内部多边或双边防务组织不断出现，法、意、西、葡四国宣布组建“欧洲陆军”和“欧洲海军”两支联合部队；法、德军团已建立，并可能成为欧盟防卫力量的核心。由此可见，美国与欧盟之间的关系，正在由过去的盟主与盟友关系，逐步转变为平等的伙伴关系。未来的欧盟将可能成为影响力大大增强的一极。

（四）日本——内缩外胀，争做政治军事大国

日本经济 10 多年一直萎靡不振，2001 年进一步滑入“战后最糟状况”，经济“缩水”远未终结。但是日本的经济实力、影响力只是相对于美国而减弱或相对于泡沫经济膨胀时而收缩，而非基础上的元气大伤和实体经济的大倒退。

随着经济和科技实力的增强，日本已经不满足于经济大国的地位，提出了以经济力量为后盾，以强大的军事力量为保证，以自主外交为手段，逐步发展成为世界性政治大国的战略目标。它要求成为联合国安理会常任理事国，竭力在国际政治舞台上扮演重要角色，力争在关系世界稳定和发展的重大问题上，拥有不次于其他大国的发言权，成为在未来国际战略格局中“支撑国际秩序的一极”。值得注意的是，日本走向政治大国的过程中存在危险的暗流。

随着国内大国意识加强，狭隘民族主义情绪膨胀，出现了为历史翻案，为军国主义招魂，要求修改宪法等倾向。早在 20 世纪 80 年代，日本内阁不断有政要跳出来为第二次世界大战中日本的侵略罪行辩解，模糊、掩盖侵略罪行，甚至宣扬侵略有功。此间出现的

“教科书”事件和政要参拜靖国神社事件，引起包括中国在内的亚洲许多国家的批评。种种迹象使世界爱好和平的人民对日本的政治大国前景表示担忧。

近十年来，日本经济一直萎靡不振。2001 年更是滑入第二次世界大战后的最差状况。严重的经济状态，虽然未能大伤日本的经济元气，但使得其军费开支畏手畏脚，从而使得它渐渐落后于我国，这也成了不争的事实。

（五）中国——谋和平，求发展，国际地位日益上升

中国一贯奉行独立自主的和平外交政策，以和平共处五项原则处理国家之间的关系，主张和平解决各种国际争端。中国坚持维护自己的独立和主权，坚持自己的发展道路，尊重别国的独立和主权，尊重别国人民的选择。中国一贯支持多极化的发展趋势，在国际事务中维护正义，并与广大发展中国家一道共同争取合理的国际政治经济秩序。作为联合国安理会常任理事国的中国，自 1971 年恢复在联合国的合法席位以来，就一直按时交纳联合国会费，严格贯彻《联合国宪章》及相关国际法规，尊重联合国的权威，积极发挥自己的作用，反对一切危害和平的运动，向联合国提出了许多有助于世界和平的倡议和决议案，努力使联合国摆脱霸权主义的控制，变成维护世界和平的国际机构。

21 世纪以来，随着我国经济的腾飞和扎实的发展，使得我国的综合实力得到了大大的提高。在国防领域的大量投入，无疑提升了军事力量。同时，随着军事高科技的蓬勃发展，也使得我国的军事实力，有了进一步的提升。中国拥有一支任何人都不能轻视的军事力量。中国能够独立研制各种型号的坦克、火炮、战机、舰艇、导弹等主战兵器，而且自行设计和制造了原子弹、氢弹、运载火箭、卫星，中国航空航天工业在 20 世纪末本世纪初的快速发展，受到全世界的广泛关注等，成为世界上少数几个掌握这类技术的国家之一。作为有核国家之一，中国最先承诺“不首先使用”核武器，并积极参加《全面禁止核武器公约》、《不扩散核武器条约》等国际公约的缔约，自觉压缩核试验次数。中国领导人曾经多次强调“中国永远不会实行霸权主义”，即使将来强大了，中国也将一如既往地与世界各国保持友好关系。中国始终是维护世界和平与地区稳定的积极力量，在反对霸权主义，推动国际裁军进程，促进全球发展以及解决国际争端等方面发挥着日益突出的重要作用，赢得了崇高的国际威望。

第三世界国家和人民在国际事务中的影响力将越来越大。一些国家和地区集团，如印度、巴西、东盟等，其经济的迅速发展带动了综合国力的明显增强，在全球和地区事务中的地位和作用日益提高，将来可能在国际战略格局中发挥重要的作用。

三、未来国际战略格局的发展趋势

（一）“多极化”将是未来国际战略格局发展的必然趋势

目前，美国不顾国际战略格局多极化的发展趋势，凭借自己的强大实力，把本国的意识形态、价值观念、发展模式和社会制度强加于国情不同的世界各国，企图建立美国一家独霸的单极世界。“9·11”事件后，美国更是借“反恐”之名，趁机对战略地位极其重要的中亚和外高加索地区实现了“历史性”的军事进入并开始施加经济和政治影响。与此同时，美国主导的北约战车继续东扩。美国依仗自己庞大、先进的军事装备和雄厚的经济实力，正在加紧全方位推行自己称霸世界的全球战略。

但是，从长远看，世界上从来就没有永远的“霸权”，大英帝国的衰落就是历史见证。可以预见，美国的单极世界之路也是行不通的，多极化是必然的趋势。美国“一超独霸”的局面既是两极体制被打破后的必然现象，又是一个终将被多极化体制所取代的暂时的历史过程。世界政治经济发展的不平衡所导致的均衡化趋势，是世界战略格局中两极体制解体并最终走上多极化的根本动因。

当前世界战略力量多极化的发展趋势最突出的表现在经济上。战后几十年激烈的军事对抗和军备竞赛使美苏这两个超级大国的经济均不同程度地受到影响，并最终导致苏联解体。美国在国际市场的竞争能力也正受到愈来愈严重的挑战。

俄罗斯作为苏联的主要继承者，拥有丰富的自然资源和相当先进的科技力量，特别是拥有强大的军事力量。从长远看，俄罗斯不可能无限制地削减其军事力量而放弃其世界大国的地位，它的军事力量仍然是一个可以并可能对世界形势产生重大影响的因素。1994年年初以来，俄罗斯对其前一段倒向西方的对外政策进行了调整，其调整的核心内容是：增强独立自主权，把维护民族利益放在首位，努力恢复俄罗斯在世界上的大国地位。

作为当今世界最大的发展中国家的中国，政治稳定，经济发展充满活力，综合国力不断增强，与各国积极发展睦邻友好关系，对世界和平发挥着积极而重要的影响，在 21 世纪初期成为“多极格局”中的一极，是毫无疑问的。邓小平早在 1990 年年初就指出：“所谓多极，中国算一极。中国不要贬低自己，怎样也算一极。”他的这个论断，是有充分根据的。

所有这些汇成了世界战略力量均衡化发展的主流。尽管世界战略力量均衡化的趋势在短时期内还不会引起世界军事力量的对比关系发生重大变化，但从长远来看，它对世界军事形势的影响不可忽视。这一趋势的发展正在并将越来越明显地成为制约超级大国的霸权主义和强权政治的重要因素。可见，世界向“多极化”方向发展，已经成为一种客观趋势，这既是历史的必然，也是时代的要求。

（二）未来国际战略格局中各方关系将日趋复杂化

两极格局解体后，当今世界的五大力量，都在通过调整对外政策来寻求自己的有利地位。美国虽然认为它是“惟一有能力进行全球干预的超级大国”，但也开始承认世界多极化的现实。因此，最近几年来，美国的对外政策也在进行调整。特别是“9・11”事件后，美国出于“反恐”的需要，在局部调整其外交政策和安全战略。在欧洲，美国一方面积极推进北约东扩，另一方面也顾及俄罗斯在苏联地区的特殊利益。同时，美国还改变了过去只要西欧盟国尽“义务”而不给“权利”的做法，支持西欧联盟在维护欧洲安全方面发挥更大的作用。在亚洲，着手建立美日之间的新型同盟关系，支持日本在参与亚太事务中承担更多的权利和义务。对中国主张采取“全面接触”战略，使中美关系得到一定程度的改善。

俄罗斯也在积极调整对外政策，努力恢复大国地位和作用。坚持俄罗斯在苏联地区的“特殊责任和特殊利益”，反对北约东扩，并将外交政策的重点逐步转移到亚太地区。

欧盟在积极推进欧洲政治、经济一体化的同时，也在加强欧洲自身的防务力量，逐步削弱美国对欧洲的控制和影响。

日本为了谋求政治大国和军事大国地位，一方面加强日美同盟关系，另一方面也积极寻求改善与包括中国在内的亚洲国家关系，企求在参与国际和地区事务中发挥更大的作用。

中国在加大改革力度、加速经济发展的同时，通过开展灵活的、全方位的外交，明显改善了和周边国家的关系，进一步提高了国际地位和对国际事务的发言权。

以上情况说明，随着冷战后国际形势的发展，当今世界五大力量的地位和关系已经发生了重要变化，随着中、俄、日、欧地位的提高，大国间相互制约关系显著增强。今后，维护世界和平和推动经济发展，主要靠这五大力量的协调与合作，其中美、中、俄的协调与合作尤为重要。从近、中期来看，世界上只有美、俄等国有能力把经济实力转化为政治实力。因为它们具备将经济实力转化为政治实力的四个条件，即辽阔的国土、众多的人口、强大的军事实力及其对外政策。不具备这四个条件，国家再发达，经济再发展，也难以成为具有世界性影响的战略力量。如西欧一些国家和亚洲的“四小龙”乃至日本都是如此。当然，随着欧洲一体化的实现和日本从经济大国发展成政治大国甚至军事大国，其对世界事务的影响力将会大大提高，多极化格局也将得以形成。

世界五大力量对外政策和战略关系的调整，将使未来国际战略格局呈现新的特征。一是关系复杂化。在多极格局里，五大力量之间将形成交叉三角关系，各国政策变化取向不确定。二是集团松散化。政治与军事集团内部关系相对松散，各国对外政策独立性增强，因各自利益关系，同盟国之间和非同盟国之间的距离有所接近。三是外交多边化。多边机构和组织的作用突出，双边关系受多边事务和多边关系的制约日益增大，各国政策将由双边政策为主转向多边与双边政策并重。四是合作区域化。区域化成为新地缘政治的动力，地域和文化的同一性有可能取代意识形态的同一性，地区或次地区经济合作和安全合作将成为对外合作的重点。

（三）中国在“多极格局”中的地位与作用将愈显突出

中国是一个发展中的社会主义大国，也是当今维护世界和平的重要力量。作为未来多极格局中的一极，中国对世界的影响是多方面的，其主要作用体现在三个方面。

1. 在反对霸权主义和强权政治上起制约作用

“冷战”结束后，霸权主义和强权政治依然存在，世界并不安宁。原来被两极格局所掩盖的各种矛盾都暴露出来。在各种政治力量的矛盾与冲突中，在中、美、俄三角关系中，中国起到平衡与制约作用；在中、美、日等三角关系中，中国将和美国一样起到主导作用，并成为抑制霸权主义和强权政治的重要因素。中国之所以能起这样的作用，除了中国一贯的反霸政策、和平共处五项原则和不断增强的综合国力外，更重要的是中国始终站在第三世界国家一边，永远不称霸，永远不做超级大国，这种正义的立场必将得到世界绝大多数国家的信任和支持，从而使中国有可能发挥应有的作用。

2. 在经济发展上起示范作用

在短短的 30 多年时间里，中国的社会主义现代化建设取得了巨大成就，经济和社会面貌发生了深刻的变化。这些成就和变化，受到世界瞩目。中国的经济改革经验受到了国际社会的普遍关注。许多国家领导人和专家、学者认为，中国的经济改革是“历史上最大的实验”，具有“示范”作用，“不可避免地要引起连锁反应”，对世界上其他国家，特别是发展中国家正在或将会“产生重大影响”。

2013 年 9 月和 10 月，中国国家主席习近平在出访中亚和东南亚国家期间，先后提出共建“丝绸之路经济带”和“21 世纪海上丝绸之路”的重大倡议，得到国际社会高度关注。“一带一路”是中国主动向西推广中国优质产能和比较优势产业，将使沿途、沿岸国家首先获益，也改变了历史上中亚等丝绸之路沿途地带只是作为东西方贸易、文化交流的过道而成为发展“洼地”的面貌。这就超越了欧洲人所开创的全球化造成的贫富差距、地区发展不平衡，推动建立持久和平、普遍安全、共同繁荣的和谐世界。2013 年 10 月 2 日，中华人民共和国主席习近平在雅加达同印度尼西亚总统苏西洛举行会谈，习近平倡议筹建亚洲基础设施投资银行，促进本地区互联互通建设和经济一体化进程，向包括东盟国家在内的本地区发展中国家基础设施建设提供资金支持。新的亚洲基础设施投资银行将同域外现有多边开发银行合作，相互补充，共同促进亚洲经济持续稳定发展。苏西洛对中方倡议筹建亚洲基础设施投资银行作出了积极回应。同月，中华人民共和国国务院总理李克强出访东南亚时，紧接着再向东南亚国家提出筹建亚投行的倡议。

截至 2015 年 4 月 15 日，中国倡议推动的亚洲基础设施投资银行“朋友圈”已达 57 个国家。虽名为“亚投行”，其创始成员却遍及亚洲、欧洲、非洲、南美洲和大洋洲，中国这一倡议获得了全球认可，掀起了一股“亚投行热”。亚投行倡议的成功实现，成为标志性事件，最终结果也显示出各方对于中国合作共赢理念的认同。亚投行从提议，到成立，直至成员国的扩大，对国际战略格局的影响，也是显而易见的。它标志着我国在国际上的号召力和地位，得到了明显的提升。

3．在维护第三世界权益的斗争中发挥重要作用

中国始终坚持大小国家一律平等的原则，坚决反对恃强凌弱的行为，并为维护第三世界国家的权益进行了不懈的努力和斗争。与此同时，中国对第三世界国家之间的分歧和争端，从不介入，真诚地希望它们通过和平协商求得公平合理的解决，防止和避免外来势力的干涉和利用。中国还努力推动“南北对话”，积极开展同发展中国家的经济交流，大力促进“南南合作”。为此，中国曾先后提出对外援助的八项原则和开展经济技术合作的四项原则。特别是江泽民主席 1995 年 10 月在联合国成立 50 周年纪念会议上的重要讲话，提出了建立国际政治经济新秩序的五点主张，即创造安全可靠、长期稳定的国际和平环境；恪守以主权平等和互不干涉内政为核心的国际关系准则；建立互利合作、共同发展的新型国际经济关系；造成自主选择、求同存异的国际和谐局面；共同对付人类生存与发展面临的挑战。这些主张反映了世界各国人民，特别是发展中国家人民的共同呼声。中国坚决维护第三世界国家权益的主张和行动，受到了第三世界国家和人民的高度赞扬。

第三节 中国周边安全环境

周边安全环境是指在一定的时期内对国家安全产生影响的客观条件和因素。它是国家周边有无危险和受到威胁的情况及条件，也是一个国家对周边国家或集团在一定时期内对自己国家主权领土完整是否构成威胁有无军事入侵渗透颠覆等情况的综合分析和评估，它关系到国家和民族的兴衰存亡得当事，是制定国防战略的首要依据。

一、中国周边安全环境的基本情况

周边安全环境的基本情况是指影响国家安全的地理位置、地理特征以及地理密切相关的国家关系等因素。

（一）中国是一个陆海大国，历史上曾经重陆轻海，屡遭帝国主义列强入侵

中国位于欧亚大陆的东南部，是欧亚大陆的一部分，幅员辽阔，拥有 960 万平方公里的陆地疆土，有 2.2 万多公里长的陆地边界。同时，中国又东临太平洋，拥有 300 万平方公里的海洋国土，有 1.8 万多公里长的大陆海岸线，有便利的海上通道和丰富的海洋资源。一个陆海兼备的濒海大国，本应既重视陆地又重视海洋，形成陆海并重的安全观念和国防政策。但是，由于其特殊的地理、历史、社会情况，使中国长期以来形成了重陆轻海的观念。一是中国陆地面积广大，陆上资源丰富，气候条件良好，有足够的生存空间，在世界进入现代文明之前，中华民族完全可以依靠江河流域发展自给自足的农业文明。二是以小农生产方式为经济基础的中央集权的封建社会形成较早，体制和制度严密，政治和思想上统治力量强大，极大地限制和束缚了资本主义生产方式的发展，使中国缺乏向海洋谋求经济利益的社会动力。三是在中国古代，对中央王朝的主要威胁来自陆地，但由于青藏高原和帕米尔高原将中国与南亚、中亚隔断，在西北只有一条穿越茫茫沙漠戈壁的狭窄通道与中亚相连，南有云贵高原和横断山脉为屏障，东面的万里海域更是不可逾越的障碍，因而陆上威胁主要来自中国内部北方游牧民族的侵扰，历代中央王朝的主要防御方向是北方，长城就是这种防御政策的结果和象征。长城的走向标志着中原农业文明与北方游牧文明的分界线，长城两侧是中央王朝与北方游牧民族交战的主战场。直至近代西方列强从海上大举入侵，才迫使中国开始重视对海上的防御。早在明代，中国就开始遭遇倭寇从海上的侵扰，但由于明王朝的海军力量薄弱，一代抗倭名将戚继光只能采取以海战为辅，陆战为主，待敌上陆后加以歼击的方略。从 1840 年以后的 100 年里，帝国主义者虽屡屡跨过中国的边界入侵中国。不论陆上还是海上，不论东南西北，没有一个方向是安全的。过去被认为是最安全的海疆成为帝国主义者侵入次数最多的方向。新中国成立后，毛泽东提出建立强大海军的思想，实际上确立了海陆并重的方针。进入 20 世纪 60 年代后，由于中苏两国交恶，两个超级大国特别是苏联侵略中国的危险性增大，敌我军力对比强弱悬殊，中国只能采取诱敌深入的方式对付可能的侵略战争。在这种情况下，中国海军的任务也只能是配合和保障以陆军为主的陆上防御，从而形成了一支近岸防御型海军力量。当前，维护祖国统一，保卫祖国海洋国土和海洋权益的任务十分艰巨，海军力量需要大大加强。彻底改变重陆轻海的观念是有效维护国家海洋权益，保卫国家安全和发展的重要前提。同时应当看到，在现代条件特别是高技术条件下的战争中，面对敌人的海陆空立体进攻，不仅要建立强大的边、海防，而且要建立一支有快速反应能力、强大投送能力、高度机动能力的军队，使国家在任何方向上遭到侵略时都能迅速投入交战，并取得胜利。

（二）中国有为数众多的邻国，且政治制度和经济发展差别很大，民族宗教矛盾复杂，对中国安全有不同的影响

在陆上与中国接壤的国家有 15 个，按地理位置排列，它们依次是：朝鲜、俄罗斯、蒙古、哈萨克斯坦、吉尔吉斯斯坦、塔吉克斯坦、阿富汗、巴基斯坦、印度、尼泊尔、锡

金、不丹、缅甸、老挝、越南。海上还隔黄海、东海、南海与韩国、日本、菲律宾、马来西亚、文莱、印度尼西亚、新加坡等 7 国相望。中国有如此众多的邻国，在世界上居第二位，俄罗斯的邻国虽然比中国多 1 个，但其陆地面积比中国大将近一倍。与中国面积相当的美国只有 2 个陆上邻国，加拿大只有 1 个邻国，更不用说被海洋环抱的英国和澳大利亚了。众多邻国对中国安全的影响是复杂的。在这些国家中，有的是社会主义国家，有的是资本主义国家；有的是发展中国家，有的是发达国家；有的是富国，有的是穷国；有的过去曾经对中国进行过侵略，并且目前仍然是经济大国或军事大国，有着雄厚的综合国力和军事实力，具有对中国安全造成重大影响的能力；有的邻国之间积怨很深，严重对立，剑拔弩张，一旦它们之间爆发战争或武装冲突，必将影响中国边境安全；有的国家内部不稳定因素很多，一旦发生大的内乱，必将对中国边境造成很大压力；有的国家的居民与中国边境地区的居民属于同一民族，一方面这有利于与邻国开展友好往来，改善国家关系，另一方面一旦这些邻国国内的狭隘民族主义泛起，可能会引起中国国内的民族纠纷；有的国家的居民与中国某些地区的居民信奉同一宗教，一旦这些国家内的宗教派别斗争加剧或者某些极端教派掌权，与反华势力相勾结可能增加中国国内相关地区的不稳定，还有一些国家与中国之间存在着历史遗留下来的边界领土争议和海洋国土划界的争议，存在着可能引发边界事件甚至武装冲突的隐患。

（三）中国位于世界两大地缘战略区的交接处，既受其他大国关系的影响，又影响其他大国关系

目前，世界可划分为两大地缘战略区，即海洋地缘战略区和欧亚大陆地缘战略区。美国属于海洋地缘战略区，而且是世界超级海洋强国，具有全球性影响。而世界上其他强国大都集中在欧亚大陆地缘战略区，俄罗斯则位于该战略区的心脏地带。中国属于欧亚大陆地缘战略区，背靠欧亚大陆，面向太平洋，处于两大战略区的交接处，历史上曾遭到两大战略区强国的侵略和压迫，现在则成为能够对两大战略区关系产生重要影响和作用的国家。冷战时期，美国企图通过控制欧亚大陆边缘地带，构成对苏联的遏制包围圈，把苏联困死在欧亚大陆中心；而苏联也企图控制大陆边缘地带，然后千方百计向海洋地缘战略区扩展自己的势力。所有处在边缘区的国家都不能摆脱美苏两个超级大国争霸的影响，中国也不例外。那时，如何处理与两个超级大国的关系是中国国家安全政策的中心问题。中国根据形势的变化和自身安全的需求，多次调整安全政策。中国的政策反过来又影响着美苏两方的力量对比和战略态势，形成了著名的“大三角关系”。冷战结束后，美国成为世界上惟一的超级大国；处于大陆心脏区的俄罗斯虽然暂时力量衰弱，但它仍然是世界第二军事大国，它的重新崛起只是个时间问题；与中国同处在欧亚大陆东部边缘的日本，经济实力占世界第三位，并且正在向政治大国迈进。中国处在这些大国交接处，如何处理好与美、俄、日三大国的关系，不仅关系到中国自身的安全，而关系到东亚、亚太地区乃至世界的安全与稳定。

二、未来我国安全形势分析

（一）美国始终把我国看做潜在的战略对手

美国一贯以世界领袖自居，不愿意看到中国的强大，其对华战略的立足点是防范、围

堵中国，谋求通过全面接触来促使中国和平演变。美国对华政策既包含以中美共同利益为基础的合作与协调成分，又包含意识形态的敌意和旨在防止中国崛起的战略警戒与遏制构成的反华成分，表现在以下几个方面。

1．制造“中国威胁论”

进入20世纪90年代以来，中国经济迅速发展，综合国力和国际影响日益提高。在这一背景下，一股“中国威胁论”在西方国家出现并颇有市场。“中国威胁论”的鼓吹者们认为，冷战结束后，美国作为惟一的超级大国，领导世界责无旁贷。而中国以强大的经济实力作依靠，加速实现军事现代化，并向外显示力量，给美国的全球战略以重大挑战。

中国作为一个经济大国和日益强盛的军事大国正在崛起，作为地区强国，中国在扩大自身影响力的同时不会顾及到美国的利益。于是，小布什上台以来，将中美关系定位为“竞争对手”，并开始了针对中国的一系列战略部署。

其实，“中国威胁论”不过是冷战后美国为其扩军备战，为其推行北约东扩，为其部署导弹防御系统寻找借口罢了。鼓吹“中国威胁论”，大肆叫嚣对中国实行“遏制”、“孤立”，也不过是为了实现美国称霸全世界的野心而已。

2．插手台湾问题，牵制中国

台湾问题始终是中美关系的核心问题、原则问题、要害问题。美国作为惟一的超级大国，以冷战胜利者自居，倾向于用单边主义解决国际问题。美国政府一方面表示坚持“一个中国”政策，反对“台独”；另外，又加紧阻挠中国人民解放台湾，实现完全统一。美国增强了在亚太地区的军事部署，试图将台湾纳入“美日防卫指针”和“战区导弹防御体系（TMD）”。小布什上台后，试图把美国军事战略重心从欧洲转移到亚太地区，其中的一个目标就是针对台湾问题。

美国“重返亚太”战略于2011年提出。2011年10月，时任美国国务卿希拉里在《外交政策》杂志上发表署名文章《美国的太平洋世纪》，提出随着伊拉克战争的结束，“今后10年，美国外交方略最重要的使命之一是大幅增加对亚太地区外交、经济、战略和其他方面的投入。”希拉里的这篇文章成为美国“重返亚太”的先声。2011年11月，美国总统奥巴马在夏威夷举行的亚太经合组织峰会上，正式提出美国“转向亚洲”战略。美国的重返亚太战略是一个全面而完整的政策，美国希望通过在经济、外交和军事等多个方面加大对亚太地区的物质和精力投入，以此来维护美国的全球霸权，推动美国经济的复苏，牵制中国在亚太地区不断扩大的影响。

台湾是美控制东亚航线的关键所在，也是在亚太地区推行“民主”的样板，其实质是长期维持两岸不战、不和、不统、不独的分离状况，是美国抑制我国的一张王牌。可以预见，美对台政策的“两面性”状态仍会持续下去，台湾问题仍然会不断地对整个中美关系造成冲击甚至形成危机。

（二）台独分子猖獗，祖国统一面临严峻形势

台湾自古以来就是中国领土神圣不可分割的一部分。大量史实表明，大陆与台湾的关系可以追溯到远古，这是任何人都不能改变的历史事实。

在1949年后的几十年间，尽管台湾当局不承认中华人民共和国政府代表全中国的合法地位，却也一直坚持一个中国的立场，反对制造“两个中国”和“台湾独立”，但是，李登辉掌握台湾党政军大权后，为了达到分裂祖国的目的，蓄意背离一个中国原则，顽固

地推行分裂路线，处心积虑地制造分裂。李登辉在位十几年，基本上是一个搞分裂、搞“台独”的过程。从公开声称“中华民国在台湾”到“七块论”、“两国沦”，花招百出，万变不离其宗，就是顽固对抗并不断挑战一个中国的原则，一步步把国民党拖向搞分裂、搞“台独”的危险道路，最终把国民党搞得四分五裂并失去执政地位。2000 年 3 月，陈水扁上台后不仅竭力回避一个中国原则，而且不承认自己是中国人，口口声声“台湾是主权独立的国家”、“统一不是惟一选项”，否认两会“九二共识”，阻挠两岸交流，继续搞所谓台湾“加入联合国”行动等，在“台独”道路上越走越远，成为导致两岸僵局至今难以打破的根本原因。而台湾当局的另一些头面人物则进一步以公然的“台独”言论使自己成为两岸关系紧张、岛内政经动荡的乱源之一。值得注意的是，台湾新领导人迅速提拔一些“省籍”高级将领担任军队要害职务，表明逐步向“台独”势力相对较弱的台湾军队渗透。可以预见，民进党主政期间，“台独”势力将可能大增。

近年来，台湾经济一直处于持续低迷状态，20 世纪 70 年代以来，GDP 也在持续下滑，至近两年方有所复苏。台湾的主要产业就是电子业，在竞争中也完败给韩国。加上定位模糊、制造业的转移和人才的大量流失，使得其发展大大衰退。这无疑影响了台湾的民众心态，向后退不甘心，向前走举步维艰，从而加大了民众的不稳定心态。

半个世纪以来，我国政府对解决台湾问题的政策是一脉相承、不断发展的，并且越来越具体化。从根本上说，“一个中国”原则是我国政府对台政策的核心，“和平统一、一国两制”是我国政府提出的解决台湾问题的基本模式。如果出现台湾被以任何名义从我国分割出去的重大事变，如果外国侵占台湾，如果台湾当局无限期地拒绝通过谈判和平解决两岸统一问题，我国政府只能被迫采取一切可能的断然措施，包括使用武力，来维护我国的主权和领土完整，实现我国的统一大业。

（三）周边地区热点问题不稳定

对我国安全影响较大的周边地区的热点问题是朝鲜半岛问题和印巴之间的对立。

朝鲜半岛问题的根源在于南北方分裂局面，表现为朝鲜与韩国的对立及朝鲜与美国的对立。一方面，冷战宣告终结，大国对朝鲜半岛事务的影响力开始下降，半岛问题依靠南北双方自身力量解决的因素在上升。1994 年当美、朝关于解决朝鲜核问题的日内瓦框架协定签署后，半岛局势出现了缓和迹象，为重开关闭了的对话大门，北南双方都做出了一些姿态。朝鲜与韩国开始从对峙走向对话，进而谈论和平统一问题。虽然双方和谈的进程将是长期的和曲折复杂的，但相互间气氛逐渐缓和，南北双方的经济交往和民间往来逐渐增多。但到了 2003 年上半年，朝鲜重新启动核反应堆，半岛形势趋于紧张，几十年的对抗已在朝鲜半岛南北双方之间形成了极不信任的心理，双方政治对抗还难以完全消除，军事对峙也很紧张，加之内部不稳定因素的增多和大国对半岛事务的干涉，南北双方的和谈举步维艰，双方立场相差甚远。2016 年以来，随着东北亚局势的急剧演变，使得六方会谈的效果大大削弱。朝鲜的一意孤行，更加剧了它和美国、韩国和日本的紧张关系。因此，也给俄罗斯的远东地区，甚或为我国增加了莫名的国防压力。

反之，印度和巴基斯坦之间，曾经由于英国的殖民统治和宗教分歧，导致了印巴的相互独立。自印巴分立以来，相互为了改善国计民生，又先后在各个领域展开互助合作，大大增强了各自的综合实力，从而提升了他们的国际地位。

（四）边界和海洋权益争端尚未全部解决

我国与邻国的边界争议及关于海洋权益的争议情况复杂，可能成为威胁我国边境和领海安全的不稳定因素。

目前，虽然陆地边界问题大多得到了解决，中俄 4 300 公里的边界问题基本解决，中哈 1 700 公里，中吉 1 000 公里，中塔 450 公里边界，中越陆地边界也得到解决。但是中印边界争端未决，边界线约 3 000 公里，分东中西三段，争议领土达 12.55 万平方公里，形成大小 8 块，大部分为印方控制，中印边界争议面积是世界上国家间面积最大的陆地争议地区。在短期难以全部解决。

我国有关海洋权益的争议更为复杂。根据联合国《海洋法公约》，应划归我国管辖的海洋国土，除拥有 38 万平方公里的领海海域外，还包括毗连区、大陆架和专属经济区，共计 300 多万平方公里。目前我国与朝鲜、韩国之间关于黄海、东海大陆架划分，与日本之间关于东海大陆架划分和钓鱼岛归属，都存在着争议。关于南沙群岛的争议更为突出。南沙群岛是中国领土，无论从历史上、法理上和实际控制上，我国都有充分证据。但从 20 世纪六七十年代起，随着南沙石油资源的发现与开采，我国东南周边的邻国开始编造各种借口或完全背弃原先立场，纷纷抢占我国南沙群岛的多个岛屿，并进行非法活动，南沙争端由此肇始。我国解决的方针是：主权归我，搁置争议，共同开发。

西太平洋地区将是 21 世纪世界经济最活跃的地区。作为西太平洋的一个重要海域，南海以其独特的海洋资源，尤其是石油能源方面的魅力，吸引着各方触角纷纷向这里延伸，成了一个利益矛盾交汇地。而美国在这一地区不断加强军事干涉，必将加剧矛盾的冲突，从而给我国南海海洋事业的发展带来巨大的挑战，也将对我国新世纪经济发展产生一定影响。

（五）反恐斗争任重道远

恐怖主义是指国际上一小撮极端分子为达到一定目的，有组织、有预谋地采用暗杀、劫机、制造爆炸事件等极端手段，进行破坏、报复和讹诈造成社会恐怖的犯罪行为的总称，它是冷战后困扰国际社会的重要问题之一。美国“9・11”事件典型地反映了恐怖主义活动的特点和策略取向。在当今，恐怖主义盛行并不偶然，从它的产生、发展到引入关注，与国际政治、经济和文化的发展等均有着复杂的关系。恐怖活动有着深刻的国际背景和广泛的社会、政治、经济原因。警惕、预防、遏止和消除恐怖主义，已经成为全人类刻不容缓的任务。

由于国际恐怖恬动的泛滥，国际恐怖主义染指我国的威胁确实存在。近年来，世界范围的恐怖活动对我国存在着现实和潜在的威胁，尤其是中亚和南亚等有些周边国家的民族宗教性恐怖活动的泛滥，对我国边疆民族地区的稳定与发展，构成一定的威胁。当前国际恐怖主义对我国安全的影响，主要体现在伊斯兰原教旨主义恐怖活动和“东突”民族分裂恐怖活动对新疆的威胁。“东突”是一支旨在分裂中国的恐怖主义势力，与国际恐怖组织密切勾结，反对中国共产党领导下的政权，鼓动宗教狂热，宣扬伊斯兰“圣战”，叫嚣建立“东突厥斯坦国”，在中国境内和中国邻国制造了大量骇人听闻的恐怖暴力事件，造成许多人员伤亡。新疆民族分裂主义暴力恐怖活动在 20 世纪 90 年代呈上升趋势，为了防止恐怖主义在我国泛滥，对内，我们对宗教极端势力、民族分离势力及其暴力恐怖活动，决不手软，坚持“露头就打”的原则，将其消灭在萌芽状态，要尽快建立相应的反恐怖法规和机构；对外，要充分与中亚各国和俄罗斯加强合作，建立和完善对宗教极端主义、国际恐怖主义和民族分裂主义“三股势力”的联合打击机制，共同打击恐怖分子的破坏活动。由于国外舆论的歪曲报道，西方对我民族和宗教政策存有很深偏见，我对西方尚需加强力度，继续做好政界、新闻界和宗教界的工作，尤其是要争取国际社会对我打击民族分裂和极端宗教恐怖分子斗争的支持。中国反对“东突”恐怖势力是国际反对恐怖主义斗争的一部分。

第四节　台湾问题与祖国统一

台湾是中国领土不可分割的一部分。台湾问题是中国的内政。解决台湾问题，实现祖国的完全统一，是中华民族的根本利益所在，以“一国两制”的方式实现祖国统一，是我们在 21 世纪的重大任务。

一、台湾的地理、历史

（一）台湾的地理

台湾由台湾本岛及兰屿、绿岛（火烧岛）、琉球屿、龟山岛、彭佳屿、钓鱼岛、黄尾屿等 21 个附属岛屿和澎湖列岛等 64 个岛屿组成，其中台湾本岛面积为 35 873 平方公里。目前所称的台湾地区，还包括台湾当局控制的金门、马祖等岛屿，总面积为 3.6 万平方公里。台湾位于祖国东海大陆架东南缘的海上，西隔台湾海峡与福建省相望，距离最近处（台湾新竹——福建平潭）仅 130 千米。台湾东邻太平洋，离海岸 30 千米便是深达 4 000 米以上的海沟；南介巴士海峡，与菲律宾相距约 300 千米；东北邻琉球群岛，相隔约 600 千米。

台湾海峡沟通东海与南海，北窄南宽，为纵向狭长形的海峡，南北长约 380 千米，东西平均宽度约为 190 千米。台湾海峡处在东海南部大陆架上，并与南海大陆架相连，大部分水域（约占 3 / 4）深度小于 60 米，是一个浅海峡。海峡两岸有澎湖列岛作为中介，澎湖与台湾本岛最短距离（至嘉义县东石乡鳌鼓）为 45 千米，与福建之间的最短距离（至泉州以南之围头）为 140 千米。海峡中南部横亘着一条浅滩带，其深度一般在 40 米上下，西起东山岛东南，向东延伸至宽阔的台湾浅滩，再向东经澎湖列岛后直抵台湾西部浅滩和台西平原，这就是有名的“东山陆桥”，也称“闽台陆桥”，是远古时代大陆人类和动物向台湾迁移的通道。

台湾是一个多山的岛屿，东部和中部大部分为高山和丘陵，山地占全岛面积的 2/3 以上。台湾山系与台湾岛的东北-西南走向平行，竖卧于台湾岛中部偏东位置，形成了本岛东部多山脉、中部多丘陵、西部多平原的地形特征。山岳高峻雄伟，气势磅礴，海拔在 3 500 米以上的高峰共有 22 座，海拔 3 000 米以上的有 62 座之多，使台湾有“高岛”之称。构成“台湾屋脊”的中央山脉贯穿南北，北起苏奥，南至恒春半岛，全长 340 千米。雪山山脉、玉山山脉在中央山脉两侧，峰峦叠错，主峰玉山海拔 3 997 米，是台湾第一高峰，也是我国东部最高峰。东部海岸山脉，高达数百米至上千米的悬崖峭壁直落太平洋洋底，地势非常险峻。平原包括河流冲积平原和海岸平原，分布于岛的周缘，主要有西部的嘉南平原，南部的屏东平原和东北部的宜兰平原。位于东部山地的西部平原之间的为丘陵台地，海拔在 100～600 米之间，主要盆地有台北盆地、台中盆地和埔里盆地。

台湾地跨北回归线，北部属亚热带湿润季风气候，南部属热带湿润季风气候，以夏长冬短、雨多风强为特色。平原地区年平均气温 22℃左右，其中 6 月至 9 月，平均最高温度超过 30℃，南北差别很小。冬季除高山以外，各地最冷月份的平均气温均在 15℃以上。台湾雨量丰沛，湿度较大。雨量的空间分布是山地多于平原，东岸多于西岸。年均降水量多在 2 000 毫米以上，南北两端的多雨中心可达 5 000 毫米以上。台湾河流以中央山脉为分水岭，从东西两个方向分流入海。受地形影响，台湾河流的特点为流程短、落差大，多险滩瀑布，水力资源极为丰富。河流东西分布很不均匀，浊水溪、高屏溪、淡水河、大甲溪、曾文溪、乌溪 6 条长度超过 100 千米的河流都集中在西部。

台湾的地表土壤受母岩、气候、地形、水文等多种因素作用，可分为 10 种类型，石质土和灰化土多分布在海拔 1 000 米以上的山区，红黄色灰化土、棕色森林土及黄棕壤多分布于海拔 100～1 000 米的丘陵区，海拔 100 米以下的台地、平原区则有红棕壤、冲击土、盐土、松磐层土和砂性土。

台湾生物植被繁殖力旺盛，种类繁多。岛内森林群系就有海岸林群、热带雨林群、硫磺泉植物群、亚热带与暖温带雨林群、暖温带山地针叶树林群、冷温带山地针叶树林群、亚高山针叶树林群等。

台湾四面环海，海岸线总长 1 600 千米。本岛海岸线长达 1 250 千米，除北部海岸较为曲折外，大部分单调平直。东部为断层基岩海岸，南部分布有珊瑚礁生物海岸，西部则为平坦的平原海岸。台湾著名的天然良港主要有北部的基隆港、南部的高雄港以及澎湖岛上的马公港等。

对比与台湾仅一水之隔的福建的自然地理环境，可以发现，二者在地形、气候、土壤、植被、海域乃至河流等方面都十分相似。实际上，考古表明，晚古生代至晚中生代，台湾曾为华南古陆的一部分。中生代末至第三纪初是我国地质史上的“板内成盆，陆缘造海”的重要时期，台湾向太平洋伸展，台湾海峡一带胀裂下沉，奠定了今天台湾岛弧形结构的格局。

（二）台湾的历史

据考古证实，台湾的早期居民大部分是 3 万年前从祖国大陆移居而来。台湾有文字记载的历史可以追溯到公元 197 年的汉代。《汉书·地理志》记载“会稽海外有夷洲”，夷洲即台湾。公元 230 年，三国吴王孙权派大将军卫温、诸葛直率军队到达了台湾。吴国庙阳太守沈莹写过一本书，名叫《临海水土异物志》，这是世界上最早记述台湾的文字。中国历代政府在台湾先后建立了行政机构，行使管辖权。早在公元 12 世纪中叶，宋朝政府即已派兵驻守澎湖，将澎湖地区划归福建泉州晋江县管辖。元朝政府在澎湖设置行政管理机构“巡检司”。明朝政府于 16 世纪中后期，恢复了一度废止的“巡检司”，并为御外敌侵犯，增兵澎湖。1662 年，郑成功收复台湾建立郑氏政权，郑氏政权于 1683 年归顺清政府。清朝政府在台湾逐步扩增行政机构，加强了对台湾的治理。进入 17 世纪之后，大陆赴台开拓者日益增多，到公元 1893 年，总数已达到 254 万余人，推进了台湾社会经济文化的发展。

在漫长的历史中，海峡两岸中国人为反对外国侵占台湾进行了长期不懈的斗争。15世纪明代年间，日本倭寇屡屡进犯台湾。1624 年，荷兰殖民者侵占台湾南部。1626 年，西班牙殖民者入侵台湾北部。1642 年，荷兰又取代西班牙占领台湾北部。1661 年，郑成功进军台湾，于次年驱逐了盘踞台湾的荷兰殖民者。

1894 年，日本发动侵略中国的“甲午战争”。第二年，清政府战败并在日本威迫下签订丧权辱国的《马关条约》，割让台湾。1937 年，中国人民开始了全民族的抗日战争。中国政府在《中国对日宣战布告》中明确昭告中外：所有一切条约、协定、合同有涉及中日关系者，一律废止。《马关条约》自属废止之列。中国人民的抗日战争是世界反法西斯斗争的一部分，得到了世界人民的广泛支持。为了反对德、日、意法西斯轴心国，中国与美国、苏联、英国、法国等结成同盟国。中、美、英三国签署的《开罗宣言》指出：“三国之宗旨，在剥夺日本自 1914 年第一次世界大战开始以后在太平洋所夺得或占领之一切岛屿，在使日本所窃取于中国之土地，例如满洲、台湾、澎湖列岛等，归还中国。”1945 年 8 月 15 日，日本宣布投降。10 月 25 日，同盟国中国战区台湾省受降仪式在台北举行，受降主官代表中国政府宣告：自即日起，台湾及澎湖列岛已正式重入中国版图，所有一切土地、人民、政事皆已置于中国主权之下。

郑成功收复台湾（画）

二、台湾问题的由来

无论在法律上还是事实上，都已归还中国的台湾，之所以又出现问题，不仅与随后中国国民党发动的反人民内战有关，更重要的是外国势力的介入。

第一，1950 年 6 月，朝鲜战争爆发，东西方两大阵营间的矛盾冲突公开化。与此相适应，国共两党之间的斗争也日益国际化，中国内部的统一问题逐渐演变成为一场国际冲突。就在朝鲜战争爆发后的第三天，杜鲁门政府一改此前对台湾地位的中国认定，以及在台湾问题上对国共两党内战的不介入态度，公开宣扬所谓“台湾地位未定论”，并在其后派遣第七舰队进入台湾海峡，企图以武力阻挠人民解放军解放台湾，以免这艘“不沉的航空母舰”落入中国大陆之手。1954 年 12 月，美蒋之间签订了《共同防御条约》，结成政治、军事同盟，联手对付中国大陆。从此，美国便成了台湾事实上的保护国，成了两岸关系发展中最大的变数和最具破坏性的因素，阻挠了中国的统一，破坏了中国的发展。1972 年 2 月，尼克松访华，中美在上海发表联合套报，美国承认“台湾是中国的一部分”；1979 年 1 月 1 日，美国与台湾当局“断交”、废除《共同防御条约》以及从台湾撤军后，中美建交，美国对台湾事务的干涉有所收敛。但就其本质而言，它依然将台湾视作一枚重要的战略棋子，准备随时用以牵制中国。建交三个月后，美国参、众两院即先后通过《与台湾关系法》，并于 1979 年 4 月 10 日由美国总统签署生效，继续阻挠中国人民解决台湾问题，实现祖国的完全统一。

第二，日本也是造成今日“台湾问题”的重要因素。日本曾在台湾实行殖民统治长达

50 年之久，同台湾社会有着千丝万缕的联系。台湾回归中国后，日本右翼势力始终怀有重新染指台湾的野心。近年来，日本国内右翼势力日益重视利用台湾问题对中国进行牵制，竭力主张全面发展与台湾的官方关系。台湾当局则采取多种措施，极力发展台日实质性关系。

第三，台湾成其为“问题”，与“台独”分裂活动密切相关。“台独”的产生有极其复杂的历史、社会、政治原因。多年来，“台独”分子在美、日等国的反华势力支持下，在岛内外进行分裂活动。1988 年，蒋经国去世，李登辉上台，开始大力推行“本土化”、“民主化”政策，推行以“两个中国”为核心的分裂路线。李登辉的“台独”行径，使得岛内外“台独”势力实现了合流，“台独”活动从秘密走向公开，各种“台独”思潮在岛内蔓延泛滥。2000 年 3 月，李登辉为使其“台独”路线得以继承，在台湾“总统”选举中“弃连保扁”，使得独派人物陈水扁上台。陈水扁上台以来，“台独”运动由暗而明、由民间而官方逐渐猖獗起来，特别是 2002 年 7 月下旬以后，陈水扁发表了一系列“台独”分裂言论，公然鼓吹“台湾是一个主权独立的国家”，“台湾跟对岸中国一边一国”、要用“公民投票”方式决定“台湾的前途、命运和现状”，“要认真思考公民投票立法的重要性和迫切性”。2007 年 3 月 4 日，陈水扁在出席台湾人公共事务会 25 周年庆祝晚宴上，提出了“四要一没有”，即“台湾要‘独立’、台湾要‘正名’、台湾要‘新宪’、台湾要发展，台湾没有左右路线，只有‘独统’问题”。这些言行彻底暴露了他完全继承李登辉“两国论”衣钵、顽固坚持“台独”立场的真面目。因此，坚持与否定一个中国原则的斗争、统一与分裂的斗争，仍然是尖锐的、复杂的。

三、台湾的军情

1．军事战略

2000 年，台湾当局明确将军事战略调整为以“有效吓阻、防卫固守”为主要内容的新战略，强调通过增强威慑力量，遏制大陆对台采取军事行动。在作战指导上，遵循“战略持久、战术速决”的原则，突出“制空为首要、制海为重点、反登陆决胜”的三军联合作战。在建军目标上，谋求建立一支“小而精、反应快、效速高、战力强”的现代化军队。在兵力部署上，收缩外岛兵力、加强本岛防御。台湾当局大力推行整军计划，企图以此增强军力，抗拒统一，进而实现台湾“独立”。

2．军备状况

台湾地区军队现有约 40 万人。其中，陆军兵力约 20 万人，编成 3 个军团部，4 个地域防卫部和 2 个兵种部。近一个时期以来，台湾地区军费开支均保持在 100 亿美元左右，台湾地区面积不到 3.6 万平方千米，如此军费投入密度实属罕见。当前及今后一个时期，台军斥巨资重点发展反导系统，提高对大陆地对地导弹的预警和拦截能力；发展地对地导弹和巡航导弹，提高中远程打击能力；发展第三代主战兵器，提高制空、制海和反封锁能力；筹建

2004 年台湾军事演习

C4ISR 系统，提高信息作战能力。其中，反导弹建设则是重中之重。按照台军方设想，以从美国购进预警监测系统和导弹系统为基础，辅以台研制的“天弓-3”等型号导弹，建立能覆盖北、中、南三大都会区的空中防护伞，使其免受来袭导弹、飞机的攻击。目前，台湾正在花费巨资建立反导弹系统，在台北附近的林口、万里和南港三地已经完成了“爱国者-2”型导弹系统的部署工作。

在今后几年内，随着大批高技术装备投入使用和整军计划的落实，台军战斗力可能进一步增强。但是，台湾在军事上也有其致命的弱点：对外依赖程度高，抗封锁和抗打击能力较弱；地幅狭窄，基本上无战略回旋余地；导弹防御计划在技术上还不成熟，且由于台湾海峡平均宽度仅为 200 千米，预警时间不足，因而反导系统不可能有效预防空中打击等。

四、实现祖国完全统一是 21 世纪的重要任务

（一）我国政府解决台湾问题的方针和政策

新中国成立后，中华人民共和国政府成为全中国的惟一合法政府和在国际上的惟一合法代表。随着香港问题和澳门问题的相继解决，中国统一大业的历史进程已经步入解决台湾问题的新阶段。

新中国成立之初，我们党曾提出过武力解放台湾的主张，后根据形势的变化，将解决台湾问题的着眼点放在了争取用和平的方式上。1955 年 5 月，周恩来同志在全国人大常委会会议上提出：中国人民解放台湾有两种可能的方式，即战争的方式和和平的方式，中国人民愿意在可能的条件下，争取用和平的方式解放台湾。1956 年 4 月，毛泽东同志提出“和为贵”、“爱国一家”、“爱国不分先后”等对国民党去台人员的政策。其后，我们党反复重申了和平统一的立场。以邓小平同志为核心的党的第二代中央领导集体准确把握时代特点，从维护中华民族根本利益的战略高度出发，本着尊重历史、尊重现实、实事求是、照顾各方利益的原则，制定了“和平统一、一国两制”的基本方针。1979 年 1 月 1 日，全国人大常委会发表的《告台湾同胞书》宣布了中国政府和平解决台湾问题的大政方针。1981 年 9 月，叶剑英同志发表谈话，提出了关于台湾回归祖国、实现和平统一的“九条方针”。1984 年 6 月，邓小平同志在分别会见香港工商界访京团和香港知名人士钟士元等时指出，我们的政策是实行“一个国家，两种制度”。1995 年 1 月，江泽民同志发表了题为《为促进祖国统一大业的完成而继续奋斗》的重要讲话，提出了关于现阶段发展两岸关系、推进祖国和平统一进程的八项主张。八项主张对推动两岸关系的发展发挥了重要作用，获得了海内外全体中华儿女的衷心拥护。2005 年 3 月，胡锦涛主席就两岸关系发表重要讲话，体现了大陆和平解决台湾问题的善意和诚意，有力地推动了两岸关系的发展。

（二）在一个中国原则下发展两岸关系和实现祖国统一

多年来，在一个中国的原则和“和平统一，一国两制”基本方针指引下，我们先后同以李登辉、陈水扁为代表的台湾分裂势力进行了坚决斗争，坚定地捍卫了国家主权和领土完整。国际社会对我们解决台湾问题的原则立场普遍认同，世界上绝大多数国家都奉行一个中国的政策。总的看来，两岸关系的基本格局和发展趋势没有改变。主要表现为：我们

对台湾分裂势力进行了坚决的斗争，维护了国家主权和领土完整；两岸人员往来和经济、文化等领域的交流持续发展；国际社会普遍承认一个中国，台湾当局在国际上进行的分裂活动一再挫败；求和平、求安定、求发展，是台湾民意的主流；两岸合则两利，分则两害，已经为越来越多的台湾同胞所认识。但是，我们也应当看到，台湾当局迄今顽固坚持“台独”分裂立场，拒不接受一个中国原则，从政治、经济、文化等方面破坏两岸关系，纠集各种分裂势力不断进行“渐进式台独”的活动，为和平统一设置重重障碍。

党的十六大报告明确指出：“坚持一个中国原则，是发展两岸关系和实现和平统一的基础。世界上只有一个中国，大陆和台湾同属一个中国，中国的主权和领土完整不容分割。对任何旨在制造‘台湾独立’、‘两个中国’、‘一中一台’的言行，我们都坚决反对。”这是我们解决台湾问题的基本立场。从这一基本立场出发，我们坚持开展对话和进行和平统一谈判的一贯主张。作为第一步，海峡两岸可先就“在一个中国的原则下，正式结束两岸敌对状态”进行谈判，并达成协议；在此基础上，共同承担义务，维护中国的主权和领土完整；并对今后两岸关系的发展进行规划，逐步推进两岸统一。重要的是，对话和谈判必须有一个基础，就是首先必须承认一个中国的原则。我们愿意在一个中国的前提下，暂时搁置某些政治争议，开展对话和谈判，什么都可以谈，包括台湾当局关心的各种问题，可以谈正式结束两岸敌对状态问题，可以谈台湾地区在国际上与其身份相适应的经济文化社会活动空间问题，也可以谈台湾当局的政治地位等问题。我们除了呼吁与台湾当局在一个中国的前提下进行对话和谈判，还愿意与台湾各党派和各界人士就发展两岸关系、推进和平统一交换意见。

知识窗

《反分裂国家法》

十届全国人大三次会议 2005 年 3 月 14 日表决通过，国家主席胡锦涛签署第 34 号主席令，公布了这部法律。这部法律自公布之日起施行。这部法律明确规定，为了反对和遏制“台独”分裂势力分裂国家，促进祖国和平统一，维护台湾海峡地区和平稳定，维护国家主权和领土完整，维护中华民族的根本利益，根据宪法，制定本法。

解决台湾问题、实现祖国的完全统一，寄希望于台湾人民。台湾同胞是发展两岸关系的重要力量。我们一贯重视台湾同胞在发展两岸关系、实现祖国统一进程中的重要作用。台湾同胞具有光荣的爱国主义传统，具有求和平、求安定、求发展的强烈愿望。我们充分理解他们在特殊历史背景下形成的复杂心态，充分尊重他们当家做主的愿望和发展经济的要求，并切实保障他们的正当权益。我们将继续与赞同一个中国、主张发展两岸关系的台湾各政党和各界人士进行交流与对话。海峡两岸应当共同努力，共同弘扬中华文化的优秀传统。台湾文化的母体是中华文化，台湾文化是中华文化的一个组成部分。加强两岸文化交流，弘扬中华文化的优秀传统，是两岸同胞的共同责任和愿望。

尽最大努力实现和平统一，但决不承诺放弃使用武力。这是我们有关解决台湾问题的政策主张的重要组成部分。它不是针对台湾同胞，而是针对外国势力干涉中国统一和台湾分裂势力搞“台湾独立”图谋的。台湾同胞和大陆同胞血脉相连、骨肉情深，没有人比我们更希望通过和平的方式解决台湾问题。我们一直在积极推动以和平方式实现两岸统一，一直在呼吁“中国人不打中国人”。以何种方式解决台湾问题是中国的内政，并无义务承诺放弃使用武力；不承诺放弃使用武力，是为争取和平统一提供必要的保障；采用武力的方式，将是最后不得已而被迫做出的选择。在 2000 年 2 月国务院台湾事务办公室、国务院新闻办公室发表的《一个中国的原则与台湾问题》明确提出，在三种情况下中国政府只能被迫采取断然措施包括使用武力解决台湾问题。这三种情况是：出现台湾被以任何名义从中国分割出去的重大事变；出现外国侵占台湾；台湾当局无限期地拒绝通过谈判和平解决两岸统一问题。

针对“台独”势力步伐加快的情况，2005 年 3 月召开的十届全国人大三次会议通过了《反分裂国家法》，以法律的形式明确了中国人民将致力于和平解决，同时不允许以任何形式分裂祖国的决心。随后时任国民党主席连战和亲民党主席宋楚瑜两位在野党领袖先后成功访问大陆。在胡锦涛与连战会谈后发表的新闻公报中，双方达成了以“坚持‘九二共识’，反对‘台独’，谋求台海和平稳定，促进两岸关系发展，维护两岸同胞利益”为主要内容的“三项共同认识”和“五项共同促进措施”。在胡锦涛与宋楚瑜会谈后发表的新闻公报中，双方达成了“促进在‘九二共识’基础上，尽快恢复两岸平等谈判”等六项共识。这些共识起到了推动两岸关系良性发展的作用。但是陈水扁仍然不断挑衅大陆与台湾同属一个中国的现状，并于 11 月和 12 月两次拒绝国台办主任陈云林赴台参加国共两党举办的“国共经贸论坛”，试图阻止两岸关系转暖的势头。12 月初，台湾举行“三合一”选举，承认“九二共识”的国民党在选举中取得较好结果，也显示出台湾人民希望两岸和平的强烈愿望。

知识窗

九二共识

“九二共识”是指 1992 年 11 月大陆的两岸关系协会与台湾的海峡交流基金会就解决两会事务性商谈中如何表明坚持一个中国原则的态度问题所达成的以口头方式表达的“海峡两岸均坚持一个中国原则”的共识。

1987 年年底，长达三十多年的两岸隔绝状态被打破后，两岸人员往来和经济、文化等各项交流随之发展起来，同时也衍生出种种问题。为了解决这些问题，台湾不得不调整“不接触、不妥协、不谈判”的“三不政策”，于 1990 年 11 月 21 日成立了得到官方授权的与大陆联系与协商的民间性中介机构——海峡交流基金会，出面处理官方“不便与不能出面的两岸事务”。为便于与海基会接触、商谈，中共中央台办、国务院台办推动于 1991 年 12 月 16 日成立海峡两岸关系协会，并授权以坚持一个中国原则作为两会交往和事务性商谈的基础。

1992 年 10 月 28 日至 30 日，两会在香港商谈中，就海峡两岸事务性（公证书使用）商谈中如何表述坚持一个中国原则的问题进行了讨论。海协提出了 5 种文字表述，台湾海基会也根据“国统会”的结论提出了 5 种文字表述，台方虽然也同意两岸公证书使用是中国内部的事务，双方均应坚持一个中国的原则，并表达了谋求国家统一的愿望，但在文字表述方案上，两会很难达成一致。在会谈即将结束时，海基会代表又增提了 3 种表述方式，并拿出了他们的最后表述内容：“在海峡两岸共同努力谋求国家统一的过程中，双方虽均坚持一个中国的原则，但对于一个中国的含义，认知各有不同。唯鉴于两岸民间交流日益频繁，为保障两岸人民权益，对于文书查证，应加以妥善解决。”他们还建议“用各自口头声明的方式表述一个中国原则”。海协代表表示这是此次商谈的主要成果，等把海基会的建议与具体表述内容报告后再正式答复。

香港商谈结束后不久，1992 年 11 月 16 日，海协会正式致函台湾海基会，“现将我会拟作口头表述的要点函告贵会：海峡两岸都坚持一个中国的原则，努力谋求国家的统一。但在海峡两岸事务性商谈中，不涉及‘一个中国’的政治函义。本此精神，对两岸公证书使用（或其他商谈事务）加以妥善解决。”海协的函后并附上了海基会最后提供的表述方案。12 月 3 日，海基会回函海协，对达成共识未表示异议。至此，关于一个中国原则表述问题的讨论，以形成双方相互接受的两段具体表述内容为结果而告一段落。

“一国两制”是两岸统一的最佳方式。充分考虑台湾与香港、澳门的不同情况，在两岸统一后，台湾保持原有的社会制度不变，高度自治，实行比香港、澳门更宽松的政策。从政治上说，台湾同胞的切身利益将得到充分保障，不仅现有的各种权益将得到切实尊重和维护，而且他们希望获得的其他合法权益也将得到实现。台湾同胞可以真正实现当家做主的愿望，实行高度自治，自主选择社会制度和生活方式，同时可以同大陆同胞一道，行使管理国家的权利。从安全上说，实现和平统一，就可以避免台海紧张局势，台湾同胞就可以永享太平。从经济上说，台湾经济将真正以祖国大陆为腹地，获得广阔的发展空间。台湾同胞可以更加广泛直接地致力于国家的和平发展，并同大陆同胞一道，共享伟大祖国在国际上的尊严和荣誉。

第四章　军事高技术

第一节　军事高技术概述

20 世纪 90 年代以来的海湾战争、阿富汗战争、科索沃战争和伊拉克战争向世人表明，随着高技术在军事上的广泛应用，军事领域正在发生着深刻的变革。现代战争在很大程度上表现为军事高技术的较量，谁拥有军事高技术，谁就更容易取得战争的主动权。重视发展军事高技术，迎接新军事变革的挑战是各国国防建设的重要内容。

一、军事高技术的基本概念

（一）高技术

高技术是指建立在综合科学研究基础上，处于当代科学技术前沿的，对发展生产力、促进社会文明、增强国防实力起先导作用的技术群。

当代高技术主要包括相互支撑、相互联系的 6 大技术群。即信息技术群、新材料技术群、新能源技术群、生物技术群、海洋技术群和航天技术群。其中，以信息技术群为核心，以新材料技术群为基础，以新能源技术群为动力，依靠生物技术群向微观方向发展，依靠海洋技术群和航天技术群向宏观方向发展。

（二）军事高技术

军事高技术就是应用于军事领域的现代高新科学技术，即已经应用或即将应用于军事领域中，并对现代军事和现代战争产生重大影响的高新科学技术群。

按照科学分类方法，科学技术的体系结构通常划分为基础科学、技术科学和工程技术三个层次。军事高技术的体系结构是由科学技术体系中面向军事应用的那部分技术科学和工程技术所组成的。它包括两个层次，即军事基础技术和军事应用技术。

军事基础技术是指武器系统和国防科技装备的研制所需要的各种基础理论和技术。它所涉及的内容很多，主要包括军用微电子技术、军用光电子技术、军用计算机和人工智能技术、军用新材料技术、军用生物技术、军用航天技术、军用核技术、军用海洋开发技术、定向能技术等。

军事应用技术是利用各种科技成果进行武器装备的研制和生产，以及使用和充分发挥武器装备的效能的综合技术。军事应用技术的内容非常广泛，分类方法也多种多样。可按其完成的军事任务分，也可按其研制的武器装备种类分。按其完成的军事任务的性质可分为战略武器装备技术、战役战术武器装备技术、后勤保障装备技术、军事工程技术、军事系统工程技术等；按其研制的武器装备的种类可分为侦察监视技术、隐身技术、夜视技术、激光技术、电子对抗技术、制导技术、作战平台及常规武器技术、军事航天技术、军事计算机技术、军队指挥自动化技术、核生化武器技术、新机理武器技术等。按军事技术应用领域和应用者划分，即陆军技术、空军技术、战备导弹部队技术和军兵种通用技术。

二、军事高技术的突出特征

高技术相对于常规技术，具有高创造性、高增值性、高竞争性、高渗透性、高风险性等显著特征。军事高技术作为高技术的重要部分除了高技术本身具有的显著特征外，还有其突出的特征。

- 发展的超前性。军事高技术的研究、开发和应用通常总是超前于民用高技术。军事上的需要是军事高技术发展的主要推动力。军事上的需要或国家安全的特殊重要性决定了各国都试图将军事高技术置于优先发展的战略地位，这就导致军事高技术的发展往往超前于民用技术的发展，即大多数高技术成果或者直接产生于军事领域，或者首先应用于军事领域。这已成为一种普遍规律。例如，现在80%的科技成果或者产生于军事领域，或者首先应用于军事领域。
- 效果的突袭性。军事高技术的发展，特别是理论上或技术上的重大突破，往往是因其技术上和战术上的创新性，在军事上给对手造成突袭性或突然性，使对方在战争中遭受重大损失以后还不明白其原因何在，从而在战争中处于非常被动的地位。历史上，坦克、化学武器、原子弹、雷达、精确制导武器等的研制成功和使用，都曾带来这种突然性和突袭性，在战争中起到过巨大作用。现在美国、俄罗斯等军事大国和强国高度重视从基础研究入手发展军事高技术，如特别重视发展新概念武器，主要目的就是力图获得能对别国造成军事上的突然性和突袭性的技术手段，以此来获得和保持军事上的明显优势。
- 应用的双重性。高技术有军用和民用之分，但作为高技术的主要组成部分的军事高技术，大量的也可用于民用。因此军用高技术和民用高技术之间并没有严格的分界线，而且不管它们来源于军事领域还是民用领域，首先都尽可能地应用于军事目的，然后向民用领域转移。正是由于军事高技术的军民两用性，才为军事科研和军事工业转为民用提供了可能。冷战结束以后，许多国家都把经济建设置于优先发展的战略地位，并将大量军事高技术成果转为民用，“军转民”便成为一种时代潮流。军民结合已经并将进一步成为各国军事高技术发展的主要途径和基本模式。
- 高度的保密性。由于军事高技术在国家安全和军事上的特殊地位，因此各国都力图获得军事高技术，或者及时了解别国军事高技术的发展情况，以保持对别国的技术优势或防止在技术上落后于人。这就使得各国都从国家战略利益出发，力图保持对军事高技术的严格控制，决不会像民用高技术那样为了获取利润而轻易转让这种技术，因而，军事高技术的保密性就特别强。例如，美国将军事高技术划分为三类技术或技术流：渐进性技术、突破性技术和王牌技术。三类技术都严格保密，而且保密期限依据其作用不同而不同。像核武器技术之类的“王牌技术”在半个多世纪后的今天仍然高度保密，也不会向别国转让。可见，军事高技术的保密性远远超过民用高技术。
- 系统的综合性。随着信息技术对现代战场各个领域的广泛渗透，决定了未来高技术武器装备发展的必然趋势是软（电磁压制）硬（火力压制）武器一体化。

三、军事高技术对战争的影响

1．高技术武器装备将明显改变现代战场与作战行动

（1）信息技术装备的广泛运用，信息在作战中的地位和作用发生了重大变化。信息能力成为一种最重要的作战能力，成为现代战争手段的核心。

（2）兵力兵器远距离作战能力空前提高，使作战空域向大纵深发展，作战行动更加强调实施大纵深多方位打击。

（3）武器装备的分布高度增大，使作战空间向高低结合的空间立体化发展，使作战行动更加强调“空地一体”，“海空一体”，甚至“陆海空天一体”。

（4）兵力兵器的快速作战能力的提高，使作战行动的快速和全天候、全时辰等特性更加突出。

（5）高技术武器装备的运用，还大大扩展了诸军兵种协同作战和联合作战的范围，使战争向陆、海、空、天、电磁“五维一体”发展。

2．高技术武器装备将强制性地引起作战方式的变革

（1）空袭的手段和兵器性能发生了质的飞跃，战略空袭已成为最重要的作战样式，成为能够摧毁对方军事实力和战争潜力，进而影响战争胜负的主要作战方式，如海湾战争和科索沃战争、阿富汗战争和伊拉克战争所表现的那样。

（2）各种导弹和精确制导技术的发展，使导弹打击和导弹的拦截作战成为重要作战方式，其地位已居传统的枪炮战之上，各种作战平台都将适应导弹战的需要。

（3）电子战飞机和各种电子战装备的大量使用，电子对抗成为新的作战方式，形成新的战场。军用卫星的使用使反卫星技术成为新的作战任务和方式；计算机病毒、“黑客”攻击及其防范将构成信息战等。

四、军事高技术对军队建设的影响

（1）作战效能的大小主要取决于武器系统的高技术含量和作战人员的军事高科技素质，军队的数量、质量与战斗力之间的关系将发生根本性变化，质量将上升至主导地位，数量将逐渐减少，战斗力将大幅度提高，因而军队的规模将缩小。

（2）为适应高技术武器系统作战功能一体化的需要，军队各部分比例关系更加合理，结合更加紧密。军兵种之间将出现新的划分，组成新的军兵种和部队，如计算机防护兵、天军等。部队编成趋向一体化、多能化、小型化，以满足遂行各种任务的需要，人、武器、信息达到最佳结合，以最大限度地发挥作战效能，因而军队结构将不断优化。

（3）“树状”指挥体系将被扁平型“网状”指挥体系取代。减少指挥层次，缩短信息流程，充分发挥横向网络的作用，使尽可能多的作战单元同处于一个信息流动层次。呈现信息传输速度快，保密性能好，失真率低，抗干扰能力强，生存率高的特点，适应指挥决策分层化的要求。

（4）为适应操纵高技术武器装备的需要，军官、士官、士兵的科学技术水平和操作技能必将相应提高，对军人品格、素质、能力、学历要求将有新的标准。在人员比例上，军官的比例将上升，士兵的比例缩小；技术军官的比例上升，其他军官的比例缩小；技术保障，尤其是信息技术人员保障人员增多，勤务保障人员减少，军队将成为人才密集型

群体。

五、军事高技术对国防建设的影响

（1）由于高技术军事装备造价昂贵，在军费基本不变的条件下，只能裁减军队数量，保持少而精的高技术部队。这将深刻地影响国防动员机制。预备役部队建设将得到加强，不仅步兵等常规兵力建设，机械化、电子化、飞行等技术兵种和部队的建设也会得到加强。在国防动员方面，除兵员动员，更重视高技术条件下局部战争的动员，主要突出国民经济动员和交通运输动员。

（2）由于战略空袭和导弹袭击成为高技术战争的主要作战方式，由于作战空域向大纵深发展，国民经济设施的防护将同军队的防御一样成为国防的重点。一个国家可能不是因为军队被歼灭，而是因为经济命脉设施严重被毁而屈服。因此，民防、城市防空的重要性空前突出，重要设施（铁路、公路、桥梁、港口、机场等交通设施，电力、通信网络，大型水坝、核电站、化工厂等次生灾害目标）的防护、隐蔽伪装、疏散、快速修复、损害抑制、紧急补救和重建，都将成为国防建设的重要内容。

（3）随着高技术的迅速发展，技术的军用民用界限变得越来越模糊不清，军民两用技术越来越多。这将有利于形成军民一体化的装备采办和后勤管理体制，改变“军”、“民”分割的国防体制。一方面，使军队装备建设更多地依托于国民经济建设；另一方面，更需考虑军用技术的民用前景，推动国民经济发展。

（4）采用义务兵役制为主的国家将向志愿兵役制过渡；军事教育更加依托国民教育，加大在青年学生中的国防教育和军事训练；军工企业“军转民”等，这些制度、机制的变化，都在一定程度上受到军事高技术发展的影响。

六、辩证地看待军事高技术的作用和局限

高技术在军事上的应用，促使武器装备产生了质的飞跃。高技术武器装备在其战术性能上与传统武器相比，有着非常突出的优势。这些武器装备的侦察预警能力、电子干扰能力、快速反应能力和系统配套协同能力强，命中率高、毁伤力大。但是，武器威力的提高，归根到底是人的智慧的结晶，技术再发展，也改变不了人与物的这种客观辩证关系，更何况高技术武器也有如造价昂贵，保养困难等弱点，并各种武器也有克星。那种片面夸大高技术作用，把高技术武器装备说成是可以决定一切的观点是不可取的。

要认识到，人是决定战争胜负的主要因素。人是社会的主人，是人创造了世界。人也是战争的主人，是人决定着战争的目的、方式、手段、规模和时间，并为战争准备了物质条件。人是具有自觉能动作用的物质，既是军队战斗力物质因素的重要组成部分，又是军队战斗力的全部精神因素。武器装备需要人去使用和支配。人是物质因素和精神因素的统一体。这就决定了现代战争的关键仍然是人。同时要看到，武器是战争的重要因素，武器装备的对抗在很大程度上又取决于作战思想、指挥艺术、军队士气、日常训练、战术技术水平等因素，即武器装备越先进，越需要高素质的人。

第二节　高技术在军事领域的应用

高技术在军事上有着广泛的应用，本节主要介绍下列几类技术：侦察与监视技术、精确制导技术、伪装与隐身技术、军事航天技术、电子对抗技术、指挥自动化系统技术以及它们在军事上的应用。

一、侦察与监视技术

现代侦察监视技术是指为发现、识别、监视、跟踪目标，并对目标进行定位所采用的一系列技术措施。在高技术条件下，现代侦察监视技术是获取对方信息的主要技术手段，它可以为指挥人员的决策提供及时、全面、准确的情报信息，是夺取战争胜利的重要保障。现代侦察监视技术按照各种运载侦察监视技术装备平台的活动区域分为地面侦察、水面（下）侦察、空中侦察、航天侦察；按照侦察任务范围分为战略侦察、战役侦察和战术侦察；按照侦察活动方式分为武装侦察、谍报侦察和技术侦察；按照不同兵种的任务范围分为陆军侦察、海军侦察、空军侦察和战略导弹部队侦察；按照侦察监视所采取的手段分为观察、窃听、搜索、捕俘、火力侦察、照相侦察、雷达侦察、无线电侦察、调查询问、搜集文件资料等；按照实现探测和识别的技术原理分为光学侦察、电子侦察、声学侦察。另外目标的特征信息、地形地物、气象条件是影响侦察监视技术的基本因素。

（一）现代侦察监视技术的原理与手段

现代侦察监视技术的基本原理是：利用多种媒介传感器，探测目标的红外线、光波、声波、应力（振动）波、无线电波等物理特征信息，从而发现目标并监视其行动。各种侦察监视器材装备搭载不同的作战平台，就形成了对战场侦察监视的不同手段。

1．电子侦察技术

电子侦察技术是利用己方的电子侦察装备去搜索、截获敌方电子设备的电磁信号，经过分析、识别和定位，以掌握敌方电子设备的有关技术参数、威胁程度、部署情况和行动企图等情报的一种侦察手段。

根据任务和用途的不同，电子侦察技术通常分为预先侦察和现场侦察两类。电子侦察技术的主要手段有：设立地面电子侦听站、使用电子侦察飞机、电子侦察船、电子侦察卫星和投放式侦察设备。

2．光电侦察技术

光电侦察技术是利用光源在目标和背景上的反射或目标、背景本身辐射电磁波的差异来探测、识别目标并对它们进行跟踪、瞄准的一种侦察手段。

现代光电侦察装备包括可见光、微光、红外、激光和光电综合侦察仪器。它们是以激光、红外、微光、光纤、半导体、微电子、计算机、精密机械等现代技术为基础构成的光电器材。光电侦察装备获得的地域和目标图像、数据，可直接用于观察和记录，也可显示在荧光屏上供间接观察，还可记录在胶片或录像带上供事后分析，或通过数据传输系统传至千里以外的信息中心。

现代光电侦察装备在军事上可用于战场侦察、战役侦察和战略侦察，如用来探测和跟踪洲际导弹的发射，探测洲际导弹发射井和机动洲际导弹的位置，监视空中、地面和地下核武器爆炸试验，探测和跟踪水面舰艇和潜艇的活动，探测地面和地下埋设的地雷，探测化学战剂的使用，探测和跟踪战术导弹和飞机的来袭，探测和监视敌方部队和单兵的活动，对战场进行监视以及侦察对敌打击效果等。

由于现代光电侦察装备在搜集战略和战术情报中的重要作用，各国在卫星、无人驾驶侦察机、固定翼飞机、直升机、地面机动车辆和固定侦察阵地广泛采用各种光电侦察器材。光电侦察器材与雷达、电子等侦察器材配套使用，相辅相成、取长补短，共同完成部队的侦察任务。

3．雷达侦察技术

雷达侦察技术是利用物体对无线电波的反射特性来发现目标和探测目标状态（距离、高度、方位角和运动速度）的一种侦察手段，雷达侦察主要探测敌方飞机、导弹、卫星、舰船、车辆、兵器，同时还可探测工厂、桥梁、居民点、云雨等。

（1）雷达的基本组成。雷达的工作方式通常分为两大类：一类发射的电波是连续的，称为连续波雷达；另一类发射的电波是间歇的，称为脉冲雷达。广泛应用的是脉冲雷达。

脉冲雷达由发射机、天线、接收机、收发转换开关、显示器、定时器、天线控制器和电源等部分组成。

（2）雷达的类型及应用。雷达作为武器系统的重要装备，根据其用途可分为远程预警雷达、警戒雷达、导航雷达、炮瞄雷达、导弹制导雷达、机载截击雷达、火控雷达、侦察雷达等；根据其技术特征可分为波束扫描雷达、单脉冲雷达、相控阵雷达、连续波雷达、脉冲多普勒雷达、电控相扫雷达、超视距雷达、二坐标雷达、三坐标雷达、测高雷达、测速雷达、多基地雷达、被动式多基地雷达等。

常规侦察雷达主要有以下几种：

①战场侦察雷达。侦察雷达是陆军使用的地面活动目标侦察雷达，用于侦察和监视敌方地面兵器、车辆、人员和低空飞行器的活动情况。这种雷达能够从地面各种固定回波中发现活动目标。

这种雷达按照作用距离可分为远程、中程、近程 3 种。远程战场侦察雷达安装在车辆上，可以探测 20～30km 范围的敌方部队调动、车辆和火炮等的活动情况和 7km 距离内单兵活动情况；中程战场侦察雷达可以探测 8～10km 范围的坦克、车辆活动情况和 5km 以内活动的人员；近程战场侦察雷达可以探测 0.5～3km 范围的敌方活动情况，质量在 2.5kg 以内，可安装在三角架上工作，携带方便。

②警戒雷达。警戒雷达配置在沿海、边界线以及国土纵深地区，用于探测远距离的敌方飞机、导弹、舰艇。其特点是探测距离远，但探测精度不高。按探测距离可分为近程警戒雷达，探测距离 200～300km；中程警戒雷达，探测距离 300～500km；远程警戒雷达，探测距离 500～4 000km；超远程警戒雷达，探测距离 4 000km 以上。

③超视距雷达。超视距雷达是根据短波波段电磁波不能穿透电离层而反射回地面产生跳跃式传播的特点，开发的不受地球曲率限制、探测不能直视目标的装备。超视距雷达能够发现刚从地面发射的弹道导弹、轨道轰炸武器，提供更长的预警时间，但情报的准确度有待提高。

④侧视雷达。侧视雷达是从空中侦察地面目标并绘制图像的具有高分辨率的装备，天线安装在飞行器下方，波束很窄，覆盖两侧几十千米地带目标，因此获得“侧视”之名。

雷达采用合成孔径技术，对接收信号进行处理，等效为庞大天线阵（增大几百上千倍）和极窄波束，因而分辨率非常高，图像清晰度不亚于光学照片，可全天候工作。侧视雷达用于测绘战场地形图是非常方便快捷的。

⑤相控阵雷达。相控阵雷达是利用计算机控制发射和接收信号的相位，增强发射功率、天线增益和接收机灵敏度，它集远程警戒雷达、引导雷达、多目标跟踪雷达、制导雷达于一身，效率非常高。这是计算机技术与现代雷达技术相结合的成果，天线面阵可以实现 360° 全方位探测而不必转动。如果解决了雷达信号远距离相控的问题，便有可能把雷达的天线面阵分散布设到全国，形成一个十分巨大的，打不烂摧不垮的，具有国土预警、跟踪、对抗等综合功能的电子雷达网。

4．传感器侦察技术

（1）地面传感器侦察。地面传感器是一种能够对地面目标引起的战场环境的物理场变化进行探测的小型侦察设备。我们知道，任何一个地面目标在运动时总会引起其周围环境磁场、声音、震动、温度等方面的变化。这些变化都是可以被探测到的。地面传感器正是利用自身的探测器去获取目标引起的这些物理变化，产生信号，然后用天线发射出去，从而完成侦察任务。

一般来讲，地面传感器可以分为以下 5 类：

①震动传感器。震动传感器是利用敌方目标发出的地面震动，形成目标信号。其特点是探测灵敏，通常能探测到 30m 以内活动的人员和 300m 以内活动的车辆。但其探测距离受地面土质变化影响较大。土质硬，探测距离远；土质软，探测距离近。它的识别能力可区分人为震动与自然扰动，能区分人员和车辆。但它无法分清是徒手人员还是武装人员，是履带车还是轮式车。

②声响传感器。声响传感器的探测器实际上就是常见的“话筒”，用来获取目标发出的声音。声响传感器能鉴别目标的性质，探测范围也比较大，一般对人员间的正常谈话，探测距离可以达到 40m；对活动车辆可以达到百米。

③磁性传感器。磁性传感器可以探测到目标运动时对周围静磁场的干扰。因为体积、重量受限，传感器的能源不可能太大，这使得它的探测距离较近。对人的探测距离 3～4m，对车的探测距离 25m 左右，但它具有一个很大的优点，即鉴别目标、性质的能力较强，能区别徒手人员、武装人员和各种车辆；同时，对目标探测的响应速度快，通常为 25s，能探测快速运动的目标。

④红外传感器。红外传感器一般需人工布设，固定在某物体上，在视角的扇面内可探测 20～50m 范围内的目标。红外传感器的主要优点是体积小，无源探测，隐蔽性好；反应速度快，能探测快速运动的目标，并能测定目标方位。不足之处是必须人工布设，探测范围有限，只限于正对探测器的扇形地区，无辨别目标性质的能力。

⑤应变电缆传感器。应变电缆传感器又称压力传感器。探测器为电阻丝，埋设在浅土层下，当上面有敌方行动带来的压力时，电阻发生变化，电流也随之发生变化，从而实现对目标的探测。这种传感器只能人工埋设，故在野战使用上有一定的局限性，但在边海防、公安、特殊设施的预警上使用方便、可靠性高，能辨别人员和车辆。

地面传感器有着其他侦察器材无法替代的优点。它结构简单、便于携带和布设，能够适应各种环境，可全天候、昼夜、被动地侦察敌人地面目标活动，也可用于己方要地的警戒。为了发挥各类地面传感器的优点，尽可能克服它们的缺点，通常把可以互补的几种传感器和磁性传感器联合在一起，就可以先利用震动传感器远距离地探测目标的震动，再由磁性传感器近距离感应目标的铁磁性，进一步确定目标的性质。但是，因为受能源的限制，地面传感器的信号发射距离较近。当要进行远距离战场侦察与监视时，还需要在中间加设地面或空中中继器，负责转发信号与指令。

（2）水下传感器侦察。水下传感器主要是“声纳”。声纳是接收水中声波的装置，主要用于对水下或水面目标的搜索、测定、识别和跟踪，也可以用于水声对抗、水下通信、导航和对水下武器（鱼雷、水雷等）的制导或控制。

声纳的基本工作原理是捕捉、接收水声信息，将水声信号转换成电信号，经过放大处理后，由显示控制台显示定位。按工作方式可分为被动式声纳和主动式声纳。

被动式声纳又称噪声声纳，它本身不发射声波信号，靠捕捉水面和水下目标（如水面舰艇、潜艇、鱼雷等）在航行和工作时所产生的噪声，来搜索目标并确定其方位、距离和速度。

主动式声纳又称回声声纳，它自身发射声波信号，靠目标反射的回波信号来搜索测定目标。

5．其他侦察监视技术

（1）战场窃听侦察。战场窃听侦察是以偷听敌人语音来获取情报的一种手段。其基本样式可分为声音窃听、电话窃听和激光窃听。

（2）战场电视侦察。战场电视侦察是利用电视技术获取图像情报的一种技术。其特点是音像共存，形象直观；情报传递速度快、传播面广、时效性强；可搭载各种平台，实现立体侦察；有全时辰侦察能力。

（3）炮位声测侦察。火炮发射时，巨大的声响是火炮无法隐蔽的征兆。声测侦察就是利用声音探测装置发现敌人正在发射的炮兵阵地，确定其位置以引导我炮兵或火箭兵以火力进行压制或摧毁。

人耳之所以能够辨别出声音传来的方向，是因为声波传到两耳的时间不同，这种人为感受声波时间差辨认声源方向的现象，在物理学中称为“双耳效应”。“双耳效应”构成了炮兵声测侦察的理论基础。

声测设备是一组（至少有两个）分开配置的听音器，假设火炮发出的声音以已知速度均匀地向外传播，到达各听音器时就会出现时间差，根据每两个听音器之间的距离（声测基线）和听到声音的时间差，就可以确定火炮位置。

（二）空间侦察与监视

空间侦察与监视手段具有速度快、范围广、限制少的优点而得到广泛应用。空间侦察与监视的方式有以下几种。

（1）照相侦察卫星。照相侦察卫星是各种军事侦察卫星中发展最早、最快，技术最成熟的一种。它具有分辨率高、察微知著、一览无余、了如指掌的优点。目前，比较先进的照相侦察卫星主要有美国的“锁眼”KH-11 光学成像侦察卫星和“长曲棍球”雷达成像卫星。

（2）电子侦察卫星。电子侦察卫星实际上是一种在轨道上运行的无线电“窃听器”，如果说照相侦察卫星起着“目”的作用，电子侦察卫星便产生“耳”的效果。目前比较先进的电子侦察卫星是美国的“大酒瓶”和“折叠椅”，它是美国 21 世纪初期空间电子侦察的主力。

（3）导弹预警卫星。导弹预警卫星是专门监视导弹发射情况的太空侦察卫星。美国的“国防支援计划”和“天基红外系统”是先进的预警卫星。它能在早期发现敌发射导弹或其他飞行器并及时发出警报。

（4）海洋监视卫星。海洋监视卫星主要用来探测、跟踪海上的舰船、潜艇和飞机的活动情况，有时也可提供舰船之间、舰岸之间的通信。美国海洋监视卫星主要是“白云”号电子型卫星，由母子卫星组成，每组 4 颗，母星入轨后弹出 3 个子星形成一个星座。

（5）核爆炸探测卫星。核爆炸探测卫星能对核爆炸所产生的冲击波、光辐射、核辐射和电磁脉冲等效应进行探测和监视。

（三）航空侦察与监视

与空间侦察相比，航空侦察具有灵活、机动、准确和针对性强的特点，是获取战术情报和战略情报的重要手段。现代航空侦察与监视设备主要有：有人驾驶侦察机、无人驾驶侦察机、侦察直升机和预警机。

（1）有人驾驶侦察机。有人驾驶侦察机反应灵活，机动性好，能及时、准确地完成对战场情况侦察，能为各级指挥员提供作战指挥所需的大面积、远纵深的情报，并能直接引导突击兵力摧毁目标。比较著名的有人驾驶侦察机有美国的 U-2R、SR-71、RF-4C 和俄罗斯的米格-25 战术侦察机。

（2）无人驾驶侦察机。无人驾驶侦察机具有体积小、机动灵活、造价低、无人员伤亡等优点，通常被部署在战斗前沿，可飞临敌方防御最严密的地区进行侦察和监视。美国国防部正在加紧研制“全球鹰”和“暗星”两种高空长航时无人侦察机。

（3）侦察直升机。用直升机进行战场侦察有其独特的优势，它能在狭小的场地上起降；能在距地面 10～15 米，距海面 1 米的高度上实施侦察；能够悬停于空中，便于在己方区域上空对敌战术纵深的活动目标进行跟踪侦察。典型的侦察直升机有美国的 OH-58A 直升机、RAH-66 型“科曼奇”武装侦察直升机，法国的小羚羊等。

（4）预警机。预警机主要用于搜索、监视空中或海上目标，并能指挥引导遂行作战任务的飞机。目前主要有美国的 E-3A 和 E-2C 预警机，俄罗斯的图-126 和伊尔-76 预警机等。

（四）地面侦察与监视

地面侦察与监视是指在陆地上使用技术设备和技术手段进行的侦察与监视。其手段有很多。

（1）无线电侦察和无线电技术侦察。无线电侦察又称通信侦察，它以监视敌方无线电台和电话系统获取情报为目的。无线电技术侦察是以截收敌方非通信电子信号（如雷达、电台与武器控制和制导系统发射的电子信号）获取情报为目的。

（2）战场侦察雷达。战场侦察雷达又称地面活动目标雷达，是一种主动式电子器材，具有探测距离远、测量精度高、可全天候工作等特点，是夜间和恶劣条件下侦察敌地面活动人员、车辆、水面舰艇和低空飞机的重要侦察手段，可完成区域侦察、地点监视和海岸监视等任务。

（3）自动地面传感器侦察。自动地面传感器是一种辅助性战术侦察器材，它可用飞机空投或火炮发射，也可人工埋设到交通线上和敌人可能入侵的地段，用来执行预警、目标搜索、目标监视等项任务。常用的自动地面传感器有 6 种基本类型：音响传感器、地震传感器、磁传感器、红外传感器、压力传感器和扰动传感器。

（4）无人地面侦察车。无人地面侦察车，是一种用于侦察的军用机器人，多以微型车辆作底盘。

（五）水面（下）侦察与监视

（1）水面舰船侦察。水面舰船侦察主要用于查明海面目标情况。一般使用舰载雷达实施侦察，它不仅要对付海上的目标，而且还要面临来自高空、中空、低空和水下的威胁。

（2）潜艇侦察。潜艇侦察主要是利用声纳技术来探测和捕捉目标。潜艇的声纳，按工作方式可分为主动式和被动式两种。

（3）两栖侦察。两栖侦察是现代登陆作战的一种重要的侦察方式，它可分为先期侦察和临战侦察。

（六）现代侦察与监视技术与发展趋势

（1）空间上的立体化。现代战争是多维的立体空间战争，战场的活动空间已遍布太空、高空、中空、低空、超低空、地面、海面直至地下、水下。与之相适应的现代高技术侦察监视也形成了由航天侦察、航空侦察、地面（面）侦察以及水面（下）侦察系统组成的战场侦察体系。在这个体系中，无论是在发挥各自的优势和克服其局限性方面，还是在侦察的地域、时域、周期以及情报利用方面，都可以互相取长补短，互为补充，互相印证，以获得准确、完整的情报。

（2）速度上的实时化。情报的价值首先取决其时效性。在现代战场上，由于武器（装备）射程（航程）的增大，兵力、兵器机动能力的提高，作战方式的迅速转换，造成了军情的瞬息万变，因而要求军事侦察在获取情报、传递情报和处理情报中尽量缩短时间，以使情报侦察具有一定的实时性。

快捷、高效的实时侦察能力，得益于高技术的侦察监视技术手段和以计算机为核心的军队自动化指挥系统。它们组成的侦察监视系统，提高了收集、分析、处理、判断、传送战场信息的时效性，能够为指挥员提供及时、准确的战场情报。

（3）手段上的综合化。现代高技术战争首先是信息总体战，单一的侦察手段难以完成情报侦察任务。因此，必须依靠诸军兵种的合成侦察力量，综合运用各种技术侦察手段，以形成整体侦察的最佳功能，才能满足部队作战的需要。各国侦察监视系统都向多频段、多传感器综合使用的方向发展。这种系统能把可见光、红外、夜视、激光、雷达等各种侦察监视技术有机地组合起来，形成功能齐全的综合化侦察系统。

（4）侦察与攻击一体化。具有高技术武器装备的部队，基本上实现了情报、指挥与控制、打击一体化。美、俄、英、法等国军队的战斗机，除装备有先进的脉冲多普勒火控雷达外，还装有前视红外仪、红外搜索跟踪系统、微光电视设备、夜视眼镜及地形跟踪雷达等，能在各种恶劣的天气和夜幕条件下作战，实施侦察搜索和有效的打击。

（5）侦察监视系统的生存能力不断增强。随着侦察监视系统功能的进一步升级优化，探测距离越来越远，其生存能力也不断得到提高和增强。

二、精确制导技术

20 世纪 70 年代初期，美国首次在越南战场使用激光和电视制导炸弹，由于它们能自己“寻找”和攻击目标，具有极高的命中精度，当时人们曾称它为“灵巧炸弹”。在 1973 年第四次中东战争中，埃及和以色列大量使用苏联和美国生产的各种导弹，取得了前所未有的战场效果。随后，在 1974 年美国政府的正式文件中第一次出现“精确制导武器”（precision guide weapons）这一词。在 1982 年英阿马岛之战和 1990 年海湾战争中交战各方大量使用各种精确制导武器，开创了高技术战争的新时代，使人们对未来战争的形式有了一个全新的概念。在今天，精确制导装备的拥有程序和运用能力已经成为衡量一个国家军事现代化程度的重要标志。

（一）精确制导技术

精确制导技术的基本含义是：以高性能光电探测器为基础，采用先进的信息处理与目标识别等方法，控制和导引武器准确地命中目标的技术。由这类技术构成的制导系统即为精确制导系统。

第二次世界大战末期出现了由纳粹德国制造的 V1、V2 导弹，创造了武器系统采用制导技术的先例。当时采用了惯性制导和辅助程序控制技术，成功地解决了常规弹头不能远程作战和不能在飞行中自动修正弹道的缺陷。而精确制导技术是在以前制导技术基础上的延伸和发展，在中段制导的配合下（必要时），特别注意提高武器末制导的可靠性和精度。

（二）几种典型制导技术简介

制导技术按照制导方式可以分为寻的制导、遥控制导、匹配制导、卫星制导、惯性制导和复合制导等。

1．寻的制导

寻的制导是精确制导武器的主要体制，它包括毫米波制导、激光制导、红外成像制导和电视制导（可见光制导）。它们都是由探测器、信号处理器和控制系统三部分组成的，只是所采用的探测器和信息处理方法不同。共性之处都要求寻的器具有“角跟踪”能力，也即寻的器的瞄准线能随时跟踪目标的视线。

寻的制导的工作方式有主动式、半主动式和被动式三种。

主动式寻的制导是通过导弹上的导引头发射电磁并接受目标反射回来的电磁波（也称为目标回波），并以此来探测和跟踪目标；半主动式寻的制导是由地面或飞机上的电磁波照射器发射电磁波对目标进行照射，导弹上的导引头接受目标反射的电磁波，并以此来探测和跟踪目标；被动式寻的制导的导弹上的导引头不发射信号，通过接受目标辐射的电磁波信号来探测和跟踪目标。

被动式精确制导和主动式精确制导是主要的发展方向，二者具有突出的优点，即“发射后不管”的自主制导能力，但这两种制导方式使弹上设备变得复杂化，从而增加了制导武器的成本。而半主动制导使弹上设备变得简单，但需要另外的照射装置，如空对空或空对地半主动雷达制导导弹在应用时，携带电磁波照射器的载机不能立即逃离战场，容易受到敌方地面或空中火力的反击。

2．遥控制导

导引系统的全部或部分设备安装在弹外制导站，由制导站执行全部或部分的测量武器与目标的相对运动参量并形成制导指令的任务，再通过弹上控制系统导引制导武器飞向目标，这种制导方式称为遥控制导。按指令传输方式和手段，遥控制导可分为指令制导和波束制导两类。指令制导又分为有线指令制导和无线指令制导，指令制导的优点是弹上设备简单，成本低，如使用相控阵雷达，还可同时对付多个目标。波束制导是利用雷达波束或激光波束导引导弹飞向目标的遥控制导技术，也称驾束制导。

遥控制导的优点是弹上设备简单，在较短射程范围内可获得较高制导精度，缺点是受到制导站跟踪探测系统作用距离的限制，精度随射程增加而降低。

3．匹配制导

匹配制导主要用于巡航导弹的中、末段制导，这种导弹可以从陆地、军舰和飞机上进行发射，对目标实施远程精确打击。按获取的地标信息不同，匹配制导可分为地形匹配制导和景象匹配制导。

（1）地形匹配制导。所谓地形匹配制导，是把导弹发射前预先输入到计算机内的基准地形数据与导弹发射后在巡航飞行过程中实时测量的地形数据进行比较（即匹配）进行制导的技术。地形匹配制导系统由弹上的制导计算机、雷达高度表（或叫无线电高度表）和气压高度表组成。雷达高度表用来测量导弹到地面的垂直高度，气压高度表用来测量导弹相对于海平面的基准高度，两者之差是同一地点的地形实际平均高度。

地形匹配制导可以在全天候、全季节工作；制导精度较高，约 30 米；抗干扰能力强。但它只能在地形起伏比较明显的路线上才能起作用，在长时间平坦地区或水面上空飞行时不能使用。

（2）景象匹配制导。景象匹配制导是一种利用地面景物进行定位的制导技术，用于末段制导。它的基本原理类似于地形匹配制导，只是用景物的数字图像代替地形圈而已。当导弹飞临目标区上空时，弹上的电视摄像机开始工作，实拍地面上匹配区的景物图像，经过实时数字化处理后形成数字式景象灰度地图，与弹上预存的数字图像进行比较，确定导弹是否偏离航线。如有偏离，制导系统发出控制指令，修改导弹航迹。

景象匹配制导精度较高，其制导精度小于 10 米，但由于采用电视摄像技术效果不佳。

4．卫星制导

卫星制导是一种利用卫星定位实现精确制导的新技术，一般用于攻击地面静止目标。卫星定位系统主要有美国的全球定位系统 GPS（24 颗卫星）、俄罗斯的全球导航卫星系统 GLONASS 和我国的北斗导航卫星系统。

它的制导特点是可以全天候、全季节工作，能自动实现远程精确打击，不受烟雾对抗的影响，造价便宜。

5．惯性制导

惯性制导是各类巡航导弹最基本的制导方式。惯性制导系统是一种利用装在弹上的惯性仪表（如加速仪表）测量导弹运动的速度和坐标而形成指令信息来导引导弹飞行的系统。这种制导方式属自主制导，即导弹在飞行过程中不必依靠外部提供信息，具有能独立进行工作、不受气象条件影响、抗干扰能力强和隐蔽性好等优点。导弹的基准飞行弹道是在发射前由制导软件程序规定了的，发射后不具有再修改程序的能力，所以，它的飞行方向、规避弹道、目标选择、巡航高度等均为事先所确定。主要缺点是因陀螺漂移，使得制导精度随导弹飞行时间的延长而降低。因此，在导弹中，这种制导方式不作单独使用，必须有其他制导方式辅助，从而构成复合制导。

6．复合制导

复合制导是采用两种或两种以上不同物理特性的探测器组成的制导系统。采用复合制导是为了使寻的器能够在较恶劣的气候条件下和复杂的战场环境中克服干扰，正常工作，从而提高制导精度。

复合制导的方式是按目标和背景的不同物理特性来选择的，常用的复合制导技术有：红外/毫米波复合寻的制导、红外/激光复合寻的制导、红外/毫米波/激光复合寻的制导、可见光/红外复合寻的制导、微波/红外复合寻的制导等。这些复合制导称之为并联式或多模式复合制导。另一类复合制导是串联式的，如惯性制导+卫星定位制导、惯性制导+匹配制导、惯性制导+寻的制导等。

（三）精确制导武器

1．导弹

（1）什么是导弹。导弹是依靠自身动力装置推进，由制导系统导引、控制其飞行路线并导向目标的武器或武器系统。

一枚完整的导弹必须具有战斗部、动力装置、制导系统和本身是一个飞行器这 4 个要素，缺少任何一个要素，就不能称其为导弹。例如，人造卫星的运载火箭因其有效载荷不是战斗部，不能称为导弹；制导炸弹因缺少动力装置，不能称为导弹；火箭弹因缺少制导系统，不能称为导弹；制导鱼雷因不具备飞行器功能，也不能称为导弹。而火箭助飞的鱼雷因具备了上述 4 个要素，就被称为导弹。

（2）导弹的分类。导弹的种类很多，名称各异，分类方法通常有以下几种：按发射点与目标位置的关系可分为从地面发射攻击地面目标的地地导弹；从地面发射攻击空中目标的地空导弹；从岸上发射攻击水面舰艇的岸舰导弹；从空中发射攻击地面目标的空地导弹；从空中发射攻击水面目标的空舰导弹；从空中发射攻击空中目标的空空导弹；从水下潜艇发射攻击地面目标的潜地导弹；从水面舰艇发射攻击空中目标的舰空导弹；从水面舰艇发射攻击水面舰艇的舰舰导弹；从空中发射攻击水下潜艇的空潜导弹；从水面舰艇发射攻击水下潜艇的舰潜导弹；从水下潜艇攻击水下潜艇的潜潜导弹等。按攻击活动目标的类型可分为反坦克导弹、反舰导弹、反潜导弹、反飞机导弹、反弹道导弹、反卫星导弹等。按飞行弹道可分为：主动段按预定弹道飞行，发动机关机后按自由抛物体轨迹飞行，再入段仍按自由抛物体轨迹飞行或机动飞行的弹道导弹；主要以巡航状态在大气层内飞行的巡航导弹等。按作战使用可分为打击战略目标的战略导弹和打击战役战术目标的战术导弹。

（3）巡航导弹与弹道导弹的介绍。巡航导弹和弹道导弹是精确制导技术在军事上的典型应用。

①巡航导弹。巡航导弹是依靠喷气发动机的推力和弹翼的气动升力，主要以巡航速度在大气层内飞行的飞航式导弹（有翼导弹）。所谓巡航速度指飞行器燃料消耗量最小的飞行速度，通常为 0.7～0.9 马赫。巡航导弹按照发射地点可以分为空射型巡航导弹、海射型巡航导弹和陆射型巡航导弹；按照作战使命可以分为战略巡航导弹和战术巡航导弹。

巡航导弹的特点是可以实现全程控制，也即从发射到命中目标的全过程中，始终处在发动机推力的作用下和制导系统的控制下飞行。除了在很短的发射段和接近目标的攻击段外，中间飞行段均处在等高度（包括分段等高度）的飞行状态。巡航导弹的制导是以惯性制导为主的复合制导，具体的有惯性+地形匹配、惯性+地形匹配+景象匹配、惯性+GPS定位+雷达图像制导、惯性+主动雷达寻的制导等。

美国的舰射型“战斧”巡航导弹（BGM-109C）射程为 1 100～1 300 千米，圆概率误差为 15～18 米，巡航速度为 0.5～0.75 马赫，巡航高度在海面上为 7～15 米，平地为 15～60 米，山区为 150 米，采用惯导+地形匹配 / GPS+景象匹配制导方式。

②弹道导弹。弹道导弹是由火箭发动机推送到一定高度和取得一定速度及弹道倾角后，发动机关闭，弹头沿着预定弹道飞向目标的导弹。导弹的弹道（即飞行轨迹）分为三段：主动段（从发射到发动机停止工作，也叫助推段，有的还包括末助推段）、中段（自由飞行阶段，在大气层以外，也叫自由段）、末段（从再入大气层到攻击目标，也叫再入段）。中段和末段合称为被动段。弹道导弹飞行轨迹大部分在中段，为自由抛物体轨迹。

弹道导弹是实施远程精确打击的进攻性武器，根据射程可以分为近程、中程、远程以及洲际导弹。近程导弹的射程小于 1 000 千米，中程导弹的射程介于 1 000～3 000 千米，远程导弹的射程介于 3 000～8 000 千米，洲际导弹的射程大于 8 000 千米。弹道导弹一般采用惯性制导加匹配制导，有的为了提高命中精度，在导弹飞行的末段也实施制导。

据称能穿透任何导弹防御系统的“白杨—M”导弹是俄罗斯的洲际弹道导弹，射程为 10 500 千米，发射重 47 吨，投掷重 1.2 吨，圆概率误差为 350 米，部署方式为地下井/公路机动，推进系统为三级固体发动机+末助推，制导系统为惯性制导。

2．制导炸弹

制导炸弹是指投放后能对其弹道进行控制并导向目标的航空炸弹，它是在普通航空炸弹的基础上增加制导装置而成的。制导炸弹与导弹不同，导弹本身有动力装置，可以做远距离飞行。而绝大多数制导炸弹本身没有动力装置，只能靠飞机投弹时所赋予的初速度做滑翔飞行，在炸弹本身制导设备的作用下，自动修正飞行偏差，控制炸弹准确命中目标；少数带小动力推进系统的制导炸弹则由于其自带动力系统的推进作用，飞行距离以及在空中逗留的时间有所增加。制导炸弹与空地导弹相比，射程较近，机动能力有限，但结构简单，造价较低。它主要用于炸毁防空兵器、火炮、坦克、装甲车和仓库，破坏机场跑道、桥梁、堤坝、隧道，特别是坚固的建筑设施，以及炸沉水上目标等。在各种类型的精确制导武器中，制导炸弹占有比较重要的地位。目前制导炸弹主要有电视制导炸弹和激光制导炸弹。

（1）电视制导炸弹。电视制导炸弹是装有电视导引头，能自动导向的航空炸弹。其工作原理是：飞行员发现目标后，使电视导引头的摄像机对准并“锁住”目标，在载机飞到距目标一定距离时投下炸弹，电视导引头便自动跟踪目标，连续测定弹道偏差，并形成控制指令，控制系统根据指令操纵舵面偏转，引导炸弹飞向目标。电视制导炸弹的命中精度较高，但受天气的影响较大，只能在能见度良好的白天使用。

（2）激光制导炸弹。激光制导炸弹是装有激光制导导引头，能自动导向的航空炸弹。在普通航空炸弹上安装一个激光寻的器就成了激光制导炸弹。使用的方法是，在载机投弹前先用地面或飞机上的激光照射器照射目标，当机上的激光搜索跟踪器捕捉到激光反射回波后，即可进行投弹。炸弹投下后，由激光导引头控制舵面，修正偏差，自动跟踪被照射的目标。这种炸弹的优点是成本较低，由于可用普通航弹改装，因而成本比电视制导炸弹还要低；命中精度高，其命中精度理论误差不超过 1m，比电视制导炸弹精度更高。但受气象条件影响较大，遇有雨、雾、灰尘、水气、烟幕时，命中精度会大大下降。

3．制导炮弹

制导炮弹是指弹丸上装有末段制导系统和空气动力装置，发射后能自动捕获目标并自动导向攻击目标的炮弹。它是一种长“眼睛”的炮弹，它像导弹那样自动跟踪目标，却设有导弹那样的动力装置；像普通炮弹那样用火炮来发射，但又比普通炮弹多一种特殊本领——能自动导向目标，所以，它又叫末端制导炮弹。在末段弹道上，弹丸接受和处理来自目标的信息，形成控制指令，驱动空气动力装置实施制导，使弹丸命中目标。制导炮弹是普通炮弹和制导技术的结合体，主要用于打击远距离的坦克、装甲车和舰艇等点状活动目标。目前炮射制导炮弹主要有激光制导炮弹、毫米波制导炮弹和红外寻的制导炮弹。

（1）激光制导炮弹。激光制导炮弹主要有美国“铜斑蛇”激光制导炮弹。这种炮弹用 155mm 口径榴弹炮发射，射程为 3～20km，采用激光半主动寻的制导系统。

（2）毫米波制导炮弹。毫米波制导炮弹主要有美国的“萨达姆”毫米波制导炮弹。这种炮弹被人们称为“灵巧的智能型炮弹”，它用 155mm 或 203mm 大口径榴弹炮发射，每发炮弹装有 3 个子弹头，子弹头用 35 千兆赫（GHz）辐射计作被动寻的制导。炮弹发射后，由延时引信控制母弹在目标区上空 500m 高处将子弹头抛出。子弹头被抛出后，随即打开降落伞，以 10m/s 的速度下降。当下降到距地面 150m 左右时，子弹头内的毫米波探测器开始工作。由于子弹头挂有涡旋环形降落伞，所以它能自动旋转扫描搜索目标。

（3）红外寻的制导炮弹。红外寻的制导炮弹主要有瑞典的“斯特勒克斯”制导炮弹。这种炮弹用 120mm 口径的迫击炮发射。在已知目标方位的情况下，可在距目标 8km 时发射炮弹。当炮弹飞过弹道最高点后，红外导引头就开始搜索目标，当感应到目标所产生的红外线后，导引头自动锁定，在制导与控制系统的作用下飞向目标。

4．制导地雷

制导地雷是指具有自动辨认目标能力，能主动攻击一定范围内活动装甲目标的新型地雷。它是集自锻破片技术、遥感技术和微处理技术等高技术于一身的智能武器，包括有反坦克制导地雷和反直升机制导地雷。

反坦克制导地雷装有一个无源音响传感器和一套通信设备，能发现 300m 外的装甲目标，并待其接近目标至 100m 时自行引爆。反直升机制导地雷设在地面，它装有音响传感器、光电传感器和微处理机，能自动寻的。它能在半径为 1 000m 的空间内自动识别敌我目标，待直升机飞临传感器警戒范围内，传感器引爆地雷，自动抛射将雷体抛向目标，以自锻破片摧毁目标。

5．制导鱼雷

制导鱼雷是进攻性水中兵器，通常由潜艇或水面舰艇发射，执行反潜和反舰任务。自反舰导弹问世以来，在远距离的反舰战斗中，导弹的威力已超过鱼雷，但在水下作战领域，尤其是深水作战领域，鱼雷仍占有头等重要的地位，特别在潜艇威胁日益严重的今天，各国海军对制导鱼雷的发展更加重视，都把制导鱼雷作为当今重点发展的水中兵器之一。

制导鱼雷出现于第二次世界大战末期，战后 70 多年来，随着科学技术的发展，制导鱼雷的战斗性能又有了新的提高，即在原有被动声制导、有线制导的基础上，又研制了主动声制导、主被动声复合制导等制导鱼雷。目前，主动声制导系统的作用距离可达

1 700m，被动声制导系统的作用距离可达 2 500m。20 世纪 70 年代以来，制导鱼雷的制导系统大多采用多频制，并采用编码和时空分析技术，从而使制导鱼雷能在干扰条件与复杂的海洋环境中检测出真假目标信号，具有很强的抗干扰能力。制导形式除了利用声制导以外，还可利用尾流制导。

（四）精确制导技术的发展趋势

现代战争已经充分证明：实施“非接触作战”，在敌防区外的远程攻击是克敌制胜的重要手段，因而减少制导系统的体积和重量、增大制导武器的作用距离显得十分必要。未来的战场环境日益复杂，精确制导武器要在很短的时间内完成目标的发现和摧毁，就必须实现“智能化”，即能够自主搜索、发现、识别、攻击高价值目标的能力，能够区分不同目标及其型号，筛选、判断和首先攻击对己方威胁最大的目标，并有选择地攻击对方目标的薄弱部位和易损部位，以保证获得最大的摧毁效果。针对精确制导武器的小型化、远程化和智能化的发展趋势，其相应的精确制导技术也向成像寻的和复合制导方向发展。成像寻的器有利于提高探测和判别多目标的能力，有利于识别目标的要害部位并进行精确打击，有利于实现智能寻的制导。大力发展复合制导，可以取长补短，提高制导武器的反隐身、抗干扰和突防能力，提高武器系统的可靠性，减小失效概率。

三、伪装与隐身技术

现代探测技术的迅猛发展，必然刺激与之相抗衡的相关技术的发展，军事伪装技术作为对付侦察的重要手段，因此发生了巨大的变化。现代军事伪装在大量采用传统伪装技术的同时，正在越来越多地采用高新技术措施。其中，崭新的隐身技术是传统的伪装技术向高技术领域的扩展和延伸。在现代战争中，隐身技术已成为进攻性武器装备突防的重要手段，而伪装仍然是对付探测的有效方法之一。

（一）伪装技术

1．伪装技术概述

伪装就是利用各种技术措施隐真示假，提高目标的生存能力，最大限度地发挥兵力、兵器的作战效能。伪装的基本原理是减小目标与背景的特性差别，隐蔽目标或降低目标的可探测特征，从而减小目标被敌方探测的概率。

目标的可探测特征主要是：形状、尺寸、位置、（在阳光或月光下的）阴影、声音、活动痕迹、电磁辐射、热辐射（红外特征）等。伪装就是利用电磁的、电子的、光学的、热学的、声学的技术手段，改变目标本身原有的特征信息，实现目标对周围背景的模拟复制，降低目标的可探测特征；或者模拟目标的可探测特征，仿制假目标，实现隐真示假。

伪装按运用范围可分为：战略伪装、战役伪装和战术伪装三类，分别由最高统帅部、战役军团司令部和战术兵团或部队司令部组织实施。按所对付的探测器材可分为：雷达波段伪装、可见光和红外波段伪装及防声测伪装三类。

2．主要伪装的技术介绍

（1）天然伪装技术。主要利用地形、地物、夜暗、不良气象等条件来隐蔽目标或降低目标的可探测性。主要用于对付目视和可见光探测（光学侦察）器材。

（2）迷彩伪装技术。利用涂料、染料等材料改变目标、遮障和背景的颜色及斑点图案，以消除目标的光泽，降低目标的显著性和改变目标外形。它可有效地防可见光探测，也具有防紫外、近红外探测性能。

（3）植物伪装技术。利用种植植物、采集植物和改变植物颜色等方法对目标实施伪装的技术，称为植物伪装技术。在现代战争中，植物伪装仍是较为简单易行、经常使用和有效的伪装技术手段。

（4）人工遮障伪装技术。利用各种器材、材料设置遮蔽目标的屏障，称为人工遮障伪装技术。目前广泛使用的是各种伪装网、变形遮障和伪装覆盖层。它们有防红外侦察、防雷达侦察和防多频谱侦察等类型。

（5）烟雾伪装技术。利用施放烟雾遮蔽目标，迷惑敌人，既可防止被探测，又可降低精确制导武器的命中概率。传统的烟雾能有效干扰可见光探测，但对红外热像仪无干扰效果。

（6）假目标伪装技术。假目标主要是指仿造的兵器、人员、工事、桥梁等形体假目标。它们能迷惑敌人，吸引敌人的注意力和火力，有效地保护真目标。20 世纪 70 年代以来，热红外特征模拟器、微波特征假目标、通信假目标及闪光、噪声、烟尘模拟器等相继出现，使各种假目标能够全面模拟真目标的光学、热红外、雷达、音响、闪光、通信等暴露特征，吸引或转移敌方的探测能力，降低己方真目标被发现的概率。

（7）灯火和音响伪装技术。主要是通过消除、降低或模拟目标的灯火与音响暴露征候，以隐蔽目标或迷惑敌人。这些伪装技术措施既采用传统技术，又依托高技术。

3．伪装技术的发展趋势

未来伪装技术的发展趋势主要表现在以下两个方面：

（1）发展新的伪装技术。预计未来在继续使用、改进和完善现有伪装技术的基础上，将集中发展一系列性能更优异的新型伪装技术，如伪装技术与武器装备一体化、高技术迷彩、高技术涂料、新型多功能伪装遮障、新型气溶胶发生剂、超级植物毯、智能蒙皮等。

（2）研制新型伪装器材。在新型伪装技术发展的基础上，未来还将研制和装备一系列标准的新型伪装器材或系统，如标准组件式重型伪装网系统、标准组件式轻型伪装同系统多功能单兵伪装器材、自动烟幕和假目标系统、新型伪装作业机械等。

（二）隐身技术

1．隐身技术的概述

隐身技术，又称隐形技术，或低可探测技术，是通过降低武器装备等目标的信号特征，使其难以被发现、识别、跟踪和攻击的技术。它综合了诸如流体动力学、材料学、电子学、光学、声学等众多领域的技术，是传统伪装技术走向高技术化的发展和延伸，是第二次世界大战以后军事技术的重大突破之一，被称为“王牌技术”。

由于现代战场上的侦察探测系统主要有雷达、红外探测器、电子探测器、可见光探测器、声波探测器等多种主动或被动探测系统，因此也就产生了与这些探测手段相对抗的隐身技术，如雷达隐身技术、红外隐身技术、电子隐身技术、可见光隐身技术、声波隐身技术等。目前，雷达和红外隐身技术最受重视，并取得了突破性进展，已应用于研制隐身飞机、隐身巡航导弹等武器装备中，并已获得成功。

2．隐身武器介绍

20 世纪 80 年代以来，由于各种隐身技术的研究取得了突破性进展，加之战场对武器装备的隐身要求，使得隐身武器装备异军突起，武器装备的隐身化成为军事高技术发展的一种重要趋势。目前，一些发达国家已经装备或正在研制的隐身武器装备主要有隐身飞机、隐身导弹、隐身舰艇、隐身坦克和其他隐身技术装备等。

（1）隐身飞机。应用隐身技术手段最多、发展最快的当数隐身飞机。近 30 多年来，已研制成功多种隐身飞机，如隐身侦察机、隐身歼击机、隐身轰炸机等。飞机的隐身主要表现在降低飞机的雷达截面积、红外辐射及电磁辐射特征，控制飞机的可见光目视信息特征及降低飞机的噪声等。

F-117A 隐身战斗轰炸机是世界上第一种按低可探测性技术设计原则研制的实用隐身战斗轰炸机，它采用多面体外形、平行棱边、V 形尾翼，飞机涂有多种吸波材料，雷达截面积只有 0.01～0.025 平方米，比常规飞机的雷达截面积减少 2～3 个数量级，其红外特征和噪声也显著减小。这使得该机成为了一种名副其实的隐身飞机，因而能在美国 1989 年对巴拿马的入侵和后来的海湾战争中一鸣惊人。B-2 隐身轰炸机是通过综合采用多种低可探测性设计技术来达到隐身目的的，它采用了翼身融合技术、平行棱边技术、无独立尾翼的全翼气动布局，发动机埋装在机体内，使用蜂窝状结构材料和外涂化学涂料手段，将电磁波的后向散射变为前向和侧向散射，使其雷达截面积仅为 0.3 平方米，比 B-52 轰炸机的 100 平方米和 B-1B 隐身轰炸机的 1 平方米都有大幅度减小。

（2）隐身导弹。隐身导弹是伴随隐身飞机发展起来的，目的是减小被拦截概率，增强突防、攻击能力。美国通用动力公司的 AGM-129 型先进隐身巡航导弹，采用了埋入进气道，其后缘为锯齿形，能将雷达波向各个方向散射，其雷达截面积只有 0.005 平方米，并且应用电子对抗装置，从而更不容易被雷达探测和跟踪。

（3）隐身舰艇。随着各种侦察探测系统以及高精度雷达/红外寻的反舰导弹、新一代鱼雷和声/磁水雷的迅速发展，为了使舰艇具有低可探测概率和高生存力，近年来舰艇隐身技术有了较快的发展，一些导弹巡洋舰、导弹驱逐舰、潜艇等作战舰艇均采取隐身措施。减小舰艇的雷达截面积的主要措施是：①改进舰体及上层建筑形状；②采用吸波、透波材料；③通过降低发动机、电动机工作噪声及螺旋桨空泡噪声来减少噪声辐射；④降低发动机排气、排水温度和主机舱烟囱及舰体表面的热辐射，以抑制舰船的红外辐射。

英国正在研制的“海上幽灵”号隐身战舰是一种舰体小但具有强大火力的舰艇，其外形呈多面体，反射性装置都被巧妙地隐藏了起来。舰体和上部结构的形状产生许多微弱的双重反射，通过升高或者降低安装在舰尾的桅杆中的一组可收缩的反射器，改变其雷达图像的大小和形状以迷惑敌人。

（4）隐身坦克。由于现代反坦克武器的发展，在战场上坦克一旦被发现就很容易被击毁。因此，提高坦克的隐身能力是提高其生存能力的关键措施。未来战争的主战坦克基本上都将尽可能地采用隐身技术。这些技术包括：①采用复合材料制造坦克车体或炮塔外壳；②采用隔热发动机，并在燃油中加入添加剂，同时改进冷却和通风系统，在排气管附加挡板等，以降低坦克红外辐射；③给坦克涂敷迷彩或挂伪装网，如坦克采用三色或四色迷彩隐身后，用微光仪器探测概率由 75%下降到 33%；④采用低噪声发动机，坦克结构引进隔音及消音材料等，以降低坦克噪声；⑤配备烟幕释放装置，如法国最新研制的 AMK-30 隐身坦克。

3．隐身技术发展趋势

鉴于隐身技术对作战的重大影响，世界许多国家都十分重视和发展隐身技术。特别是美国已把隐身技术作为其竞争战略中优先发展的高技术，到 21 世纪初将投入上千亿美元发展隐身技术和隐身武器装备。军事上的需求，各国的重视，以及反隐身技术发展提出的挑战，必将促使隐身技术在现有的基础上进一步向前发展。未来隐身技术的发展趋势主要表现在以下四个方面：

（1）扩展隐身波段。随着雷达技术的发展，防空预警系统的工作波段正在向毫米波、亚毫米波、红外、激光和米波段扩展，因此，隐身波段必须进行相应的扩展。

（2）综合运用各种隐身技术。试验结果证明，采用隐身外形设计可使飞行器的雷达截面积降低至原来的 1/6～1/3，利用吸波材料可降低至原来的 1/10～1/5，其他措施（阻抗加载、电子对抗、天线隐身等）可降低至原来的 1/4～2/5，综合起来，隐身飞行器的雷达截面积总共可降低至原来的 1/100 左右。

（3）进一步提高雷达截面积测量精度。今后的主要目标是建立真实作战环境下的雷达截面积测试场，提高对雷达截面积的测量精度，并且以测量宽频带情况下的目标雷达截面积为重点，深入研究宽频带波形的目标响应。

（4）发展新的隐身技术。未来战斗机将可能采用主动射频隐身技术取代当前的减少雷达特征信号技术，这将完全不需要牺牲飞机的气动性能；战斗机还将采用新一代被动红外隐身技术，配备“一体化欺骗装备”，这将大大降低敌方对飞机的威胁。

四、军事航天技术

（一）军事航天技术的概述

航天技术，又称空间技术或宇航技术。它是一门解决人类如何飞出大气层，探索和开发利用外层空间，并在其轨道上航行的技术。军事航天技术是为了军事目的而研究开发的航天技术，是通过将无人或载人航天器送入太空，达到开发和利用太空的军事目的，用以完成侦察、摧毁、俘获、通信、监测、导航、定位、测绘和气象测报等各种军事航天任务的综合性工程技术。

航天技术综合性很强，它涉及当代高科技领域里众多学科，如自动化技术、微电子技术、光电技术、计算机技术、推进技术、测控技术、通信技术、密封技术、温控技术、新材料技术等，但起支柱作用的是运载器技术、航天器技术和地面测控网。

1．运载器技术

（1）航天基本条件。①速度条件。地球上的物体必须具有足够的速度，才能挣脱地球引力的束缚，进入外层空间航行。科学实践告诉我们，这个速度至少为 7.9 千米/秒，这是航天器在地面附近沿圆周轨道绕地球运行而不掉回地面必须具有的速度，叫第一宇宙速度，或叫环绕速度。当大于环绕速度时，航天器将沿椭圆轨道运行，且速度越大，椭圆轨道的形状就被拉得越长、越扁。当速度达到 11.2 千米/秒时，航天器就会挣脱地球的引力，成为一颗绕太阳运行的人造行星，这时的速度称为第二宇宙速度，或叫脱离速度。当速度达到 16.7 千米/秒时，航天器将脱离太阳系，进入茫茫宇宙深处，这时的速度称为第三宇宙速度，或叫逃逸速度。

②高度条件。航天不仅要有上述的速度条件，还要有一定的高度条件。因为地球周围被严密的大气层所包围，而且越靠近地球表面，大气密度越高，如果航天器飞行的高度太

低，它与空气剧烈摩擦产生的高温会将航天器烧毁。即使不被烧毁，大气阻力的作用也会使航天器因速度下降而掉回地面。因此，为了保证航天器的正常运行，必须把轨道选在稠密的大气层以外，一般是在离地面 120 千米以上的空间飞行，大气的影响就很小了，这样就有利于延长航天器的寿命和运行时间，这是航天所需要的又一条件。

（2）运载器。运载器是使航天器达到足够速度冲击大气层，并具有一定高度，提供大能量的动力装置。这是发展航天技术的先导。目前，运载器有运载火箭和航天飞机两种。

①运载火箭。运载火箭是指将航天器推入绕地球运行轨道或加速到脱离地球引力的火箭系统。运载火箭是迄今各国发射卫星的主要运载工具。它自身携带燃料和氧化剂，可以在大气层外工作，利用向后喷出气体产生强大推力，给予人造地球卫星所需要的速度和高度。一般用二级或三级火箭发射低轨道人造地球卫星；用三级或四级火箭发射高轨道人造卫星或地球同步卫星等。

②航天飞机。航天飞机是一种可重复使用的载人的航天运输工具。它有比火箭、卫星、飞船更多的优点和灵活性。它既能像火箭一样垂直起飞，像航天器一样在轨道上运行，又能像普通飞机一样滑翔着陆。航天飞机不仅可以作为一种运载工具，在空间发射和布放各种卫星，而且还具有其他重要的军事用途，如维修和回收卫星，攻击或捕获敌方的卫星，实施空间救生和支援，进行空间作战指挥和发射轨道武器等。因此，它不单是一种空间运输工具，更重要的还是一种载人航天兵器。

2．航天器技术

航天器技术又称空间飞行器技术，是航天技术的主导部分。

（1）航天器的类别。航天器是到空间完成特定任务的有效载荷。按其运行轨道可划分为两大类：第一类是环绕地球运行的近地空间航天器，它包括人造地球卫星、卫星式载人飞船、航天站、航天飞机等；第二类是脱离地球引力，飞往月球或其他行星，或在星际空间运行的深空间航天器，一般通称为空间探测器。军用航天器基本上属于第一类航天器，即人造地球卫星或环绕地球运行的载人航天器，但其体系中大部分是人造地球卫星。

（2）轨道参数。航天器轨道在空间运行，决定轨道形状、大小、空间方位以及特定时刻它所处位置的基本量就是轨道参数。通常采用的轨道参数有以下三个：①运行周期。航天器绕地球一周的时间叫周期。一般用分钟计算。②航天器高度。航天器到地球表面的垂直距离称为航天器的高度。一般以千米为单位。沿圆形轨道绕地球运行的航天器，它在各处的高度是不变的。沿椭圆形轨道运行的航天器，到地球的距离是个变量。时近时远，离地球最近的一点称为近地点，反之称为远地点。其高度分别称为近地点高度和远地点高度。③轨道倾角。地球卫星运行的轨道平角与地球赤道平角的夹角叫轨道倾角。根据倾角大小，航天器运行轨道可分三种：一是倾角为 0°，轨道平面与赤道平面相重合，航天器始终在赤道上空运行，这种轨道称为赤道轨道。二是倾角为 90°，轨道平面与赤道平面垂直，航天器飞越南、北极上空，叫做极地轨道。三是倾角介于上述两者之间，统称为倾斜轨道。其中倾角大于 0°而小于 90°时，地球卫星的方向与地球自转方向相同，称为顺行轨道；倾角大于 90°而小于 180°时，地球卫星与地球自转方向相反，称为逆行轨道。轨道倾角的大小，决定着航天器观测范围的大小，倾角越大范围越大；反之，观测范围越小。

（3）地球同步轨道和太阳同步轨道。航天器的用途不同，对轨道的选择也不一样，在军事上通常采用两种特殊轨道。

①地球同步轨道。航天器沿赤道轨道自西向东顺着地球的自转方向运行，高度为

35 800 千米，且运行周期正好等于地球自转一周的时间（即 23 小时 56 分 4 秒），此时从地球上任何一点观察航天器，好像航天器在天上是静止不动的。这种轨道又称为对地静止轨道。

②太阳同步轨道。逆行轨道的一种，它的特点是航天器轨道平面与太阳光夹角保持不变。航天器在此轨道上运行，每一次从同一地面目标上空经过时，都基本保持同一地方，同一方向，即在同样条件下重复观测地球。

（4）航天器的组成。航天器由通用系统和专用系统两部分组成。

通用系统是指各类航天器都必须具有的系统，如结构系统、温控系统、姿控系统、测控系统、计算机系统、能源和天线系统等。

专用系统是根据航天器担负的任务需要而设置的系统，它也是区别航天器用途的主要标志。例如，通信卫星的转发器、载人航天器的生命保障系统以及返回系统等。

3．地面测控网

地面测控网是完成航天任务必不可少的组成部分。如果没有地面测控网保证在太空中运行的航天器和地面之间的联系，航天器就不可能很好地工作，甚至成为一堆废铁。地面测控网配备有各种精密跟踪设备、遥测控设备、电子计算机、数据存储、显示和记录设备、数传机和通信设备等，其主要任务是跟踪、定位、遥测、遥控和通信联络，保证航天器正常运行。

（二）航天技术在军事上的应用

航天技术在军事上主要用于侦察、通信、导航、测地、气象、部署空间武器和载人航天等。

1．军事侦察卫星

（1）侦察卫星的特点和用途。侦察卫星是用于获取军事情报的人造地球卫星。它具有照相侦察、电子侦察、红外线侦察（导弹预警）和核爆炸探测等功能，是现代军事的“千里眼和顺风耳”。它与飞机等其他侦察手段相比，具有轨道高、视野大、侦察范围广、速度快、获取情报及时、限制少和寿命长等优点。卫星在太空遨游，无侵犯领空之争议，有飞越国境的自由，风雨无阻，昼夜不停。所以，侦察卫星在战略侦察中具有独特的作用。

（2）侦察卫星的分类。侦察卫星大置可分为五类，即照相侦察卫星、电子侦察卫星、导弹预警卫星、海洋监视卫星、核爆炸探测卫星。

①照相侦察卫星。照相侦察卫星是采用光学成像的空间遥感设备进行侦察的航天器。按其所担负的任务不同，分为普查型和详查型两种。按情报获取形式不同，分为胶卷回收型和数字传输型两种。普查型卫星装有全景扫描相机，视角大，适用于大面积拍照，其底片通常在卫星上自动冲洗，并将底片信息转换成电信号，用磁带记录下来，当卫星飞经己方地面上空时发回地面站，经处理还原成目标图像，也可直接回收。详查型卫星装有画幅式相机，视角窄，覆盖面积小，地面分辨率高，拍摄的胶卷舱直接送回地球，在地面冲洗判读。有的照相侦察卫星则兼有详查和普查两种功能。例如，美国的第四代“大鸟”照相侦察卫星，具有多种侦察手段和轨道机动飞行能力，既能普查，又可详查。在 160 千米高的轨道上拍照，地面分辨力可达 0.3 米，不仅能够准确地测出洲际导弹地下井的位置及其尺寸，而且能够识别飞机、坦克乃至汽车的类型。新一代的照相侦察卫星在卫星上装备红外照相机和多光谱照相机，具有夜间侦察和识别伪装的能力。

②电子侦察卫星。电子侦察卫星被称为太空中的耳朵，它能截获别国各种军用无线电设备发出的电磁信号，实施电子侦察，获取敌方预警、防空的反导雷达的信号特征及其位置数据，为战略轰炸机、弹道式导弹的突防和实施有效的电子干扰提供数据。

电子侦察卫星的轨道一般选在 300～1 000 千米之间，工作寿命为数月至几年不等。有时为了连续监视某一地区，往往采取多颗卫星组网的办法，以弥补侦察空白。但是，这种侦察卫星有三个弱点：一是当地面雷达、电台过多，电子信号过密过杂时，难以筛选出有用的信号；二是易受假信号的欺骗和干扰；三是只有地面雷达和电台开机工作时，才能收到信号。

③导弹预警卫星。导弹预警卫星可比作现代的烽火台，主要用来监视和发现敌方弹道式导弹发射并发出警报。它往往还兼有探测核爆炸的任务。导弹预警卫星通常在地球同步轨道上运行，也有在 12 小时周期的大椭圆轨道上运行。

导弹预警卫星上装有红外传感器和可见光相机，能在导弹发射后 90 秒钟内捕捉到导弹尾焰并确定其位置，从而获得 15～25 分钟的预警时间。先进的导弹预警卫星上还有一种由许多光敏元件和微电子线路组成电荷耦合器件的探测装置。这种导弹预警卫星不仅能监视洲际弹道导弹，而且还能发现像飞机和飞航式导弹那样的小目标。

④海洋监视卫星。海洋监视卫星是用来监视海上舰船和潜艇活动、侦察舰艇雷达和无线电通信的侦察卫星。它能有效探测和鉴别海上舰船并准确地确定其位置、航向和航速。

目前投入使用的海洋监视卫星有两种类型：一种是雷达型，即把雷达安装在卫星上，利用雷达向海面发射无线电波并接收反射波，根据海面与舰艇射波的差异来区分目标，以监视海面舰艇的活动。另一种是电子侦察型，即利用电子侦察设备来截获敌方舰艇的通信情报，进而确定其规模和位置。

⑤核爆炸探测卫星。核爆炸探测卫星通过卫星上的各种探测器，可探测核爆炸时间、高度、方位和当量，从而获得别国发展核技术的情报。这个任务现已由导弹预警卫星承担了。

2．通信卫星

通信卫星实际上是一个置于空间的微波中继站。卫星上装备有通信天线、转发器和工作电源等。转发器是中继站转发地面信息的核心设备，一般由收发机、变频器、放大器组成。每颗卫星带有几组转发器。两个以上地面通信站通过卫星进行通信联络称为卫星通信。通信卫星和地面通信站、中央监测控制站一起统称为卫星通信系统。它的工作原理是，将在某一地面站接收到的电话、电视及图像数据等信号加以变频和放大，然后发射到另一地面站，从而实现两地之间的远距离通信。

卫星通信与远距离的电离层通信、微波接力通信、对流层散射通信、同轴电缆通信等手段相比，具有覆盖面积大、通信距离远、通信容量大、传输质量高、机动性能好、生存能力强和费用低等特点。在军事应用上，它还具有抗干扰能力强、保密性好等优点，因而成为军事通信不可缺少的关键性通信手段。

3．导航卫星

导航卫星是为地面、海洋、空中和空间用户导航定位的卫星。导航卫星上装有指令接收机、多普勒发射机、相位调制编码器和原子钟等。它与地面控制站和用户的接收导航设备共同组成卫星导航系统。其作用是：以固定的频率按规定的时间间隔向地面发送导航信号，告诉地面用户它此时在天上的位置和发信时刻。地面用户用相应的无线电接收设备和计时器接收这些数据，并经自动化处理后，就能确定自己的准确位置。它的优点是：克服了天文导航对气象条件的依赖和无线电导航在中远距离范围内误差较大的缺点，为用户提供了全天候的精确导航数据。

4．测地卫星

测地卫星是用来测定地球重力场的分布、地球形状和地面目标的精确地理位置的卫星。与常规测量方法相比，它具有周期短、精度高的特点，是对大地进行测量的一种有效手段。测地卫星上装备有光学观测系统、无线电测距系统、雷达测高仪等设备，它不仅能测量绘制地图，还能提供地球引力场分布的有关数据，避免了常规测量误差大、地图上标示位置与实地位置不符的弊病，有助于提高战略武器的命中精度，从而增强战略武器的效能。

5．气象卫星

气象卫星是专门用于对地球和大气层进行气象观测的人造地球卫星。它的出现彻底改变了以往气象观测（地面定点观测、气象火箭、探空气球及雷达观测等）只能获得区域性气象资料的局限性，从而能及时获得全球气象资料的整体情况，使之以宏观上掌握大气环流风云变换的规律，成为现代条件下最理想的气象观测手段。气象卫星上装有各种扫描辐射仪、可见光和红外电视摄影机、温度和湿度探测器以及自动图像传输设备。这些设备将搜集到的各种气象数据，通过计算机处理后变成感光图像或转换成电信号记录在磁带上，然后发回地面。地面气象人员把通过卫星获得的气象资料同其他方法获得的气象资料一起进行综合分析后，就可以准确地预报天气。

6．空间武器类航天器

空间武器类航天器，又称航天兵器，是指载有战斗武器系统攻击对方目标的航天器。它包括拦截卫星和空间武器平台。

（1）拦截卫星。拦截卫星是对敌方卫星实施击毁、破坏或使其失效的人造地球卫星。在这种卫星上装设跟踪识别装置、杀伤武器和俘获机构，并使其具有一定的机动变轨能力，以识别、接近并摧毁或“俘获”敌方卫星。

卫星拦截方式，是通过机动变轨（近地点接近、同轨道接近、远地点接近、急升接近）飞行，跟踪接近目标后，以自爆或撞击方式来摧毁敌方卫星，或利用卫星上的装置摧毁、“俘获”敌方卫星等。

（2）空间武器平台。空间武器平台（亦称天基武器平台），主要用于攻击对方洲际弹道导弹以及其他空间目标。作为空间平台形式也可以搭载定向能武器、动能武器、射频武器等。同时，亦可搭载反射镜与地基激光武器，组成一个完整的反导弹系统，用以烧（击）毁敌方的空间目标。

7．载人航天器

载人航天器不仅实现了人们登天的梦想，而且在军事应用上有其独特的价值。

（1）在侦察与监视方面，它与侦察卫星相比，具有选择地区和最适合拍照条件的主动性，以及对拍照地区选择最有特点和最有意义的目标拍照，还能确定使用哪种设备最能保证得到有关目标或现象的完整信息，使空间侦察的针对性和实用性增强了。目视观察能及时发现地面和空间的各种异常现象和军事活动情况，迅速报告地面指挥机关，可获取有价值的情报。

（2）利用载人航天器可进行有关空间武器系统的试验和新材料的制造等各种研究，还可以在轨道上装配各种大型太空结构和军事设施，大大增强太空的军事力量。

(3) 利用载人航天器可布放和回收各种军用卫星，对空间航天器和武器部件进行检修并补充燃料，也可充当往返运输物资和人员的基本工具，完成支援保障任务。另外，载人航天器还可实施空中机动，拦截、捕获对方卫星，袭击轨道上和地球上的目标等，在军事上有着特殊的意义。

五、航天技术的发展趋势

航天技术随着科学技术的发展而发展。目前，多数航天器绕地球轨道飞行，也有极少数在太阳系以内进行科学考察，下一步将飞出太阳系，进行宇宙间的科学考察。航天技术在军事上的应用仍是今后重点的发展项目，在军事领域内的竞争将会更加激烈。

1. 建造大规模的空间站

建造大规模的空间站（亦称航天站或轨道站），是载人航天技术向纵深层次发展的另一个应用手段。建造这种空间站，不仅可装备各种侦察、通信、指挥、控制系统，以作为空间指挥所使用，而且还能为航天飞机、宇宙飞船等提供停靠的码头，加油、维修的场站和供作战使用的武器平台，是个能战斗、能保障、能生活的空间军事活动基地。同时也可以用来进行太空试验、工业生产等。为了建造这种太空活动基地，到目前为止，世界上已发射了天空试验室、系列轨道站和空间试验室三种类型的航天试验站。

2. 积极发展航天飞机，着手研制空天飞机

航天飞机实用性较强，所以备受青睐并得到积极发展。目前，美国已有多架航天飞机正常运行，并计划将继续建造多功能的向两极发展的大型和小型航天飞机。苏联也陆续建造了多架航天飞机，其中“暴风雷”号于 1988 年 11 月首航发射成功，并加紧制造“小鸟”号和“闪光”号。西欧和日本也正在加紧发展各自的航天飞机。

在航天飞机发展的同时，人们正在着手研制空天飞机。空天飞机是一种将航空和航天技术有机地结合在一起的新型飞行器。它能像普通飞机一样起飞，以高超音速在大气层内飞行，在 30～100 千米高度的飞行速度可达 12～25 倍音速，并直接加速进入地球轨道，成为航天飞行器。返回大气层也像飞机一样在机场着落。它可以自由方便地往返大气层，达到安全重复使用和大幅度降低航天运输费用的目的。

第二次世界大战时期，盟军炸大坝曾经开发过炸弹的水漂攻击方法。让炸弹在水面上跳跃着前进，以越过防鱼雷网的拦截。通过这种方法实现导弹和鱼雷的转化。

令人惊喜的是，我国在 18 个月内，先后 6 次测试成功，而且我国的先进技术水平，在这方面也超越了美国。

总之，航天技术的前景是广阔的，随着对空间开发的日益深入，人类必将在宇宙空间创造出科学技术的无穷奇迹，并使之更有效地服务于人类。

六、电子对抗技术

（一）电子对抗的概念

电子对抗也称电子战，它是指敌对双方利用电子设备或器材进行的电磁斗争。电子对抗包括电子进攻和电子防御两个方面，它的目的是破坏或削弱敌方电子设备的效能，保障

己方电子设备能得以正常发挥，为掌握战场主动权，进而夺取胜利创造有利条件。

（二）电子对抗的特点

电子对抗作为高技术条件下基本作战样式在作战中具有下述特点。

（1）电子对抗已呈现全面渗透、广泛对抗的态势。在现代战争中，不论作战规模大小，作战过程长短，电子对抗必然遍及整个战场空间，贯穿于战争的全过程。

（2）电子对抗具有软、硬杀伤的双重战斗功能。软杀伤是指使敌方电子系统暂时失去作用或降低工作性能，但不能形成永久性的杀伤。硬杀伤是指对敌电子系统实施摧毁性攻击并使之永久瘫痪的杀伤。电磁干扰能使敌方电子信息系统遭到“软杀伤”。电子对抗的“硬杀伤”主要通过两个方面来表现：一是以反辐射导弹、反辐射无人机来实现硬杀伤；二是以强激光能量和电磁能量直接使电子设备系统损坏。

（3）电子对抗的主要目标是 C^4ISR 系统和防空系统。为了有效地实施纵深打击，摧毁敌整体作战能力，敌防空系统、C^4ISR 系统都将是首要打击的目标。

（4）电子对抗技术、战术发展变化迅速。电磁斗争总是处于反复较量、不断升级的动态过程中技术，所以，电子对抗只有不断更新技术，创造新战法，才能克敌制胜。

（三）电子对抗的基本手段

电子对抗的基本手段是利用电子设备或器材进行电子对抗的战术、技术措施和方法，主要有电子侦察与反侦察、电子干扰与反干扰、摧毁与反摧毁。

1．电子侦察与反侦察

电子侦察与反侦察是电子对抗的重要组成部分，也是平时电子对抗的主要形式。

（1）电子侦察及其种类。电子侦察就是利用侦察设备获取敌方的电子情报。进行电子侦察，可以搜索、截获敌方电磁辐射信号，从中获取战术情况和技术参数。电子侦察的目的是为组织实施电子干扰和电子防御以及为军队作战行动提供准确的情报。

电子侦察按任务性质不同，可分为预先侦察（战略侦察）和直接侦察（战术侦察）。按侦察对象不同，可分为通信对抗侦察、雷达对抗侦察和光电对抗侦察。

（2）电子侦察手段。电子侦察通常采用以下几种手段：地面电子侦察站、电子对抗侦察飞机、电子对抗侦察察船、电子对抗侦察卫星等。

（3）电子侦察设备。按技术手段分为通信对抗侦察设备、雷达对抗侦察设备和光电对抗侦察设备等。通信对抗侦察设备是用来对敌无线通信信号进行搜索、截获、分析、显示、记录，对敌发信台进行测向、定位的电子设备。雷达对抗侦察设备是用来搜索、截获、测量、分析、识别敌方雷达发射的电磁信号，获取其战术技术性能，为实施干扰提供必要的数据。光电对抗侦察设备是用于截获敌方光电辐射信号的电子对抗设备。

（4）反电子侦察。反电子侦察是为防止敌方截获和利用己方电子设备发射电磁信号而采取的措施，目的是使敌方难以截获或无法从截获的信号中获得有关情报。主要措施有：控制发射时间和发射频率；使用定向天线，控制发射功率；采用快速通信和保密通信设备；发射假信号欺骗敌人等。

2．电子干扰与反干扰

电子干扰与反干扰是现代战争中争夺战场电磁优势极为重要的作战手段，是电子对抗的主要形式。它和兵力优势、火力优势、武器装备优势一起，成为决定战争胜负的重要因素。

（1）电子干扰及其种类。电子干扰是为了使敌方电子设备和系统丧失或降低作战使用效能所采取的措施。它的目的是削弱或破坏敌方电子系统遂行战场侦察、作战指挥、通信联络和兵器控制的能力，为隐蔽己方企图，达成战役战斗的突然性和提高己方飞机、舰艇、装甲车辆等武器装备的生存能力创造有利条件。

电子干扰按产生的机理，分为有源干扰和无源干扰两类。有源干扰又称积极干扰，它是利用干扰发射机作为干扰源，发射或转发某种电磁波，对敌电子设备所形成的干扰。无源干扰又称消极干扰，它是利用干扰器材反射或吸收电磁波，以破坏或削弱敌方电子设备的效能。电子干扰按干扰的作用性质，可分为压制性干扰和欺骗性干扰。压制性干扰是用杂波噪声压制敌方的电子设备使其无法工作。欺骗性干扰就是发射含有假信息的干扰信号，造成敌方错误的识别和判断。电子干扰按干扰的对象，可分为无线电通信干扰电遥控遥测干扰、红外干扰、激光干扰等。

（2）电子干扰的设备和器材。电子干扰的设备有通信干扰设备、雷达干扰设备和光电干扰设备。电子干扰器材是指能反射或吸收电磁波的器材，主要有两类：一类是反射体，包括干扰箔条、角反射器、电离气悬体、假目标诱饵等；另一类是吸收层，包括反雷达涂层、反雷达伪装网以及电波吸收性材料。

（3）反电子干扰。反电子干扰是指针对敌方施放的各种电子干扰而采取的反措施，也称反干扰或抗干扰。目的是削弱或消除敌方电子干扰对己方电子设备使用效能的影响。

反电子干扰通常有技术反干扰和战术反干扰两类。技术反干扰主要是提高电子设备本身在干扰条件下的工作能力，即在电子设备中采取反干扰措施。反干扰的战术措施主要有：调整电子设备的配置、组网和综合运用，将不同体制、各种频段的设备配置成网，发挥网的整体抗干扰能力；综合应用各种探测和通信手段，有线通信、运动通信和无线通信结合，红外寻的、激光制导和雷达制导相结合等。

3．摧毁与反摧毁

现代战争中，电子对抗形式已经由原来的“软”杀伤发展成为“软”、“硬”兼施，由原来的敌方电子装备失效，发展为直接打击，置其于死地。

（1）摧毁。摧毁是指在查明敌方电子装备及其工作情况的基础上，用直接毁伤的方法使其瘫痪的一种电子对抗手段。如反辐射摧毁，是利用敌方的电磁辐射信号导引反辐射武器摧毁敌的行动。被攻击的电磁辐射主要是雷达、无线电制导系统和干扰台。反辐射摧毁的主要武器是反辐射导弹，还有反雷达飞机和反辐射无人机等。

（2）反摧毁。反摧毁是针对敌方的摧毁手段，为保证己方电子对抗装备生存而采取的措施。反电子侦察是反摧毁的重要环节；对电磁辐射源加强管制，又是反摧毁的有效措施。除此之外，还有其他的反摧毁措施。如缩短雷达至敌机的开机距离，使敌机来不及使用反辐射导弹瞄准攻击；几部雷达巧妙配合，轮流使用，诱使敌导弹脱离雷达波而不能命中；使用雷达、红外、电子等各种跟踪方式，灵活变换，使敌导弹导引头失灵；间断发射信号或改变频率，使敌导弹丢失目标；修筑坚固工事，采用升降天线等。

（四）电子对抗技术的发展趋势

电子对抗技术具有尖端性、群体性和动态性。强烈的追求新概念、新思想的意识，促进了电子对抗技术的不断更新和发展。当前，电子对抗技术发展的重点和趋势主要表现在下述几个方面。

（1）C^4ISR 系统对抗与反对抗是电子对抗发展的重点。C^4ISR 系统是现代军队的神经中枢，而且电子设备占的比例很大。因此，在激烈的电子战中，必然将重点指向 C^4ISR 系统。

（2）隐形与反隐形技术是电子对抗技术发展的新领域。隐形技术是电子对抗的产物，是武器和平台为防止被探测设备发现所采取的综合措施，是无源干扰的一种表现形式。电子对抗中的隐形与反隐形的斗争既是一个新领域，也是一个长期对抗的领域。

（3）计算机病毒对抗是电子对抗技术发展的新课题。计算机在军事上的应用越来越普遍，而计算机病毒严重破坏计算机的正常运转。正因为如此，计算机病毒便作为新式武器来使用。

（4）无人电子战系统在未来战争中发挥重要作用。无人电子战系统，如电子遥控飞机、自动侦察干扰器、反辐射无人机等，代价低，危险性小，但在电子对抗中的作用非常突出，因而在未来的战争中发挥重要的作用。

（5）定向能武器是电子战中“硬”杀伤的新手段。定向能武器运用电磁能代替爆炸能，以接近光速照射目标，并摧毁目标。它可杀伤人员，也能破坏电子装备。

七、指挥自动化系统技术

指挥自动化系统是指挥员借助以计算机为核心的信息设备、人员、工作方法步骤，按照军事原则，对所属部队进行指挥控制的人机信息系统。它可以辅助指挥员和指挥机关实现科学、高效的指挥控制和管理，即实现指挥自动化。从功能上讲，指挥自动化系统实质是以计算机为核心，具有指挥控制、情报侦察、预警探测、通信、电子对抗和其他作战信息保障功能的军事信息系统。没有计算机不会有自动化，但自动化绝不是不要人，只是原来由人完成的一些工作交由机器自动完成，自动化是一个机器逐步代替人操作的过程，自动化是系统发展追求的目标。

指挥自动化系统是军队现代化建设目标体系的重要组成部分，是提高军队整体作战效能的有效途径。现代战争证明，只有建立并有效使用指挥自动化系统，才能最大限度地发挥作战部队和武器的潜能，增强军队的战斗力。因此人们把军队指挥自动化系统看成“力量倍增器”、“第三次军事革命”等。

指挥自动化系统是我军的一种命名，在国外还有许多其他叫法，有称为自动化指挥系统或战场管理系统，更多的是用指挥控制系统要素的英文字母缩写来表示，用它来表示指挥自动化系统的发展及其组成要素，大致经历了 C^2（Command+Control，指挥和控制）、C^3（C^2+Communication，指挥、控制和通信）、C^3I（C^3+Intelligence，指挥、控制、通信和情报）、C^4I（C^3，I+Computer，指挥、控制、通信、计算机和情报）、C^4ISR（C^4I+Surveillance+Reconnaissance，指挥、控制、通信、计算机、情报、监视和侦察）几个阶段，目前，更多的是用 C^3I 或 C^4ISR 表示指挥自动化系统。

指挥自动化系统按照规模和级别可以分为战略、战役和战术指挥自动化系统；按照军兵种一般可分为陆、海、空等指挥自动化系统，各国军兵种略有差异，故分法也有些不同。

（一）指挥自动化系统的体系结构

按照复杂系统理论，常常把一复杂系统看做由基本功能构件装配而成，以便给出一个概念清晰而又十分简单的系统视图。按照 C^3I 系统的功能描述，它是由指挥控制、情报侦察、预警探测、通信、电子对抗和其他作战信息保障功能分系统，通过通信分系统连接而成的。

指挥控制系统是各级指挥自动化系统的核心，主要完成的任务是：①接收、处理、显示及储存有关各种作战信息；②进行计算机辅助决策、仿真模拟、确定作战方案、制定作战或演习计划；③对所属部队快速指挥控制，向上级报告作战计划和请求支援。指挥控制系统就是一般的指挥中心或指挥所，由指挥员直接管理和使用，不同的指挥员其指挥控制系统会有一些差别。情报侦察系统使用卫星、空中、海上、陆上的电子、红外、照相等侦察装备以及侦察人员，接收、处理、显示和储存敌方的有关情报，向部队和有关部门分发所需情报信息。预警探测系统利用星载、机载、地面及海上的电子、光学和红外等预警探测装备，接收、搜索、发现、测量、处理、显示和储存来自敌方的卫星、导弹、飞机以及陆上和海洋等军事目标信息，尽快分发给使用者。情报侦察和预警探测系统实际上都是完成情报获取、处理与分发的系统。通信网络包括各种共用通信网和专用通信网，通信网络逐步由窄带向宽带发展。通信网络包括卫星通信、微波通信、光缆通信等多种通信手段，以提高通信网络的生存能力。通信是指挥自动化的关键技术之一。电子战与信息战系统是夺取“制电磁权”和“制信息权”的武器系统，该系统融入指挥自动化系统后，不仅增强了系统的功能，提高了系统整体效能，而且丰富了系统的内涵，使指挥自动化系统变成综合的信息系统。后勤保障系统实际上是一种特殊的电子信息系统，是整个指挥自动化系统的有机组成部分，它能够实现快速、准确的军用物资、技术、医疗卫生和军事运输系统的管理。另外气象、机要等信息保障系统也是指挥自动化系统不可缺少的一部分。

（二）指挥自动化系统的运行原理

指挥自动化系统运行原理是指系统的工作过程挥控制过程分为 6 个环节，国外称为指挥控制（C^2）过程，整个指控制过程分为 6 个环节。

（1）情报获取。情报获取是系统工作的首要步骤，由相应的情报部门负责实施与管理。通过情报侦察手段发现、监视、跟踪目标，搜集目标的信息。情报获取环节还要提供战场有关气象和地理数据信息。在指挥员指导下，经计算机辅助，由情报人员和机器共同完成以上信息的分析、综合，最后得到敌方兵力及其部署，把战场态势图传送给整个作战部队。

（2）评估。输入战场态势图、本方通报和数据库信息以及上级下达的战斗任务，由指挥员、作战和情报参谋一起，在计算机帮助下，判断敌方作战意图，分析敌对双方兵力对比，确定敌方威胁和我方机遇。根据作战任务，判定是否做出反应。如果需要做出反应，输出评定结果。

（3）方案产生。输入敌方兵力部署、意图、双方兵力对比及敌方的威胁与己方的机遇。指挥组织人员和机器合作，制定多个可能的作战方案，并对其进行计算机模拟和评估，得出各个方案的优劣，输出给下一环节。

（4）方案选择。根据方案好坏，指挥员再根据自己的经验，在机器的帮助下选择最好的方案。选择就是决策。

（5）计划。按照作战方案和指挥控制模式，由专门人员制定作战计划，除遭遇战外，作战预案及计划都是事先存在计算机中，选出对应方案的计划，打印或直接传给下级或武器控制器。

6．命令下达

指挥员、参谋人员、机器合作完成，由指挥员核定后下发执行，并上报上级。

这里需要指出的是：首先，指挥控制过程为循环执行过程，只要战场态势图不满足任务要求，评估环节则产生输出，形成新的控制。其次，指挥控制是人机合作、协调的过程，发挥计算机数据处理快、记忆准确、容量大和人的推理判断两方面优势是系统追求的目标，但在系统中起主导作用的是人。所谓“指挥自动化”，主要体现在情报获取、评估、方案产生与分析、方案制定和通信工作，把原来主要由人完成的繁杂的而计算机能胜任的工作，交计算机自动完成。自动化是一个逐步深化和追求的系统目标。再次，情报是系统工作的关键要素，情报的完整性、准确性和及时性影响决策的质量。事实上，在双方对抗的条件下，理想的高质量情报很难得到。最后，在时间上，各环节的工作有串行也有并行。

（三）指挥自动化系统发展趋势

1．指挥自动化系统自身的发展

指挥自动化系统自身发展是指利用计算机硬件、软件、多媒体、人工智能和通信的新技术、新方法完善提高系统的性能，并把服务对象由指挥员扩大到战斗员。具体地讲，有“六化”，即：体系结构一体化、功能一体化、指挥员与战斗员服务一体化、管理一体化、操作一体化及智能化。

2．指挥自动化系统外延的发展

指挥自动化系统的外延指改变系统的内部或外部部件，使系统和本不属于系统的部分组成一个更大系统，或把指挥自动化系统植入一个新的环境中，组成更有效的军事系统。指挥自动化系统的外延关键是系统本身能力的增强和环境实体信息化，如武器的信息化。指挥自动化系统的外延发展趋势可概括为“两结合”：一是指挥自动化系统与电子战相结合，二是指挥自动化系统与武器系统相结合。

另外，指挥自动化系统的外延还包括功能的外延，由作战指挥功能延伸到军事训练、办公自动化、抢险救灾、缉毒走私，甚至在和平时期为地方的交通管理、企业管理等提供服务。

第三节　核化生武器防护与新概念武器

一、核化生武器防护

（一）核武器防护

1．核武器概述

核武器亦称“原子武器”，是利用原子核裂变或聚变反应，瞬时释放出巨大能量，造成大规模杀伤破坏效应的武器，可分为原子弹、氢弹、中子弹和特殊性能核武器。核武器的发射方式有飞机投掷，也可以用导弹、火箭或火炮发射；可以在地面发射，也可以在地下掩体和水下潜艇中发射。

核爆炸方式是指核武器在不同介质、不同高度或深度实施爆炸的方法和形式。通常分为空中爆炸（包括低空、中空、高空和超高空四种爆炸）、地（水）面和地（水）下爆炸。核爆炸方式对核武器的杀伤破坏作用有很大影响。

2．核武器杀伤破坏因素

核武器杀伤破坏因素是核爆炸瞬间释放的巨大能量形成或转化而来的杀伤破坏因素。可分为两大类五种：第一类作用时间仅几秒至几十秒，称瞬时杀伤破坏因素，包括光辐射、冲击波、早期核辐射、核电磁脉冲四种。第二类作用时间可持续几天甚至更长，称延缓性杀伤破坏因素，主要是放射性沾染。

①光辐射。光辐射是指核爆炸时从高温火球辐射出来的光和热。主要特点是传播速度极快、热效应强、作用时间短。光辐射可造成人员皮肤、眼、呼吸道烧伤和闪光盲。

②冲击波。冲击波是指核爆炸瞬间形成的高速高压气浪。主要特点是传播速度快、压力强、作用时间短。冲击波可造成人员的直接杀伤和间接杀伤，使人耳鼓膜和内脏出血或破裂、颅脑损伤、骨折、皮肉撕裂等。

③早期核辐射。早期核辐射是指核爆炸最初十几秒内，从火球和烟云中释放出的γ射线和中子流。主要特点是传播速度快、穿透能力强、能使某些物质产生感生放射性、作用时间短。早期核辐射能造成人体生理机能失调和中枢神经系统紊乱，患一种急性放射病。

④核电磁脉冲。核爆炸释放的γ和X射线与周围的分子、原子相互作用产生大量带电粒子，这些粒子高速运动，在爆心周围形成很强的瞬时电磁场，并以波的形式进行传播，这就是电磁脉冲。主要特点是作用范围广、电场强度高、频谱范围宽、传播速度快、作用时间短，可对地面、地下（水下）的各种电磁设备和指挥系统造成毁伤。

⑤放射性沾染。核爆炸产生的放射性沉降物质对地面、水、空气、食品、人体、武器装备等造成的污染称放射性沾染。因作用时间长，又称延缓性杀伤破坏因素。主要特点是来源多，能放出多种射线、沾染持续时间长，放射性难以改变。

中国第一次核爆炸

3．核武器的防护

核武器的防护包括防御核袭击和消除放射性沾染两方面内容。

第一，防御核袭击。当遭到核袭击时，核爆炸的闪光就是警报信号，应立即采取防护措施。可用毛巾捂住口鼻，扎好裤口、袖口、领口，用雨衣、服装、塑料布、白布、床单等把暴露皮肤遮盖起来。

在室内应迅速拉断电闸，熄灭炉火，关闭煤气、门窗。尽量蹲卧在屋角或床、桌下。最好携带个人防护用具和必需的生活用品，迅速而有秩序地进入人防工事。在室外应迅速脱掉身上的深颜色衣服，因为核爆炸的闪光及高温火球辐射出的强光和热，对着深颜色衣服者的伤害更重。衣服的防护效果，浅色为好，白色最好。

如来不及进入工事，应迅速利用凸起和下凹的地形地物卧倒，比如隐蔽在背向爆心的土坎、土丘、山坡等地方，或侧向爆心的沟渠、桥洞，可减轻伤害。如果是坚固的建筑物，室外的人员可以利用墙的拐角处或紧靠墙根卧倒，此时，应注意不要利用易倒塌的建筑物，还应避开门窗处和易爆易燃的物品，以免受到间接的伤害。隐蔽在森林和庄稼地里也有一定的防护效果。戴上口罩，可防止放射性灰尘进入呼吸道和消化道。应迅速跃入下凹的地形地物，如土坑、弹坑、沟渠、山洞、桥洞、涵洞等，跪下或坐下，身体蜷缩，两手掩耳，闭眼并半张嘴，暂停呼吸。当身边有掩蔽部、避弹所时，人员应立即进入，关好防护门，并视情况掩堵耳孔。如果有堑壕、交通壕和观察所，应迅速进入其内，并采取相应的措施，以避免光辐射、冲击波和早期核辐射的杀伤。

如果人员处于开阔地带，周围没有工事和适当的地形地物可以利用，最好的办法是立即背向爆心就地卧倒。这样可以减少冲击波的冲击面积，并能减少光辐射的烧伤。卧倒时要收腹，将双手交叉垫于胸下，两肘前伸，头自然下压于两臂之间，两腿伸直并拢，以防震伤内脏；应同时闭眼，以免引起闪光盲；应半张开口，以防震伤耳鼓膜；当感到周围空气很热时，还应憋一口气，以防吸入灼热的空气烧伤呼吸道；可翻起衣领、放下帽耳等，以减轻光辐射的伤害。

如果是在乘车途中遇到了核袭击，驾驶员应立即停车，将身体蜷伏或卧于驾驶室内，乘车人员也应尽量卧倒。要关闭车窗，盖严篷布，拉大车距。车上人员不要随便下车，必须上、下车也要尽量不接触车轮和挡泥板。

第二，消除放射性沾染。当人员遭受沾染后，要及时消除皮肤和服装上的放射性灰尘。消除的方法是自己或互相拍打和抖搂服装。拍打和抖搂时要站在上风或侧上风方向，抓住受沾染服装的两肩或裤腰，按照自上而下、先外后里的顺序拍打、抖搂 30～40 次。面部、耳窝、颈部和双手等处沾染的灰尘，可用干布或湿毛巾擦去。有条件时，可全身淋浴，并更换清洁服装。

对道路、地面沾染的灰尘，视具体情况采用铲除、扫除或用水冲洗等办法消除；对沾染灰尘的物品，要根据其性质和沾染的轻重，用扫刷、抹擦、清水冲洗等方法清除；对包装不好的粮食，宜采用除去表层和水洗的方法消除灰尘，对蔬菜、水果，主要是采取清水冲洗和剥皮的方法；对馒头等熟食，可剥掉表皮；对饮用水，可采用土壤净化、过滤或吸附凝沉方法净化处理，处理过的粮食和水等，须经检查合格后方可食用。人员如果误食了受染食物，误饮了被沾染的水时，必须尽早采取催吐、洗胃、多喝水、利尿等方法排出。

（二）化学武器防护

1．化学武器概述

化学武器是指以化学毒剂的毒害作用杀伤有生力量，迟滞、困扰敌方军事行动的各种武器、器材的总称，包括装有毒剂、毒剂载体或毒剂二元化学武器的化学弹药和航空布洒器等。

毒剂，又称化学毒剂、化学战剂，是军事行动中以毒害作用杀伤人、畜的化学物质。它是化学武器的基础，对化学武器的性能和使用方式起着决定性作用。

2．化学武器的战斗性能

化学武器使用后，毒剂发挥杀伤作用的状态称战斗状态，有蒸气状、雾状、烟状、液滴状和微粉状五种，其中雾状和烟状分散在空气中可形成气溶胶。化学武器使用后构成对人员的三种伤害形式，即：气溶胶云团、毒剂液滴、毒剂再生云。

化学武器的中毒途径可通过呼吸道、眼睛、皮肤、伤口、消化道中毒。其顺序是：呼吸道→眼睛→伤口→消化道→皮肤。

3．化学武器的防护

化学武器的防护主要包括及时发现化学武器的袭击和及时消除化学污染两个方面。

第一，发现化学武器的袭击。主要是根据征候初步判断化学袭击：飞机在城市上空低飞并布撒大量烟雾；有大片带色烟雾飘来；飞机通过后或炸弹爆炸后，地面有大片均匀的油状斑点；多数人突然闻到异常气味或眼睛、呼吸道感到有刺激等。

当上述情况出现时，应当判断出是受到敌化学武器的袭击，要立即采取防护措施，并报告人防部门来侦察判定。

此外，若看到大范围内动物异常变化，如蜂、蝇飞行困难，麻雀、鸡、羊等动物中毒死亡，花卉、叶、草变色、枯萎或大面积发生异常现象时，都可怀疑是化学中毒。

第二，对化学污染的消毒（图消除化学污染）。

①对人员消毒。当毒剂液滴落在身体上时，应立即脱去染毒服装或撕去染毒部分，用活性白土粉或棉球，甚至可用干净土块吸去皮肤上的毒剂液滴，然后用棉球蘸专门的消毒药液擦洗消毒。洗擦时要防止扩大染毒面积。没有专门消毒液时，也可用 5%～17%的小苏打水、肥皂水或大量清洁水冲洗。对眼、鼻、口消毒，应用 2%的小苏打水溶液或大量清水，缓缓冲洗 15 分钟左右。

消除化学污染

②对染毒服装的消毒。在远离居住区的下风方向，用热碱水蒸煮染毒服装 30～60 分钟即可消毒。对暂时不用的衣物，也可在下风方向吹晒，使其自然消毒。

③对染毒食品消毒。对有包装的罐头类食品，只需对表面消毒就可食用；对没有包装的食品一般应当销毁。

（三）生物武器防护

1．生物武器概述

生物武器最早称细菌武器，它是指以生物战剂杀伤有生力量和毁坏植物的各种武器、器材的总称，包括装有生物战剂的炮弹、航空炸弹、火箭弹、导弹弹头和航空布洒器等。它的出现，是受战争传染病流行而导致大量非战斗减员和军事失利的启示而发展起来的。

生物战剂是指在军事行动中，用以杀伤人、畜和毁坏农作物的致病微生物、毒素和其他生物活性物质的统称。生物战剂按其形态和病理分为六大类，即细菌、病毒、立克次体、衣原体、毒素和真菌战剂。按伤害程度又可分为失能性战剂和致死性战剂两类。

2．生物武器的战斗性能

生物武器的战斗性能包括侵入人体的途径和伤害作用。侵入途径主要是通过呼吸道吸入、消化道食入和皮肤接触。伤害作用主要是破坏人的生理机能。发病症状有 30 几种，比较普遍的有：发热、头痛、全身无力、恶心呕吐、腹泻、咳嗽、呼吸困难、局部或全身疼痛等。

3．生物武器的防护

生物武器的防护包括发现生物武器袭击和消除生物战剂两方面。

第一，发现生物武器袭击。发现生物武器袭击的可疑迹象，是指仅凭人的感官就能发现的生物武器袭击的最初征候。一般可从空情、地情、疫情三方面监视。

空情：实施轰炸的飞机一般飞得较高，实施扫射的飞机通常会俯冲，而释放生物武器的飞机一般飞得低，不俯冲。如果发现飞机低飞而不俯冲，飞机尾部出现条状烟雾，就如同洒农药一样，而且投下了很小的炸弹和容器，这就大致可以认为是投下了生物武器。

疫情：生物弹的弹坑浅小，弹坑周围有异常粉末或液滴。要注意观察弹坑周围有无特殊容器，如铁筒、木箱、小型降落伞、喷雾装置等异常物，尤其要注意地面或植物上有无异常液滴或粉末。如果发现蚊、蝇、蚤等昆虫密度、出现场所、季节、体态等反常现象，或发现本地没有的昆虫大量出现，或者找到飞机抛掷的容器里有残余物，这就大致可以认为是投下了生物武器。

疫情：没有病因和天灾，大批家畜、家禽在短期内突然发病和死亡，植物枯死；出现从未有过的传染病；出现违反季节发病规律的传染病，如冬季突然流行肠道传染病，冬春季发现霍乱；早已绝迹的传染病在短期内大量流行等。

如果发现上述空情、地情和疫情等，应当立即向当地政府卫生防疫部门报告。

第二，消除生物战剂。发现病人时，先实行隔离，并报告医务人员妥善处理，尽量不与病人接触。对污染区内的房屋、器具和环境应彻底消毒。

杀虫、灭鼠。可用打、捕、烧、熏或喷洒敌敌畏、敌百虫等方法杀灭昆虫。对老鼠可采用打、捕、挖、灌及毒药灭鼠等方法。使用药剂时要注意安全。

无论是敌投昆虫还是当地昆虫，敌投鼠类还是当地鼠类，都是生物战剂传播的媒介物，都能传播多种疾病。因此，要经常消灭当地的鼠类和有害昆虫，以减少战时生物战剂可能利用的传播媒介，减轻生物战剂的危害。

二、新概念武器

新概念武器是指工作原理、结构功能和杀伤机理有别于以往的传统武器的新型武器。高新科学技术的飞速发展，正在引起军队武器装备的巨大变革，也为发展全新武器开辟了诱人的前景。这些新型武器有的已投入实战，有的还处在研制和探索之中。

（一）定向能武器

定向能武器又称“束能武器”，是利用激光束或粒子束，直接或由反光镜间接照射目标，破坏其结构和敏感元件，使之丧失效能的新式武器。它具有速度快，距离远，可多方向、多目标、多次射击的优点。但它体积庞大、笨重，造价高。

1．激光武器

它是利用沿一定方向发射的激光束的能量直接来杀伤、破坏目标或使其丧失作战效能的武器，具有快速、灵活、精确和抗电磁干扰等优点，可以制成激光枪、激光炮和激光致盲器。其破坏机理包括热破坏、力学破坏和辐射破坏。

2．粒子束武器

它是用高能亚原子（电子、质子等）束摧毁目标或使之失效的一种定向能武器。它用加速器将粒子源产生的粒子加速到近光速，用磁场使其聚集成密集束流射向目标。粒子束武器有极强的动能，在击中目标瞬间，可产生 8 000℃高温，连陶瓷、碳等耐热材料都会被钻洞、熔化，其破坏力与天然雷击相仿。其弱点是传输损失大，束流受地磁影响会弯曲，束流也有扩散，因而只能打近目标。

3．射频武器，也称微波束能武器

它是采用强微波发生器和高增益定向天线，发出强大的会聚的微波波束，对目标杀伤、破坏的一种新式武器。其波束能量比普通雷达用的微波功率要大几个数量级。它具有能量集中、传输快、方向单一的优点。射频武器比激光束、粒子束武器的作用距离远，受天气影响小，是定向能武器中的“超级明星”。

（二）动能武器

动能武器指的是以每秒数千米以上高速运动的弹头的动能直接摧毁目标的武器。所谓超高速，通常指 5 倍音速以上的速度。动能武器因获得动能来源的不同而形成多种类型，主要有动能拦截弹、电磁炮和群射火箭等。

1．动能拦截弹

动能拦截弹分反卫星和反导弹两种。前者指的是用于击毁敌方卫星的机载空对天导弹，后者指的是用于摧毁敌方来袭导弹的反弹道导弹。动能拦截弹很大部分是利用现有的导弹技术。美国 1983 年开始试验反导弹动能拦截弹，1984 年 4 月在 160 千米的高空曾成功地拦截掉一枚洲际弹道导弹。试验的动能拦截弹也分三级，前两级是火箭，第三级是战斗部。战斗部的杀伤机构由 36 根轻合金杆作为伞状结构，直径 4.5 米，以扩大碰撞面，提高碰撞概率。

2．电磁炮

它是利用电磁力加速弹丸的现代电磁发射系统。电磁炮按其结构的不同，分为线圈炮、轨道炮和重接炮 3 种。电磁炮作为发展中的高技术兵器，其军事用途十分广泛。一是用于反卫星和反导弹。采用电磁炮把 10 克～1 千克的弹丸加速到 3～20 千米 / 秒，可用于摧毁空间的卫星和导弹，还可以拦截由舰船和装甲车发射的导弹。二是用于防空。用电磁炮替代高射武器和防空导弹执行防空任务有许多无可比拟的优点。三是用于反装甲。美军的试验证明，发射 50 克、速度为 3 千米 / 秒的炮弹，可穿透 25.4 毫米厚的装甲。

3．群射火箭

它是一种子弹式旋转稳定的无控火箭。普通钢质壳体，迫击炮弹，用高氯酸铵作推进剂，飞行速度可达 1.5 千米 / 秒，在 1.2 千米的射程内足以穿透和摧毁敌方处于再入段飞行的洲际弹道导弹弹头。其拦截过程大致为：向来袭导弹再入大气层后的临空弹道上齐射很多这种火箭，形成一个多层次密集的火箭阵雨，与来袭弹头相撞将其摧毁，或利用火箭爆炸后形成的碎片云阻击来袭导弹。

NMD 反导实验

（三）次声武器

次声武器，是指以频率低于 20 赫兹的次声波杀伤有生力量的武器。频率范围在 20～20 000 赫兹的声波，人的耳朵可以听见；频率低于 20 赫兹的声波，人的耳朵就听不见，称为次声波。由于次声波的频率和人体各主要器官的固有频率十分接近，所以当次声波作用于人体时，固有频率与次声波频率接近的器官会不由自主地产生共振，造成损害。次声武器就是利用上述机理杀伤人员的。

次声武器大体分两类。一类是“神经摧毁型”次声武器。它基于次声波的频率和人脑的阿尔法节律（8～12 赫）极为接近的原理。因此当次声波作用时，引起的共振会不同程度地损害人的神经系统，影响人的意识和心理。轻者，会感觉不适，注意力无法集中，难以从事复杂细致的工作，有时还会出现头痛、恶心、眩晕、心悸、恐惧不安；重者，会神经错乱，癫狂不止，休克昏厥，丧失思维能力。另一类是“器官杀伤型”次声武器。当次声波的频率和人体内脏器官的固有频率（4～18 赫）相当时，会使人的五脏六腑产生强烈共振。轻者，会肌肉痉挛，全身颤抖，呼吸困难；重者，可造成血管破裂，内脏损伤而迅速死亡。

（四）气象武器

所谓气象武器，就是人工影响天气在军事上的应用。具体地说，就是运用现代科学技术，人工控制风云、雨雪、寒暑等天气变化，把它们作为武器用于战争，用以改变战争环境，使其利于己而不利于敌，或摧毁敌人的抵抗能力。鉴于气象可由人工来影响的认识，美国和苏联都进行过秘密的研究。美军在越南战争期间就曾利用东南亚地区西南季风盛行季节多雨的有利条件，秘密在老挝、越南和柬埔寨的毗邻地区进行人工降雨，出动大批飞机、投掷催化弹 47 400 多枚，造成局部地区洪水泛滥，桥断坝毁，道路泥泞难行，使得“胡志明”小道每周车辆通行量锐减 90%，破坏了越军的运输线。苏联的专家对地震研究声称取得重大成果，可以利用太平洋底地震带，诱发美国西部大地震。当今，世界各军事强国不遗余力地加大人工影响天气技术在军事应用上的研究与发展力度，并争先恐后使之推向战场。

（五）人工智能武器

人工智能武器是指利用人工智能技术研制的具有某种智能特征的武器系统，主要有智能弹药和智能机器人两大类。

1．智能弹药

智能弹药与普通弹药的根本区别在于它增加智能计算机和图像处理设备，这样就具备了一定的智能功能。智能弹药已经投入使用或正在研制并接近实战的有：“黄蜂”反坦克导弹，“斯基特”反坦克子母弹，“海尔法”反坦克导弹。这几种弹药均具有“发射后不用管”、自主捕捉和识别目标与准确命中目标的能力。

2．智能机器人

机器人是一种具有某种仿人功能的自动机。当前，机器人在军事上考虑最多的应用领域有：一是直接遂行战斗任务，以减少人员的伤亡和流血。正在研制中的有固定防御机器人、步兵先锋机器人、榴炮机器人、无人飞机。二是侦察和观察。目前正在研制的有战术侦察机器人、三防侦察机器人等。三是工程保障。从事艰巨的修路、架桥、排雷和布雷等工作，如多用途机械、排雷机器人、布雷机器人等，还有智能坦克等。

（六）计算机病毒武器

计算机病毒实际上是一种人为编制的、特殊的计算机程序。这种“病毒”能够修改计算机程序并把自身包括进去，使受侵害的计算机系统染上“疾病”，并使与之相联系的其他计算机系统也受到感染。它的习性同生物病毒在生物群体里的习性十分相似。20 世纪 90 年代，美国已推出一些用于实战的病毒武器，并和一些软件供应商合作在软件中预留设置战争病毒，一旦与所购国家发生战争就激活病毒，使该国计算机指挥系统瘫痪。

（七）基因武器

基因武器就是通过基因（脱氧核糖核酸，即 DNA）重组，完成同种甚至异种微生物或动物之间的基因转移，在一些致病细菌或病毒中接入能对抗普通疫苗或药物的基因，或者在一些本来不致病的微生物体内“插入”致病基因而制造出来的新型的生物武器。它的特点是：成本低，杀伤力大，持续时间长。

第四节　军事高技术与新军事变

一、新军事变革的含义及与军事高技术的关系

“新军事变革”一词是由“军事革命”的概念衍生而来的。从人类历史的发展来看，可以认为总共发生过两次军事革命：一次是由农业革命引发的“第一次浪潮战争革命”，另一次是由工业革命引起的“第二次浪潮战争革命”。从 20 世纪下半期开始，人类文明正由工业社会向信息社会过渡，因而正在发生“第三次浪潮战争革命”。这场新军事变革，是以人类技术（社会）形态转型，亦即由工业时代（社会）向信息时代（社会）过渡为主要动因，以高技术特别是信息技术的发展为直接动力，以信息为“基因”，以信息化建设和“系统集成”为主要手段，为争夺国际战略格局中的有利地位为根本目的，把适应打机械化战争的工业时代的机械化军队建设成为适应信息化战争的信息时代的信息化军队的过程。

这场新军事变革首先在西方发达国家尤其是美国产生，然后扩展到其他国家，现在仍在发展之中，它的影响之广，程度之深，是历次军事变革所不可比拟的。

二、新军事变革的主要内容

这场新军事变革大致可以包括以下内容。

（一）军事技术变革

军事技术变革起源于以信息技术为代表的高新科学技术在国防领域的应用。由于高新科学技术的全面应用，军队成员从过去只是掌握机械化武器、服从指令的经验型军人，提升为运用现代信息技术、能够创新的知识型军人。高新科学技术在军队中的普遍

应用，将以机械化为主要装备特点的军队改造成了机械化基础上的数字化、信息化军队。

这次技术变革与人类历史上的每次技术变革一样，提供了军事技术变革直接的技术基础。它包括了六大技术，即数字信息技术、航天技术、新材料技术、新能源技术、生物技术、海洋技术。在这六大技术中，数字信息技术是最具主导与核心地位的技术，可以作为这一次新技术变革的标志，所以这一次新技术革命也可简称为信息技术变革。

数字信息技术在军事领域的运用导致了以制信息权为目的的，具有非接触性、非线性等新特点的现代信息化战争。由于信息化战争的需要诞生了数字化部队。数字化部队以计算机为支撑，以数字通信技术联网，使各种战斗、战斗支援和战斗保障系统都具备信息的获取、传输、处理功能；将电子技术与光技术结合的光电子技术在军事领域的运用，形成了光电子军事技术系列，其中各种光电探测器为实施大范围的空中侦察创造了条件；电子战系统进行电子侦察、电子进攻、电子防御，降低或破坏敌方电子设备的工作效能，同时保护己方电子设备效能的正常发挥；航天技术在军事领域的应用，产生了天基武器系统，可以在太空部署各种人造卫星、载人航天器，执行空间监视、侦察预警、通信、导航定位以及反卫星、反弹道导弹等项军事任务，构成军事指挥控制技术的重要组成部分；基因技术在军事领域的应用，诞生了基因武器，它是一种按照军事需要设计的具有杀灭、攻击、失能等特殊功能的新型生物武器。

（二）军事组织变革

所谓军事组织变革，是指为适应军事技术变革的需要，军队组织系统发生的从纵向、多层次组织向横向、少层次转化，从权利过度集中向权利适度分散过渡，从大规模、分隔型编制向小型化、合成型转化。这是因为，高新科学技术在军事领域运用的同时，就对传统军事组织提出了挑战。以纵向等级制为特征的传统军事组织会极大地阻碍高新技术在军事领域的使用，首先是以纵向等级制为特征的军事组织不能达到信息的流动要求。信息化战争中的信息是战争胜利的关键，信息的收集、处理、传输、应用能力是一个国家的军队能否取胜的关键，而信息的收集、处理、传输、应用的载体是组织，而不是信息本身。信息通过相应的组织结构进行收集、处理、传输、应用。这里，组织结构构成了信息战的制胜基础。

信息化战争的内涵不仅是信息本身的价值，信息本身的价值显示的是人的价值的提升，是军队中军人价值的提升。信息化战争是对人的创造能力的一种更深层次的挖掘与释放，信息化战争的作战方式是每一个军人知识的运用，而不是体能的运用，知识运用得是否主动，是否速效，要看军人的自主创造性发挥得如何。

从知识运用的角度看，信息化战争已经不是简单地打武器、打金钱，也不是简单地打人力，而是打人的创意、打人的智慧、打人的头脑。因此，在权利的配置上，不仅要求绝对保障每一个军人的创造性、积极性，而且必须挖掘每一个军人的知识潜能，组织结构必须适应这样一种要求。

（三）军事指挥系统变革

随着世界军事变革的推进，军事组织结构更扁平化、横向化，原来高度集权的领导指挥系统与这种扁平化、横向化的组织结构变得不协调。领导的职能变了，领导从全权决策到战略决策，从管制军人到激励军人，每一个军事单位成为用计算机连接的一个决策点。在自己掌握的信息范围内，军事人员必须学会自主进行决策。指挥员对于战士，不是简单地让他干什么，而是告诉他，在何种情况下，自己能够知道干什么。就指挥系统本身来说，战略指挥成为关键。指挥系统的变革从集权型指挥向分权型指挥转化，从命令型指挥向导向型指挥转化。领导职能的变化又引起领导体制的变化，变化趋势是从纵向等级型领导体制向横向合成型领导体制转化。

（四）军事理论变革

军事理论变革是军事技术变革、军事组织变革、军事领导变革的精神支撑，具有深刻的内涵。

（1）从战略层面看，国家安全战略理论从狭义向广义转化。狭义的国家安全战略只是从国防安全的角度，更多地关注本国领土不受外国敌对势力的侵犯，本国政治不受外来势力的干预；而广义的国家安全观则从本国在国际社会中的综合安全角度，跳出本土的眼光，用全球性的眼光看待本国在经济、政治、文化、军事、信息等方面的系统安全。即便是本土的国防安全，也不是从狭隘的军事实力角度简单地看待问题，而是从军事实力透视出本国的国际地位、科技能力、经济实力、政治影响力与文化慑服力，从更本质、更全面的角度思考国防的长期安全。

知识窗

反卫星武器

反卫星武器就是打击、破坏航天器或损害其正常功能的空间武器。按照设置场所分为地基（包括陆基、海基和机载）反卫星武器和天基反卫星武器；按照杀伤手段分为核能反卫星武器、动能反卫星武器和定向能反卫星武器。地基核能反卫星武器和动能反卫星武器对目标的拦截方式有共轨式和直接上升式两种。采用前一种方式的是截击卫星（又称反卫星卫星），截击卫星一般用运载火箭把带有爆破装置的卫星发射至与目标所在轨道基本相同的轨道，然后利用星上雷达或红外寻的器探测与跟踪目标，依靠小型火箭发动机进行机动变轨去接近并摧毁目标。采用后一种方式的是反卫星导弹，它通常带有核或非核弹头的多级导弹，可从陆地、海洋或空中直接发射至目标附近的空域，然后利用弹上自动寻的制导装置探测与跟踪目标，当接近到距目标一定距离后启动弹头的爆炸装置摧毁目标，或利用弹头高速运动的动能撞毁目标。天基反卫星武器分共轨式反卫星武器和非共轨式反卫星武器，前者主要指天雷，后者指设置在航天器上的动能武器和定向能武器。天雷是秘密设置在目标轨道上的带有某种杀伤或破坏手段的装置，可在必要时利用无线电遥控的方式快速接近并摧毁目标，或释放金属颗粒与碎片、气溶胶等干扰物破坏目标的工作。定向能反卫星武器通过发射高能激光束、粒子束或微波束照射目标使其毁坏或丧失工作能力。

（2）从战争目的理论上看，机械化战争中的暴力决斗论为威慑制胜论所替代。高新科学技术在军事领域的应用，为人们用暴力威慑而不是用暴力决斗方式达到制胜目的提供了技术条件。同时，在现代核威慑的信息化战争中，武器的杀伤力已经达到了能够摧毁整个地球的程度，这种战争后果的恐怖场面使战争的参与者不能不有所顾忌，因为核武器使用的结果不仅会伤及敌方，也会伤及自身。在这种情况下，最好的办法是以核武器的拥有作为威慑力量，迫使对方不战而败。不战而屈人之兵不仅以高技术武器的威慑力为前提，也与对人的生命价值的认识提君有直接关系。

（3）从战争的功能特征看，制信息权成为新军事变革的主要特征。无论是制陆权战争、制陆权与制海权结合的平面战争，还是制陆权、制海权与制空权相结合的立体性战争，都是一种有形的战争形态。当 20 世纪中叶电子技术与信息技术逐步运用到军事领域后，无论是地面，还是海上、空间，都被以电子计算机为核心的，集侦察、防御、攻击、指挥等军事环节为一体的信息系统所控制，看似无形的信息却左右了所有有形的军事要素。所有有形的军事要素与军事行动，完全依赖于看似无形的信息系统。这种状况表明了人类战争发展到了一个新的阶段——信息化战争时代。这时，战争的功能已经从一些方面要素的结构性较量提升为整体要素的系统性较量，战争的功能从制空权上升到信息权。

战场数据链

（4）从战争的模式理论看，全维作战理论替代了单维作战理论。工业化时代的战争中，军事装备与非军事装备区分比较清晰，军事行动构成战争的决定性形式；信息化时代的战争中，军队的信息系统与国家的信息系统相互融合，使军事设施同民用设施搅在一起，很难区别开来，信息高速公路既用来传输民用信息，也用来传输军事信息，全维作战理论就是从这种现实出发提出的。确定军事打击目标时，非军事目标与军事目标的区分模糊了。就战争武器的性能看，在工业化时代，常规武器很难打击战场以外的目标；信息化条件下，远程精确制导武器以及进一步开发的天基武器，使地球上的任何地方都在其射程之内，很难说哪里是战场哪里不是。如果跳出武器的视野，我们还可以看到，在信息战中，军事行动具有杀伤力，非军事行动同样具有杀伤力，如电子干扰施放计算机病毒，使用非致命武器，舆论战、心理战、法律战等，同样具有杀伤力。

（5）从战争的策略理论看，非线性作战、非接触战理论地位上升。在强大的信息网络技术保障下，前线部队可以获得所需的作战行动的灵活性、流动性、纵深性。后方基地与作战部队、保障部队与战斗部队之间不必具有特别固定的关系，大家更多关注的是既定的战斗目标，而不是与友邻部队的地理位置关系。同时，由于以计算机为核心的军事信息网络、航天通信网络、光电网络等技术的复合运用，使军事侦察能够远距离进行，加上核力量的威慑，远程攻击武器的精确度日益提升，天基武器的智能性越来越高，使通过远程侦察获取准确情报基础上的远程精确打击能够快速形成，使非接触制胜具有可能性。

面对世界新军事变革的时代要求，党的十六大报告要求全军“适应世界新军事变革的趋势，实施科技强军战略，加强质量建设”。2003 年 5 月，中共中央总书记胡锦涛主持中央政治局进行了主题为“世界新军事变革的发展趋势”的集体学习，并强调指出：“我们要加强对世界新军事变革的研究，把握趋势，揭示规律，采取措施，积极应对”。全军官兵正适应时代要求，迎接世界新军事变革的挑战，在加强军队现代化建设的各个方面取得了新的成就。

第五章　高技术局部战争

第一节　高技术局部战争概述

一、高技术局部战争的基本含义

高技术局部战争是指大量运用具有信息技术、新材料技术、新能源技术、生物技术、航天技术、海洋技术等当代高新技术水平的常规武器装备，并采取相应的作战方法，在一定地区内所进行的战争。

高技术局部战争主要有以下三个方面的含义：一是只要参战各方中，有一方以高技术武器装备为主要手段，而无论另一方面是否具有同等条件，这场战争就可以认为是高技术局部战争。因为，只要一方以高技术武器装备为主要作战手段，这就已经具备了高技术局部战争的基本特征；二是只有大量使用高技术武器装备的局部战争才能称之为高技术局部战争，仅仅使用一两件高技术武器装备的局部战争不能认为是高技术局部战争。因为在局部战争中，只有大量使用高技术武器装备，才能使战争形态发生“质变”，从而引发作战样式、战争进程、部队编制等发生变化；三是采用与高技术武器装备相适应的作战方法。大量高技术武器装备的投入使用，使战争的形态发生了变化，只有采用与之相适应的作战方法，才能使高技术武器装备充分发挥其威力。

高技术局部战争的标志是：以电磁技术实施“软”杀伤，使敌人的警戒、防空、指挥通信系统失灵；经导弹、飞机实施首次打击，摧毁敌人重要目标，引起震撼效应；以高性能飞机实施战略空袭，从总体上瘫痪敌人的作战体系；以空降作战、特种作战、远程兵器打击等实施纵深进攻，协同正面进攻部队迅速达成合围；以高技术化的舰船实施海上作战和登陆作战等。在作战中，指挥、控制、通信、计算机和情报系统、夜视技术、谋略欺骗等起着重要作用。

二、高技术局部战争的形成过程

高技术局部战争和其他事物一样，有着自己形成的条件和发展的规律。第二次世界大战以后，局部战争和武装冲突连绵不断，这些战争活动与以往的战争相比，武器的技术水平不断提高，愈来愈显示出高技术局部战争的特征。人们普遍认为，高技术局部战争在 20 世纪五六十年代初见端倪，七八十年代进入初步发展时期，20 世纪 90 年代基本形成，即可归为萌芽、成型、成熟三个阶段。

（一）萌芽阶段

具有代表性的是 20 世纪 50 年代的朝鲜战争和六七十年代的越南战争。在朝鲜战争中，以美国为代表的所谓“联合国”军队，使用了当时最为先进的武器装备，在空中作战平台方面，有 F-86“佩刀”后掠翼喷气式歼击机、B-29“超级空中堡垒”重型轰炸机等，前者已可发射 8～16 枚火箭弹或挂 2 枚“响尾蛇”空对空导弹；在地面机动作战平台方面，有性能先进的 M-46、M-47、M-48 型坦克；在海上作战平台方面，有“安提坦”号为代表的六七艘航空母舰和包括“威斯康星”号战列舰在内的 200 余艘水面舰艇；还有大量化学、生物武器，并拥有核武器作为威慑，以优势的军事装备对中、朝军队实施了陆、海、空立体作战。这场战争已经反映了高技术战争的某些特点。同时，在这一时期导弹技术发展较快，标志着当时的高技术兵器发展的水平。当时，美国和苏联不但研制生产了一般的导弹，而且研制生产了弹道导弹和洲际导弹。1959 年 10 月我国年轻的导弹部队用苏制导弹击落国民党的侦察机，创造了世界防空史上用地空导弹击落敌机的先例。

在 14 年的越南战争中，美国在空中作战平台方面，有 F-105A、F-4C、F-111、B-52 战略轰炸机，SR-71 侦察机，C-5A 大型运输机等，并运用了“百舌鸟”、“响尾蛇”等新式导弹和气浪弹，激光制导、电视制导炸弹，还使用了 EB-66、EF-10B 等电子干扰飞机；在海上作战平台方面，先后运用了 20 余艘航空母舰，舰载机出动达 20 余万次以上；地面作战方面，除各种先进车辆与火炮外，首次使用大量的武装直升机和大量的化学、生物武器。在作战行动中尤为突出的是，依靠空中优势进行长时间“地毯式轰炸”的空袭作战，以及直升机与特种作战部队相结合，进行“蛙跳”式的袭击作战。美国在战争中还广泛实施了电子干扰，为高技术战争中大规模的电子战打下基础。

（二）成型阶段

具有代表性的是 20 世纪 70 年代的第 4 次中东战争和 80 年代初的英阿马岛战争。在第 4 次中东战争中，最为突出的是，交战各方普遍运用了具有高技术标志的各型导弹和大量先进的装甲车辆进行较量。其中地对空导弹有苏制 SA-2、3、6、7（“萨姆”）系列等，空对地导弹有美制“小牛”、“百舌鸟”等，舰对舰导弹有 SS-N-2A（“冥河”）、“加希里埃尔”等，反坦克导弹有“萨格尔”、“陶”式等，制导炸弹有“白星眼”等，它们多为第二代制导武器，具有较高的命中精度与毁伤力。在交战中被导弹击落的飞机占 85%以上，被导弹击毁的坦克占 90%以上，而埃、叙军损失的 10 余艘舰艇则全部是以军的空对舰攻击导弹所为。在这次战争中，还首次利用卫星进行战场侦察，美国和苏联分别发射了 18 颗与 10 颗侦察卫星，向以方或埃方提供侦察情报保障。同时，战前及战中都实施了激烈的电子干扰与反干扰。

英阿马岛战争中，第一次大规模地集中使用制导武器，交战双方共投入了 17 种战术制导鱼雷和炸弹进行对抗。其中，英方使用的主要有“响尾蛇”空对空导弹，“鱼叉”、“海鸥”空对舰导弹，“百舌鸟”空对地导弹，“海标枪”舰对空导弹，“毒刺”、“轻剑”、“吹管”地对空导弹，“米兰”、“霍特”、“陶”式反坦克导弹，“虎鱼”声自导鱼雷以及激光制导炸弹等。阿军在战争中共损失 117 架飞机，除了 31 架被摧毁于地面外，其余 86 架中有 73 架被各类导弹摧毁于空中，占空中击毁总数的 84%。此外，在海上交战中，阿军曾以 AM-39“飞鱼”导弹击沉了英军先进的“谢菲尔德”号导弹驱逐舰和“大西洋运送者”号大型货船，并炸毁了“考文垂”号导弹驱逐舰、“热心”号护卫舰、“羚羊”号护卫舰、“加拉哈德爵士”号登陆舰等，另外还击伤 10 艘舰船，而阿军的“贝尔格拉诺将军”号巡洋舰等 5 艘战舰，也被英军击沉，并另有 6 艘被击伤。这一系列典型数据，反映了高技术兵器在海空交战中的效用。在战争中，英军还以“竞技神”号、“无敌”号航空母舰的电子干扰系统和“鹞”式直升机上的机载干扰系统，对阿军的袭击兵器和指挥控制系统实施了电磁干扰与压制。众多高技术兵器的使用，加上空地、空海一体的高技术兵器对抗和具有突出作用的电子斗争，使上述两场战争具有了高技术战争的明显特征。

（三）成熟阶段

具有代表性的高技术战争是 20 世纪 90 年代的海湾战争和科索沃战争。在海湾战争中，以美国为首的“多国部队”，集中了 3 500 多架各型飞机、250 余艘各型舰船、3 500 多辆坦克，对伊拉克实施了空、海、陆一体多方位打击和封锁。其中，美军动用了装备的 53 架 F-117 隐型战斗轰炸机中的 48 架；当时仅有的 14 艘现役航空母舰，就先后有 8 艘派往战区，并发射了运往战区的 500 枚先进巡航导弹中的一半多；动用了 30 多颗卫星进行航天侦察；集中使用了各类精确制导武器，开创了“爱国者”拦截“飞毛腿”导弹的先例。这场战争中出现了独立的空中战役，多国部队长达 38 天的空中突击和以精确制导武器为主的超视距火力打击，达到了火力致胜的目的。同时，运用多种先进电子战器材进行的侦察与反侦察、干扰与反干扰、摧毁与反摧毁斗争贯穿于战争的始终，并成为争夺战争主动权的基本作战手段之一；多种新型夜视器材的运用，使夜战具有了新的含义；C^3I 系统的运用则使战区战役指挥与后方战略指挥、战场各作战集团的战术指挥得到了沟通，并确保了快速、准确的信息传递与处理。

在科索沃战争中，高技术特征表现得更加突出。以美国为首的北约在“联盟力量”行动中，使用的攻击性武器 98%以上是精确制导武器，并首次使用了 JDAM——联合直接攻击弹药和 CBU-87 集束炸弹。在首轮空袭时，美国首次动用了两架具有“全球抵达”能力的 B-2 隐身战略轰炸机。同时，北约广泛使用了 C^4ISR 系统，实现了信息化、网络化、一体化作战。另外，计算机病毒战、网络战、黑客战在科索沃战争中也有显著的表现。可以预测，未来的战争将会更加突出高技术特征。随着航天器材的发展和太空地位的提高，可能出现运用各种天基武器系统的天战；人工智能的发展，将使机器人士兵进入交战行列；各种作战平台则可能向小型化、多功能化方向发展；武器系统向高精度、高毁伤、高“文明”方向发展；作战力量运用趋向精锐化，并更加注重整体协调；战场呈现海、地、空、天、电多维一体；机动作战，超视距火力打击，电子战地位更加突出。

三、高技术局部战争的发展趋势

科学技术的高度发展，军事技术的急速更新，促进武器装备的进一步发展。信息技术、微电子技术、通信技术、光纤技术、激光技术、红外技术、束能技术、人工智能技术、精确制导技术、新材料技术、超导技术、隐身技术、新能源技术、生物技术、航天技术、海洋技术等新兴技术将进一步发展和在军事上得到广泛应用，现有的高技术武器装备进一步得到改造和完善，新的高技术武器装备将会大量研制成功并装备部队。航天器的发展，将会使军事强国加快组建航天军事机关和航天部队，他们以空间为“基地”，进而发展攻防兼备的航天兵器，并向综合运用方向发展，最终形成太空战场。人工智能的进一步完善，将使机器人作为军队的正式成员步入战场。机器人的形状将多样化、小型化和多功能化。这些机器人将完成战场侦察、战场警戒、低空防御等作战任务。新型材料的开发和利用，可使武器装备用材复合化，武器装备坚固耐用和轻型化。隐身技术的发展，将有大量的隐身武器装备应用于战场。精确制导技术的发展，将研制出更高层次的精确制导武器。例如，全高度、全方位、全天候的攻击力更强的导弹，同时提高导弹的抗干扰能力、自动识别目标的能力、隐身能力，并能超视攻击和向智能方向发展。在其他方面，诸如通信器材、激光器材、红外器材、生物技术、战场救护等都会有新的飞跃。战争形态将随着一大批更高层次的高技术武器装备用于战场而发生新的变化。例如，太空战的地位将突出；海战将出现新的模式；对付隐身飞机和导弹将成为战争中的突出内容等。高技术局部战争将向高高（深）度、高烈度、高强度、高精度的方向发展。

第二节　高技术局部战争的特点

一、政治对战争的制约力增强，战争的可控性增强

1．战争目的更具有限性

高技术局部战争是为政治服务的，而政治目的的有限性就决定了高技术局部战争目的的有限性。高技术局部战争目的的有限性，是指高技术局部战争一般不以占领敌国全部领土为目的，而是通过军事的、政治的、外交的手段，达成有限制的政治、经济目的。高技术局部战争通常是为了解决两个或几个国家之间在一个局部地区的矛盾而爆发的。其中，有的是为了报复，求得在政治上、国际上、国内民众中，挽回影响，提高自己在国际国内的地位，如以色列入侵黎巴嫩、空袭巴解总部。有的是教训惩罚性的，以期使对方服从自己的意志和指挥，从而提高自己的政治威望，如美国空袭利比亚等。更多的高技术局部战争是为了扩张势力，争夺世界或地区霸权，如北约大规模空袭南斯拉夫、英阿马岛战争等。政治目的的有限性，使得高技术局部战争的行动只局限于一定的范围。入侵者的政治目的一旦实现，战争即告结束。

2．能有效控制打击目标

高技术武器对目标的打击，已不再像以前那样狂轰滥炸，由于其命中精度高，已经能够做到指哪打哪，以前需要多次轰炸的目标，现在只需一两次攻击即达到目的。海湾战争开战 36 小时，多国部队投弹 2 万多吨，有效攻击了许多战略目标，仅炸死平民 23 人，大大减少了附带毁伤。在科索沃战争中美军只使用 2 枚战斧式巡航导弹就摧毁了南联盟整栋内务大楼，仅使用一两枚激光制导炸弹便将一座桥梁断为两截。

3．能有效控制战争的规模

在战场上，交战双方都追求较高的军事经济效益。一般来说，能使用一件武器完成的任务，就无须使用两件以上的武器；一个班、一架飞机、一颗卫星能够做到的事，就无须使用更多的人员和器材。高技术武器装备精度高、威力大，作战效能成倍地增长，这样，就无须投入更多的兵力兵器。另外，武器的高精度也能有效避免战火外延和战争升级。

4．能有效控制战争的进程

高技术战争由于作战兵器侦察范围广、打击距离远，战争不再像以往那样，从战场的前沿到纵深逐次进行，而是能够通过对纵深重要目标的打击，直接达成战略目的，这样也就避免了战争久拖不决，缩短了战争进程。第四次中东战争只持续 18 天，美军入侵巴拿马只有

15 天，美军入侵格林纳达只有 8 天，美军空袭利亚只有 18 分钟就宣告结束。像英阿马岛战争、海湾战争这两个中等规模的战争也只分别持续 74 天和 42 天。特别是在海湾战争被称为“沙漠军刀”的地面作战中，多国部队利用 38 天空袭所创造的有利局面，仅用 100 小时就达到了作战目的，结束了地面作战。

二、战争直接交战空间逐步缩小，战争的相关空间不断扩大

从世界近期几场高技术局部战争来看，由于武器的精度和杀伤效益大幅度提高，军事力量直接打击的目标区域越来越呈现出点状分布，一场战争的打击目标，往往集中于特定范围的一个国家、一个地区，或者某一要地、某些重要目标甚至单个目标。对预定目标的打击，也改变了以往那种“全盘覆盖”、“地毯式轰炸”的做法，而是精选部分要害部位，实施精确打击。

这种交战争空间缩小的情况，是高技术局部战争有限性的重要表现。其原因是多方面的，如，战争往往不以占领对方全部或大部领土为目的，有限的政治目的控制着军事打击范围的无限延伸；错综复杂的国际关系和世界经济一体化带来的利益相关性，制约着战争升级和扩大；国际社会特别是当事国人民对战争道义的呼吁，使战争发动者对民用目标的狂轰滥炸受到越来越大的制约；战争手段的高技术化，也使直接的军事打击能够更准确地聚向预定的重点目标；高技术局部战争的高消耗和高风险，也限制了战争规模的无限膨胀。

与此同时，高技术局部战争的相关空间又在不断扩大。这主要源于军事技术的发展，军队作战能力的提高。由于大量高新技术运用于战场，战争已由过去陆地、海洋、空中三维空间，扩展为陆、海、空、天、电五维空间，军队的战略机动能力、远程打击能力和情报侦察能力空前增强，前线与后方、进攻与防御的界限变得日益模糊，战争的战场空间即战争部署和作战行动所涉及的空间大大扩展。现在，战略导弹可以打到外层空间或地球的任何角落；战役战术导弹的射程已超过 1 000 千米；空对地导弹的射程已达 110 多千米；空对空导弹的射程延长到 150 千米以上；火炮射程已突破 70 千米，并有可能达到 100 千米以上。由于军队能够从遥远的距离上直接实施作战行动，这就使得战场呈现出更多的非线式或无战线状态。从战略上看，战争可能在前线和后方同时展开。从战役战斗上看，交战双方都可能遭到对方全方位、全纵深的攻击。海湾战争的战场范围东起阿曼湾，西到地中海，南至吉布提，北达土耳其，包括两湾（阿曼湾、波斯湾）、两海（地中海、红海）约 1 400 万平方千米的广大地区。科索沃战争中，北约在对面积仅 10 多万平方千米的南联盟国土进行空袭时，空中力量活动范围覆盖空域达 1 000 多万平方千米。之所以出现这种情形，从军事技术上看，是因为高技术化军事系统的作用距离增大，分布空间扩大，可以向战场集中作战能量而不必向战场集中过多的兵力。从政治上看，战场空间的扩大有助于战争指导者尽可能避免直接交战所带来的巨大损失，以较小的代价来实现特定的政治目的。

尤其值得注意的是，在高技术局部战争中，空天战场的主导地位日趋突出。航空航天技术装备的高度发展，为空天战场主导地位的确立提供了物质技术基础；空天斗争主导着高技术局部战争中制空权、制海权、制电磁权的争夺；空天斗争理论的发展，是高技术局部战争理论发展的重要方面。

三、高新技术武器装备大量投入，作战效能空前提高

现代战场上的任何一件高技术武器，都是各种高科技综合运用的产物，包括各种密集型的知识和创新性的技术。武器装备表现出前所未有的电子化、智能化和数字化。一枚激光制导炸弹，除具有普遍炸弹的性能外，同时又集激光技术、计算机技术、微电子技术、信息技术、新材料技术为一体；一架隐身飞机，除具有一般作战飞机的特征外，又融隐身技术、新材料技术、新型航空技术于一身；一颗侦察卫星，只有将火箭技术、卫星控制技术、信息处理技术以及回收技术等集中在一起，才能发挥“超级间谍”的作用。这些集众多高技术于一身的武器装备投入战场，显示出了巨大的威力，大大提高了作战效能。如在科索沃战争中，首次使用的美军 B-2 隐身战略轰炸机，一方面可纵深突防，潜入敌腹地高精度地投放炸弹或发射导弹，使武器系统具有更高的作战效能；另一方面可建立全球抵达、全球威慑的空中力量。美空军扬言，B-2 轰炸机可在接到命令后数小时内，由美国本土起飞对世界上任何一个地区的任何目标发动空袭。

四、战争消耗巨大，战争更依赖于经济

1．武器装备研制、采购、维修费用高

由于高技术武器凝聚着更多的科技知识和物化劳动，使武器装备的研制费、采购费和维修费直线上升。美国研制的土星-5 火箭及飞船，耗资 300 亿美元；1985—1992 年间，美国为研制定向能武器、动能武器耗资 310 亿美元。武器的单价也在大幅度上涨，第二次世界大战末与海湾战争时相比，坦克由 5 万美元上升为 200 万～400 万美元，战斗机由 10 万美元上升为 3 600 万～4 000 万多美元，航空母舰由 700 万美元上到 30 亿～35 亿美元。在科索沃战争中，使用的 B-2 隐身轰炸机，其单机成本就高达 22 亿美元。

2．人员的培训费增加

高技术武器装备在操纵使用、维护保养、灵活运用和作战协同等方面日趋复杂，需要高素质的军人来驾驭。正因为如此，现在世界各国都非常重视军队人才的培养，使军队的文化素质不断提高。海湾战争中，参战的美军军官 98%具有大学以上文化程序，士兵都是高中以上文化程度。

3．战场消耗巨大

高技术战争是高能耗的战争。如弹药消耗量，3 年的朝鲜战争，美军共投弹 68 万吨；14 年的越南战争美军共投弹 750 万吨；42 天的海湾战争就投弹 50 万吨，弹药日耗量为朝鲜战争时的 10 倍，越南战争时的 4 倍。油耗量也非常惊人，航母编队每隔 4～5 天就得补充一般燃料 6 万～9 万吨，航空燃料 3 万～8 万吨。海湾多国部队在空袭行动中，仅喷气燃料每日消耗量就达 40 万桶。物资消耗增幅更大，20 世纪 50 年代美军在朝鲜战争中人均日消耗物资 29 千克，比第二次世界大战增加了近一倍；20 世纪 60 年代美军在越南战争中人均日消耗 200 多千克，航母编队人均日消耗 1 100～1 380 千克。据不完全统计，海湾战争中美军共消耗各类物资 1.7 万余种，3 000 多万吨，几乎等于 1 200 多万苏军在 4 年卫国战争中消耗的 6 600 万吨物资的一半。

由于高技术战争消耗巨大，所以，必然要对军队的后勤保障能力提出更高的要求。所谓

军队的后勤保障能力，就是指军队的后勤系统为满足军队的作战需要而进行的各项后勤专业勤务保障的实际能力，主要包括物资补给能力、医疗救护能力、技术维修能力、运输保障能力等方面。高技术武器装备结构复杂，技术密集，而在作战使用中又要求保持较高的完好率，所以战争中技术保障十分重要，维修、抢修任务将十分繁重。海湾战争中多国部队平均每天出动飞机 2 000 多架次，仅技术保障中的维修、保养工作，每日就需要 5 万～6 万人次。高技术战争中，只有后勤保障有力，才能确保军队取得作战的主动权。

五、高技术局部战争的对抗是双方科学技术的对抗

科学技术对军队战斗力的影响，主要是通过武器装备的创新和改进来体现的。交战双方的胜败，直接体现了科学技术的对抗结果。科学技术的发展，推动了武器装备的更新换代，使战斗力不断提高，改变了传统的军力对比。在常规战争中，人们把火力的强弱与拥有的钢铁进行对比；但在高技术条件下，战争胜负将更取决于武器装备的高技术含量和科学技术的整体水平。海湾战争证明：武器装备的先进和军队质量、技术上的优势在很大程度上影响着战争的进程和结局，正如西方记者说的“硅片打败了钢铁”。高技术局部战争既是军事力量和谋略的较量，更是科学技术的竞赛。武器装备高技术含量的高低是军队战争力高低的重要标志。技术上的优势能有效地弥补数量上的不足，拥有高技术的一方，将拥有更多的战争主动权和取胜的把握。

第三节 高技术局部战争对国防建设的要求

高技术局部战争作战手段的高技术化以及战争形态的局部化必然带来国防建设的相应变化，这些变化突出地表现在对人才培养、武器装备建设、编制体制改革和军事理论创新等方面提出了新的更高的要求。

一、加紧培养适应高技术局部战争的人才，全面提高军队质量

打赢现代条件特别是高技术条件下的局部战争，关键的因素是人。军事高科技需要人才去研究开发，现代化的武器装备需要人才去使用掌握，高技术条件下的战争需要人才去运筹指挥，未来高技术战场上需要人才去角逐对抗。高素质的人是高技术武器装备代替不了的。人才是建军之本，也是国防之本。美军在对 21 世纪的军事战略构想中，把人员素质、领导才能、条令条例、教育训练、组织结构和武器装备，列为全面质量建设的六大关键要素。其中，高素质的人员又被认为是“最基本的力量源泉”，是“军事力量中最重要的、决定性的因素”。并且，美军特别注重于人员的高科技知识和综合素质。美国人在评估海湾战争时说：“战争的结局，不过是近 20 年来我们军事人才观念转变的成果体现。”并预言“硕士战争离我们已经不远了”。中国与世界上一些先进国家相比，国民科学文化素质还存在差距。就军队而言，中国军队不仅在武器装备的现代化水平上与先进国家存在着“代差”，而且在官兵受教育程度上与先进国家存在着“级差”。例如，美军军官 98%以上受过大学本科教育，其中 1/3 获得了硕士以上学位，具有博士学位的占 7.7%。而中国军队自我生长干部的培训在过

去较长一段时间内以中专为主，目前军官队伍的文化水平仍偏低，受过大学本科教育的占21.4%，硕士以上仅占 2%。还应该看到，现代军事发展对人才的综合素质提出了很高的要求，而中国军队官兵，高科技知识的学习比较薄弱，需要培养大批既懂政治又懂军事，既懂指挥管理又懂专业技术的复合型人才。早在 1986 年，著名科学家钱学森就指出，科技革命必将带来军事技术的迅速发展，军队将成为知识密集的部门，为了应付 21 世纪的战争，团长、师长应具有硕士学位，军长应具有博士学位。“十年树木，百年树人。”显然，人员素质上的差距，人才培养的滞后，对于迎接世界军事发展的挑战，加快国防现代化建设的步伐，是一个很大的制约，必须把提高军事人员素质的问题提到战略的高度加以认识。

面对军事人才素质与现代高技术局部战争要求不相适应的矛盾，必须着力提高军事人才的两个素质：一是提高军事人才的知识素质。作为一名知识军事时代的军事人才不仅要做到专业过硬，而且必须掌握较高的自然科学知识、社会科学知识和管理科学知识。这是因为未来的军事实践活动不单单是本专业的较量，而是融合了其他有关的边缘科学知识。进入知识军事时代，军事人才的素质主要表现在知识存量、技能水平和健康状况上，谁拥有更多的知识，谁就拥有更多的主宰权。知识是资源，是资本，是财富，是胜利之本。随着科技革命的不断发展，知识更新换代的周期加快，军事人才如果没有足够的认识知识和理解知识的能力，其掌握知识的能力势必会减少，技能水平也会相对降低，在高技术战争中，这是非常危险的。二是提高军事人才的能力素质。知识军事时代的军事人才必须具有全方位的能力，才有可能在未来的知识军事实践活动中，立于不败之地。这些能力包括：创新能力、决策能力、控制能力、分析能力和组织能力，在众多能力当中，创新能力居于首位。

随着高新技术广泛应用于军事领域，军事专业越分越细，军队建设所需专业人才的种类越来越多。但由于种种条件的限制，军队院校又不可能全部包揽教育过程和所有教学内容，这就需要普通教育来弥补。世界上一些国家十分重视军队教育与国家教育的兼容与并蓄，将军官教育纳入到国家教育的体系中，在教育内容、方法、体制和人才等方面与国家高等教育挂钩，走多形式、多渠道的人才培养路子。军队院校教育必须向社会开放，必须加强与地方院校和有关科研机构的交流与合作，疏通军校与地方院校之间的交流渠道，充分利用军地院校各自的优势，加强人才交流，互派专家教授讲课，广泛开展科研方面的合作，做到互惠互利，信息共享，充分利用全社会的科学技术成果来充实完善自己，运用国民教育的力量来培养现代化的军事人才。

二、加大国防科研力度，积极发展高技术武器

武器装备是军队作战能力的物质基础，也是军队和国防现代化水平的主要标志，在军队和国防现代化建设中占有全局性的战略性重要地位。进行高技术局部战争，必须优先发展高技术武器装备。武器历来是取得战争胜利的重要因素。由于高技术兵器的作战效能比一般兵器高出几十倍甚至上百倍，其对战争胜负的影响也就更大，以一般兵器是难以与拥有高技术兵器的对手抗衡的。而发展高技术武器装备，不但可以极大地提高军队现代化条件下的作战能力，还可以对敌构成战略威慑，争取战略主动。

从武器装备的发展里程看，高技术局部战争武器装备应突出表现以下特点：一是突出功能的对抗性。武器装备的发展并不是出自生产力发展的需要，而主要是为对抗外来威胁服务的，在发展的过程中要十分重视对抗性的原则。二是结构的系统性。军队的武器装备构成了

一个远、中、近相结合，地面、海上、空中、太空相结合的一个完整的体系，体现出极强的系统性。这种系统性不仅体现在武器装备本身，还体现在各武器装备之间。任何武器装备都存在缺陷，无非有两种补偿方式：一种是内在的，即通过不断改进自身的局部技术以取得补偿；另一种是外在的，通过其他武器装备进行配合，来弥补它的不足。相对来说，后一种补偿方式的潜力要远远大于前者。因此，发展武器装备，最重要的是要发展完善整个武器装备系统。三是技术的综合性。现代武器装备系统的原理和结构极其复杂，其研究和发展计划规模宏大，耗资巨大，风险极大，需要来自众多不同学科和技术领域的科学家、工程师分工协调、共同完成，使武器装备发展呈现既高度专业化又高度综合化并以综合化为主要趋势的特征。如美国的 MX 战略导弹研制计划，涉及 163 个行业，约 400 个工艺部门，投入人力共 42 万人，所需原材料包括铝、铬、铜、锰、镍等 72 种战略物资。四是发展上的不平衡性。武器装备发展的不平衡性，是指在武器装备发展历程中，在同一时期内，不是各种武器装备齐头并进、平衡发展。五是经济上的可承受性。现代武器装备的性能日趋先进，结构日趋复杂，研制、采购和维修费用迅猛增加，其发展的规模与速度更加取决于国家的经济支持力。在这种情况下，世界各国都把效费比和经济可承受能力作为武器装备发展的重要因素来考虑。美国就明确强调：先进技术系统的费用决不允许无控制地盘旋上升，在设计武器系统时从一开始就必须考虑经济可承受能力，“要把费用作为一个独立变量”与性能、进度进行权衡，并在全寿命期内通过采用新技术加以改进。

在战争真正进入高技术战争之前，武器装备的发展基本上都是平台的发展和单项武器性能的提高，它使航速、射程、精度、杀伤威力等单项性能已经达到物理极限。而现代科技革命促进的和现代战争追求的则是负载和网络的发展，强调综合性能的提高，重点发展 C^4ISR、精确制导武器和信息战装备。过去发展新型装备，基本上都是先定平台再定负载。信息技术、计算机技术、网络通信技术等电子技术的发展彻底打破了这种传统思路。科技革命的发展，使我们能够先把负载研制好、生产好，放在那里，再选择合适的平台，装上去就行，立即形成战斗力。这种利用信息时代和知识经济时代的智能化负载去改装和更新工业时代的老旧武器平台的做法，已成为创新武器装备的一条重要途径。与发达国家相比，我国的科学技术水平还存在一定的差距。因此，我们要适应世界新技术革命的挑战，积极加强对科学技术的研究和开发利用，努力突破关键技术，增强武器装备的高技术含量，从我国的实际情况出发，有目的、有重点地发展具有我国特色的高技术武器装备，提高军队高技术条件下的作战能力。

三、优化军队编制体制提高战斗力

科学技术一直影响和决定着军队的体制编制。在高技术条件下，要想打赢高技术局部战争，仅有高素质的人和高技术武器装备是不够的，还必须改革使两者联系起来的纽带——军队体制编制。研究高技术条件下的军队体制编制问题，对军队的体制编制进行优化组合，建立一支具有强大战斗力的军队才能适应未来高技术局部战争。

一是重视军队结构比例的改变。军队结构比例的改变，主要表现在军队整体中各军兵种比例的改变上。各军兵种在军队构成中的比例关系，随着科学技术的不断发展而经常变化。当科学技术促使一些新的军兵种产生和发展壮大时，这些新的军兵种在整个军队中所占的比例就会升高，而传统军兵种在军队中所占的比例就会降低。在高技术条件下，军队将不再强调人力、物力的数量增加，而是更加重视技术含量的提高，也就是更加重视技术密集型的军兵种的建设。以苏军为例，1929 年，其陆军占整个军队的比例为 87.7%，空军为 5.2%，海军为 5.8%，新成立的国土防空军占 1.3%；到第二次世界大战前的 1938 年，陆军下降到 75.2%，空军增长为 12.8%，海军增长为 9.7%，国土防空军增长为 2.3%；20 世纪 60 年代以后，科学技术促进了新型武器装备的种类和数量迅速增加，战略火箭军这一新军种正式建立，加之一些技术兵种的扩大，苏军组成结构的比例再次发生了重大改变。到 20 世纪 80 年代末，苏联陆军仅占整个军队的 59.2%，空军占 10.7%，海军占 10.7%，国土防空军占 12.3%，战略火箭军占 7.1%。

另外，随着现代科学技术的迅猛发展及其在军事领域的广泛应用，新的军兵种和部队必将会在不远的将来产生。例如：航天技术的发展与应用，天军这一新军种将不断壮大；信息技术及电子计算机的发展，将出现数字化部队和计算机兵；人工智能技术的发展，将出现机器人部队；海洋工程和新材料技术的发展与突破，将出现海底部队，等等。今后，随着高新技术的发展，新型军兵种必将会出现并发展壮大，各国军队结构的比例随之也会继续发生较大的变化。

二是军队整体规模表现为少而精。在高技术条件下，科学技术对军队规模的影响是直接而明显的。战争整体规模的缩小、武器杀伤威力的增大、军队作战效能的提高，导致军队规模大大缩小。从科学技术发展的角度来看，各国相继缩小军队的规模主要有以下几个原因：①战争的整体规模缩小，导致各国都在积极缩小军队整体规模，将有限的经费用于研制和装备新型武器装备，提高军队的技术含量。②武器的杀伤破坏力增大，为缩小军队规模而又不降低战斗力提供了物质保障。陆、海、空军部队的规模即使大幅度缩小，也仍然具有强大的战斗力。随着军用机器人及各种智能化武器装备的研制并装备部队，军队的规模将会进一步缩小。③军队的作战效能提高，使得在未来战争中，只需要一支人员较少的高技术化的军队，就能遂行以往人数庞大的军队才能完成的作战任务。在科技革命的条件下，不仅和平时期没有必要再维持一支规模庞大的军队，而且，未来战争中运用大规模部队也将变得多余。④部队的生存能力下降。在精确探测、精确打击的复合系统面前，任何大型的集团目标都将难以逃脱精确制导武器的致命打击。要提高部队的生存能力，就必须实现部队的小型化，以减少或减弱军队的目标特征。

在优化军队编制体制提高战斗力上美军的“21 世纪陆军”、德军的“联邦国防军未来建设计划”等都是力图寻求和探索符合高技术战争特点和作战方式的军队体制编制，在一定程度上代表了 21 世纪初军队体制编制改革的基本发展趋势。

四、瞄准打赢高技术局部战争，创新军事理论

军事理论的变革，是军事技术革命的必然结果，反过来又对整个军事领域的变革产生巨大的推动和导向作用。军事理论领域历来被人们称之为“寂静的战场”。当前世界上许多国家都在顺应高技术战争的发展变化和军事技术变革的趋势，瞄准 21 世纪军事发展的前沿，创新军事理论。关于未来战争和未来军队的新思想、新观点层出不穷，军事理论正酝酿着重大突破。但是，先进的军事理论不一定首先出现于军事技术最先进的国家。一些武器装备并不占优势、国力不够强大，但军事思维比较敏锐活跃、富有创新精神的国家和民族，常常能够成为军事理论的创造者和发源地。在短期内，中国军队武器装备水平与发达国家相比处于

劣势的状况不可能有根本的改变，因而更应该有强烈的理论创新意识，用先进的“软件”去带动“硬件”方面的发展。重视军事理论的探索与创造，是中国共产党领导中国军事和国防的一个优良传统。在战争年代，形成了毛泽东军事思想；在改革开放的新时期，又形成了邓小平新时期军队建设思想；在改革开放的关键时刻江泽民对新时期军队建设进行了重要论述，三代领导人的军队建设思想是一脉相承的科学的军事理论体系，无论过去、现在和将来都是治军强国、克敌制胜的法宝。但必须清醒看到，世界军事在发展，中国的国防和军队建设理论也要随着条件的变化，不断地汲取新的时代营养，不断地形成新的理论形态。孙子曰：“兵无常势，水无常形。”军事领域没有任何一成不变的东西。就拿人民战争的理论来说，人民战争思想是毛泽东军事思想的精髓，是我们宝贵的、独特的优势，是我们在任何时候都要坚持的。但在高技术条件下开展人民战争必然有着与过去完全不同的特点，人民群众支援和参加战争也必然有着与过去完全不同的形式和作用机制，这些都需要结合新的实践去研究、去探索。军事理论的创新是中国国防建设和整个军事改革不可或缺的重要内容，是紧迫的重大课题。

第四节　信息化战争的发展阶段及趋势

任何事物的生成和发展，都要经历一个从低级到高级、从不成熟到成熟的发展过程。信息化战争也不例外，也将经历一个从萌生、发展到成熟的过程。

一、信息化战争的发展阶段

关于信息化战争的发展阶段，目前有多种划分方法。中国人民解放军军事科学院作战条令部编著的《信息化作战理论学习指南》一书认为，信息化战争将要经历三个发展阶段。

（一）信息嵌入时期的信息化战争

这是信息化战争发展的初始阶段。信息技术自 20 世纪 70 年代起开始快速发展，计算机、网络、微电子、芯片等先进技术和设备开始不断嵌入机械化战争体系，完成由“机械化”向“信息化”过渡的“原始积累”。经过探索实验，信息技术不断与机械化武器装备捆绑、嫁接，使机械化武器装备显示出新的更加旺盛的生命力，并逐步向信息化武器装备发展过渡。这个阶段，在信息技术的推动作用下，军队部分作战能力有所提升，新的战法和作战理论开始出现，但基本作战模式仍受机械化作战思想的影响和制约，还难以把信息完全转化为巨大的作战优势。综合世界各国军队发展情况，这一阶段的止点，大致可划在 21 世纪初叶。

（二）综合集成时期的信息化战争

这是信息化战争发展的中级阶段。随着信息技术在机械化作战体系中的大量嵌入，信息化武器装备在整个武器装备体系中所占的比重增大，并在战争中发挥出越来越重要的作用，机械化战争思想的影响将越来越小，信息化战争的理念逐渐占据主导地位，将触发系统性综合集成的全面展开，并逐步形成信息化战争体系的雏形。这个阶段，军队的作战能力在信息力的作用下将大幅度提升，作战方式方法亦将发生革命性变化，信息技术生成的巨大优势在战争中开始展现。这个阶段还是拥有信息化优势军队与信息化劣势军队产生“质差”的关键性时期，对信息化劣势军队而言，是作战对抗中最危险的一段时期。目前，经过近 30 多年的信息嵌入和探索实验，美军等世界发达国家军队已开始进入综合集成的信息化战争阶段。

（三）体系融合时期的信息化战争

这是信息化战争发展的高级阶段，也可以称为成熟阶段。在这一阶段，随着信息技术与武器装备的综合集成向广度和深度扩展，信息化战争体系开始形成，信息化战争趋于成熟，高度依赖信息、信息系统、信息化武器装备的敌对双方，将依赖各自的战争体系，围绕信息流程，在陆、海、空、天、电、信息、心理、认知等多维空间展开体系对抗行动，这种体系之间的对抗将成为交战的基本形态。进入这一阶段的军事力量，尽管信息化战争体系的完善程度有所不同，信息化战争能力不尽一致，但相互之间的质差将逐渐缩小。

由于信息嵌入、综合集成、体系融合三个发展进程之间，存在着交叉渗透、相互衔接的情况，通常在一个时期的主流中并行其他时期的一些现象，因此，信息化战争的阶段性特征也呈相互交叉状态，并以主要特征主导该阶段的信息化战争。

知识窗

第一次真正意义的信息化战争——科索沃战争

在太空力量上，此次以美国为首的北约部队使用航天武器的规模达到了空前的程度。北约用 50 多颗卫星直接参加了针对南联盟的军事行动，为其战斗行动提供保障。属于美国中央情报局的 2 颗雷达成像军事侦察卫星、3 颗传送图像和数据的卫星和另外 3 颗轻型卫星也加入了情报保障行列。除侦察卫星外，北约还动用了大量的气象卫星，包括美国空军军事气象卫星、4 颗观测海洋和大气的气象卫星和 2 颗欧洲气象卫星。美国全球卫星系统的 24 个航天器以及各种通讯和数据卫星也在为打击南联盟的军事行动提供信息支援。事实上，南联盟上空已经被北约大批军事卫星密织起一张太空数据网。

从空中力量看，北约在空袭一开始就集中了 460 架先进作战飞机对付南联盟空军的 170 架老旧作战飞机，后来更是增加到 1 200 架，无论数量还是质量都有绝对的优势，是所谓“第四代”航空兵器与“第二代”航空兵器的较量。美国空军中最先进的 B-2 隐形战略轰炸机、B-1B 远程战略轰炸机以及 F-117 隐形战斗轰炸机全部投入战场。特别是价值 22 亿美元的 B-2 隐形轰炸机首次投入实战，格外引人注目。据美国军方透露，这种世界上最昂贵的隐形战略轰炸机是从美国本土的怀特明空军基地起飞，经过 4 次空中加油到达作战区域的。

北约的大规模空中作战之所以能够顺利进行，正是因为它完全掌握着制天权、基本上掌握着制空权和战场制信息权，并且形成了信息与火力一体化的作战系统。北约多次增调 EA-6B 电子干扰飞机和装有能发射“哈姆”反辐射导弹的战斗机，就是为了夺取制信息权。而精确制导武器，靠的是预侦察获取的目标信息和投射过程中以实时信息进行导航、定位和主动寻向的。

毫无疑问，科索沃战争是现代战争的最新版本。它告诉我们，现代战争不再是传统的陆、海、空三位一体的战争，而是陆、海、空、天、电一体的多元空间的战争。随着科学技术水平的迅猛发展，这种全方位、多层次、立体化的战争将成为未来战争的主要形式。

二、信息化战争的发展趋势

以电子信息技术为龙头技术的新军事技术革命的蓬勃发展，为军队大量利用信息提供了前所未有的条件，并将引发一场涉及整个军事领域的军事变革，预示着信息化战争将以崭新的面貌展现在人们的面前，呈现以下发展趋势。

1．智能化武器装备将大量涌现

智能化武器装备，是指不用人直接操作和控制，武器装备采用了人工智能技术，可自行按照人的意志完成侦察、搜索、瞄准、攻击目标以及情报的收集、处理、综合等多种军事任务的高技术武器装备。智能化武器装备给未来信息化战争注入了新的活力，从而使军队的编成更精干，传统的作战方式也将被改变。

军用智能化武器装备主要有智能机器人、智能坦克车辆、智能导弹、智能地雷等。智能机器人是智能化武器装备的集中代表，它具有一定程度的思考、感觉以及分析、判断、推理与决策能力，能模仿人的行为执行多种军事任务。智能坦克、车辆是一种由计算机控制中心、信息接收和处理系统、指令执行系统及各种功能组件组成的能自主完成不同军事任务的新型坦克、车辆。其中智能作战坦克可以越过各种障碍物，识别目标的不同特征及威胁程度，并通过比较确定最佳行动方案，控制武器射击；智能军用车辆能观测方向测定距离、分辨道路绕过障碍，把所需物资送到指定地点。人工智能弹药是一种采用了现代电子技术和子母弹技术，从而使其具有人的某些智能的弹药。这种弹药不仅能自动寻找和判定攻击目标，而且能自动发现和攻击目标的薄弱部位，命中精度比普通弹药高几十倍。智能导弹是一种能自动搜查识别和攻击目标，具有思维、判断和决策能力的新型导弹。战争中，由飞机远距离成批发射后，它们会自动跃升至几千米高空，然后自行对目标进行攻击，具有发射后不用管的特点。智能地雷是一种能自动识别目标，自动控制装药起爆，并能在最有利时机主动毁伤目标的新型地雷。

2．信息化作战平台将成为战场支撑

信息化作战平台，是指信息化弹药所依托的作战平台。电子信息技术广泛渗透到武器系统的各个领域，为作战平台的信息化提供了空前的机遇。未来的作战飞机、舰艇、坦克直至外层空间的卫星等都将装备大量先进的电子信息系统与电子战系统，使每一个信息化作战平台都成为 C^4IKSR 系统的一个节点，具备电子战能力，并向隐形化、遥控化、小型化和全智能化方向发展，使作战平台的纵深突防能力、攻击能力和生存能力大大增强。特别是隐形飞行器、隐形舰船以及无人机等将成为未来信息化战场上新型的信息化作战平台，这些信息化作战平台将与有人驾驶飞机、舰船相辅相成，形成一支互为依存的强大空中、海上打击力量，从而成为信息化战场的主要支撑。

3．作战形式将发生质的跃进

随着信息技术的发展和武器装备性能的改进，武器装备的精度、杀伤力、机动性、生存力、隐蔽性、反应速度和目标捕捉能力将大大提高，进而引起作战形式发生质的跃进。第一是电子战将贯穿始终。未来信息化战争中的电子装备种类将更加繁多，部署密度更大，电磁信号更加密集，电子战频谱更宽，信号特征更复杂，为夺取制电磁权而展开的电子斗争将渗透到各个作战领域，贯穿于战争的始终。第二是机动战将广泛实施。未来信息化战争中的机动战，不仅包括兵力兵器机动，而且包括火力机动和软杀伤力机动。尤其是软杀伤力机动将成为兵力机动和火力机动的前提而大量运用。第三是计算机病毒战将普遍展开。计算机病毒是一种价格低廉使用方便的软杀伤性武器，将随着计算机的广泛使用而普遍展开。第四是非接触作战将成为主要作战方式。随着武器装备远程打击能力的提高和信息化侦察控制系统的完善，非接触作战将越来越多地成为未来信息化战争的主要作战方式。第五是隐形战将充满战场空间。隐形技术的飞速发展，为隐形战的运用提供了机遇。未来信息化战争中，隐形飞机、隐形导弹、隐形舰船、隐形战车将在战场上大量出现，在看不见的战场上进行隐形较量将是未来信息化战争的一个突出特征。第六是太空战的逐步展开。随着航天技术的发展和军用卫星、航天飞机、载人飞船、太空站的增多，将把众多的军用航天器部署在太空，从而将促进天军的组建和太空战的展开。第七是虚拟战场欺骗战将悄然兴起。虚拟现实技术的发展使虚拟战场成为可能。战争中，通过运用信息化战场上的某一网络节点，将虚拟现实技术植入敌方指挥控制系统，向敌方传送假命令、假计划，从而使其军事行动陷入混乱。

知识窗

NMD 计划

NMD 计划是在 20 世纪 80 年代美国前总统里根提出的“星球大战”计划的基础上形成的国家导弹防御计划。NMD 集天地于一体，天上现有 9 颗 DSP 导弹预警卫星，当其他国家对美国发起导弹攻击时，其红外探测器能探测出导弹尾焰的高温信号来发现导弹的发射情况并进行太空导弹预警。地上有 X-波段雷达，它对来袭导弹进行自标获取、跟踪、识别并评估其可能造成的破坏。卫星和雷达获取的信号送给作战管理系统，指挥官根据掌握的情况向部队下达作战命令。当导弹接近美国时，作战部队便会发射 1 枚或多枚拦截器来进行拦截，将来袭导弹摧毁。

4．作战思想将发生重大变化

未来信息化战争中，战争目的将由“消灭敌人，保存自己”，转变为“控制敌人，保护自己”；表现形式将由血与火有声战场的搏斗，拓展为精神、意志、智慧无声战场的角逐；信息作战的目标将由侧重于以信息系统为核心的物质目标，可能转变为侧重于以认识体系为核心的精神目标；信息作战的目的将由用信息流控制能量流、物质流，取得战场主动权，为赢得战争胜利创造条件，可能转变为用信息流直接控制战争的策划者和决策者，从而达到“不战而屈人之兵”的目的。

第六章　中国人民解放军条令教育与训练

中国人民解放军条令是中央军委以简明条文的形式发布给全军的命令，是军队战斗、训练、工作、生活的法规和准则。

中国人民解放军有很多条令、条例，有中央军委颁发的，也有各军兵种根据自己的特点颁发的。中央军委颁发的《内务条令》、《纪律条令》、《队列条令》是全军必须执行的条令，是全体军人必须共同遵守的法规。所以我们称《内务条令》、《纪律条令》和《队列条令》为共同条令，亦称三大条令。本章主要介绍三大条令的有关内容，并重点展开《队列条令》的教育和训练内容。

第一节　概　　述

一、军队颁布共同条令的现实意义

我军的条令是随着军队建设的发展而颁布的。最早的一部条令是在红军时期，我军颁布的《内务条例》、《纪律条令》和参照列宁创建苏维埃工农红军时实施的《步兵战斗条令》。此后，随着军队建设的发展，根据毛泽东同志领导人民军队的建军原则和建军思想，制定了我军的内务、纪律和队列三大条令，并在实践中不断充实完善，成为我军建设的重要依据。特别是当今我军处在现代化、正规化建设的新历史时期，用条令规范军队的一切行动，使之适应军队建设新形势的要求显得更加重要。执行条令是实现我军现代化、正规化这一战略目标的途径之一。只有全面认真地贯彻执行条令，才能维护良好的上下级关系、军队内外关系和维持正规的内务制度，才能严格履行职责、搞好行政管理，才能培养优良作风、增强纪律性、巩固和提高战斗力。

在高等学校开展学生军训，进行中国人民解放军共同条令的教育，对于增强学生的组织纪律性，维护校园正常的学习、生活和工作秩序，促进校风、校纪建设，将起到积极的作用。

二、中国人民解放军共同条令简介

（一）《内务条令》简介

《内务条令》是规定军队内部关系、生活制度和军人职责的条令，是全军进行行政管理教育的依据。

现行的《内务条令》，是中央军委主席江泽民于 2002 年 3 月 23 日签署命令，将 1997

年9月25日中华人民共和国中央军委常务会议通过的《内务条令》重新修订后发布施行的。

该条令根据我军新时期的总任务，从加速建设现代化、正规化革命军队的需要出发，进一步强调了坚持党对军队的绝对领导，保证党的路线、方针、政策的贯彻执行，使部队在思想上、政治上、行动上同党中央保持高度一致的思想；突出了战斗队思想，坚持以军事训练为中心，以正规化建设为重点，统筹安排各项工作；贯彻了“建立正规的内务制度和良好的战备、训练、工作、生活秩序，加强装备物资和军事设施的管理，努力提高军队适应现代化战争的作战能力”的内务建设原则。它是我军在新的历史条件下，建立、维护良好的内外关系和维持正规内务制度，履行职责，进行管理教育，培养优良作风的依据，是军队生活的准则。

(二)《纪律条令》简介

《纪律条令》是规定军队纪律的条令，是全军维护和巩固纪律的依据。

现行的《纪律条令》，是中央军委主席江泽民于2002年3月23日签署命令，将1997年9月25日中华人民共和国中央军委常务会议通过的《纪律条令》重新修订后发布施行的。

该条令继承了我军维护和巩固纪律的优良传统，指出“中国人民解放军的纪律，是建立在政治自觉基础上的严格纪律，是军队战斗力的重要因素，是坚持人民军队的性质、宗旨，是团结自己、战胜敌人和完成一切任务的保证。”、“军人在任何情况下，都必须严格遵守和自觉维护纪律。”条令贯彻了严格治军、依法治军的思想，规定了中国人民解放军纪律的基本内容和要求，体现了党的十一届三中全会以来的路线、方针、政策和国家宪法、法律有关精神，反映了我军新时期的特点和广大指战员的要求。

(三)《队列条令》简介

《队列条令》是规定部队和单个军人队列动作的条令，是全军队列训练和队列生活的依据。

现行的《队列条令》是1997年9月25日由中华人民共和国中央军委常务会议通过，于1997年10月7日发布施行的。

《队列条令》从适应我军优良作风的培养和技术、战术训练的要求出发，对军队的队列训练和队列生活做了具体规范，指出“本条令是中国人民解放军队列生活的准则和队列训练的基本依据。全体军人必须严格执行本条令，加强队列训练，培养良好的军姿、严整的军容、过硬的作风、严格的纪律性和协调一致的动作，促进军队正规化建设，巩固和提高战斗力。”。要求全体军人必须参加队列训练，并在日常生活中，自觉地严格遵守条令的规定，做到教养一致。

三、学校贯彻共同条令应注意的问题

①坚持以思想教育为主的方针。要着重讲清贯彻执行条令的目的、意义和要求，使学生既知道在军训期间应该怎样做，又知道为什么要这样做，切实从思想上提高贯彻执行条令的自觉性。

②贯彻条令要注意培养典型，抓好示范。要以表扬为主，积极开展检查评比活动，充分调动大家贯彻执行条令的积极性。

③贯彻“教养一致”的原则。在日常生活、工作、训练中，要严格按照条令办事，做到“教养一致”，使教育有较长的延续效果。

④教师和学生干部要做执行条令、遵守纪律的模范。在贯彻执行条令中，各级干部必须以身作则，作好表率。要身教重于言教，以自己的模范行为去影响部属、带动学生。

⑤理论联系实际，提高大学生素质。高校学生要通过条令的教育，学习解放军的优良传统和作风，加强组织纪律性，促进文明居室建设，遵守学校各项规章制度，创造良好的学习、生活环境，使自己成为有理想、有道德、有文化、有纪律的一代新人。

第二节　单个军人的队列动作

队列动作，是对单个军人和部队所规定的队列训练、队列生活和日常生活的制式动作。队列动作训练，是加强组织纪律性、培养战斗力的一种必要形式。

一、立正、跨立、稍息、停止间转法

（一）立正

立正是军人的基本姿势，是队列动作的基础。军人在宣誓、接受命令、接见首长、向首长报告、回答首长问话、升国旗和军旗、奏国歌和军歌等严肃庄重的场合，均应当自行立正。

口令：立正。

要领：两脚跟靠拢并齐，两脚尖向外分开约 60°；两腿挺直；小腹微收，自然挺胸；上体正直，微向前倾；两肩要平，稍向后张；两臂下垂自然伸直，手指并拢自然微屈，拇指尖贴于食指第二节，中指贴于裤缝；头要正，颈要直，口要闭，下颌微收，两眼向前平视。

携枪的要领：携肩冲锋枪和 81 式自动步枪时，右手在右胸前握背带（拇指由内顶住），右大臂轻贴右肋，枪身垂直，枪口向下。

持班用机枪、狙击步枪、81 式自动步枪（打开枪托）时，右臂自然下垂，左手将背带挑起、拉直，由右手拇指在内压住，余指并拢在外将枪握住，同时左手放下，托底钣在右脚外侧全部（81 式自动步枪托前踵）着地，托后踵同脚尖齐。

（二）跨立（即跨步站立）

跨立主要适用于军体操、执勤和在舰艇上分区列队等场合。可以与立正互换。

口令：跨立。

要领：左脚向左跨出约一脚之长；两腿挺直；上体保持立正姿势，身体重心落于两脚之间；两手后背，左手握右手腕，拇指根部与外腰带下沿（内腰带上沿）同高，右手手指并拢自然弯曲，手心向后；携枪时不背手。

（三）稍息

口令：稍息。

要领：左脚顺脚尖方向伸出约全脚的 2/3；两腿自然伸直；上体保持立正姿势，身体重心大部分落于右脚；携枪时，携带的方法不变，其余动作同徒手；稍息过久，可以自行换脚。

（四）停止间转法

1．向右（左）转

口令：向右（左）——转。　　半面向右（左）——转。

要领：以右（左）脚跟为轴，右（左）脚跟和左（右）脚掌前部同时用力，使身体协调一致向右（左）转 90°，重心落在右（左）脚，左（右）脚取捷径迅速靠拢右（左）脚，成立正姿势；转动和靠脚时，两腿挺直，上体保持立正姿势。

半面向右（左）转，按照向右（左）转的要领转 45°。

2．向后转

口令：向后——转。

要领：按向右转的要领向后转 180°。

持枪转动时，除按照徒手动作要领外，听到预令，还需将枪稍提起，拇指贴于右胯，使枪随身体平衡转向新方向，托前踵（底钣）轻轻着地，成持枪立正姿势。

二、行进、立定与步法变换

（一）行进

行进的基本步法分为齐步、正步和跑步，辅助步法分为便步、踏步和移步。

1．齐步

齐步是军人行进的常用步法。

口令：齐步——走。

要领：左脚向正前方迈出约 75cm，按照先脚跟后脚掌的顺序着地，同时身体重心前移，右脚照此法动作；上体正直，微向前倾；手指轻轻握拢，拇指贴于食指第二节；两臂前后自然摆动，向前摆臂时，肘部弯曲，小臂自然向里合，手心向内稍向下，拇指根部对正衣扣线，并与最下方衣扣同高（着夏季作训服时，与第四衣扣同高；着冬季作训服时，手臂自然伸直，手腕前侧距裤缝线约 30cm）；行进速度每分钟 116～122 步。

2．正步

正步主要用于分列式和其他礼节性场合。

口令：正步——走。

要领：左脚向正前方踢出约 75cm（腿要绷直，脚尖下压，脚掌与地面平行，离地面约 25cm），适当用力使全脚掌着地，同时身体重心前移，右脚照此动作；上体正直，微向前倾；手指轻轻握拢，拇指伸直贴于食指第二节；向前摆臂时，肘部弯曲，小臂略成水平，手心向内稍向下，手腕下沿摆到高于最下方衣扣约 10cm 处（着夏季作训服时，约与第三衣扣同高；着冬季作训服时，约与第四衣扣同高；着水兵服时，手腕上沿距领口角约

15cm)，离身体约 10cm；向后摆臂时（左手心向右，右手心向左），手腕前侧距裤缝线约 30cm；行进速度每分钟 110～116 步。

3．跑步

跑步主要用于快速行进。

口令：跑步——走。

要领：听到预令，两手迅速握拳（四指卷握，拇指贴于食指第一关节和中指第二节），提到腰际，约与腰带同高，拳心向内，肘部稍向里合；听到动令，上体微向前倾，两腿微弯，同时左脚利用右脚掌的蹬力跃出约 85cm，前脚掌先着地，身体重心前移，右脚照此法动作；两臂前后自然摆动，向前摆臂约 5cm；向后摆臂时，拳贴于腰际；行进速度每分钟 170～180 步。

4．便步

便步用于行军、操练后恢复体力及其他场合。

口令：便步——走。

要领：用适当的步速、步幅行进，两臂自然摆动，上体保持良好姿态。

5．踏步

踏步用于调整步伐和整齐。

停止间口令：踏步——走。

行进间口令：踏步。

要领：两脚在原地上下起落（抬起时，脚尖自然下垂，离地面约 15cm；落下时，前脚掌先着地），上体保持正直，两臂按齐步或跑步摆臂的要领摆动。

6．移步（5 步以内）

移步用于调整队列位置。

（1）右（左）跨步

口令：右（左）跨×步——走。

要领：上体保持正直，每跨 1 步并脚一次，其步幅约与肩同宽，跨到指定步数停止。

（2）向前或后退

口令：向前×步——走。　　后退×步——走。

要领：

①向前移步时，应当按照单数步要领进行（双数步变为单数步）；向前 1 步时，用正步，不摆臂；向前 3 步或 5 步时，按照齐步走的要领进行；向后退时，从左脚开始，每退 1 步靠脚一次，不摆臂，退到指定步数停止。

②持枪时，听到行进口令的预令，将枪提起，使枪身略直，拇指贴于右胯，使枪身稳固。其余要领同徒手。

（二）立定

口令：立——定。

要领：

①齐步和正步时，听到口令，左脚再向前大半步着地（脚尖向外约 30°），两腿挺直，右脚取捷径迅速靠拢左脚，成立正姿势；跑步时，听到口令，再跑 2 步，然后左脚向前大半步（两拳收于腰际，停止摆动）着地，右脚靠拢左脚，同时将手放下，成立正姿势；踏

步时，听到口令，左脚踏 1 步，右脚靠拢左脚，原地成立正姿势（跑步的踏步，听到口令，继续踏 2 步，再按上述要领进行）。

②持枪立定时，在右脚靠拢左脚后，迅速将托底钣轻轻着地。其余要领同徒手。

（三）步法变换

步法变换，均从左脚开始。

①齐步、正步互换，听到口令，右脚继续走一步，即换正步或齐步行进。

②齐步换跑步，听到预令，两手迅速握拳提到腰际，两臂前后自然摆动；听到动令，即换跑步行进。

③齐步换踏步，听到口令，即换踏步。

④跑步换齐步，听到口令，继续跑 2 步，然后换齐步行进。

⑤跑步换踏步，听到口令，继续跑 2 步，然后换踏步。

⑥踏步换齐步或者跑步，听到“前进”的口令，继续踏 2 步，再换齐步或者跑步行进。

三、行进间转法

（一）齐步、跑步向右（左）转

要领：左（右）脚向前半步（跑步时，继续跑 2 步，再向前半步），脚尖向右（左）约 45°；身体向右（左）转 90°时，左（右）脚不转动，同时出右（左）脚按原步法向新方向行进；半面向右（左）转走，按照向右（左）转走的要领转 45°。

（二）齐步、跑步向后转

口令：向后转——走。

要领：左脚向右脚前迈出约半步（跑步时，继续跑 2 步，再向前半步），脚尖向右约 45°，以两脚的前脚掌为轴，向后转 180°，出左脚按照原步法向新方向行进。

转动时，保持行进时的节奏，两臂自然摆动，不得外张；两腿自然挺直，上体保持正直。

四、坐下、蹲下、起立

（一）坐下

口令：坐下；枪靠右肩——坐下。

要领：

①左小腿在右小腿后交叉，迅速坐下（坐凳子时，听到口令，左脚向左分开约一脚之长）；手指自然并拢放在两膝上，上体保持正直。

②携枪坐下时，枪靠右肩（枪面向右），右手自然扶贴护木（折叠式冲锋枪，移扶复进机盖后端），左手手指自然并拢，放在左膝上。持肩冲锋枪、81 式自动步枪坐下时，听到预令，将枪取下：右手移握护木，使枪背带从肩上滑下；持肩折叠式冲锋枪时，右手移

握散热孔，将枪口转向左前，左手虎口向右握弹匣，右手打开枪托后，移握散热孔。

（二）蹲下

口令：蹲下。

要领：

①右脚后退半步，前脚掌着地；臀部坐在右脚跟上（膝盖不着地），两腿分开约 60°；手指自然并拢放在两膝上，上体保持正直；蹲下过久，可以自行换脚。

②持枪时，右手移握护木（冲锋枪、81 式自动步枪的携带方法不变），左手手指自然并拢，放在左膝上。

（三）起立

口令：起立。

要领：全身协力迅速起立，成立正姿势或者成持枪、肩枪立正姿势。

五、脱帽、戴帽与整理着装

（一）脱帽

口令：脱帽。

要领：双手捏帽檐或者帽前端两侧，将帽取下，取捷径置于左小臂，帽徽向前，掌心向上，四指扶帽檐或者帽墙前端中央处，小臂略成水平，右手放下。

（二）戴帽

口令：戴帽。

要领：双手捏帽檐或者帽前端两侧，取捷径将帽迅速戴正；携枪时，用左手脱、戴帽；需夹帽时，将帽夹于左腋下，左手握帽墙，帽徽向前，帽顶向左。

（三）整理着装

整理着装，通常在立正的基础上进行。

口令：整理着装。

要领：双手从帽子开始，自上而下，将着装整理好；必要时，也可以相互整理；整理完毕，自行稍息；听到“停”口令，恢复立正姿势（持 81 式自动步枪时，将枪夹于两腿间）。

六、操枪

（一）冲锋枪

1．肩枪、挂枪互换

（1）肩枪换挂枪

口令：挂枪。

要领：右手移握护木（79 式冲锋枪，握导气箍），右臂前伸将枪口转向前，左手掌心向下在右肩前握背带；两手协力将背带从头上套过，落在左肩，使枪身在胸前约成 45°（表尺中央部位位于衣扣线）；右手移握枪颈（折叠式冲锋枪，握复进机盖后端），左手放下（阅兵等时机左手可握护木），成挂枪立正姿势。

（2）挂枪换肩枪

口令：肩枪。

要领：右手移握护木，左手移握背带；两手协力将背带从头上套过，落在右肩，枪口向下，枪身垂直；右手移握背带（拇指由内顶住），左手放下，成肩枪立正姿势。

2. 肩枪、背枪互换

（1）肩枪换背枪

口令：背枪。

要领：左手在右肩前握背带，右手掌心向后移握准星座；两手协力将枪上提，左手将背带从头上套过，落在左肩；两手放下，成背枪立正姿势。

（2）背枪换肩枪

口令：肩枪。

要领：右手掌心向后握准星座，左手在左肩前握背带；两手协力将背带从头上套过，落在右肩；右手移握背带（拇指由内顶住），左手放下，成肩枪立正姿势。

3. 挂枪、背枪互换

（1）挂枪换背枪

口令：背枪。

要领：右手握准星座，稍向上提，左手在左肩前握背带；两手协力将枪转到背后；两手放下，成背枪立正姿势。

（2）背枪换挂枪

口令：挂枪。

要领：右手掌心向前移握准星座，稍向上提，左手在右肋前握背带；两手协力将枪转到胸前；右手移握枪颈（折叠式冲锋枪，握复进机盖后端），左手放下或者握护木，成挂枪立正姿势。

（二）半自动步枪

1. 托枪、枪放下

口令：托枪。

要领：右手将枪提到右肩前，枪身垂直，离身体约 15cm；枪面向右，手约同肩高，大臂轻贴右肋，同时左手握表尺上方；左手将枪上提，同时右手拇指贴于托后踵，余指并拢握托底钣；两手协力将枪送上右肩（弹仓后端与第一衣扣同高），左手迅速放下；枪身要正，托后踵与衣扣线衣；右大臂轻贴右肋，小臂略平，成托枪立正姿势。

口令：枪放下。

要领：右手下压枪托，臂伸直，使枪离肩；同时左手接握表尺上方，枪身垂直，枪面向右；左手将枪稍向下移，同时右手移握至背带环下方；左手放下的同时，右手将枪放下，使托底钣轻轻着地，成持枪立正姿势。

2. 肩枪、枪放下

口令：肩枪。

要领：右手将枪提到右肩前，枪身垂直，离身体约 25cm；枪面向右，上背带环与锁骨同高，大臂轻贴右肋；同时左手握表尺上方，右手移握背带（拇指由内顶住）向左后拉平；用左手的推力和右手腕的旋转力迅速将枪送上右肩，右大臂轻贴右肋，枪身垂直，左手放下，成肩枪立正姿势。

口令：枪放下。

要领：用右手腕的旋转力，迅速将枪转到右肩前，离身体约 25cm；同时左手接握表尺上方，枪面稍向右后；右手移握上背带环下方，枪身垂直；左手放下的同时，右手将枪放下，使托底钣轻轻着地，成持枪立正姿势。

3．背枪、枪放下

口令：背枪。

要领：右手将枪提到右胸前，左手将背带向左拉平；两手将枪挂在颈上，右手移握下背带环；两手协力将枪转到背后，同时右臂由枪和背带之间伸出，两手放下，成背枪立正姿势。

口令：枪放下。

要领：右手握下背带环，左手在左胸前握背带，两手协力将枪转到身体前方，同时右臂由枪和背带之间脱出，右手移握上背带环下方；两手将枪从颈上取下，左手放下的同时，右手将枪放下，使托底钣轻轻着地，成持枪立正姿势。

4．托枪、端枪互换

（1）托枪换端枪

口令：端枪。

要领：行进时，听到“端枪”的口令，继续向前 3 步；当左脚着地时，右手下压枪托，使枪离肩，同时左手接握护木；右脚再向前 1 步的同时，右手移握枪颈，并使枪面转向后；当左脚着地时，两手将枪导向前，枪面向上，左手掌心转向右；枪颈紧贴右胯，右肘与两肩成一线；枪刺尖约与眼同高，并在右肩的正前方。

（2）端枪换托枪

口令：托枪。

要领：听到“托枪”的口令，继续向前 3 步；当左脚着地时，左手收至右胸前，右手向前下方推枪；右脚再向前 1 步，左手将枪稍向上提，右手移握托底钣，同时枪面转向右；当左脚着地时，将枪送上右肩，左手放下。

七、敬礼

敬礼分为举手礼、注目礼和举枪礼。

（一）敬礼、礼毕

1．敬礼

（1）举手礼

口令：敬礼。

要领：上体正直，右手取捷径迅速抬起，五指并拢自然伸直，中指微接帽檐右角前约 2cm 处（戴无檐帽或者不戴军帽时微接太阳穴，与眉同高）；手心向下，微向外张（约 20°）；手腕不得弯曲，右大臂略平，与两肩略成一线，同时注视受礼者。

（2）注目礼

要领：面向受礼者成立正姿势，同时注视受礼者，并目迎目送（左、右转头角度不超过 45°）。

（3）举枪礼（用于阅兵式或者执行仪仗任务）

口令：向右看——敬礼。

要领：右手将枪提到胸前，枪身垂直并对正衣扣线；枪面向后，离身体约 10cm；枪口（半自动步枪准星护圈）与眼同高，大臂轻贴右肋；同时左手接握表尺上方（持半自动步枪时虎口对准枪面并与标尺上沿对齐），小臂略平，大臂轻贴左肋；同时转头向右，注视受礼者，并目迎目送（左、右转头角度不超过 45°）。

2．礼毕

口令：礼毕。

要领：行举手礼者，将手放下；行注目礼者，将头转正；行举枪礼者，将头转正，右手将枪放下，使托前踵（半自动步枪托底钣）轻轻着地，同时左手放下，成持枪立正姿势。

（二）单个军人敬礼

要领：

①单个军人在距受礼者 5～7 步处，行举手礼或者注目礼。

②徒手或者背枪时，停止间，应当面向受礼者立正，行举手礼，待受礼者还礼后礼毕；行进间（跑步时换齐步），转头向受礼者行举手礼（手不随头转动），并继续行进，左臂仍自然摆动，待受礼者还礼后礼毕。

③携带武器（除背枪）等不便行举手礼时，不论停止间或者行进间，均行注目礼，待受礼者还礼后礼毕。

（三）分队、部队敬礼

1．停止间敬礼

要领：当首长行进到距本分（部）队适当距离时，指挥员下达“立正”的口令，跑步到首长前 5～7 步处敬礼；待首长还礼后礼毕，再向首长报告，例如：“团长同志，步兵第×连正在进行队列训练，全连应到×××名，实到×××名，请指示，连长×××”；报告完毕，待首长指示后，答“是”，再敬礼；待首长还礼后礼毕，尔后跑步回到原来位置，待下达“稍息”口令或者继续操练。

2．行进间敬礼

要领：由带队指挥员按照单个军人行进间敬礼的规定实施，队列人员按照原步法行进。

第三节　分队的队列动作

一、队列队形

（一）基本队形和列队的间距

队列的基本队形为横队、纵队、并列纵队。需要时，可以调整为其他队形。

队列人员之间的间隔（两肘之间）通常约 10cm，距离（前一名脚跟至后一名脚尖）约 75cm。需要时，可以调整队列人员之间的间隔和距离。

（二）班、排、连的队形

1．班的队形

班的基本队形，分为横队和纵队。需要时，可以成二列横队或者二路纵队。

2．排的队形

排的基本队形，分为横队和纵队。

排横队，由各班的班横队依次向后排列组成。

排纵队，由各班的班纵队依次向右并列组成。

排长的列队位置：横队时，在第一列基准兵右侧；纵队时，在队列中央前。

3．连的队形

连的基本队形，分为横队、纵队和并列纵队。

连横队，由各排的排横队依次向左并列组成。

连纵队，由各排的排纵队依次向后排列组成。

连并列纵队，由各排的排纵队依次向左并列组成。

连部、炊事班或者连部、炊事班、六〇迫击炮班分别以二列（路）或者三列（路）组成相应的队形，位于本连队尾。

连指挥员的列队位置：横队、并列纵队时，位于一排长右侧，前列为连长、副连长，后列为政治指导员、副政治指导员；纵队时，位于一排长前，前列为连长、政治指导员，后列为副连长、副政治指导员（未编有副政治指导员时，后列中央为副连长）。

二、集合、离散

（一）集合

集合是使单个军人、分队、部队按照规范队形聚集起来的一种队列动作。

集合时，指挥员应当先发出预告或者信号，如“全连（或×排）注意”，然后，站在预定队形的中央前，面向预定队形成立正姿势，下达“成××队——集合”的口令。所属人员听到预告或信号，原地面向指挥员成立正姿势；听到口令，跑步到指定位置面向指挥员集合（在指挥员后侧的人员，应当从指挥员右侧绕过），自行对齐、看齐、成立正姿势。

1．班集合

口令：成班横队（二列横队）——集合。

要领：基准兵迅速到班长左前方适当位置，成立正姿势；其他士兵以基准兵为准，依次向左排列，自行看齐。

成班二列横队时，单数士兵在前，双数士兵在后。

口令：成班纵队（二路纵队）——集合。

要领：基准兵迅速到班长前方适当位置，成立正姿势；其他士兵以基准兵为准，依次向后排列，自行对正。

成班二路纵队时，单数士兵在左，双数士兵在右。

2．排集合

口令：成排横队——集合。

要领：基准班在指挥员前方适当位置，成班横队迅速站好；其他班成班横队，以基准班为准，依次向后排列，自行对齐、看齐。

口令：成排纵队——集合。

要领：基准班在指挥员右前方适当位置，成班纵队迅速站好；其他班成班纵队，以基准班为准，依次向右排列，自行对齐、看齐。

3．连集合

口令：成连横队——集合。

要领：队列内的连指挥员或者基准排，在指挥员左前方适当位置，成横队迅速站好；各排和连部成横队，以连指挥员或者基准排为准，依次向左排列，自行对齐、看齐。

口令：成连纵队——集合。

要领：队列内的连指挥员或者基准排，在指挥员前方适当位置，成纵队迅速站好；各排和连部成纵队，以连指挥员或者基准排为准，依次向左排列，自行对齐、看齐。

（二）离散

离散是使列队的单个军人、分队、部队各自离开原队列位置的一种队列动作。

1．离开

口令：各营（连、排、班）带开（带回）。

要领：队列中的各营（连、排、班）指挥员带领本队迅速离开原列队位置。

2．解散

口令：解散。

要领：队列人员迅速离开原列队位置。

三、整齐、报数

（一）整齐

整齐是使列队人员按规定的间隔、距离，保持行、列整齐的一种队列动作。整齐分为向右（左）看齐和向中看齐。

口令：向右（左）看——齐；向前——看。

要领：基准兵不动，其他士兵向右（左）转头（持枪时，听到预令，迅速将枪稍提起，看齐后自行放下），眼睛看右（左）邻士兵腮部；前四名以能通视基准兵为准，自第五名起，以能通视到本人以右（左）第三人为度；后列人员，先向前对正，后向右（左）看齐；听到“向前——看”的口令，迅速将头转正，恢复立正姿势。

口令：以×××为准，向中看——齐；向前——看。

要领：当指挥员指定“以×××为准（或者以第×名为准）”时，基准兵答“到”，同时左手握拳高举，大臂前伸与肩略平，小臂垂直举起，拳心向右；听到“向中看——齐”的口令后，其他士兵按照向右（左）看齐的要领执行；听到“向前——看”的口令后，基准兵迅速将手放下，其他士兵迅速将头转正，恢复立正姿势。

一路纵队看齐时，可以下达“向前——对正”的口令。

（二）报数

口令：报数。

要领：横队从右至左（纵队由前向后）依次以短促洪亮的声音转头（纵队向左转头）报数，最后一名不转头；数列横队时，后列最后一名报“满伍”或“缺×名”；连集合时，由指挥员下达“各排报数”的口令，各排长在队列内向指挥员报告人数，如“第×排到齐”或者“第×排实到××名”。

必要时，连也可以统一报数。

要领：连实施统一报数时，各排不留间隔，要补齐成临时编组的横队队形；报数前，连指挥员先发出“看齐时，以一排长为准，全连补齐”的预告，尔后下达“向右看——齐”的口令；待全连看齐后，再下达“向前——看”和“报数”的口令，报数从一排长开始，后列最后一名报“满伍”或者“缺×名”。

四、出列、入列

单个军人和分队出、入列通常用跑步（5 步以内用齐步，1 步用正步）或者按照指挥员指定的步法执行，然后进到指挥员右前侧适当位置或者指定位置，面向指挥员成立正姿势。

（一）单个军人出列、入列

1．出列

口令：×××（或者第×名），出列。

要领：

①出列军人听到呼点自己姓名或者序号后应当答“到”，听到“出列”的口令后，应当答“是”。

②位于第一列（左路）的军人，按照本条上述规定，取捷径出列。

③位于中列（路）的军人，向后（左）转，待后列（左路）同序号的军人向右后退 1 步（左后退 1 步）让出缺口后，按照本条的上述规定从队尾（纵队时从左侧）出列；位于“缺口”位置的军人，待出列军人出列后，即复原位。

④位于最后一列（右路）的军人出列，先退 1 步（右跨 1 步），然后按照本条有关规定从队尾出列。

2．入列

口令：入列。

要领：听到“入列”口令后，应当答“是”，然后按照出列的相反程序入列。

（二）班、排出列、入列

1．出列

口令：第×班（排），出列。

要领：听到“第×班（排）”的口令后，由出列班（排）的指挥员答“到”；听到“出列”的口令后，由出列班（排）的指挥员答“是”，并用口令指挥本班（排），按照本条的有关规定，以纵队形式从队尾（位于第一列的班取捷径）出列。

2．入列

口令：入列。

要领：听到“入列”的口令后，由入列班（排）指挥员答“是”，并用口令指挥本班（排），按照本条的有关规定，以纵队形式从队尾（位于第一列的班取捷径）入列。

五、行进、停止

横队和并列纵队行进以右翼为基准，纵队行进以左翼为基准（一路纵队行进以先头为基准）。

（一）行进

要领：指挥员应当下达“×步——走”的口令；听到口令，基准兵向正前方前进，其他士兵向基准翼标齐，保持规定的间隔、距离行进；纵队行进时，排、连通常成三路纵队，也可以成一、二路纵队；行进中，需要用“一二一”（调整步伐的口令）、“一二三四”（呼号）或者唱队列歌曲，以保持步伐整齐和振奋士气。

（二）停止

要领：指挥员应当下达“立——定”的口令；听到口令，按照立定的要领实施，分队的动作要整齐一致；停止后，听到“稍息”的口令，先自行对齐、看齐，再稍息。

六、队形变换

队形变换是由一种队形变为另一种队形的队列动作。

（一）横队和纵队的互换

横队变纵队：停止间口令：向右——转。　　行进间口令：向右转——走。

纵队变横队：停止间口令：向左——转。　　行进间口令：向左转——走。

要领：停止间，按照单个军人向右（左）转的要领实施；行进间，按照单个军人向右（左）转的要领实施；分队动作要整齐一致；队形变换后，排以上指挥员应当到规定的列队位置。

（二）停止间班横队和班二列横队，班纵队和二路纵队互换

1．班横队变班二列横队

口令：成班二列横队——走。

要领：变换前，先报数；听到口令，双数士兵左脚后退1步，右脚（不靠拢左脚）向右跨1步，左脚向右脚靠拢，站到单数士兵之后，自行对齐、看齐。

2．班二列横队变班横队

口令：间隔1步，向左离开；

成班横队——走。

要领：听到“间隔1步，向左离开”的口令，取好间隔；听到“成班横队——走”的口令，双数士兵左脚左跨1步，右脚（不靠拢左脚）向前1步，左脚向右脚靠拢，站到单

数士兵左侧，自行看齐。

3．班纵队变班二路纵队

口令：成班二路纵队——走。

要领：变换前，先报数；听到口令，双数士兵右脚右跨 1 步，左脚（不靠拢右脚）向前 1 步，右脚向左脚靠拢，站到单数士兵右侧，自行对正、看齐。

4．班二路纵队变班纵队

口令：距离 2 步，向后离开；成班纵队——走。

要领：听到“距离 2 步，向后离开”的口令，确定合适距离；听到“成班纵队——走”口令，双数士兵右脚后退 1 步，左脚（不靠拢右脚）站到单数士兵之后，自行对齐。

（三）连纵队和连并列纵队的互换

1．连纵队变连并列纵队

停止间口令：成连并列纵队，齐步——走。　　行进间口令：成连并列纵队——走。

要领：连指挥员或者基准排踏步，其他排和连部逐次行进到连指挥员或者基准排左侧踏步并对齐，然后听口令前进或者停止。

连、排指挥员位置的变换方法：听到口令，连长左脚继续踏 1 步，右脚向右前 1 步，进到政治指导员前方仍踏步；政治指导员继续踏步；副连长向前 2 步（未编有副政治指导员时，副连长向左前 2 步），进到连长左侧；副政治指导员向左前 1 步，进到政治指导员左侧；排长、司务长进到预定列队位置，继续踏步并对齐。

2．连并列纵队变连纵队

停止间口令：成连纵队，齐步——走。　　行进间口令：成连纵队——走。

要领：连指挥员或者基准排径直前进，其他排和连部停止间和行进间均踏步；待连指挥员或者基准排离开原位后，各排按照排长、连部和炊事班按照司务长的口令依次跟进。

连、排指挥员位置的变换方法：听到口令，连长向左前 1 步，进到副连长前方踏步；政治指导员向前 2 步，进到连长右侧继续踏步；副政治指导员向右前 1 步，进到副连长右侧继续踏步（未编有副政治指导员时，副连长右跨半步并踏步）；排长、司务长进到预定列队位置继续踏步，对齐后径直前进。

七、方向变换

方向变换是改变队列面对方向的一种队列动作。

（一）横队和并列纵队方向变换

停止间，通常是左（右）转弯或者左（右）后转弯，必要时可以向后转。

口令：左（右）转弯，齐（跑）步——走；左（右）后转弯，齐（跑）步——走；向后——转，齐（跑）步——走（当需要向后转走时，应当先下“向后——转”的口令，待方向变换后，再下“齐（跑）步——走”的口令）。

行进间口令：左（右）转弯——走；左（右）后转弯——走。

要领：一列横队方向变换时，轴翼士兵踏步，并逐渐向左（右）转动；外翼第一名士兵大步行进并同相邻士兵动作协调，逐步变换方向（愈接近轴翼者，其步幅愈小）；其他士兵用眼睛的余光向外翼取齐，并保持规定的间距和队列整齐，转到 90°或者 180°时踏步并对齐，听口令前进或者停止。

数列横队和并列纵队方向变换时，第一列轴翼士兵停止间用踏步、行进间用小步，外翼士兵用大步行进，保持队列整齐，边行进边变换方向，转到 90°或者 180°后，听口令前进或者停止；后续各列按照上述要领，保持间隔距离，取捷径进到前一列转弯处，转向新方向跟进。

（二）纵队方向变换

停止间，通常是左（右）后转弯，必要时可以向后转。

口令：左（右）转弯，齐（跑）步——走；左（右）后转弯，齐（跑）步——走；向后——转，齐（跑）步——走（按照横队和并列纵队向后转走的方法实施）。

行进间口令：左（右）转弯——走；左（右）后转弯——走。

要领：一路纵队方向变换时，基准兵在左（右）转弯时，按照单个军人行进间转法（停止间，左转弯走时，左脚先向前一步）的要领实施；在左（右）后转弯时，用小步边行进边变换方向，转到 90°或者 180°后，径直行进；其他士兵逐次进到基准兵的转弯处，转向新方向跟进；数路纵队方向变换时，按照数列横队和并列纵队方向变换的要领实施。

第四节 阅　　兵

一、阅兵权限和阅兵形式

（一）阅兵权限

阅兵是由党和国家领导人，中央军事委员会主席、副主席、委员及团以上级别部队军政主要首长或者被上述人员授权的其他领导和首长执行。通常由 1 人检阅。

（二）阅兵形式

阅兵分为阅兵式和分列式。通常进行两项，根据需要也可以只进行一项。

二、阅兵程序

阅兵分为上级首长检阅和本级首长检阅两种。当上级首长检阅时，由本级军事首长任阅兵指挥；当本级军政主要首长检阅时（由 1 人检阅，另 1 名位于阅兵台或者队列中央前方适当位置面向部队），由副部长或者参谋长任阅兵指挥。

步兵团阅兵程序如以下所示。

（一）迎军旗

迎军旗在阅兵式开始前进行。

步兵团迎军旗时，主持迎军旗的指挥员下达“立正”、“迎军旗”的口令；听到口令后，掌旗员（扛旗）、护旗兵齐步行进，由正前或者左前方向本团右翼排头行进；当超过团机关队形时，主持迎军旗的指挥员下达“礼毕”口令，部队礼毕；掌旗员（由端旗换扛旗）、护旗兵换齐步；掌旗员进至团指挥员右侧3步处时，左后转弯立定，成立正姿势。

（二）阅兵式

团阅兵式的队形，通常为营横队的团横队（见下图），或者由团、首长临时规定。

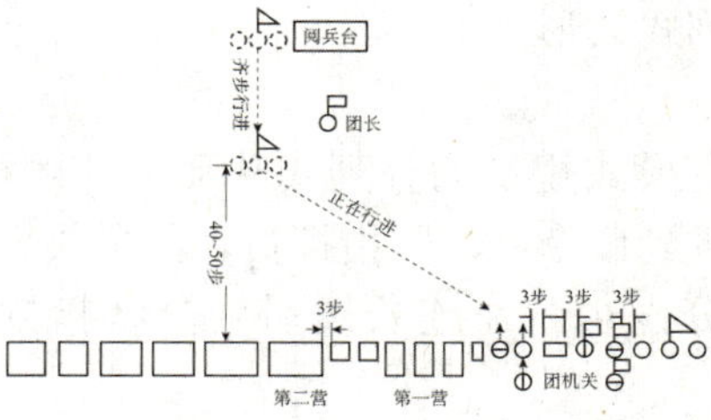

图 6-1　团阅兵式的队形

1．阅兵首长接受阅兵指挥报告

当阅兵首长行至本团队列右翼适当距离时或者在阅兵台就位后（当上级首长检阅时，通常由团政治委员陪同入场并陪阅），阅兵指挥人员在队列中央前下达“立正”的口令；阅兵指挥人员随后跑到距阅兵首长 5～7 步处敬礼，待阅兵首长还礼后礼毕并报告，例如：“师长同志，步兵第×团列队完毕，请您检阅”；报告后，左跨 1 步，向右转，让首长先走，尔后在其右后侧（当上级首长检阅时，团政治委员在团长右侧）跟随陪阅。

2．阅兵首长向军旗敬礼

阅兵首长行至距军旗适当距离时，应立正向军旗行举手礼（陪阅人员面向军旗，行注目礼）。

3．阅兵首长检阅部队

当阅兵首长行至团机关、各营部、各连及后勤分队队列右前方时，团机关由副团长或者参谋长、各营部由营长、各连由连长、后勤分队由团指定的指挥员下达“敬礼”的口令；听到口令后，位于指挥位置的军官行举手礼，其余人员行注目礼，目迎目送首长（左、右转头不超过 45°）；当首长问候“同志们好！”或者“同志们辛苦了！”，队列人员应当齐声洪亮地回答“首—长—好！”或者“为—人民—服务！”；当首长通过后，指挥员下达“礼毕”的口令，队列人员礼毕。

4．阅兵首长上阅兵台

阅兵首长检阅完毕后上阅兵台，阅兵指挥跑步到队列中央前，下达“稍息”口令，队列人员稍息；当上级首长检阅时，团政治委员陪同首长上阅兵台，然后跑步到自己的列队位置。

（三）分列式

团分列式队形由团阅兵式队形调整变换，或者由团首长临时规定。

团分列式，应当设四个标兵。一、二标兵之间和三、四标兵之间的间隔各为 15m，二、三标兵之间的间隔为 40m。标兵应携带 81 式自动步枪或者半自动步枪，并在枪上插标兵旗。分列式程序如下。

1．标兵就位

分列式开始前，阅兵指挥在队列中央前面位置，下达“立正”、“标兵，就位”的口令；标兵听到口令，成一路纵队持（托）枪跑步到规定的位置，面向部队成持枪立正姿势。

2．调整部（分）队为分列式队形

标兵就位后，阅兵指挥下达“分列式，开始”的口令，尔后，跑步到自己的列队位置；听到口令后，各分队按规定的方法携带武器（掌旗员扛旗），团、营指挥员分别进到团机关和营部的队列中央前面位置，下达“右转弯，齐步——走”的口令，指挥分队变换成分列式队形。

3．开始行进

变换成规定的分列式队形后，团机关由副团长或者参谋长下达“齐步——走”的口令；听到口令后，团指挥员、团机关人员齐步前进，其余分队依次待前一分队离开约 15m 时，分别由营、连长及后勤分队指挥员下达“齐步——走”的口令，指挥本分队人员前进。

4．接受首长检阅

各分队行至第一标兵处，将队列调整好；进到第二标兵处，掌旗员下达“正步——走”的口令，并和护旗兵同时由齐步换正步、扛旗换端旗（掌旗员和护旗兵不转头）行进；此时，阅兵首长和陪阅人员应当向军旗行举手礼；副团长、参谋长和各分队指挥员分别下达“向右——看”的口令，队列人员听到口令后（可喊“一、二”），按照规定换正步（步枪手换端枪）行进，并在左脚着地的同时向右转头（位于指挥位置的军官行举手礼，并向右转头，各列右翼第一名不转头）不超过 45°注视阅兵首长；阅兵台最高首长行举手礼，其他人员行注目礼；进到第三标兵处，掌旗员下达“齐步——走”的口令，并与护旗兵由正步换齐步，同时换扛旗；其他分队由上述指挥员分别下达“向前——看”的口令，队列人员听到口令后，在左脚着地时礼毕（将头转正），同时换齐步（步枪手换托枪）行进；当上级首长检阅时，团长和团政治委员通过第三标兵后，到阅兵首长右侧陪阅。各分队通过第四标兵，换跑步到指定的位置；待最后一个分队通过第四标兵，阅兵指挥下达“标兵，撤回”的口令，标兵按照相反顺序跑步撤至预定位置。

（四）阅兵首长讲话

分列式结束后，阅兵指挥调整好队形，请阅兵首长讲话；讲话完毕，阅兵指挥下达“立正”口令，向阅兵首长报告阅兵结束；当上级首长检阅完毕后，由团政治委员陪同阅兵首长离场。

（五）送军旗

送军旗在阅兵首长讲话后或者分列式结束后进行。

步兵团送军旗时，主持送军旗的指挥员下达“立正”、“送军旗”的口令；听到口令后，掌旗员（成扛旗姿势）、护旗兵按照迎军旗路线相反方向齐步行进；军旗出列后行至团机关队形右侧前时，主持送军旗的指挥员下达“向军旗——敬礼——”的口令；听到口令后，掌旗员（由扛旗换端旗）、护旗兵换正步，全团按照迎军旗的规定敬礼；当军旗离开距队列正面 40～50 步时，主持送军旗的指挥员下达“礼毕”的口令，部队礼毕；掌旗员（由端旗换扛旗）、护旗兵换齐步，返回原出发位置。

第七章　轻武器射击

轻武器通常指各种枪械及其他由单兵或战斗班（组）携行战斗的武器，包括各种枪械和手榴弹、枪榴弹、榴弹发射器、火箭发射器、无坐力发射器，此外还有轻型燃烧武器和单兵导弹等。轻武器是步兵装备使用的基本武器，也是其他军种、兵种广泛装备的武器。轻武器的主要作战距离在 1 000m 以内，并且多由人力携行使用，特点是：射速高、火力猛、重量轻、体积小、结构简单、使用方便。本章主要介绍半自动步枪和冲锋枪的武器常识、射击原理及射击方法等知识。

第一节　武器常识

一、半自动步枪、冲锋枪的战斗性能

56 式半自动步枪、冲锋枪，是步兵分队在近战中消灭敌人有生力量的主要武器。在 400m 内对单个目标射击效果最好，集中火力可射击 500m 内敌人的飞机、伞兵，还可杀伤 800m 内的集团目标。弹头飞行到 1 500m 仍有杀伤力。

①半自动步枪，战斗射速每分钟 35～40 发。

②冲锋枪主要射击方法是短点射（2～5 发），还可实施长点射（6～10 发）和单发射。战斗射速，点射每分钟 90～100 发，单发射每分钟 40 发。

③1956 年式普通弹，在 100m 距离内能射穿 6mm 厚的钢板、15cm 厚的砖墙、30cm 厚的土层和 40cm 厚的木板。

二、各种轻武器的名称、用途、自动原理和分解结合

（一）半自动步枪

1．主要机件名称和用途

半自动步枪由枪刺（刺刀）、枪管、瞄准具、活塞及推杆、机匣、枪机、复进机、击发机、弹仓和木托十大部件组成，另有一套附品。

（1）枪刺（刺刀）：用以刺杀敌人。

（2）枪管：用以赋予弹头的飞行方向。

枪管内是枪膛，枪膛分为弹膛和线膛。弹膛用以容纳子弹；线膛能使弹头在前进时旋转运动，以保持飞行的稳定性。线膛有四条右旋膛线（阴膛线），两条膛线间的凸起部分叫阳膛线，两条相对的阳膛线间的距离是枪的口径。

枪管外有导气箍，用以引导火药气体冲击活塞。

（3）瞄准具：由表尺和准星组成，用以瞄准。

表尺上有缺口和游标，并刻有 1～10 的划分距离，每一划分距离对应 100m；“Ⅱ”、“D”或“3”是常用表尺分划，与表尺 3 相同。表尺座上有固定栓和固定栓扳手，用以固定活塞筒和推杆。

准星可拧高、拧低，准星移动座可左右移动。准星移动座和准星座上各有一条刻线，用以检查准星位置是否正确。

（4）活塞及推杆：活塞装在活塞筒内，用以传导火药气体压力推动推杆向后。活塞筒上有上护木。推杆和推杆簧装在表尺座内，推杆能将活塞的推力传送到机栓上；推杆簧能使推杆和活塞回到前方位置。

（5）机匣：用以容纳枪机和复进机，固定击发机和弹仓。机匣外有机匣盖和连接销；机匣内有枪机阻铁、闭锁卡槽和拨壳凸笋等。

（6）枪机：由机栓和机体组成，用以送弹、闭锁、击发和退壳，并能使击锤向后成待发状态。机栓上有挂钩、闭锁凸出部、机柄、复进机巢和弹夹槽；机体上有击针、抓弹钩和挂钩。

（7）复进机：用以使枪机回到前方位置，由复进簧、导管、导杆和支撑环组成。

（8）击发机：用以使枪机相互作用形成待发和击发。击发机上有击发控制杆，能在枪机锁闭枪膛前防止击锤松回；有保险机，可限制扳机向右，保险机扳到前方为保险；此外，还有击锤、弹仓盖卡笋和扳机等。

（9）弹仓：用以容纳和托送子弹，可装 10 发子弹。

（10）木托：便于操作。木托上有下护木、枪颈、枪托、托底钣和附品筒巢。

附品包括擦拭杆、鬃刷、铳子、附品筒、通条、油壶、背带和子弹袋，用以分解结合、擦拭上油、携带和排除故障。

2．半自动原理

扣扳机后，击锤打击击针，撞击子弹底火，点燃发射药，产生火药气体，推送弹头沿膛线向前运动；弹头一经过导气孔，部分火药气体便通过导气孔，涌入寻气箍，冲击活塞，推动推杆，使枪机向后，压缩复进簧，完成开锁、抛壳，并使击锤成待发状态；枪机退到后方时，由于复进簧的伸张，使枪机向前运动，推送下一发子弹入膛，闭锁；此时，由于击锤已被击发阻铁卡住，不能向前打击击针；若再次发射，必须松开扳机，再扣扳机。

3．分解结合

（1）分解结合的目的和要求。分解结合是为了擦拭、上油、检查和排除故障。分解前必须验枪。分解结合应按顺序和要领进行，不要强敲硬卸。分解下来的机件应按次序放在干净的物体上。除所讲的分解内容外，未经许可，不准分解其他机件。结合后，应拉送枪机数次，检查机件结合是否正确。

（2）分解结合的要领。①分解。拔出通条和取出附品筒；左手握护木，右手向下向外拉开枪刺约成 45°，拔出通条，折回枪刺；然后，用食指顶开附品筒巢盖，取出附品筒，并从附品筒内取出附品。

a）卸下机匣盖。左手握枪颈，拇指抵住机匣盖后端，右手扳连接销扳手向上成垂直状态，再向右拉到定位处，向后卸下机匣盖。

b）抽出复进机。右手向后抽出复进机。

c）取下枪机。左手握下握木，使枪面稍向右，右手拉枪机向后取出；然后，将机栓和机体分开。

d）卸下活塞筒。左手握下护木，右手扳固定栓扳手向上，使固定栓平面垂直，向上卸下活塞筒（将固定栓扳手扳回或保持不动，以防推杆弹出）；然后，从筒内取出活塞。

②结合。结合时，按分解的相反顺序进行。

a）装上活塞筒。将活塞插入活塞筒内，活塞筒前端套在导气箍上，活塞筒后部对正固定栓垂直面按下，将固定栓扳手向下扳到定位。

b）装上枪机。将机体结合在机栓上，从机匣后部放进机匣内，向下按压托弹钣，向前推枪机到定位处。

c）装上复进机。将复进机（弯曲部向前）插入机栓上的复进簧巢内。

d）装上机匣盖。将机匣盖放在机匣上，向前推到尽头，将连接销推入后向前扳到定位处。

e）装上附品筒和通条。将附品装入附品筒并盖好，再将附品筒（筒盖向外）装入附品筒巢内；然后，拉开枪刺，插入通条并使其头部进入通条头槽内，折回枪刺。

（二）冲锋枪

1．主要机件名称和用途

冲锋枪由枪刺（刺刀）、枪管、瞄准具、活塞、机匣、枪机、复进机、击发机、弹匣和枪托十大部件组成，另有一套附品。

（1）枪刺（刺刀）：用以刺杀敌人。

（2）枪管：用以赋予弹头的飞行方向。

枪管内是枪膛。枪膛分为弹膛和线膛。弹膛用以容纳子弹；线膛能使弹头在前进时旋转运动，以保持飞行的稳定性。线膛有四条右旋膛线（阴膛线），两条膛线间的凸起部分叫阳膛线，两条相对的阳膛线间的距离是枪的口径。

枪管外有导气箍，用以引导火药气体冲击活塞；下护木，便于操作和携带。

（3）瞄准具：由表尺和准星组成，用以瞄准。

表尺上有缺口和游标，并刻有 1～8 的划分距离，每一划分距离对应 100m；“II”或“D”是常用表尺，与表尺 3 相同。表尺座上有固定栓和固定栓扳手，用以固定活塞筒。

准星可拧高、拧低，准星移动座可左右移动。准星移动座和准星座上各有一条刻线，用以检查准星位置是否正确。

（4）活塞：用以传导火药气体压力推压枪机向后。活塞外套有活塞筒，活塞筒上有护木。

（5）机匣：用以容纳枪机和复进机，固定击发机和弹匣。机匣外有机匣盖、握把和弹匣卡笋。机匣内有闭锁卡槽、凹槽和拨壳凸笋。

（6）枪机：由机栓和机体组成，用以送弹、闭锁、击发和退壳，并使击锤向后成待发状态。机栓上有圆孔和导笋槽，用以容纳机体，并引导机体旋转形成闭锁和开锁。机栓上还有解脱凸笋、机柄和复进机巢。机体上有击针、抓弹钩、导笋和闭锁凸笋。

（7）复进机：用以使枪机回到前方位置。复进机的导管座上有机匣盖卡笋。

（8）击发机：用以与枪机相互作用形成待发和击发。击发机上有击发控制机，能在枪机闭锁枪膛前防止击发；有保险机，用以保险和控制单发射、连发射（下单、中连、上保险）；还有击发阻铁、单发阻铁、击锤和扳机。

（9）弹匣：用以容纳和托送子弹，可装30发子弹。

（10）枪托：便于操作。本枪托上有枪颈、托底钣和附品筒巢；铁枪托由架杆、肩托和枪托卡笋组成，可打开或折叠。

附品除扳子和弹匣袋外，其余同半自动步枪。

2．自动原理

扣扳机后，击锤打击击针，撞击子弹底火，点燃发射药，产生火药气体，推送弹头沿膛线向前运动；弹头一经过导气孔，部分火药气体便通过导气孔，涌入导气箍，冲击活塞推动枪机向后，压缩复进簧，完成开锁、抛壳，并使击锤成待发状态；枪机退到最后方时，由于复进簧的伸张，使枪机向前运动，推送下一发子弹入膛，闭锁。此时，如保险机定在连发位置，扳机未松开，击发阻铁不能卡住击锤，击锤再次打击击针，形成连发；如保险机定在单发位置，击锤被单发阻铁卡住不能向前，若再次发射，必须松开扳机，再扣扳机。

3．分解结合

（1）分解结合的目的和要求：同半自动步枪。

（2）分解结合的要领：

①分解。

a）卸下弹匣。左手握护木，枪面稍向左，右手握弹匣，拇指按压弹匣卡笋（也可右手掌心向上握弹匣，以手掌的肉厚部分推压弹匣卡笋），前推取下。铁枪托式应先打开枪托。

b）拔出通条和取出附品筒。左手握护木，右手向下向外拉开枪刺约成45°，拔出通条，折回枪刺；然后，用食指顶开附品筒巢盖，取出附品筒，并从附品筒内取出附品。

c）卸下机匣盖。左手握枪颈，以拇指按压机匣盖卡笋，右手将机匣盖上提取下。

d）抽出复进机。左手握枪颈，右手向前推导管座，使其脱离凹槽，向后抽出复进机。

e）取出枪机。左手握枪颈，右手拉枪机向后到定位处向上向后取出；左手转压机体向后，使导笋脱离导笋槽，再向前取出机体。

f）卸下活塞筒。左手握下护木，右手扳固定栓扳手向上，使固定栓平面垂直，向上卸下。

②结合。结合时，按分解的相反顺序进行。

a）装上活塞筒。将活塞筒前端套在导气箍上，活塞筒后部对正固定栓平面按下，将固定栓扳手向下扳到定位处。

b）装上枪机。将机体结合在机栓上，使导笋进入导笋槽并转到定位，再将枪机后部装入机匣，向前推到定位处。

c）装上复进机。将复进机插入复进机巢，向前推压，使导管座进入凹槽内。

d）装上机匣盖。将机匣盖前端抵入半圆槽内，后部的方孔对正机匣盖卡笋，向前下方推压机匣盖，使卡笋进入方孔内。

e）装上附品筒和通条。将附品装入附品筒并盖好，再将附品筒（筒盖向外）装入附品筒巢；然后，打开枪刺，插入通条并使其头部进入通条头槽内，折回枪刺。

f）装上弹匣。将弹匣口前端先插入结合口内，扳弹匣向后，听到响声为止。

三、子弹

1．子弹的各部位名称

子弹由弹头、弹壳、底火和发射药组成。

2．子弹的种类

（1）普通弹：用以杀伤敌人有生力量。

（2）曳光弹：主要用以试射、指示目标和发射信号，命中干草能起火，曳光距离可达800m，弹头头部呈绿色。

（3）燃烧弹：主要用以引燃易燃物体，弹头头部呈红色。

（4）穿甲燃烧弹：主要用以射击飞机和轻装甲目标（在 200m 距离内穿甲厚度为7mm），并能在穿透装甲后引燃汽油。弹头头部呈黑色并有一道红圈。

四、爱护武器和擦拭上油

1．爱护武器的要求

爱护武器、子弹是干部、战士的重要职责，是一项日常战备措施，也是预防故障的有效方法。因此，必须做到：勤检查、勤擦拭、不碰摔、不生锈、不损坏、不丢失，使武器、子弹经常保持完好状态。

2．擦拭上油

（1）擦拭时机和要求。实弹射击后，应用浸透油和碱水（肥皂水）的布，将武器内的烟渣、污垢擦洗干净，并用干布擦干后再上油，在以后三四天内应每天擦拭一次；训练、演习后，应适时地用干布和油布进行擦拭；不经常使用时，每周至少擦拭一次；严寒的室外将枪带到室内时，应待出水珠后再擦拭上油；枪被海水浸过或遭受毒剂或放射性物质沾染后，应先用淡水冲洗后再擦拭；擦拭上油后，应放在通风干燥处晾干，严禁火烤和暴晒。

（2）擦拭上油的方法。擦拭前，应分解武器，准备擦拭用具；使用通条时，应将通条穿过筒盖或枪口罩（冲锋枪先穿过筒体），拧紧擦拭杆；然后，将通条与筒体、铳子或穿钉连接在一起（冲锋枪将扳子插入筒体内）。

①擦拭枪膛时，把布条缠在擦拭杆活动部位，并插入枪膛，将筒盖或枪口罩套在枪口上，沿枪膛全身均匀地来回擦拭（弹膛应从后面擦拭），直到擦净；而后，用布条或鬃刷涂油。

②擦拭导气箍、活塞筒时，用通条或木杆缠布擦拭，擦净后涂油。

③擦拭其他机件时，应先擦净表面的烟渣和污垢，对孔、槽、沟等细小部分，可用竹（木）签缠上布进行擦拭，而后薄薄地涂上一层油。

五、排除故障的方法

射击中，若发生故障，通常拉枪机向后，重新装弹继续射击。如仍然有故障，应迅速查明原因，及时排除。可能发生的故障、原因和排除方法见表 7-1。

表 7-1 半自动步枪、冲锋枪故障原因、排除方法

故障现象	发生原因	排除方法
不送弹	1．弹匣（仓）过脏或损坏； 2．机件过脏，枪机后退不到定位；	1．擦拭机件或弹匣（仓）； 2．更换弹匣；
不发火	1．子弹底火失效； 2．击锤簧弹力不足或击针损坏；	1．更换子弹； 2．更换击针或击锤簧；
不退壳	1．子弹、枪机、机匣、弹膛及火药气体通路过脏，枪机后退不到定位； 2．抓弹钩过脏或损坏；	1．捅出膛内弹壳，擦拭过脏机件； 2．更换抓弹钩；
枪进机到未定前位	1．弹膛、机匣、枪机和复进机过脏或枪油凝结； 2．子弹或弹匣口变形；	1．推枪机到定位； 2．擦拭过脏机件； 3．更换子弹或弹匣；
不抛壳	1．火药气体通路过脏； 2．机件过脏，枪机后退不到定位；	1．卸下弹匣，取出弹壳； 2．擦拭过脏机件；

第二节 射击原理

一、发射与后坐

（一）发射

火药气体压力将弹头（火箭弹、炮弹）从膛内推送出去的现象，叫发射。

1．发射过程

击针撞击子弹底火，使起爆药发火，火焰通过导火孔引燃发射药，产生大量火药气体，在膛内形成很大的压力，追使弹头脱离弹壳，沿膛线旋转加速前进，直到推出枪口。

发展的过程时间极短促，现象却很复杂，整个过程可分为四个阶段（见下图）。

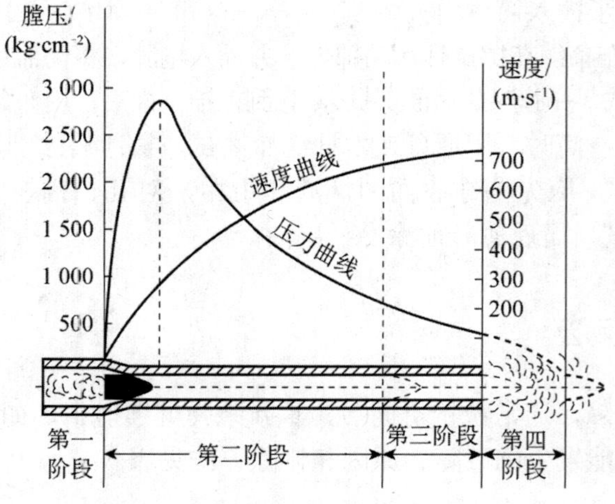

发射的四个阶段

（1）第一阶段（准备阶段）：由发射药开始燃烧起至弹头开始运动止。在此阶段，发射药在密闭的固定容积空间内（弹壳内）燃烧并产生气体，气体逐渐增加，从而使压力逐渐增大，当气体压力足以克服弹头运动阻力（弹壳口对弹头的摩擦力及阻止弹头嵌入膛线的抗力）时，弹头即从静止转为运动状态，脱离弹壳、嵌入膛线。弹头完全嵌入膛线所需要的气体压力，称为起动压力。各种枪的起动压力为 250～500kg/cm^2。

（2）第二阶段（基本阶段）：自弹头开始运动到发射药燃烧完为止。在此阶段内，发射药在迅速变化的容积内燃烧，膛内压力随气体的增加迅速加大，弹头运动速度随之加快。当弹头在膛内前进 6～8cm 时，膛内的压力最大，此压力称为膛压。各种枪的最大膛压为 1 400～3 400kg/cm^2（56 式半自动步枪为 2 810kg/cm^2）。由于弹头加速前进，弹头后面的空间迅速扩大，扩大的速度超过了气体增加的速度，因而，压力开始下降。但到发射药燃烧完毕时，火药气体仍保持一定的压力，而弹头的速度随着火药气体对弹头的作用时间还在不断增加，使弹头继续加速前进。

（3）第三阶段（气体膨胀阶段）：自发射药燃烧完到弹头底部脱离枪口前切面时止。在此阶段内，弹头是在高压灼热气体膨胀作用下运动的。虽然没有新的火药气体产生，但原有的气体仍储有大量的能，继续做功使弹头加速运动，直到脱离枪口。弹头脱离枪口瞬间的气体压力，称为枪口压力。各种枪口的压力为 200～600kg/cm^2（56 式半自动步枪为 390kg/cm^2）。

（4）第四阶段（火药气体作用的最后阶段）：自弹头底部脱离枪口前切面时起到火药气体停止对弹头作用时止。弹头飞出枪口时，火药气体形成一股气流，从膛内喷出，其速度比弹头的速度大得多。因此，在距枪口一定距离内（各种枪为 5～50cm），火药气体仍继续对弹头底部施加压力，并加大弹头的运动速度，直到火药气体压力与空气阻力相等时为止。此时，弹头飞行的速度最大。

从发射的四个阶段可知，膛压的变化规律是：从小急剧增大，尔后逐渐下降。弹头速度的变化规律是：由静到动，由慢到快，始终是加速运动。

2．初速及其实用意义

弹头脱离枪口前切面瞬间的速度，称为初速。

决定初速大小的条件有弹头的重量、装药的重量、枪管的长度和发射药燃烧的速度。

（1）弹头的重量：在其他条件相同的情况下，弹头轻，初速大；弹头重，初速小。如 53 式重机枪轻弹（弹头重 9.6g）初速为 865m/s，重弹（弹头重 11.8g）初速为 800m/s。

装药的重量，在其他条件都相同的情况下，装药量多，所产生的火药气体多，压力大，弹头的初速也就大。如 82 迫击炮炮弹，用零号装药（药量 8g），其初速为 70m/s；用二号装药（药量 34.5g），其初速为 175m/s。

（2）枪管的长度：在其他条件都相同的情况下，用同样的子弹，在一定限度内加大枪管的长度，则初速增大。因为枪膛长能延长火药气体对弹头的作用时间，使火药气体做更多的有效功。如同用 56 式普通弹，半自动步枪（枪管长 520mm）初速为 735m/s，56 式冲锋枪（枪管长 415mm）初速为 710m/s。

（3）发射药燃烧的速度：在其他条件都相同的情况下，发射药燃烧的速度越快，火药气体对弹头的压力增加也就越快，从而使弹头在膛内运动的速度加快，初速也就大。

初速是判定武器战斗性能的重要因素之一。弹头相同，其初速越大，实用意义也就越大。主要表现在：一是能增加弹头的飞行距离；二是弹道更为低伸，使命中率提高；三是能减少外界条件对弹头飞行的影响；四是能加大弹头的侵彻力和杀伤力。

3．枪管的堪抗力和寿命

膛壁承受枪膛内一定火药气体压力而不变形的能力，称为枪管堪抗力。枪管的堪抗力取决于膛壁的厚度和枪管所用材料的质量。

枪管都具有一定的备用堪抗力，使它能承受比最大膛压大半倍到一倍的压力。56 式半自动步枪的最大膛压为 2 810kg/cm^2，而枪管堪抗力为 5 500kg/cm^2，超过最大膛压近一倍。

显然，射击时，若枪管内塞有杂物（如布条、沙子、泥土、弹头等）就会影响弹丸的运动，使膛压超过枪管的堪抗力，枪管就会发生膨胀或炸裂现象（见下图）。

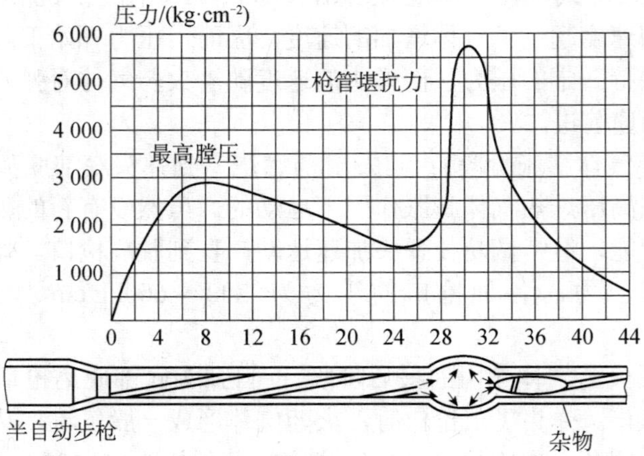

枪管发生膨胀及炸裂的原因

枪管能正常发射一定数量子弹的能力，称为枪管寿命。超过此数量，枪膛就会磨损而导致射弹散布显著增大、初速减小、弹头飞行不稳定、命中率降低。据测定，56 式半自动步枪枪管寿命可发射 6 000 发弹，56 式冲锋枪可发射 15 000 发弹。

为防止枪管膨胀或炸裂、延长枪管的寿命，必须注意爱护枪膛，做到射击前认真检查枪膛内有无杂物，射击后及时将枪膛内的烟渣擦拭干净。

（二）后坐及其对命中的影响

1．后坐及其形成

发射时武器向后运动的现象，叫后坐。

发射药燃烧时，产生的气体同时作用于各个方向，作用于膛壁周围的压力被膛壁所抵消；向前作用于弹头后部的压力推送弹头前进；向后作用于弹壳底产生的压力经过枪机传给整个武器，使武器向后运动，形成后坐。武器的后坐和弹头的运动是同时开始的。在弹头脱离枪口瞬间，大量的火药气体随弹头后部从膛内向外喷出，形成了反作用力，使武器后坐更加明显。

2．后坐对命中的影响

后坐对单发（连发首发）射击的命中影响极小。因为弹头在膛内运动的时间极短（约 1/1 000s），并且枪比弹头重得多（冲锋枪、半自动步枪在 400 倍以上），所以弹头在脱离枪口以前，枪的后坐距离只有 1mm 多，而且是正直向后运动的，加之衣服和肌肉的缓冲作用，射手是感觉不出来的。射手感觉到后坐，主要是在弹头在脱离枪口的瞬间，由火药气体猛烈向枪口外喷出形成的反作用力造成的。此时，弹头已脱离枪口。因此，后坐对单发（连发首发）射击的命中影响极小。

后坐对连发射击的命中有一定的影响。因为连发射击时，第一发子弹发射后，由于枪的明显后坐变动了原来的瞄准线，所以对第二发及以后的射弹命中有一定的影响。但只要射手持枪正确，适应连发武器射击时的后坐规律，就能减小后坐对连发命中的影响，提高射击准确度。

二、弹道及其实用意义

（一）弹道

1．弹道及其形成

弹头运动过程中，其重心所经过的路线叫弹道。弹头在空气中飞行时，一面受到地心引力的作用，逐渐下降；另一面受到空气阻力的作用，越飞越慢。因此，形成了一条不均匀的弧线。升弧较长较直，降弧较短较弯曲。

2．弹道要素（见下图）

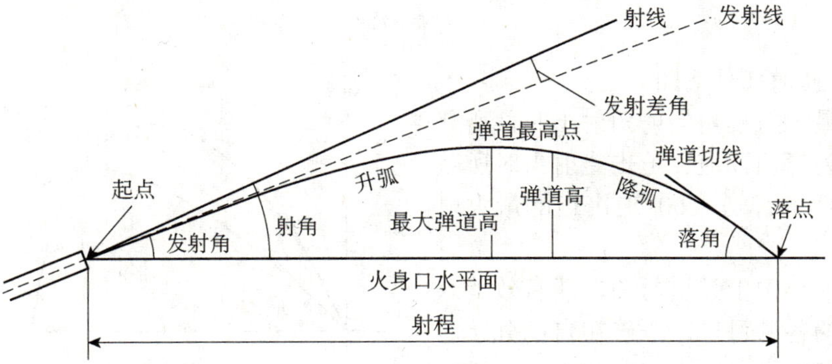

弹道要素

起点——火身口中心点。

火身口水平面——通过起点的水平面。

射线——发射前火身轴线的延长线。

射角——射线与火身口水平面之间的夹角。

发射线——发射瞬间火身轴线的延长线。

发射角——发射线与火身口水平面之间的夹角。

落点——弹道降弧与火身口水平面的交点。

弹道最高点——火身口水平面上弹道的最高点。

升弧——由起点到弹道最高点的弹道。

降弧——由弹道最高点到落点的弹道。

弹道高——弹道上任何一点到火身口水平面的垂直距离。

最大弹道高——弹道最高点到火身口水平面的垂直距离。

弹道切线——弹道上任何一点的切线。

落角——落点的弹道切线与火身口水平面的夹角。

射程——起点到落点的水平距离。

（二）低伸弹道和弯曲弹道

1．低伸弹道

用小于最大射程角（能获得最大射程的角，称为最大射程角）的射角射击时，所获得的弹道称为低伸弹道（各种枪的最大射角为 30°～50°）。低伸弹道，由于弹道低伸，危险界大，杀伤目标的可能性和杀伤目标的区域纵深就大，测量距离的误差对杀伤目标的影响也就小。如高 1m 的侧面跑步目标，距射手 300m，可是射手误测距离为 400m，用重机枪装定标尺“4”瞄准目标中央射击时，在 300m 处的弹道高为 0.31m，从瞄准点到目标顶点高为 0.5m，没有超过目标高度，目标仍能被杀伤（见下图）。

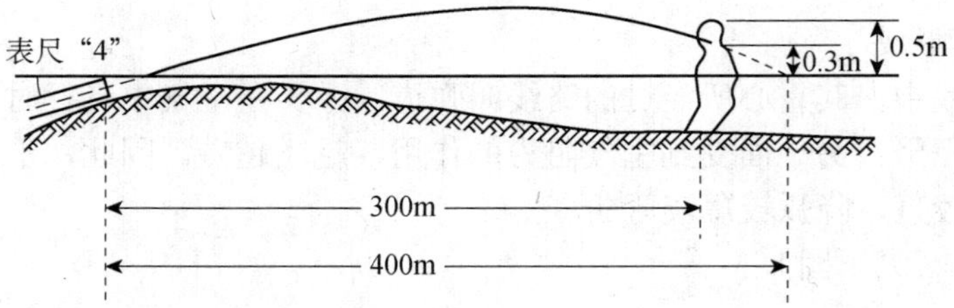

低伸弹道

2．弯曲弹道（见下图）

用大于最大射程角的射角射击时，所获得的弹道称为弯曲弹道。迫击炮射击时所获得的弹道为弯曲弹道（60 迫击炮的最大射角为 45°）。

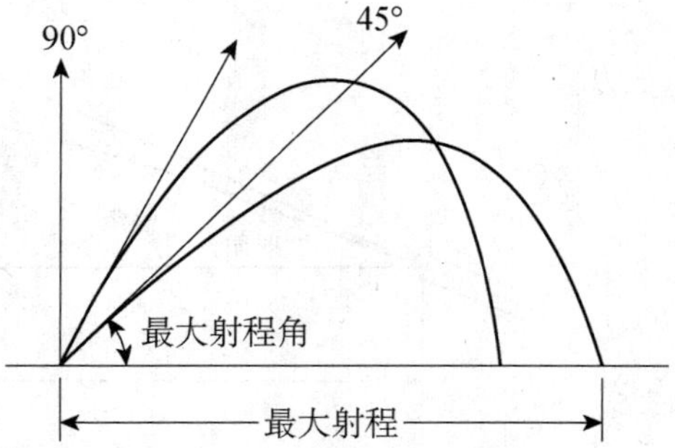

弯曲弹道图

弯曲弹道，由于弹道弯曲，能有效地杀伤遮蔽物后的各种目标，既能在自己分队后随时实施超越射击，以不间断的火力支援步兵战斗，又能在遮蔽物后占领发射阵地，避开正面敌人低伸弹道火力的杀伤，间接瞄准杀伤敌人（见右图）。

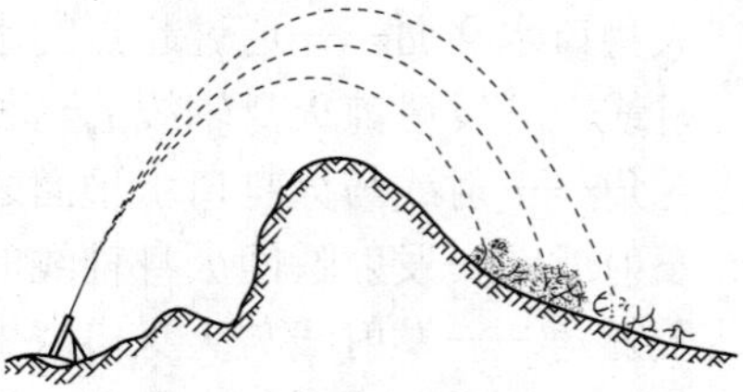

用弯曲弹道杀伤遮蔽物后的目标

（三）直射及其实用意义

1．直射和直射距离

瞄准线上的弹道高度在整个直线距离上不超过目标高度的射击，叫直射。这段直线距离叫直射距离（见下图）。

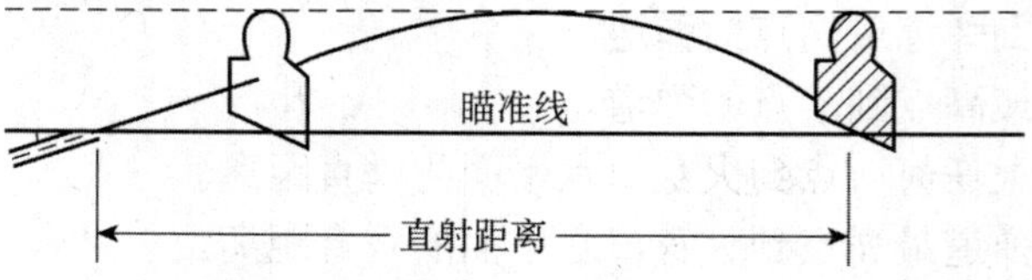

直射和直射距离

直射距离的远近，决定于目标的高低和弹道的低伸程度。目标越高，弹道越低伸，直射距离就越大；目标越低，弹道越弯曲，直射距离就越小。因此，直射距离可根据武器在瞄准线上的最大弹道高度与目标高度相比较求出。半自动步枪、冲锋枪、班用轻机枪对人头目标的直射距离为200m，对人胸目标为300m，对半身目标为400m。

2．直射的实用意义

（1）对在直射距离内的目标射击时，瞄准目标下沿，不变更表尺分划即可进行连续射击，以增大战斗射速，提高射击效果。

（2）可以弥补测量距离的误差对命中的影响。

（3）指挥员运用直射的原理，组织侧射、斜射、短兵射击和夜间标定射击，均能获得良好的射击效果。

（4）反坦克武器在直射距离内对敌装甲目标射击，效果更好。

（四）危险界、遮蔽界和死角

1．危险界

危险界分为表尺危险界和实地危险界。瞄准线上的弹道高度没有超过目标高度的部分，称为表尺危险界；在实际地形上弹道高度没有超过目标高度的那一段距离，称为实地危险界。

决定实地危险界大小的条件：

（1）弹道形状：对同一地形上的同一目标射击时，弹道越低伸，危险界就越大；反之越小。

（2）目标高低：用同一武器对同一地形上的不同目标射击，目标越高，危险界越大；反之越小。

（3）目标所在位置的地貌：用同一武器对同一种目标射击，目标所在位置的地貌与弹道形状越一致，危险界越大；反之越小。

2．遮蔽界和死角

从弹头不能射穿遮蔽物的顶端到弹着点的一段距离，叫遮蔽界。目标在遮蔽界内不会被杀伤的一段距离，叫死角。遮蔽界内包括死角和危险界（见左图）。

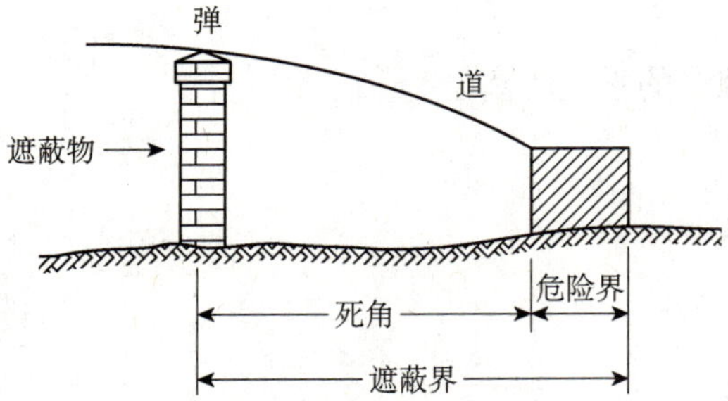

遮蔽界和死角

遮蔽界和死角的大小是由遮蔽物的高低和落角的大小决定的。死角的大小还决定于目标的高低。

（1）同一弹道，同一目标，遮蔽物越高，遮蔽界和死角就越大；反之越小。

（2）同一遮蔽物，同一目标，落角越小，遮蔽界和死角就越大；反之越小。

（3）同一遮蔽物，同一弹道，目标越高，死角越小；反之越大。

3．了解危险界、遮蔽界和死角的实用意义

懂得了危险界、遮蔽界和死角，在战斗中就能更好地隐蔽身体、发挥火力，灵活地利用地形地物，隐蔽地运动、集结和转移，以避开或尽量减少敌火力的杀伤。在组织火力配系时，就能正确地选择射击位置和组织火力，增大危险界和减少射击地带内的遮蔽界和死角。善于运用弯曲弹道和各种武器的侧射、斜射火力，能够消灭隐蔽在遮蔽界和死角内的敌人。

三、选定表尺分划和瞄准点

（一）瞄准具的作用

由于地心引力和空气阻力的作用，如果用枪管瞄向目标射击，射弹就会打低打近。为了命中目标，必须将枪口抬高，使火身轴线与瞄准线之间形成一定的角度，即瞄准角。瞄准具的作用，就是对一定距离上的目标射击时赋予武器相应的瞄准角和射向。射击时，只要按照目标的距离装定相应的表尺分划瞄准射击，就能命中目标。

（二）瞄准要素（见下图）

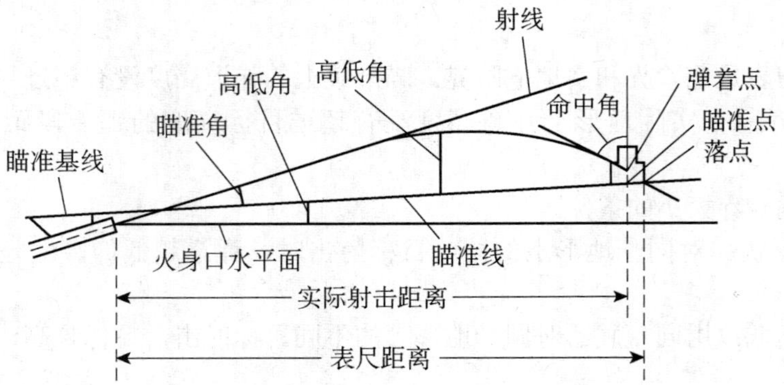

瞄准要素

瞄准基线——缺口的上沿中央位置到准星尖的直线。

瞄准线——视线通过缺口上沿中央位置和准星尖的延长线。

瞄准点——瞄准线所指向的一点。

瞄准角——射线与瞄准线的夹角。

瞄准线上弹道高——弹道上任何一点到瞄准线的垂直距离。

弹着点——弹道与目标表面或地面的交点。

高低角——瞄准线与火身口水平面的夹角。

表尺距离——起点到落点的距离。

实际射击距离——起点到弹着点的距离。

（三）选定表尺分划和瞄准点

为了使射弹准确地命中目标，射击时，射手应根据目标的距离、大小和武器的弹道高（见下表），正确地选定表尺分划和瞄准点。

表弹道高度表

枪种	表尺	弹道高度								
		50m	100m	150m	200m	250m	300m	350m	400m	450m
半自动步枪	1	1	0	−7						
	2	6	11	9	0	−16				
自动步枪	3	13	25	29	28	18	0	−19		
	4	21	42	55	62	61	51	31	0	−48
冲锋枪	1	1	0	−8						
	2	6	12	9	0	−19				
	3	14	28	33	31	21	0	−33		
	4	24	48	63	72	72	62	39	0	−52

（1）目标距离为 100m（轻机枪 50m）整数时，可根据目标的距离装定相应的表尺分划，瞄准点选在目标中央位置。

（2）目标距离不是 100m（轻机枪 50m）整数时，通常选定大于实际距离的表尺分划。根据武器在该距离上的弹道高，相应降低瞄准点射击。也可选定小于实际距离的表尺分划。根据武器在该距离上的负弹道高，相应提高瞄准点射击。

（3）对 300m 距离以内的目标射击时，通常选定常用表尺（表尺“3”）分划，小目标瞄下沿，大目标瞄中央射击。

（四）观察弹着和修正偏差

射击时，由于测距、瞄准的误差和外界条件对射击的影响，以及射手操作不正确等原因，会使射弹产生偏差。因此，射手（副射手）应注意观察弹着，及时修正编差，以提高射击效果。

1．观察弹着

观察弹着时，应根据射弹击起的尘土、水花的位置和曳光痕迹、目标状况的变化等情况，判断射弹是否命中目标或偏差量的大小。

2．修正偏差

发现偏差时，应认真分析，找出原因。如是武器、风造成的偏差，偏差多少就修正多少。修正方向偏差时，瞄准点（横表尺）向弹着偏差相反的方向修正（用横表尺修正时，瞄准点不变）；修正高低偏差时，可以升降瞄准点或增减表尺分划来修正。

四、外界条件对射击的影响及修正

（一）风对射弹的影响及修正

1．风向和风力的判定

（1）风向的判定：可按风向与射向所形成的角度判定，通常分为横风、斜风、纵风（顺风和逆风）。

（2）风力的判定：风力按其大小分为强风、和风和弱风。判定方法：可用测风仪等器材测出，也可根据人的感觉和物体被风吹动的情况来判定。

强风——风速 8～12m/s，相当于 5～6 级风。现象：旗帜刮成水平并哗哗响，草倒于地面，粗树枝摇动，烟被吹成水平并很快散开。

和风——风速 4～7m/s，相当于 3～4 级风。现象：旗帜展开并飘动，草不停地摆动，细树枝晃动，烟被吹斜但未散开。

弱风——风速 2～3m/s，相当于 2 级风。现象：旗帜微微飘动，草微动，细树枝微动，烟稍斜上升。

2．风对射弹的影响及修正

（1）横（斜）风对射弹的影响及修正：横（斜）风会使射弹产生方向偏差，风力越大，距离越远，偏差就越大。射击时，为了准确地命中目标，必须根据射弹受风影响的偏差量，将瞄准点或横表尺向风吹来的方向修正；修正时，以横方向的和风修正量（见下表）为准，强风加一倍，弱风减一半。斜方向的强（和）风，应按横方向的强（和）风修正量减一半。修正量从预期命中点算起。横表尺修正后，瞄准点不变。

表横方向的和风修正量表

距离/m	冲锋枪、半自动步枪、班用轻机枪		重机枪	
	m	人体	人体	横表尺
200	0.14	1/4	1/4	1/2
300	0.36	1/2	1/2	2/3
400	0.72	1.05	1	1
500	1.2	2.05	1.05	1.04
600	1.8	3.05	2	1.08

（2）纵风对射弹的影响及修正：纵风能影响射弹的飞行距离。顺风会使射弹打远（高）；逆风会使射弹打近（低）。但风速小于 10m/s 时影响较小，对 400m 内的目标射击不必修正。如对远距离的目标射击时，可稍稍降低或提高瞄准点。

修正时，应注意风向、风力的不断变化，灵活运用。

（二）阳光对瞄准的影响及克服方法

1．阳光对瞄准的影响

在阳光下瞄准时，由于阳光的照射作用，缺口部分产生虚光，形成三层缺口：虚光部分、真实缺口、黑实部分。若用虚光瞄准，射弹就偏向阳光照来的方向；若用黑实部分瞄准，射弹就偏向阳光照来的相反方向（见右图）。

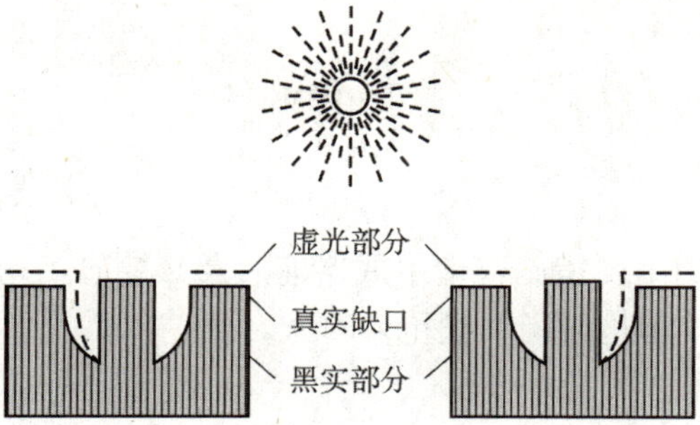

阳光对瞄准的影响

2．克服的方法

射手应多在不同方向的阳光照射下练习瞄准。练习时，可采取遮光瞄准、不遮光检查，或不遮光瞄准、遮光检查的方法，反复区别，确实辨清真实缺口的位置和正确瞄准的情况。瞄准时间不宜过长，以免眼花而产生偏差。平时应注意保护瞄准具，不使其磨亮而反光。

（三）气温对射弹的影响及修正

1．气温对射弹的影响

气温变化时，空气密度也随之改变，因而影响射弹的飞行速度。气温升高时，空气密度减小，对射弹飞行的阻力也相应减小，射弹就打远（高）；气温降低时，空气密度增大，对射弹飞行的阻力也相应增大，射弹就打近（低）。

2．修正方法

由于各地区和各季节的气温不同，很难与标准气温（+15℃）条件相符。因此，应在当时当地的气温条件下矫正武器的射效，并以矫正射效的气温条件为准。射击时，若气温差别不大，在400m（重机枪500m）内对射弹命中的影响较小，不必修正。若气温差别很大或对远距离目标射击时，应适当提高或降低瞄准点射击（修正量见下表）。气温降低时，提高瞄准点或增加表尺分划；气温升高时，降低瞄准点或减少表尺分划。

表气温修正量表

距离/m	冲锋枪、半自动步枪、班用轻机枪		重机枪	
	距离	高低	距离	高低
200	4	0.01	4	0.01
300	7	0.03	6	0.02
400	10	0.07	8	0.04
500	13	0.14	10	0.07
600	16	0.26	13	0.12

第三节 射击动作

一、验枪

验枪是一项保证安全的重要措施。使用武器前后及必要时，均应验枪，认真检查弹膛、弹匣和教练弹中有无实弹。验枪时，严禁枪口对人。

口令：“验枪”、“验枪完毕”。

（一）半自动步枪

要领：

①听到“验枪”口令后，右手将枪提起，以右脚掌为轴，身体半面向右转；左脚顺势向前迈出一步（两脚约与肩同宽），同时右手将枪向前送出，左手接握下护木，左大臂紧靠左肋；枪托贴于胯骨，枪刺尖约与眼同高；右手打开保险和弹仓盖，移握机柄。

②当指挥员检查时，拉枪机向后。验过后，自行送回枪机，关上弹仓盖，扣扳机，关保险，移握枪颈。

③听到“验枪完毕”口令后，右手移握上护木，身体半面向左转，在右脚靠拢左脚的同时，恢复持枪姿势。

（二）冲锋枪

要领：

①听到“验枪”口令后，以右脚掌为轴，身体半面向右转；左脚顺势向前迈出一步（两脚约与肩同宽），同时右手移握上护木，将枪向前送出（背带从肩上脱下）；左手接握下护木，左大臂紧靠左肋；枪托贴于右胯，准星约与肩同高，打开保险，卸下弹匣，使弹匣口向后交给左手握于护木右侧，右手移握机柄。

②当指挥员检查时，拉枪机向后。验过后，自行送回枪机，装上弹匣，扣扳机，关保险，移握枪颈。

③听到“验枪完毕”口令后，左手反握上护木，两手协力将枪倒置于胸前，右手拇指挑起背带，身体半面向左转，在右脚靠拢左脚的同时，两手协力将枪送上右肩，恢复肩枪姿势。

二、射击准备

（一）半自动步枪

1．卧姿装退子弹及定复表尺

口令：“卧姿——装子弹”、“退子弹——起立”。

要领：

①听到“卧姿——装子弹”口令后，右手将枪提起稍向前倾，左脚向右脚尖前迈出一大步（也可右脚顺脚尖方向迈出一大步）；左手在左（右）脚尖前支地，顺势卧倒，以身体左侧、左肘支持全身；右手将枪向目标方向送出，左手接握表尺下方，枪托着地，右手拉枪机

到定位；解开弹袋扣，取出一夹子弹，插入弹夹槽，用食指或拇指将子弹压入弹仓，取出弹夹，送弹上膛，将弹夹装入弹袋并扣好；右手拇指和食指捏压游标卡笋，移动游标，使游标前切面对正所需要的表尺分划；右手移握枪颈，全身伏地，两脚分开约与肩同宽，身体与射向约成30°角；枪刺离地，目视前方，准备射击。

②听到“退子弹——起立”口令后，稍向左侧身，右手解开弹袋扣，打开弹仓盖，接住落下的子弹，装入弹袋；拇指拉机柄向后，余指接住从膛内退出的子弹，送回枪机，将子弹装入弹袋并扣好；关上弹仓盖，打开保险，扣扳机，关保险，复表尺，移握上护木，将枪收回，同时左小臂向里合，屈左腿于右腿下；以左手和两脚撑起身体，右脚向前一大步，左脚再向前一步，在右脚靠拢左脚的同时，恢复持枪姿势。

2．跪姿装退子弹及定复表尺

口令：“跪姿——装子弹”、“退子弹——起立”。

要领：

①听到“跪姿——装子弹”口令后，右手将枪提起，左脚向右脚前方迈出一步；右手将枪向目标方向送出，左手接握表尺下方，同时右膝向右跪下，臀部坐在右脚跟上，左小腿略垂直，两腿约成 90°角；左小臂放在左大腿上，枪刺尖约与眼同高；然后，按要领装子弹、定表尺，右手移握枪颈，目视前方，准备射击。

②听到“退子弹——起立”口令后，按要领退出子弹、打开保险、扣扳机、关保险、复表尺；右手移握上护木，左脚尖向外打开同时起立，在右脚靠拢左脚的同时，恢复持枪姿势。

3．立姿装退子弹及定复表尺

口令：“立姿——装子弹”、“退子弹”。

要领：

①听到“立姿——装子弹”口令后，右手将枪提起，以右脚掌为轴，身体大半面向右转；左脚顺势向前迈出一步（两脚与肩同宽，成外八字），体重落在两脚上；右手将枪向目标方向送出，左手接握表尺下方，左大臂紧靠左肋，枪托贴于胯骨，枪刺尖约与眼同高；然后，按要领装子弹、定表尺，右手移握枪颈，目视前方，准备射击。

②听到“退子弹”口令后，按要领退出子弹、打开保险、扣扳机、关保险、复表尺；右手移握上护木，身体大半面向左转，在右脚靠拢左脚的同时，恢复持枪姿势。

（二）冲锋枪

1．向弹匣内装子弹

要领：左手握弹匣，使弹匣口朝上，挂耳向左前，右手将子弹放于弹匣口，两手协力将子弹压入弹匣内。

2．卧姿装退子弹及定复表尺

口令：“卧姿——装子弹”、“退子弹——起立”。

要领：

①听到“卧姿——装子弹”口令后，右手移握上护木，使枪口向前（背带从肩上脱下）；左脚向右脚尖前迈出一大步（也可右脚顺脚尖方向迈出一大步），左手在左（右）脚尖前支地，顺势卧倒，以身体左侧、左肘支持全身；右手将枪向目标方向送出，左手接握下护木，枪面稍向左，枪托着地；右手打开枪刺，卸下空弹匣（弹匣口朝后）交给左手握于护木

右侧；解开弹袋扣，换上实弹匣，将空弹匣装入弹袋内并扣好，打开保险，拉枪机送子弹上膛，关上保险；右手拇指和食指捏压游标卡笋，移动游标，使游标前切面对正所需的表尺分划；然后，右手移握握把，全身伏地，枪面向上，弹匣、枪托着地，两脚分开约与肩同宽，身体右侧与枪略成一线，目视前方，准备射击。

②听到“退子弹——起立”口令后，稍向左侧身，右手卸下实弹匣交给左手；打开保险，拇指慢拉枪机向后，余指接住从膛内退出的子弹，送回枪机，将子弹压入弹匣内；解开弹袋扣，换上空弹匣，把实弹匣装入弹袋内并扣好，扣扳机，关保险，复表尺，折回枪刺，移握上护木，将枪收回，同时左小臂向里合，屈左腿于右腿下；以左手和两脚撑起身体，右脚向前一大步，左脚再向前一步，左手反握上护木，将枪倒置于胸前，右手挑起背带，在右脚靠拢左脚的同时，两手协力将枪送上右肩，恢复肩枪姿势。

3．跪姿装退子弹及定复表尺

口令：“跪姿——装子弹”、“退子弹——起立”。

要领：

①听到“跪姿——装子弹”口令后，右手移握上护木，使枪口向前（背带从肩脱下），左脚向右脚前方迈出一步，右手将枪向目标方向送出，左手接握下护木，同时，右膝向右跪下，臀部坐在右脚跟上，左小腿略垂直，两脚约成 90°角，左小臂放在左大腿上，枪面稍向左，准星略与肩同高。然后，按要领打开枪刺，换上实弹匣，打开保险，送子弹上膛，关保险，定表尺，右手移握握把，目视前方，准备射击。

②听到“退子弹——起立”口令后，按要领卸下实弹匣，打开保险，退出膛内子弹，换上空弹匣，扣扳机，关保险，复表尺，右手折回枪刺，移握上护木，左脚尖向外打开的同时起立，左手反握上护木，将枪倒置于胸前，右手挑起背带，在右脚靠拢左脚的同时，两手协力将枪送上右肩，恢复肩枪姿势。

4．立姿装退子弹及定复表尺

口令：“立姿——装子弹”、“退子弹”。

要领：

①听到“立姿——装子弹”口令后，右手移握上护木，以右脚掌为轴，身体大半面向右转，左脚顺势向前迈出一步（两脚约与肩同宽，成外八字），体重落在两脚上；右手将枪向目标方向送出（背带从肩上脱下），左手接握下护木，左大臂紧靠左肋，枪托贴于胯骨，准星约与肩同高；然后，按要领打开枪刺、换上实弹匣、打开保险、送子弹上膛、关保险、定表尺，右手移握握把，目视前方，准备射击。

②听到“退子弹”口令后，按要领卸下实弹匣、打开保险、退出膛内子弹、换上空弹匣、扣扳机、关保险、复表尺；右手折回枪刺，移握上护木，身体大半面向左转，左手反握上护木，将枪倒置于胸前，右手挑起背带，在右脚靠拢左脚的同时，两手协力将枪送上右肩，恢复肩枪姿势。

三、据枪、瞄准、击发

（一）据枪

为了获得更好的射击效果，应力求充分利用地形、实施有依托射击。条件许可时，应构筑依托物。依托物的高度应以射手的身体而定，一般为 25～30cm。在紧急情况下，还应善于利用不同高度的依托物实施射击。

1．半自动步枪有依托据枪

①卧姿据枪时，下护木放在依托物上，左手托握表尺下方，手背紧靠依托物（也可将手垫在依托物上），左肘向里合；右手握枪颈，食指第一节靠在扳机上，大臂略成垂直；两手协同将枪托抵于肩窝，头稍前倾，自然贴腮。

②掩体内跪姿据枪时，通常跪左膝，身体左前侧紧靠掩体前崖，右小腿垂直或右脚向右后蹬，两肘抵在臂座上。

③掩体内立姿据枪时，左腿微屈，上体左前侧紧靠掩体前崖，右脚向后蹬，两肘抵在臂座上。

2．冲锋枪有依托据枪

①卧姿据枪时，下护木（枪刺座或枪管）放在依托物上，身体右侧与枪身略成一线；右手虎口向前紧握握把，食指第一节靠在扳机上，右肘尽量里合着地前撑；左手握弹匣（也可握下护木），左肘着地外撑，两肘保持稳固；胸部挺起，身体稍向前跟（右肘不离地），上体自然下塌，两手用力保持不变，使枪托抵于肩窝，头稍前倾，自然贴腮。

②掩体内跪姿据枪时，通常跪左膝，右膝靠掩体前崖或右脚向后蹬，也可跪双膝；上体紧靠掩体前崖，两肘抵在臂座上。

③掩体内立姿据枪时，上体左前侧紧靠掩体前崖，左腿微屈，右脚向后蹬，两肘抵在臂座上。

（二）瞄准

1．正确瞄准

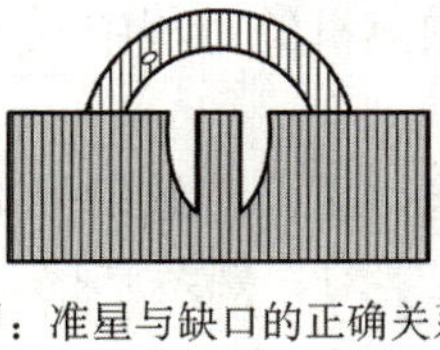

甲：准星与缺口的正确关系

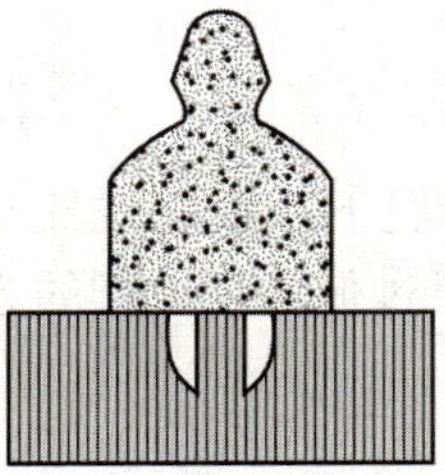

乙：正确的瞄准情况

正确瞄准

右眼通视缺口和准星，使准星尖位于缺口中央并与上沿齐平，指向瞄准点，即为正确瞄准。正确瞄准情况下，应是能看清准星与缺口的平正关系，而目标看得较模糊（见左图）。

据枪后，应首先使瞄准线自然指向目标。若未指向目标，不可迁就而强扭枪身，必须调整姿势。需要修正方向时，可左右移动身体或两肘；需要修正身低时，可调整依托物，前后移动整个身体或两肘里合、外张（连发射击时，右肘不宜外张），也可适当移动左手的托枪位置。

瞄准时，应把主要精力集中在准星与缺口的平正关系上。如果把主要精力集中在准星与目标上，就会忽略准星与缺口的平正关系，使射弹产生偏差。

3．瞄准误差对命中的影响

（1）准星与缺口关系不正确：瞄准时，若准星与缺口的关系不正确，对命中影响很大。准星偏哪，弹着偏哪。如准星尖在缺口内偏差 1mm，弹着点会产生 100m 距离的偏差量，半自动步枪为 21cm，冲锋枪为 26cm。距离增加几倍，偏差量就增加几倍。

（2）瞄准线指向的偏差：瞄准时，若准星与缺口的关系正确，而瞄准线指向产生偏差时，射弹也会产生偏差。射弹的偏差与瞄准线指向的偏差相一致，如瞄准线指向偏左

15cm，射弹也就偏左 15cm。

4．检查瞄准的方法

（1）个人检查：瞄准时，头稍上下移动，检查准星是否位于缺口中央；头稍左右移动，检查准星尖是否与缺口上沿平齐。也可用平正准星检查器或白纸遮挡的方法，检查准星与缺口是否平正。

（2）固定枪检查：将枪放在依托物上，瞄准后不动枪，互相检查瞄准的正确程度。

（3）四点瞄准检查：将枪放在依托物上，在枪前 15m 处设固定白纸靶。示靶手将检查靶固定在白纸上，由教练员或优秀射手向检查靶瞄准；瞄好后，将枪固定好，示靶手通过检查靶中央的圆孔，点上标记作为基准点；然后，移开检查靶，由射手不动枪瞄准，指挥示靶手移动检查靶；连续瞄 3 次，每次点上标记。3 次的瞄准标记点与基准点能套在直径 10mm 的圆孔内为及格，能套在 5mm 的圆孔内为良好，能套在 3mm 的圆孔内为优等。

四点瞄准时，是动靶不动枪，而实际射击则是动枪不动靶。因此，瞄准标记点对基准点的高低、方向偏差与实际射击的偏差相反。

（4）用检查镜检查：将检查镜固定在枪上，检查者位于射手的左侧通过检查镜进行检查。

（三）击发

击发时，用右手食指第一节均匀正直地向后扣压扳机（食指内侧与枪应有不大的空隙），余指力量不变；当瞄准线接近瞄准点时，开始预压扳机，并减缓呼吸；当瞄准线指向瞄准点时，应停止呼吸，继续增加对扳机的压力，直至击发，击发瞬间应保持正确一致的瞄准。若瞄准线偏离瞄准点或不能继续停止呼吸时，应既不增加也不放松对扳机的压力，待修正或换气后，再继续扣压扳机。

连发武器操纵点射时，应稳扣快松，扣到底松开为 2～3 发。在扣扳机的过程中，应始终保持姿势稳固，操枪力量不变，以提高连发射击命中精度。

据枪、瞄准、击发是互相联系和互相影响的动作。稳固协调的据枪、正确一致的瞄准、均匀正直的击发三者的正确结合，是准确射击的关键。因此，必须刻苦学习、熟练掌握。

（四）据枪、瞄准、击发常犯的毛病及纠正方法

1．抵肩位置不正确

射击时，射手若不能正确地抵肩，会使射弹产生偏差。在通常情况下，抵肩过低易打低；抵肩过高易打高。纠正时，射手要反复体会正确的抵肩位置，并通过他人摸、推的方法检查抵肩位置是否正确。

2．两手用力不当

射击时，射手为了命中目标，往往以强力控制枪的晃动，造成肌肉紧张、用力方向不正、姿势不稳，使枪产生角度摆动，增大射弹散布；纠正时，应注意据枪时正直向后适当用力，使用力方向与后坐方向一致；连发射击时，应保持姿势稳固，操枪力量不变；练习时，可据枪后由协助者向后推枪、拉枪机或射手两手向后引枪等，检查用力方向是否正确，发现偏差，及时纠正。自动武器射击应特别注意防止右手上抬、下压或向后引枪等问题。

3．击发时机掌握不好

无依托射击时，有的射手为捕捉瞄准点，造成勉强击发或猛扣扳机；纠正时，应指出瞄

准线指向瞄准点附近轻微晃动是正常现象，当瞄准线在瞄准点附近轻微晃动时，应适时击发。

4．停止呼吸过早

射击时，停止呼吸过早易造成憋气，使肌肉颤动而导致据枪不稳或猛扣扳机；纠正时，应使射手反复体会在瞄准线指向瞄准点或在瞄准点附近轻微晃动时自然停止呼吸的要领。在剧烈运动后，无法按正常情况停止呼吸时，应进行深呼吸后再停止呼吸。

5．耸肩、眨眼和猛扣扳机

射击时，由于射手过多地考虑枪响时机、点射弹数、射击成绩等原因，造成心情紧张，产生耸肩、眨眼和猛扣扳机等错误动作，影响射弹命中；纠正时，应强调按要领操作，把主要精力、视力集中在准星与缺口的正确关系上，达到自然击发。

6．枪面倾斜

瞄准时，如枪面偏左（右），射角减小，枪身轴线指向瞄准点左（右）边；射击时，弹着偏左（右）下。纠正时，强调射于据枪应保持枪面平正。

第八章 战　术

战术是进行战斗的方法，主要内容包括：基本原则以及兵力部署、协同动作、战斗指挥、战斗行动的方法和各种保障的措施。按战斗基本类型，分为进攻战术和防御战术；按参加战斗的军种、兵种，分为合同战术、军种战术、兵种战术；按战斗规模，分为兵团战术、部队战术、分队战术等。行军、宿营、输送、变更部署和换班的方法，也属于战术的范畴。战术从属于战役法和战略，并对战役法和战略产生一定影响。灵活运用和变换战术，对于夺取战斗的胜利具有重要意义。本章主要介绍战斗类型和战斗样式、战术基本原则、单兵战斗动作等内容。

第一节　战斗类型

战斗类型是依据战斗性质所作的分类。我军战斗的基本类型，分为进攻战斗和防御战斗两种。

一、进攻战斗

进攻战斗是主动进击敌人的战斗行动，是消灭敌人的主要手段。其主要目的是歼灭敌人，攻占重要地区或目标。它与防御战斗相比，具有较多的优越性。

一是进攻者掌握有行动的主动权，能够根据战场情况，按照自己的意愿，主动选择对敌实施攻击的目标、方向、时间和方法，迫敌就范。

二是可以预先做好战斗准备。由于进攻处于主动地位，进攻者能够根据一定的作战企图，事先进行较为周密的组织计划，建立兵力兵器部署，全面准备夺取胜利的条件。

三是能够造成兵力兵器对比的优势。因为进攻者的主动地位，是以力量的优势为基础的。他可以集中绝对或相对的优势于敌之兵力，选敌弱点，实施主要突击，运用包围迂回战术，给敌以致命性的打击。

四是便于达成战斗的突然性。进攻者由于掌握行动的主动权，有利于积极地捕捉和创造战机，有更大的可能性在敌意想不到的时间和地点，采取敌人意想不到的战法，给敌以不意的攻击。

五是便于提高军队的士气，增强突击力量。由于进攻是主动进击敌人的行动，进攻者有更多的取胜机会，可以鼓舞军队的战斗士气，战士表现出更为坚强的意志，壮大突击力量，而对防御一方的精神心理状况则会产生不利的影响。

从上述内容可以看出，进攻是在交战中保持和夺取战场主动权最重要的战斗行动。只有实施坚决、勇猛的进攻，才能彻底消灭敌人，逐步削弱敌人的有生力量和战争潜力，达到最后战胜敌人的目的。

进攻战斗可对防御、驻止、运动之敌进行。其基本任务，可能是下列情况之一：①突破敌人阵地，消灭防御之敌，夺占重要地区或目标；②攻歼驻止、运动之敌；③破袭敌人的交通运输线和重要目标；④夺占敌纵深要点、割裂敌部署、断敌退路、阻敌增援，配合主力围歼敌人。

进攻战斗通常是在有利的战斗时机下，有目的有计划地进行的。这种有利战机是由战场上的各种主客观因素决定的，产生战机的原因也是不尽相同的。有时，是由于敌人指挥和行动上的失误，使其出现部分兵力突出冒进、孤立分散、前进受阻、后援不继、弱点暴露等不利态势；有时，则是由于我军积极的战斗行动，引诱或迫使敌人陷入困境或进入我军预定歼敌地区；还可能因某种自然条件的影响，如山洪、暴雨、风雪及道路塌陷等，造成敌人行动困难，抑制了其战斗力的发挥。无论是何种原因造成的，战术指挥员只有善于根据战役和战斗全局的需要，创造和捕捉战机，形成一定的优势和主动，才能有效地运用进攻战斗这一主动进击敌人的战斗行动，达到克敌制胜之目的；反之，如果时机不利，未能形成一定的优势和主动条件，贸然实施进攻战斗，往往难以达到预定的效果，甚至会遭受严重的挫折。

现代进攻战斗通常在使用现代技术特别是高技术武器装备条件下进行，并在激烈的电子对抗中，于地面和空中、前沿和纵深同时展开，具有更大的突然性、坚决性和快速性。进攻战斗可以从直接接触情况下发起，也可以从行进间发起。直接接触情况下发起的进攻战斗，通常有前沿突破战斗和纵深进攻战斗两个阶段。从行进间发起的进攻战斗，还包括接敌等阶段。进攻部队通常在集结地域进行战斗准备，在火力掩护下占领进攻出发阵地和完成攻击准备；按规定或命令实施冲击火力准备，攻击部队迅速开辟通路并完成冲击准备；突出部队利用火力准备条件，在火力支援下发起勇猛冲击，坚决突入敌人阵地和消灭守敌；突破敌前沿后，迅速扩大与巩固突破口，实施穿插分割和纵深打击；在具有决定意义的时机发出第二梯队或预备队，不停顿地向纵深攻击前进；随时准备粉碎敌人反冲击，各个歼灭被围的敌人；对企图突围之敌实施立体封锁，阻止敌人从地面、空中增援和逃跑，当敌开始退却时，立即转入追击。无论在哪种情况下开始实施的进攻，都应当事先进行周密组织侦察，正确选定进攻方向和集中使用兵力，建立有重点的纵深、梯次的战斗部署，组织好各部（分）队、各兵种之间的协同动作和各种保障，迅速完成各项准备，隐蔽、突然地发起攻击，突破后还要善于实施包围迂回、穿插分割、各个歼灭敌人。

二、防御战斗

防御战斗是抗击敌人进攻的战斗行动，是辅助进攻或准备转入进攻的一种手段。它通常是在保卫重要地区或目标，阻隔敌人或阻敌增援、突围，掩护主力集中、休整或机动，巩固占领地区或保障主力翼侧安全等情况下实施的。其目的是杀伤、消耗、迟滞敌人，扼守阵地，为转入进攻或保障其他方向的进攻创造条件。

防御战斗是一种被动的作战形式。防御者通常在兵力兵器对比上处于劣势，其战斗行动受进攻一方的制约较大，不得不经常处于高度紧张的状态，要随时准备抗击敌人从任何方向实施的突击。因此，防御战斗容易陷入被动地位，大不如进攻战斗能够充分发挥主动权。但是，防御者却能同超过自己数倍的敌人作战，并往往能够挫败敌人的进攻。其主要原因就是它具有进攻者所不具备或不能完全具备的许多长处。

一是能够依托有利的地形和阵地条件进行战斗和防护。在通常情况下，防御者可以详细研究地形利弊，选择便于防守的地形，并预先构筑工事，设置障碍，为实施战斗创造有利的阵地条件，从而弥补自己的兵力、火力的不足，使战斗效能大为提高。战斗的实践表明，尽管使用同样的兵器，但在进攻和防御作战中，其效能的发挥是大不一样的。一个隐蔽在战斗工事内的战士，在防御战斗中可以消灭 10～20 个进攻的敌人；一辆隐蔽在掩体内的防御坦克，能与 2～3 辆以上的进攻坦克作斗争。对隐蔽在阵地内的防御军队实施核突击所造成的伤害，要比对被迫在开阔地行动的进攻军队实施同样威力的核突击所造成的伤害小。

二是可以建立严密的火力配系，增大火力杀伤的效果。现代战斗主要是火力战。防御者能够预先对一定地域和目标准备射击诸元，并进行试射，以保障射击的高精度。

三是可以实施有效的伪装。防御者可以利用阵地的自然条件和各种伪装器材，采用各种手段对防御配置情况隐真示假，迫使敌人对假目标和次要目标消耗弹药，造成敌人判断和行动上的错误。

四是便于利用有利地形，灵活地机动兵力兵器。通常防御者对战斗地域内的地形比较熟悉，在一定程度上比进攻一方更有条件灵活地机动兵力兵器，从机动中吸取力量，适时以积极的攻势行动，杀伤、消耗敌人的优势兵力，或破坏敌人的进攻。

五是能够以逸待劳。防御者通常是先于敌人占领战斗地区，做好防御战斗准备，依托有利地形和工事，等待敌人进攻。而进攻者通常要经过远距离的行进和逐次展开，精力和体力的消耗要比防御者大得多。在高技术条件下，虽然军队的机械化程度高、机动速度快，但防御者仍可达成以逸待劳效果。

六是能更多地得到民众的直接支援和配合。

防御者如能巧妙地利用这些长处，并充分发挥阵地的优势和利用积极顽强的战斗精神，就能弥补兵力兵器之不足，以较少的兵力抗击敌人优势兵力的突击，达到守住阵地、重创敌人的目的。

防御战斗的基本任务，可能为下列情况之一：①保卫重要的地区或目标；②迟滞、消耗、钳制、吸引敌人，创造歼敌的有利战机或掩护主力进攻；③阻敌增援、突围或退却；④巩固已占领的地区，抗击敌人反冲击或保障主力翼侧安全；⑤掩护主力集中、机动或休整。

进行防御战斗的时机，是由战役、战斗的目的和敌人的进攻行动决定的。在现代条件下，由于军队机动能力提高、战场情况变化急剧、攻防战斗样式转换频繁，兵团、部队和分队转入防御战斗的时机将会越来越多。在未来战争初期，除了为保卫重要地区和目标、制止敌人长驱直入，需要进行大规模的阵地防御战之外，在战役战斗的过程中，为了制止敌人的迂回包围，可能要在既设阵地的空间地带组织防御，掩护和保障坚守部队的翼侧安全；为了保障机动作战部队运动歼敌，可能要在一定的地区组织防御，用以阻隔敌、阻敌增援或断敌退路；为了在进攻战斗中抗击敌优势兵力的反冲击或巩固所占领的地区，要适时转入防御，以保障主力继续扩大战果、发展胜利；为了做好歼敌准备，创造有利的歼敌态势，也要以一定的兵力组织防御，钳制、吸引敌人，掩护主力集中、机动或休整。此外，还有许多其他场合，如遭遇战斗失利、阻止空降之敌与地面部队会合、防止被围之敌突围等，也都要组织防御，为主力的作战行动创造有利条件。

现代技术特别是高技术条件下的防御战斗，在地面（或水面）和空中、前沿和纵深同时展开；战斗突然性增大，组织准备的时间缩短；电子对抗激烈；提高生存能力更加重要；攻势行动更加广泛；情况变化急剧，指挥协同复杂。因此，防御战斗必须树立积极防御的思想和全局观念；有重点地部署兵力，掌握强有力的预备队；建立以反坦克、反空降为主的全纵深、全方位的阵地体系，快速构筑比较坚固完善的工事；严密组织火力配系，在全纵深内构成远中近和高中低相结合的、立体、密集的多层火网；设置多道、多种类的障碍物，构成防坦克、防步兵、防直升机的立体障碍物配系；周密组织协同动作；全面组织各种保障，特别是对高技术武器袭击的防护；广泛机动兵力、火力，把严密防护与积极打击结合起来；把顽强抗击与积极的攻势行动结合起来；把正面抗击与侧后袭击及阵地内伏击结合起来；灵活机动地使用兵力、火力、障碍物和实施电子对抗，粉碎敌人的进攻。

总之，古今中外战争的基本战斗类型，只有进攻和防御两种。战争就是进攻与防御的交替应用。这两种战斗类型，是在相互斗争中共同发展起来的。二者互相依存、互为作用、互相制约、互相渗透，并在一定的条件下互相转化。在战争实践中，攻者为了创造有利的进攻态势，常常要以防御的手段作辅助；而防者为了从被动中争取主动，也常常要以攻为守，用以达到防御的目的。因而，它们是紧密联系、不可分割的。从“消灭敌人，保存自己”这一战争的本质上讲，由于消灭敌人是主要的，保存自己是第二位的，所以，消灭敌人的主要手段的进攻是主要的，作为辅助进攻或准备转入进攻的防御是第二位的。但就执行战斗任务的兵团、部队和分队来讲，则有时以进攻为主，有时以防御为主，通常在连续战斗的过程中，攻防交替应用，而且攻中有防，防中也有攻。

第二节 战术基本原则

战术原则是指导和进行战斗的准则。它反映战斗的客观规律，是战斗指挥和行动的基本依据。不同类型的战斗有不同的战术原则，需要根据实际灵活运用。

自从战术产生以来，世界各国军队曾从不同角度和侧面提出过许多原则，比较有共同性、稳定性并在现代条件下仍然运用的，主要有下列基本原则。

一、目的明确

保存自己与消灭敌人，是战斗的基本目的。战斗中，消灭敌人是主要的，保存自己是第二位的；只有大量消灭敌人，才能有效地保存自己。进攻与防御是达成战斗目的的基本手段。进攻具有主动性，是消灭敌人的主要手段；防御具有被动性，是保存自己和辅助进攻的手段。在现代条件下，由于高技术武器装备运用于战斗中，增大了消灭敌人的效能，也增加了保存自己的困难。战斗中，需充分发挥各种武器装备的效能，灵活运用各种战法，勇敢顽强、坚决积极，最大限度地歼灭敌人有生力量。同时，采取各种有效措施，特别是加强对核、化学武器和精确制导武器的防护，尽可能保存自己的力量。

二、知彼知己

知彼知己是正确指导战斗的基础原则。因此，必须熟知敌我双方各方面的情况，从中找出行动的规律，用于指导自己的行动，使主观指导符合客观实际。

搞好侦察、判断是实现知彼知己的根本途径。现代技术特别是高技术条件下，需运用各种侦察手段，不间断地查明敌方企图、兵力部署、行动方法，可能使用核、化学武器的时机和方式等，掌握敌方行动特点，预见其可能的变化；正确理解上级的作战企图，熟识参战各军种、兵种、各部队的特长；熟悉战斗环境，认识其对方行动的利弊关系。在此基础上，对各方面的情况进行综合比较、分析，正确下定决心，确定能扬己之长、击敌之短的战法，制订周详的战斗计划。战斗中，要把侦察、判断贯穿于始终。不断掌握战场情况的发展变化，适时修改计划；当情况发生重大变化时，及时构成新的判断和下定新的决心，确定新的行动方法，或调整部队的行动，使主观指导符合不断变化的客观实际。

三、集中兵力

集中优势兵力、掌握战斗的主动权，是克敌制胜的根本方法。现代技术特别是高技术条件下，无论进攻或防御，均需在主要方向和重要时机，集中强大的兵力、火力，并作纵深疏散配置。兵力集中力求迅速、隐蔽和适时。进攻时，集中火力和电子对抗器材从不同高度、不同距离、不同方向对主要方向之敌实施全纵深综合火力杀伤和电子干扰，并保持不间断的火力优势；将主要兵力突然迅速地集中于主要突破地段，以地面攻击与空中突击相结合的方法，突破敌人的防御；适时机动后续力量、保持进攻锐势，在纵深打击部队的配合下，对敌实施分割包围、立体封锁、各个歼灭。防御时，集中主要兵力、火力和器材于主要防御方向，组成全纵深、全方位和有重点的防御体系；集中火力突击主要方向上的敌人，以主要兵力坚守主要阵地，适时机动兵力、火力和障碍器材，增强或支援主要方向上的防御，并以积极的反冲击、反击行动，挫败敌人进攻。

四、主动灵活

主动权是军队行动的自由权，行动的自由是军队的命脉。灵活是指挥员审时度势、恰当处置情况的一种才能，是自觉能动性在战斗中的表现。力量的优势是争取主动的基础。正确的主观指导、灵活地使用兵力和变换战术，是夺取和保持主动、克敌制胜的重要条件。现代技术特别是高技术条件下，战斗情况复杂、变化急剧，指挥员需在客观物质基础上，充分发挥主观能动性、灵活指挥战斗。战斗中，需积极进攻，使己方处于主动地位；当处于防御时，力求以积极的攻势行动、摆脱被动、争取主动；在主要方向和重要时机，适时集中兵力、火力，形成和保持对敌优势；广泛机动，建立有利态势，积极寻找和制造敌人的弱点和错误，调动敌人，使其陷于被动地位；根据任务、敌情、我情、地形，巧妙部署兵力，采取恰当的行动方法；善于观察战场情势，审时度势，迅速作出反应，灵活机动兵力、火力，变换行动方法，不失时机地打击敌人；当情况发生重大变化或与上级中断联络时，根据上级的意图，积极机断行事，灵活主动地完成战斗任务。

五、出敌不意

出敌不意的行动，可以改变敌我双方优劣形势，使敌人丧失优势和主动，以小的代价夺取大的胜利。现代技术特别是高技术条件下，需周密侦察，发现敌人的弱点，掌握其行动规律；采取有效的伪装和保密措施，实施兵力、火力、电子佯动，欺骗、迷惑敌人，造成敌人的错觉和不意，隐蔽己方企图和行动；利用夜暗、不良天气或有利地形，隐蔽、迅速地接近敌人，在敌意想不到的时间和地点，集中实施兵力、火力突击和电子干扰；乘敌混乱和协调失灵之际，不失时机地歼灭敌人。

六、密切协同

各军种、兵种、部队在统一计划下，按目的、时间、地点协调一致地行动，充分发挥整体威力，合力打击敌人，是夺取战斗胜利的关键。现代技术特别是高技术条件下，参战部队须贯彻统一的战术思想、实行集中统一的指挥；指挥员在熟识各军种、兵种特长和各部队战斗力以及各种武器装备的性能和使用方法的基础上，根据上级意图合理部署兵力、恰当区分任务；部队须正确理解上级的意图、坚决贯彻上级决心、严格执行协同计划、遵守协同纪律、主动配合、相互支援。战斗中，运用指挥、控制、通信、情报系统实施指挥和协调部队的行动，不间断协调地面攻击与空中突击、前沿战斗与纵深打击的行动，使火力、突击、机动、电子对抗和防护紧密结合。当情况发生变化或协同失调、遭到破坏时，适时调整或恢复协同动作，保证协调一致地完成战斗任务。

七、全面保障

优势而无准备，不是真正的优势；优势而无有效的保障，也不能发挥其优势的作用。实战经验证明，每战力求有准备，组织周全、严密的战斗保障、后勤保障和技术保障，对于顺利执行战斗任务具有重要意义。现代技术特别是高技术条件下，须集中主要保障兵力和器材，保障主要方向和执行主要任务的部队的行动，并控制预备兵力和器材；各种保障行动须符合战斗行动的要求；专业分队保障与部队自身保障相结合；使用制式器材保障与使用就便器材保障相结合。战斗中，须建立全方位的侦察配系和警戒配系，采取各种伪装措施，防止敌人突然袭击；采用电子对抗结合敌后破袭等方法，对付并制止敌人的电子侦察、干扰；严密组织对敌核、化学及燃烧武器袭击的防护；加强工程保障，提高防护、机动能力，限制敌人的机动。及时组织对各种技术装备进行保养和维修。综合运用各种力量，适时供应战斗所需的物资、器材；及时救治伤病员，巩固和提高部队连续战斗的能力。

军事技术的发展将对战术的发展产生重大影响。原有基本原则将不断充实新的内容，还将形成一些新的原则；立体纵深的战斗方法将进一步完善；综合火力杀伤与电子干扰结合，将成为打击敌人的重要手段；空中机动、立体封锁将被广泛采用；信息战将成为一种新的战斗内容；战斗指挥更加注重运用指挥自动化系统；战斗保障中的某些内容，将成为战斗行动的组成部分。

第三节　单兵战斗动作

一、利用地形地物

利用地形地物的目的在于隐蔽身体，发扬火力；只有充分地发扬火力、消灭敌人，才能有效地保存自己。因此，在利用地形地物时，应首先着眼于发扬火力。

（一）利用地形地物的要求

战士在利用地形地物时，应根据不同情况灵活地利用和善于改造地形地物，力求做到：便于观察、射击和隐蔽身体；便于接近与离开；便于防敌地面和空中火力杀伤；不妨碍班（组）长的指挥、邻兵的动作和火器射击；不要几个人拥挤在一起，以免增大伤亡；尽量避开独立、明显的物体和难于通行的地段。火箭筒手利用地形地物时，应有良好的射界，在火箭弹飞行的路线上不得有障碍物；筒后 30m 内不能有人，以免伤害自己。

（二）利用地形地物的方法

利用地形地物时，应根据遮蔽物的高低、大小、距敌远近，是否被敌发现及敌火力威胁程度等情况，采取适当的姿势、迅速隐蔽地接近、由下而上地占领、周密细致地观察、不失时机地出枪（筒）。对不便于射击的位置应加以改造，在一地不要停留过久，视情况灵活地变换位置。

1．对堤坎、田梗的利用

堤坎、田埂有纵向、横向之分。横向的利用背敌斜面或残缺部位，火箭筒（机枪）手通常将脚架支在背敌斜面上，筒口距地面不得小于 20cm；纵向的通常利用弯曲部位或顶端一侧，依其高度取适当姿势。堤坎高于人体时，应挖踏脚孔或阶梯。如利用堤坎对空射击时，通常利用其顶部，并根据其高度取不同姿势。

2．对土（弹）坑的利用

通常利用其前沿，根据敌情、坑的大小、深度，以跳、滚、匍匐等方法进入，并取适当姿势；对空射击时，以坑沿作依托或背靠坑壁进行射击。火箭筒手应利用坑的右前沿作依托，以防射击时喷火自伤。

3．对土堆（坟包）的利用

通常利用独立土堆（坟包）的右侧；如视界、射界受限制或右侧有敌火力威胁时，也可利用其左侧或顶端。双土堆（坟包）利用其鞍部。对空射击时，通常利用其后侧或顶端。

4．对堑壕、交通壕（沟渠）的利用

对堑壕、交通壕的利用在防御战斗中较多。通常利用其掩体、壕壁或拐弯处隐蔽身体，依其上沿或拐角作射击依托。

5．对树木（线杆）的利用

通常利用其右后侧，根据树木的大小取适当姿势。大树（直径 50cm 以上）可取多种姿势，较小的树通常采取卧姿。机枪手通常采取卧姿，根据树的粗细和地形情况，脚架可超过树木。火箭筒手卧姿射击时，应将筒口前伸超过树木或离开树木 20cm，以便使火箭弹脱离筒口时尾翼能张开。

6．对丛林、高苗（草）地的利用

通常利用靠近敌方的边缘内，按其高低、稠密情况取适当姿势。

7．对墙壁、墙角、门窗的利用

（1）墙壁：按其高度取适当姿势，矮墙可利用顶端或残缺部，墙高于人体时，可挖射孔或将脚垫高。机枪手利用墙壁射击时，可将脚架折回（土墙不宜折回，以免活塞进土发生故障）。

（2）墙角：通常利用右侧，左小臂紧靠墙角，取适当姿势。火箭筒手利用墙角射击时，筒口距墙角不小于20cm。

（3）门窗：门通常利用左侧；窗可利用左（右）下角。

二、敌火下运动

战士在敌火下运动时，应根据敌情、任务，善于利用地形，灵活地采取不同的运动姿势和方法，正确处置各种情况，隐蔽迅速地接近敌人或实施机动。

（一）运动的时机和要求

1．时机

战士在敌火下运动时，应按班（组）长的口令，充分利用我军火力掩护和烟幕迷漫的效果，乘敌火力减弱、中断、转移和坦克炮塔转向等有利时机，迅速隐蔽地运动。有时可采取欺骗、迷惑手段，创造条件，突然前进。

2．要求

运动前，战士应根据敌情、任务和地形的不同形态、隐蔽程度，选择好前进路线和暂停位置；运动中，应不间断地观察敌情、地形和班（组）长的指挥，灵活地变换各种运动姿势和方法，保持前进方向和与邻兵的协同动作；发现目标时，应按班（组）长的口令或自行射击，将其消灭；要做到运动、火力、防护三者紧密结合；尽量避免横方向运动，必须横方向运动时，距离不应过长，以减少伤亡。

（二）运动的姿势与方法

1．直身前进

在距敌较远，地形隐蔽，敌观察、射击不到时采用。其要领：目视前方，右手持枪（筒），大步或快步前进。

2．屈身前进

在遮蔽物略低于人体时采用。其要领：目视前方，右手持枪（筒），上体前倾，头部不要高出遮蔽物，两腿弯曲（屈身程度视遮蔽物高低而定），大步或快步前进。

3．跃进

在敌火下迅速通过开阔地时采用的运动方法。跃进时要做到跃起快、前进快、卧倒快。跃进前，应先观察前方地形，选择好前进路线和暂停位置，尔后，迅速突然地前进。如卧姿跃起时，可先向左（右）移（滚）动，以迷惑敌人，步（冲锋）枪手应迅速收枪，同时屈左脚于右腿下，右手提枪，以左手、左膝、左脚的支撑力将身体支起，同时出右脚前进；机枪、火箭筒手跃起时，应以双手和左脚迅速撑起身体，右脚向前一步，同时右手握护木（提提把）迅速前进。前进时，右手持枪，枪面向前倾斜约 45°（火箭筒手右手提筒，或右手握握把并用右臂夹住筒身，左手扶握筒口处，防止火箭弹滑出；火箭筒副射手背背具或右肩挎一侧的背具带，并将背具夹于右肋），目视前方，屈身快跑。火箭筒、机枪副射手通常在射手左后侧 3～5m 处，与射手同时前进。跃进的距离和速度应根据敌火和地形而定，敌火越猛烈、地形越开阔，跃进距离应越短、速度应越快。每次跃进的距离通常为 15～30m。当进到暂停位置或遭敌猛烈射击时，应迅速隐蔽或卧倒。卧倒时，左脚向前一大步，身体下塌，左膝稍内合，以左膝、左手、左肘着地，迅速卧倒；也可右脚向前一大步，左手撑地迅速卧倒。机枪、火简明筒手需要架枪（筒）卧倒时，左手打开脚架，将枪（筒）对向目标，架在地上，两手在枪（筒）身左侧撑地，两脚同时后伸迅速卧倒。卧倒后，如无射击任务，则不据枪（筒），做好继续前进的准备。

4．滚进

卧姿时，为避开敌人观察、射击而左右移动或通过棱线时采用，其要领：将枪关上保险，左手握枪表尺上方，右手握枪颈或两手握上护木，枪面向右，顺置于胸、腹前抱紧，两臂尽量向里合，两脚腕交叉或紧紧并拢，全身用力向移动方向滚进，运动中，也可在卧倒的同时向移动方向滚进，其要领：左（右）脚向前一大步，左手在左（右）脚前着地，身体尽量下塌，右手将枪挽于小臂内，枪面向右，身体向右（左）侧，在右（左）肩、臂着地同时，向右（左）滚进。滚进时，右（左）腿伸直，左（右）腿微屈，滚进距离长时可两腿夹紧。

5．匍匐前进

匍匐前进是在通过敌机枪、自动枪火力封锁较短地段，或利用较低的遮蔽物前进时采用。根据遮蔽物高低分为低姿、高姿、侧身匍匐和高姿侧身匍匐四种。

（1）低姿匍匐：在遮蔽物高约 40cm 时采用。其要领：腹部贴于地面，屈回右腿，伸出左手，用右脚内侧的蹬力和左手的扒力使身体前移，在移动的同时，屈回左腿，伸出右手，用左脚内侧的蹬力和右手的扒力使身体继续前移，依次交替前进。携步（冲锋）枪时，右手掌心向上，枪面向右，虎口卡住机柄，并握住背带，枪身紧靠右臂内侧，也可右手虎口向上，握枪的上背带环处，食指卡住枪管，将枪置于右小臂上；携班用轻机枪时，通常右手握握把推枪前进，也可由正副射手协同推、拉枪前进；携火箭筒时，右手握握把或脚架顶端，将筒置于右小臂上，火箭筒副射手可采取背、推、拉背具的方法前进。

（2）高姿匍匐：在遮蔽物高约 60cm 时采用。其要领：用两小臂和两膝支撑身体前进。携枪（筒）方法同低姿匍匐，有时可将枪托（筒尾）向右，两手托枪（筒），火箭筒副射手可背背具或以两小臂托背具的方法前进。

（3）侧身匍匐：在遮蔽物高约 60cm 时采用。其要领：身体左侧及左小臂着地，左大臂向前倾斜支撑上体，左腿弯曲，右腿收回，右脚靠近臀部着地，右手握枪（筒），用左臂的支撑力和右脚跟的蹬力使身体前移，火箭筒副射手可将背具夹于右肋或右手拉背具前进。

（4）高姿侧身匍匐：通常在遮蔽物高 80～100cm 时采用。其要领：左手和左小腿外侧着地，右手提枪（筒），以左手的支撑力和右脚掌的蹬力使身体前移。

（三）对各种情况的处置

1．遭敌机轰炸、扫射时的动作

当敌机轰炸时，战士应按上级命令快速前进；或立即利用地形隐蔽，待炸弹爆炸后继续前进；也可利用敌机投弹间隙迅速前进。

当敌武装直升机发射火箭或扫射时，战士应立即利用地形隐蔽；或根据上级统一口令，抓住敌武装直升机悬停、俯冲扫射等有利时机进行对空射击。

2．遭敌炮火袭击时的动作

战士在接敌时要随时准备敌炮火袭击。当遭到敌零星炮火袭击时，应注意听看、快速前进，如判断炮弹可能在附近爆炸时，应立即卧倒，待炮弹爆炸后继续前进；当遭敌猛烈炮火袭击时，应趁炮弹爆炸的间隙，利用弹坑和有利地形逐次跃进；当通过敌炮火封锁区时，战士应观察敌炮火封锁的规律，利用敌射击间隙快跑通过。如封锁区不大，也可绕过；当发现化学炮弹爆炸时，应立即穿戴防护器材，尔后快速通过。

3．遭敌核、化学、生物武器袭击时的动作

当战士接到敌核武器袭击警报时，应根据命令，迅速隐蔽或继续前进，随时做好防护准备；当发现核爆炸闪光时，应迅速防护；冲击波一过，视情况，穿戴防护器材，迅速前进。

当战士接到化学袭击警报或遭敌化学袭击时，应立即穿戴防护器材，或利用就便器材进行防护；如遇敌染毒地段时，应穿戴防护器材迅速通过，或根据指示绕过。

当敌对我施放生物战剂气溶胶时，战士应戴防毒面具或戴简易防护口罩、自制防护眼镜、风镜等，做好对呼吸道、面部和眼睛的防护；如敌投掷带菌媒介物时，应戴手套、穿靴套、披上斗篷或穿上雨衣，扎紧袖口、领口、裤脚口，以防生物战剂气溶胶污染和带菌昆虫叮咬皮肤。

4．遇敌雷区、定时炸弹、电子侦察器材时的动作

遇敌雷区和定时炸弹时，战士应迅速报告上级并进行标示，按照班（组）长的口令排除或绕过；对敌设置（投放）的电子侦察器材，应迅速排除。排除时，应先查明是否设置有爆炸物，尔后视情况将其排除或炸毁。

5．与其他火器、邻兵协同的动作

战士在接敌时，要互相支援、主动协同、交替掩护前进。冲锋（步）枪手应主动以火力掩护反坦克火器和机枪的行动，并及时为其指示目标，利用其射击效果前进。必要时，让开有利的射击位置和前进路线。当邻兵前进时，应以火力掩护；邻兵受阻时，应主动以火力支援或勇猛迅速地前进；当落后于邻兵时，应迅速跟上，向最前面的战士看齐。如火箭筒（机枪）手不能继续执行战斗任务时，战士应主动接替。

（四）近迫作业

战士在敌火下运动，需要在开阔地停留时，可根据班（组）长的口令或自行近迫作业。其要领：卧倒后，将枪（筒）放在右侧或上方一臂之处，机柄向下，侧身取下小锹，先从一侧由前向后挖掘，将土投到前方堆成胸墙，一侧挖好后，翻身侧卧于坑内，继续挖另一侧，直到能掩护全身为止。在土质松软情况下，可用锹挖、手推、脚蹬的方法构筑卧射掩体。火箭筒手和机枪手，视情况可正副射手同时进行作业，也可一人射击、一人作业。作业时，姿势要低、动作要快，并不断观察敌情和班（组）长的指挥，随时准备射击

或前进。

三、准备冲击与冲击

战士在冲击时，必须具有一往无前的精神，以压倒一切敌人的英雄气概，根据不同的冲击目标、地形及任务，灵活地采取不同的冲击行动，勇猛冲入敌阵，坚决消灭敌人。

（一）冲击准备

战士占领冲击出发阵地后，应根据情况构筑（加修）工事，注意观察和伪装，看清冲击目标、冲击路线、通路位置，记住班（组）、自己的任务和信、记号。听到“准备冲击”的口令，应迅速做好如下工作：装满子弹（火箭弹），准备好手榴弹和爆破器材；整理好装具，系好鞋带、扎好腰带和子弹袋，装具尽量靠后，以免妨碍冲击动作；做好跃起或跃出工事的准备，遮蔽物较高时，应挖好踏脚孔。

做好准备后，向班（组）长报告，报告方法：“×××冲击准备完毕。”

（二）冲击

1．通过通路时的动作

战士听到“冲击前进”的口令或看到冲击信号时，应迅速跃起或跃出工事，最大限度地利用我火力效果，迅猛地向指定目标冲击前进。接近通路时，应按班（组）长规定的顺序，迅速进入通路。如通路纵深较小时，应利用我炮火准备的效果，快跑通过；通路纵深较大时，应在我炮火的掩护下，分段逐次跃进通过。在通路中遇有地雷等残存障碍物时，应根据班（组）的指示和障碍物的性质，以爆破法和破坏法进行排除，或使用就便器材克服通过。在通过中，战士应充分利用通路两侧边缘的有利地形和我火力掩护的效果，灵活迅速地前进。发现目标时，应及时以火力将其消灭。机枪手在通路中，可采取行进间射击，或迅速抢占通路一侧的有利地形进行射击，但射弹不得横贯通路，以免影响邻兵动作。

2．向敌步兵冲击时的动作

通过通路后，进至投弹距离时，应自行或按班（组）长的口令，向敌堑壕投弹，趁手榴弹爆炸的瞬间，勇猛冲入敌阵地，以抵近射击，拼刺消灭敌人，并不停地向指定目标冲击前进。

当几个敌人同时向自己逼近时，应首先消灭威胁大的敌人；当敌与友邻战士格斗时，应主动支援；如敌逃跑时，应以火力追歼。机枪手和火箭筒手应迅速抢占敌前沿的有利地形，以猛烈的火力压制、消灭敌人。

3．沿壕搜索

（1）进入和跃出堑壕的动作：进壕前，应仔细观察潜听、判明壕内情况、选择进入位置，视情况灵活地采取直接跳入和支撑跳入等方法迅速进入。堑壕较深时，通常采取支撑跳入，其要领：接近壕沿时，以一手一脚支撑壕沿，一手持枪（筒），身体下塌，面向前进方向，迅速转身跳入堑壕内；堑壕较浅时，可直接跳入，其要领：接近壕沿时，可双手端枪或将枪顺置于胸前，以脚的弹力迅速向搜索方向转体跳入，在脚掌着地的同时，迅速端枪或持枪搜索前进。机枪、火箭筒手也可将枪（筒）放在壕沿上，跳入后再取枪

（筒）。

跃出堑壕时，应尽量利用掩体、踏脚孔或残缺部，视情况采取支撑跃出和直接跃出的方法。堑壕较深时，可将枪（筒）放于壕沿，用两手的支撑力和两脚的蹬力跃出堑壕，再取枪（筒）前进；堑壕较浅时，左手扒壕沿，左脚踏踏脚孔或壕壁，以左手的扒力和两脚的蹬力跃出堑壕。

（2）壕内运动和搜索方法：进入壕内后，应先消灭附近之敌，尔后迅速利用掩体或壕的拐弯处，逐段搜索前进，并与壕外战士密切协同，随时准备消灭突然出现之敌。运动时，通常端枪，前面有邻兵时也可持枪，姿势要低、脚步要轻，身体靠近壕墙一侧，耳听目视；进到拐弯处后，应利用拐弯处的内侧隐蔽身体，仔细观察，查明前方情况；通过壕的直线段时，动作要快，应屈身快跑，迅速接近下一段壕的拐弯处，避免在直线段中停留；发现敌人时，应迅速果断、先机制敌，以射击、投弹和拼刺消灭敌人，尔后继续搜索前进；当沿壕内运动向敌坦克接近时，火箭筒手应不断观察壕内外及敌坦克射击情况，进到有利位置后，可利用壕沿一侧作射击依托，射击时注意筒尾高度，以防喷火烧伤；爆破手也要注意壕内搜索，待接近有利位置，迅速取下爆破器材，准备好后，突然接近将其炸毁。

四、消灭冲击之敌

战士在抗击敌人冲击时，应根据班（组）长的命令，利用工事、结合障碍，充分发挥手中武器和爆破器材的威力，坚决消灭冲击之敌。

（一）消灭开辟通路和通过通路之敌

当敌坦克利用火力掩护，在我前沿障碍物中开辟通路时，火箭筒手应根据班（组）长的命令，隐蔽迅速地占领发射阵地或利用地形适当前出，以突然准确的火力击毁敌坦克，并注意观察射击效果；在障碍区隐蔽待机的战士，可利用烟幕迷漫的效果，以突然勇猛的动作投送爆破器材，炸毁敌坦克，并视情况以防坦克地雷封闭通路；当敌工兵、步兵开辟通路时，冲锋（步）枪、机枪手应根据班（组）长的命令，隐蔽地占领射击位置，以突然准确的火力消灭敌步兵和工兵。

当敌坦克、步兵战车（装甲输送车）接近和通过通路时，火箭筒手应迅速机动至有利的射击位置，抓住敌坦克被我障碍所阻、停顿、减速、转向、上下坡等有利时机，瞄准先头装甲目标的薄弱部位，将其击毁，以堵塞通路；发射后应注意观察射击效果，视情况击毁其他跟进的目标；如敌火力威胁较大时，应灵活地变换射击位置。当敌坦克、步兵战车（装甲输送车）进到操纵雷区时，负责操纵地雷和抛射炸药包的战士，应适时起爆。如敌步兵跟随坦克通过通路时，冲锋（步）枪、机枪手应抓住敌收拢队形、进入通路、队形密集等有利时机，以突然猛烈的火力切断敌步坦联系，消灭敌步兵。

（二）消灭逼近前沿之敌

当敌坦克、步兵战车（装甲输送车）逼近前沿时，战士应沉着果断，将其击毁在前沿前。火箭筒手应以斜射、侧射火力首先击毁对我威胁最大的敌装甲目标，尔后迅速转移火力击毁其他目标；冲锋（步）枪、机枪手应注意观察、准备好爆破器材，隐蔽迅速地沿壕向敌坦克、步兵战车（装甲输送车）可能越壕的地点机动，待敌坦克、步兵战车（装甲输送车）接近堑壕和越壕的瞬间，以爆破器材将其炸毁。实施壕前布雷时，战士应注意观察，掌握时机，通常在敌坦克进至壕前 5～7m 处时，将防坦克地雷推送至壕前胸墙平面上的敌坦克履带方向，尔后迅速撤离隐蔽，并做好爆破准备；使用炸药包、爆破筒时，战士应待敌坦克越壕时，迅速跃起、脚蹬壕壁，以投、送、插、挂等方法，炸其发动机、履带、炮塔和车体结合部；当敌坦克、步兵战车（装甲输送车）进至壕前被阻或被我击伤时，战士应根据班（组）长的命令，充分地利用地形，在烟幕掩护下，隐蔽前出，将其炸毁，尔后迅速撤离，并以火力消灭逃跑的敌坦克乘员。

敌坦克引导步兵逼近前沿时，火箭筒手应以准确的火力击毁敌坦克；冲锋（步）枪、机枪手应以突然准确的火力和手榴弹消灭敌步兵，切断步、坦联系，同时准备各种爆破器材，待敌坦克越壕时将其炸毁。

当敌坦克以火力支援步兵逼近前沿时，冲锋（步）枪、机枪手应以突然准确的火力消灭敌步兵；当敌步兵进至我投弹距离时，应向敌投弹，如敌队形密集，应向其投掷爆破筒、炸药包，大量地杀伤敌人。火箭筒手应按班（组）长的命令，利用工事、地形隐蔽前出，击毁对我威胁较大的敌坦克。如敌溃退时，应以火力追击。击退敌人后，要加强观察，防敌火力袭击，并抓紧时间抢修工事、补充弹药、抢救伤员，做好抗击敌人再次冲击的准备。

第九章　军事地形学

军事地形学，是军事上研究如何识别与利用地形的一门学科。主要研究地形对作战行动影响的规律、军用地图和航空相片的识别与应用原理、战场简易测量方法以及标绘要图的基础知识等。

地形条件是组织指挥作战的重要依据，是影响军队作战行动的基本因素之一。古今中外的军事家们无不重视对地形的研究和利用。随着科学技术的发展，现代化武器应用于战争，使战场情况更加复杂多变。认真研究地形对作战行动的影响，对保证未来战争的胜利具有重大的意义。本章主要研究地形对作战行动的影响、地形图基本知识、现地使用地图等内容。

第一节　地形及其对作战行动的影响

一、地形的分类和作用

（一）地形的分类

地形是地貌和地物的总称。地貌是指地面高低起伏的状态，如山地、丘陵地、平原等。地物是指分布在地面上的固定物体，如居民地、道路、江河、森林等。

不同的地貌和地物的错综结合，形成了不同的地形。依地貌的状态，可分为平原、高原、山地和丘陵地；依地物的分布和土壤性质，可分为居民地、山林地、石林地、沼泽地、水网稻田地、江河、湖泊、岛屿、海岸、草原、沙漠、戈壁等；依对军队战斗行动的影响，又可分为开阔地、隐蔽地和断绝地等。不同的地形对军队战斗行动有着不同的影响。

（二）地形的作用

地形是军队行动的客观基础，是战争和军事活动的舞台。军队的活动，都是在一定地形条件下实施的，都要受地形条件的影响和制约。如军队的运动、观察、射击、工事构筑、隐蔽伪装、技术兵器的运用、防原子和防化学，以及后勤保障等，都和地形有着密切的关系。早在 2 000 多年前，我国古代大军事家孙武在《孙子·地形篇》中就写道：“夫地形者，兵之助也。料敌制胜，计险阻远近，上将之道也。知此而用战者必胜，不知此而用战者必败。”又如“知彼知己，胜乃不殆，知天知地，胜乃不穷”这些话，深刻提示了地形对军事行动的重要作用。

战争经验证明，无论进攻或防御，在其他条件都具备的情况下，善于利用地形，可以减少损失，取得战斗的胜利；不善于利用地形，会给战斗增加困难，甚至遭受挫折或失败。所以，古今中外军事家，无不重视了解地形，研究地形对军队战斗行动的影响，趋利避害，使自己立于不败之地。古往今来，有多少聪明的军事家巧借地利、妙施计谋，写下了无数脍炙人口的光辉战例和不朽史章，也不乏因“不知地形而用战者”，留下了众多无法挽回的憾事。三国时代，公元 228 年，“马谡拒谏失街亭，诸葛亮挥泪斩马谡”，成了千古名鉴。同时也昭示后人，凡用战，必须知天知地，方可趋地利而避其害，牢牢掌握战场主动权。

二、几种主要地形对战斗行动的影响

地形对战斗行动的影响，主要表现在对军队的运动、观察、射击、隐蔽伪装和对原子、化学武器的使用与防护等方面的影响。但由于各种地形有各自不同的特点，对战斗行动的影响也不一样。

（一）平原

地面平坦或起伏微缓的宽广地区叫平原，海拔一般在 200m 以下，高度差在 50m 以下。它以较小的高程区别于高原，以较小的起伏区别于丘陵。

（1）平原的地形特点。平原地区地面平坦、交通发达、人烟稠密、物产丰富，大部分为耕种地。北方平原，地势开阔、起伏和缓，间有小的岗丘、垄岗，道路四通八达，耕地多为旱地，地下水位较低。南方平原，江河、湖泊遍布，沟渠纵横，除公路外，乡村路窄而弯曲，且多桥梁，耕地大部分为水稻田，地下水位较高。

（2）平原对战斗行动的影响。平原地区便于组织指挥和通信联络，便于观察、射击，便于物资补给，适于机械化部队和大兵团协同作战。但不易选择良好的观察所，直射火器不便于超越射击。在冬春两季，隐蔽伪装困难，炮兵不易选择良好的遮蔽阵地，不利于对原子、化学武器的防护。

平原地区一般是易攻难守，除大江、大河外，一般无险可守，因此，居民地特别是较大的村镇，常成为防御的重要依托，而独立高地、高大的土堆、土堤及高大的建筑物等，则常成为攻防双方争夺的要点。

（二）山地

地面起伏显著，高差一般在 200m 以上的高地叫山，群山连绵、岭谷交错的地区叫山地。

（1）山地的特点。山地坡陡谷深，山顶高耸，山背、山脊纵横起伏，死角隐蔽地多，地形复杂、人烟稀少、交通不便。

（2）山地对战斗行动的影响。山地地区军队运动困难，尤其是坦克、大型火炮等重型兵器的作业受到限制；观察、射击死角多，通信联络、指挥协同均较困难，容易迷失方向；但山地便于隐蔽伪装；便于选择良好的制高点，设置观察所和指挥所；便于构筑坚固的工事，凭险固守；利于对原子、化学武器的防护。

山地一般有利于防御。山地的制高点、山垭口和隘路，往往是作战双方争夺的要点。

（三）丘陵地

地面起伏较缓，岗丘错综连绵，高差一般在 200m 以上的地区叫丘陵地。

（1）丘陵地的地形特点。丘陵地高差不大、谷宽岭低、坡度平缓、断绝地较少、人烟较密、农产品丰富、交通比较发达，大的城镇多在广阔的谷地和水陆交通要道。北方丘陵地，多为土质丘陵，形状圆浑，局部有陡坡、冲沟，斜面及山脚多为旱地、梯田，多高秆作物；南方丘陵地，多为石质丘陵，呈尖顶，山脊、山背狭窄，地形起伏零乱，部分地区有陡坡和断绝地，山脚多为水稻田、梯田。

（2）丘陵地对战斗行动的影响。丘陵地对军队的机动和各种兵器的使用限制较少，有一定的隐蔽条件，便于诸军种、兵种隐蔽机动和协同作战，便于组织指挥和通信联络，便于观察、射击和构筑野战工事，便于军队后勤补给，对原子武器袭击有较好的防护作用，但山谷和凹地容易滞留毒剂。

丘陵地，不论攻防均便于部署兵力兵器，攻者便于隐蔽接近敌人，实施迂回包围；防者可以利用纵深高地进行梯次部署，建立纵深梯次的支撑点式环形防御体系。制高点、重要高地是攻、防双方争夺的要点。

（四）山林地

树木聚生的山地叫山林地。

（1）山林地的特点。山林地的特点与山地基本相似，只是地形更隐蔽、人烟更稀少、交通更不便。南方的热带山林地，山高坡陡、谷深岭窄、林密草深、荆棘丛生、藤萝交织、河溪纵横、路窄多弯，多雨多雾多毒虫；北方山林地，山岭较平坦、浑圆，土壤层较厚，地形割裂程度较小，气候寒冷，冬季较长，积雪较厚。

（2）山林地对战斗行动的影响。山林地对军队的机动、观察、射击、通信联络、物资补给造成困难，且易迷失方向，大兵团尤其是重装备部队行军、作战困难。但便于隐蔽伪装；便于迂回包围，穿插分割；便于控制要点，据险扼守；便于构筑工事、设置障碍，制作简易工程保障器材；便于采集野生食物，短期克服困难。对原子武器有一定的防护作用，但易滞留毒剂和放射性物质，森林容易引发火灾。

（五）水网稻田地

江河、沟渠纵横交错，湖泊、池塘密布，形成水网稻田地。

（1）水网稻田地的地形特点。地势平坦开阔，河、渠相连，岸堤不高，稻田积水、泥深，公路较少，乡村小路多蜿蜒于河岸和田埂，桥梁、涵洞较多，人口稠密。居民地多分布于道路和河流两侧，农产品丰富。

（2）水网稻田地对战斗行动的影响。地势平坦、展望良好，视界、射界均较开阔，但不易选择良好的观察所、指挥所和火炮发射阵地，直射火器不便实施超越射击；由于河渠交错、岸陡水深、河底淤泥，形成断绝地形，严重影响诸兵种的机动，特别是机械化、装甲和炮兵部队的越野运动极为困难，进攻部队的战斗队形易被河渠分割，不便于指挥、联络和协同；部队连续通过泥泞稻田，体力消耗大、运动速度低；道路易被破坏，工程保障难度大；但便于步兵分队、轻便炮兵或船载炮兵、水陆坦克利用河流、沟渠实施水上机动；由于地下水位高，防御时不易构筑坚固工事，防御配置易受水网分割，但可利用河流、沟渠、湖泊等天然障碍组织防御。居民地、小高地、土丘等，常为防御的依托，有些居民地是水陆交通的枢纽，更是攻防双方争夺的要点。对原子、化学武器的防护作用与平原地区相近，但水有利于吸收辐射热和洗消，故消除袭击后果的条件相对较好。

（六）居民地

人们按照生产和生活需要而形成的集聚定居的地区叫居民地。根据性质和人口多少分为城市、集镇、村庄等。

（1）居民地的地形特点。大的城市居民地常是某一地区的政治、经济和文化中心，又多是交通枢纽。一般依山、临河或滨海、濒湖而筑，人口众多、房屋密集，建筑物高大而坚固，还有地下建筑和防空工事设施，街道排列整齐、纵横交叉，交通方便，有机场、港口、铁路、公路等运输设施。中小城市通常都有公路或铁路相通。

集镇是一种较大的居民地，房屋较多，其建筑形式比较简单。山地的集镇，街道比较曲折、房屋布置分散；平原上的集镇，一般靠近道路或江河两侧，街道比较平直、房屋密集、交通发达，一般都有公路、大车路、乡村路或水路相通。

村庄是较小的居民地。北方村庄多平房、院墙，部分有土围、寨墙，建筑材料多为土坯、砖石，房顶覆盖较厚、比较坚固；南方村庄部分有楼房，建筑材料，沿海地区多为砖石、水泥，山区多为砖木、泥瓦。

（2）居民地对战斗行动的影响。居民地对战斗行动的影响程度，决定于它的大小、所在位置、建筑物状况和附近地形条件等。

大的居民地通常是攻、防要点，也是敌人航空兵、炮兵、导弹和原子武器、化学武器袭击的目标。居民地便于构成坚固的防御阵地，利于近战、夜战和小分队战斗活动；利用城市电信设备可组织部队通信联络，便于军队宿营和后勤补给，但观察、指挥和协同不便，战斗队形易被分割，城市附近的高地、隘路、交通枢纽、桥梁、渡口和机场、火车站、发电厂、水源以及重要的工业区等，常成为攻、防双方争夺的地方。

居民地对原子武器的防护能力，主要取决于建筑物坚固程度和有无地下建筑等，通常居民地能缩小杀伤范围，但易造成间接杀伤和引起火灾、庭院和街巷滞留毒剂和放射性沾染物质。

（七）岛屿和海岸

岛屿是散列于海洋、江河、湖泊中的陆地，面积大的叫岛，小的叫屿。

海水面与陆地接触的滨海地带，叫海岸；海边多年形成的大潮高潮线，称海岸线。

（1）岛屿地形的特点和对战斗行动的影响。岛屿的地形特点有：四面环水，面积狭小。多数为列岛或群岛，少数为孤岛。一般岛上多山、坡度陡峻、地形复杂；岸线弯曲，岸陡滩狭；道路少，且曲折狭窄；居民少，物产有限、淡水缺乏；多数岛上土壤贫乏、植被较少，但热带地区的岛上多茂密丛林；岛屿气象复杂多变，夏季台风威胁较大；有些岛屿之间水浅礁多，航道狭窄。岛屿对战斗行动的影响，主要决定于岛屿的位置、形状、大小、岛上地形以及港湾、交通和给水条件等。

一般来说，岛屿利于防御不利于进攻。由于岛上多山、地形险要、登陆地段少，便于依托有利地形，构筑以坑道为骨干的，组成完整、坚固的防御阵地，凭险固守；但四面环水，军队机动和补给受限制、岛与岛之间通信联络不便、协同和指挥困难，易被封锁围困。对进攻一方而言，由于岸滩或陡狭、或泥泞，登陆上岸和向纵深发展易受限制；航渡时，战斗队形易遭对方空中和海上的火力袭击；风浪和海潮会影响部队的航渡和增加疲劳；敌前上陆，背水攻击，增加了进攻战斗的艰巨性。

（2）海岸地形的特点和对战斗行动的影响。海岸对战斗行动的影响，主要取决于海岸的性质和曲折程度、港湾的大小与设备、滨海地形、近岸岛屿及潮汐情况等。

海岸依其性质可分为泥岸、岩岸和沙岸。

①泥岸：多与平原连接，如河北、江苏、杭州湾北侧海岸。其特点是：岸滩多淤泥、岸线直、岸坡缓、涨落潮界距离远，不便于军队登陆；由于泥泞下陷，技术兵器不便于发挥作用，构筑工事亦较困难，有海堤时可作依托；但内陆地形平坦开阔，除水稻田地外，一般适于诸兵种合成军队登陆后发展进攻。

②岩岸：多为山地延伸入海，如浙江、福建、广东等地海岸。其特点是：岸高且陡、岸线曲折、土质坚硬，近岸多岛屿、礁石，滨海地形起伏不大，港湾多。这种海岸的登陆地段小，不便于展开与靠岸，技术兵器使用受限制，向纵深发展困难，但便于依托要点组成纵深梯次防御，便于对原子武器袭击的防护。

③沙岸：多由丘陵地延伸入海，如辽宁、山东海岸。其特点是：岸线较曲折、港湾较多、岸坡短平、地形隐蔽。这种海岸便于登陆地段较多、舰船易于靠岸、技术兵器使用受限制小、便于向纵深发展，对防御则便于控制要点和隐蔽机动兵力兵器。

港湾是舰船抛锚、停靠和装卸物资之处，是海军作战之依托，也是敌我双方争夺的主要目标。海岸突出部分、沿岸高地和近岸岛屿是防御的重点。

三、研究地形的基本方法

在执行战斗任务时，认真研究和善于利用地形，是取得作战胜利的重要保证。研究地形通常有以下几种方法。

（一）现地侦察

现地侦察地形是研究地形最基本的方法，在现地可以真实地了解地形状况、判断其对战斗行动的影响、使自己的决心符合于客观实际、实施正确的组织指挥。在条件允许时，现地侦察可多次进行。如受时间限制，也应重点进行。为便于现地侦察和分析地形情况，可对照地图和航天、航空相片进行研究。

（二）利用地图研究

利用地图研究地形是常用的一种方法，通常在现地侦察前或不易进行现地侦察时采用。大比例尺地形图显示地形较详细、准确，不仅能了解地形的高低起伏状况、形状及其关系位置，还可测量距离、高程和面积，又不受敌情、天候和时间的限制。在现代条件下作战，战场广阔、情况多变，应随时利用地图研究地形，以实施不间断的指挥。但由于我国经济建设的飞速发展，某些地区的地形变化较大，在使用地图时，应注意地形调查，及时补充修正。

（三）利用航空相片研究

利用航空相片研究地形，可获得新颖、详细、真实的地形资料，判明敌人的火器配置、工程设施、兵力和技术兵器的集结地域情况。但相片不能显示居民地、高地、江河的名称和地面点的高程等情况，故仍需结合地图进行分析判断。

（四）利用沙盘研究

沙盘能形象地显示实地的高低起伏形状，表示敌我工事、兵力和兵器的配置等情况。利用沙盘研究地形，直观形象，能给人以明确的立体感，且不受敌情、天候、时间和地点等条件的限制。沙盘作业既是平时部队战术训练的好形式，又是战时指挥员研究和判断地形、敌情，定下决心，制订作战方案，组织协同和战前练兵的好方法。

（五）利用电视显示系统研究

利用电视技术显示地形、传输地形图，或利用小型发射机直接观察战斗进展，把战场地形和敌情变化及时转播到指挥所里，是随着电子技术的发展而开发出来的一种研究地形的新方法，它可以快速向指挥员提供所需要的地形与敌情资料。

1．内部地图电视系统

就是在指挥所首长和各作业室之间建立的电视传输系统。它是通过袖珍摄像机把各作业室每个参谋标绘的工作图拍摄下来，并传输到首长指挥室，在电视屏幕上显示出来，这样就可以及时交流、分析和判断地形情况以及标绘的内容。

2．外部地图电视系统

就是在上下级指挥所之间建立的电视传输系统。它是通过袖珍摄像机把下级指挥所的工作图都拍摄下来，并用无线电波传送到上级指挥所的接收站。同时传输到指挥所各作业室的电视屏幕上。这样指挥员与机关就能及时了解与研究所属部队在各战场的情况。

3．实地地形和战斗情况电视系统

就是在战场前沿用袖珍电视摄像机在地面或固定在较高的塔上进行现地拍摄，并把所摄取的实地地形和战斗情况传输到地面站，再利用天线传输到指挥所。对敌纵深的目标可利用小型、无人驾驶或遥控飞行器进行拍摄，并把所摄取的纵深情况用无线电直接发射到指挥所。这样，指挥员就可以在电视屏幕上及时了解战场地形和敌情变化情况，以保障实施不间断的组织指挥。

4．平时对预定作战地区的关隘、要塞、通道预先进行录像，保存地形磁带，战时在指挥所放映供指挥员研究敌情、地形、制定作战计划。

此外，还可根据兵要地志，以及通过向当地人民群众调查、审讯俘虏等方法获得有关地形资料。

第二节　地形图的基本知识

一、地图概述

1．地图的定义

将地球表面的自然、社会要素和现象的空间分布，按一定的投影方法、比例关系和制图综合原则，用规定的符号、颜色和标记综合绘制的图，称为地图。

2．地图的分类和用途

地图按其内容可分为普通地图和专门地图；按比例尺可分为大、中、小比例尺地图；按表现形式可分为线划地图、影像地图、数字地图；按色彩可分为单色地图、多色地图。

普通地图是综合反映地表自然现象和社会经济现象的地图，内容包括：自然地理要素，如地貌、水系、土壤、植被等；社会经济要素如居民地、行政区域、工矿、交通网等。普通地图分为地形图和地理衅，是编制专门地图的基础。

地形图是普通地图的一种，其比例尺大于 1∶100 万，它是国家经济建设、国防建设和军队作战、训练不可缺少的重要地形资料。在地形图上，可以进行长度（距离）、高度、坡度、水平角度、坐标和面积的量读、计算。

专门地图也称专题地图或主题地图，是以普通地图为底图，着重表示一个专题内容的地图，如地质图、地貌图、水文图、人口图、交通图、历史图等。

二、地图比例尺

1．地图比例尺的定义

地图上某两点间直线长度与相应实地水平距离之比，叫地图比例尺。地图比例尺通常以数字比例尺或直线比例尺标注在地图图廓外，是判定地表实地水平长度在地图上的缩小比例和根据图上测量长度计算实地距离的依据。

2．地图比例尺的大小

地图比例尺的大小是按比值的大小来衡量的。在幅面大小相等的地形图上，比例尺越大，图中所包括的实地范围越小，显示的内容越详细，精度越高；比例尺越小，图中所包括的实地范围越大，显示的内容越简略，精度越低。

我国地形图的比例尺系列为 1∶1 万、1∶2.5 万、1∶5 万、1∶10 万、1∶25 万、1∶50 万、1∶100 万 7 种。

3．在图上量算距离

（1）用直尺量算。用直尺量取所求两点的图上长度，然后乘以该图比例尺分母，即得相应的实地水平距离。其换算公式为：实地距离=图上长度×比例尺分母

（2）依直线比例尺量读。先用两脚规量出图上两点间的长度，并保持其张度，再到直线比例尺上比量。比量时，先使两脚规的一脚落在尺身的整公里数上，再使另一脚落在尺头上，即可读出两点间实地水平距离。

（3）用里程表量读。在地形图上量取弯曲路段或曲线距离时，使用指北针上的里程表比较方便。里程表由表盘、指针及滚轮三部分组成。量读时，先使指针归 0，然后手持里程表，将滚轮放在起点上（使指针按顺时针方向转），沿所量线段滚至终点，指针在相应比例尺分划圈上所指的公里数，即为所求实地距离。

4．图上量算距离的改正

从图上量算的实地距离，都是水平距离，而实地往往是起伏不平的，制图时对道路微小的弯曲情况又进行了综合，故图上量算的实地水平距离，都小于相应的实地实际距离。为使图上量算的距离接近于实地实际距离，应将量算的实地水平距离加上坡度及弯曲改正

数（改正数=水平距离×改正率）。改正率见下表。

改正距离的计算公式为：实地实际距离=水平距离+水平距离×改正率。

表　坡度及弯曲改正数表

坡度	改正率/%	坡度	改正率/%
0°～5°	3	20°～25°	40
5°～10°	10	25°～30°	50
10°～15°	20	30°～35°	65
15°～20°	30	35°～40°	80

三、地物符号

地面上的地物，在地图上是用统一规定的符号结合注记表示的，这些符号称地物符号。它是构成地图的重要因素，是地图的语言。根据地物符号和注记，可以识别出实地地物的种类、性质、形状和分布情况。

1．符号的图形特点

地物符号的图形，依其形状，主要有以下三个特点（见下图）。

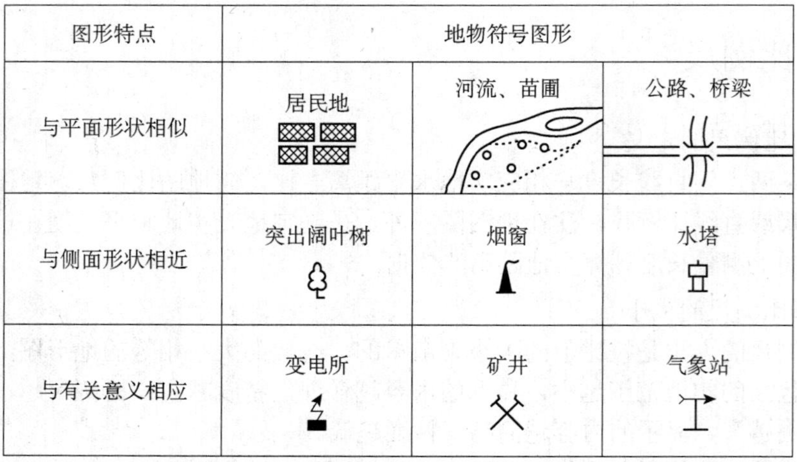

地物符号的图形特点

（1）图形与地物的平面形状相似。这类符号的图形与地物正射投影后的平面形状相似，并保持一定的比例关系，所以叫正形图形。正形图形一般用于表示实地较大的地物，如居民地、森林、河流、公路、桥梁等。

（2）图形与地物的侧面形状相近。这类符号的图形与地物的侧面形状相近，所以叫侧形图形。侧形图形一般用以表示实地较小的独立地物，如突出树、烟囱、水塔等。

（3）图形与地物有关意义相应。这类符号的图形是按照会形、会意的方法构图的，所以叫象征图形。它具有形象和富有联想的特点，如变电所、矿井、气象站等。

2．符号的分类

（1）依比例尺表示的符号（又叫轮廓符号）。实地面积较大的地物，如大居民地、森林、江河、湖泊等，其图形是按比例尺缩绘的，文字注记是按配置需要填绘的。在图上可了解其分布、形状和性质，量算出相应实地的长、宽和面积。

（2）半依比例尺表示的符号（又叫线状符号）。实地的窄长线状地物，如道路、垣栅、土堤、通信线等，其转折点、交叉点位置是按实地精确测定的，其长度是按比例尺缩绘的，而宽度不是按比例尺缩绘。因此，在图上只能量测转折点、交叉点位置和相应的实地长度，而不能量取宽度和面积。

其准确位置在符号的中心线上或底线上。

（3）不依比例尺表示的符号（也叫点状地物符号）。实地上一些对部队战斗行动有影响或有方位意义的地物，如突出树、亭、塔、油库等，因其实地面积小，不能按比例尺缩绘，只能用规定的符号表示。在图上可了解实地地物的性质和位置，不能量取其大小。

其准确位置，在符号的定位点上。

（4）说明符号和配置符号。主要是用来说明、补充上述三种符号不能表示的内容。说明符号用来说明某种特殊情况，如表示街区性质的晕线、表示江河流向的箭头等。配置符号用来表示某地区的植被及土质特征，如草地、果园、疏林、道旁行树、石块地等。说明符号和配置符号只表示实地地物的分布情况，并不表示地物的真实位置和数量。

3．符号的有关规定

（1）颜色的规定。为使地图内容层次分明、清晰易读，地物符号采用不同颜色来区分地形的性质和种类。我国现出版的地形图均用四色表示。其规定见下表。

表　地物符号颜色的规定

颜 色	使 用 范 围
黑色	居民地、独立地物、管线、垣栅、道路境界、森林符号和注记等
绿色	森林、果园等植被的普染
蓝色	水系及其普染，水系注记，雪山等高线及注记
棕色	地貌和等高线的高程注记，公路普染

（2）定位点的规定。定位点是指符号中表示地物真实位置的部分。地物符号中，不依比例尺和半依比例尺的符号，实际上都是夸大了的符号，因此，它们在地形图上的定位点，制图时就必须明确规定。

不依比例尺符号（主要是指独立地物符号），其定位点的规定见下图。

定位点	符号及名称		
图形中有一点的，在该点上	三角点	亭	窑
几何图形，在图形的中心	油库	独立房层	发电厂
底部宽大的，在底部中点	水塔	气象站	碑
底部为直角的，在直角的顶点	路标	突出阔叶树	突出针叶树
两个图形组成的，在下方图形的中心	变电所	散热塔	石油井

不依比例尺符号的定位点

半依比例尺符号（主要是指线状地物符号），其定位线的规定见下图。

定位线	符号举例	定位线	符号举例
成轴对称的符号，在中心线上	公路 土堤 高出地面的渠	不成轴对称的符号，在底线事缘线上	城墙 土城墙 陡岸

半依比例尺符号的定位线

（3）注记的规定。地物符号只能表示地物的形状、位置、大小和种类，不能表示其质量、数量和名称，因此，还需用文字和数字予以注记，作为符号的补充和说明（见下图）。

符号及注记	说明	符号及注记	说明
7/0.4 泥 0.3 35/1.6 沙	分子：河宽 分母：水渠 沙、泥：河底性质流向 0.3：流速	6 4 8 3 5 10 4 1.8 1.2	比高
1 13/3 2 8/2.3	运河、沟渠 1.沟宽、水深 2.沟宽、沟深 分子：宽度 分母：深度	51.2/25 淡	
10 •21	高程点及其注记	砾6(8) 56	公路、里程碑 6：铺面宽 8：路面宽 砾：铺面材料 56：分里数
		0.3/0.5 能通行	沼泽地 分子：水深 分母：软泥层深度

常见的符号注记

①名称注记：用于注明地物的名称，如居民地、山和山脉、水系及地理单元名称分别以不同字体和颜色注记。

②说明注记：用来说明地物的性质和特征，如公路路面的质量，渡口、桥梁的性质，森林的种类，河流的流向，井水的咸淡等，均采用不同颜色的文字简注在符号内或一旁。

③数字注记：用来说明地物的数量特征，如山的高程，土堆、冲沟、陡崖的比高，森林的平均树高、树粗，公路的宽度，江河的宽、深和流速等，均用不同颜色的数字表示。

（4）方向的规定。地物符号在地形图上的描绘方向，有以下四种情况。

①直立方向：直立方向，也叫固定方向，即符号始终保持与南北图廓线垂直。不依比

例尺的符号绝大多数是按此种方向描绘的。

②真方向：真方向，即符号的描绘方向与实地地物的真实方向一致。依比例尺和半依比例尺的符号通常是按真方向描绘的。此外，还有独立屋、窑洞、山洞、泉等，也是按真方向描绘的。

③光照方向：地形图上有少数符号是按照阳光照射方向描绘的，如陡石山、溶斗和简易公路等。

④风向方向：依风向描绘的主要是沙地地貌中的一些微型沙地符号，以及反映土质特征的个别符号。如波状沙丘地，其符号与主要风向垂直；窝状沙地，其符号是顺风方向描绘的，粗点绘在迎风面。因此，这类符号又是判断所在地区主要风向的标志。

四、地貌判读

（一）等高线

1．等高线

在地图上将地面上高程相等的各点连成的闭合曲线称等高线，亦称水平曲线，用以显示地貌高低起伏、倾斜陡缓形态，量取某一地段的坡度或任一点的绝对高程与相对高程等。

2．等高线显示地貌的原理

设想将一座山从底到顶按照相等的高度一层一层地水平切开，这样，在山的表面就出现许多大小不同的截口线，再把这些截口线垂直投影到同一平面上，便呈现出一圈套一圈的等高线图形。地图就是根据这个原理来显示地貌的（见下图）。

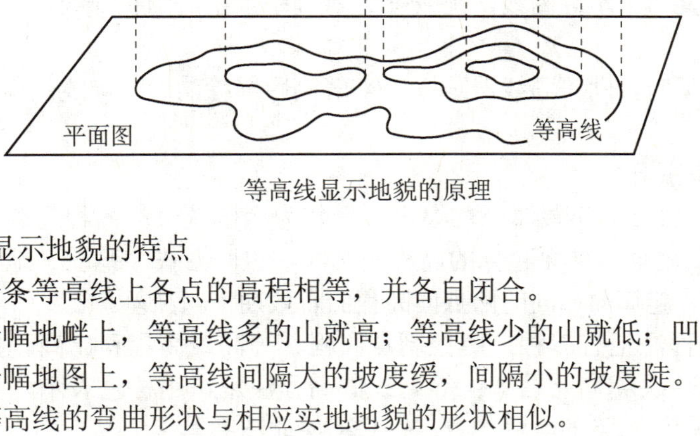

等高线显示地貌的原理

3．等高线显示地貌的特点

（1）在同一条等高线上各点的高程相等，并各自闭合。

（2）在同一幅地畔上，等高线多的山就高；等高线少的山就低；凹地则与此相反。

（3）在同一幅地图上，等高线间隔大的坡度缓，间隔小的坡度陡。

（4）图上等高线的弯曲形状与相应实地地貌的形状相似。

4．等高距的规定

相邻两条等高线间的实地垂直距离叫等高距。等高距的大小，在很大程度上决定着地貌表示的详略。等高距愈小，等高线愈多，地貌表示就愈详细；等高距愈大，等高线愈少，地貌表示就愈简略。等高距地区的地貌特征，依据地图比例尺和地图的用途等状况来规定。我国基本比例尺地形图等高距的规定见下表。

表　等高距的规定

比例尺	1∶2.5 万	1∶5 万	1∶10 万	1∶20 万
等高距/m	5	10	20	40

5．等高线的种类和作用

等高线按其作用不同，分为四种，见下图。

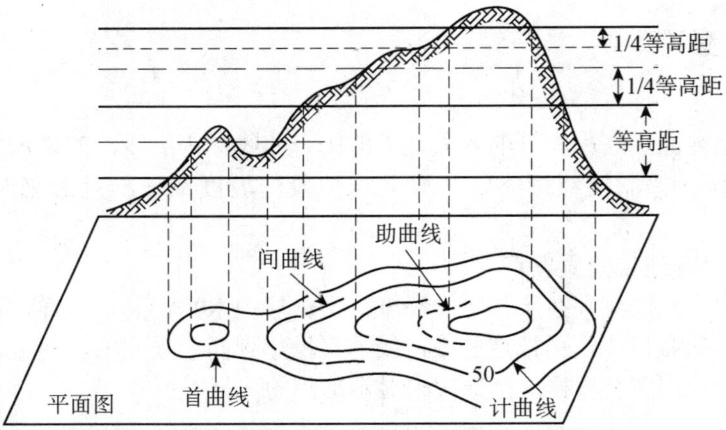

等高线的种类

（1）首曲线：又叫基本等高线，是按规定的等高距，由平均海水面起算而测绘的细实线，用以显示地貌的基本形态。

（2）计曲线：又叫加粗等高线，规定从高程起算面起，每隔四条首曲线加粗描绘一条粗实线，以便在图上查算高程。

（3）间曲线：又叫半距等高线，是按 1/2 等高距描绘的细长虚线，用以显示首曲线不能显示的局部地貌。

（4）助曲线：又叫辅助等高线，是按 1/4 等高距描绘的细短虚线，用以显示间曲线不能显示的局部地貌。

6．高程起算和注记

我国规定，把“1956 年黄海平均海水面”作为全国统一的高程起算面，称为“1956 年黄海高程系”。从这个基准面起算的高程叫真高，也叫海拔。地貌、地物由所在地面起算的高度，叫比高。起算面相同的两点间高程的有效期，叫高差。

地形图上的高程注记有三种，即控制点高程、等高线高程和比高。控制点的高程注记，用黑色表示，字头朝向北图廓；等高线的高程注记，用棕色表示，字头朝向上坡方向；比高注记与其所属要素的颜色一致，字头朝向北图廓。

（二）地貌识别

1．山的各部形态（见下图）

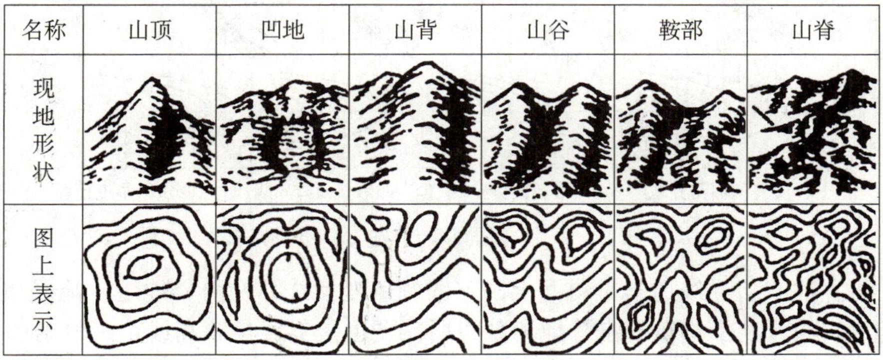

山的各部形态

（1）山顶：山的最高部位叫山顶。图上表示山顶的等高线是一个小环圈，环圈外通常绘有示坡线。

（2）凹地：比周围地面凹陷，且经常无水的地方，叫凹地。图上表示凹地的等高线是一个或数个小环圈，并在环圈内侧绘有示坡线。

（3）山背：从山顶到山脚的凸起部分，叫山背。图上表示山背的等高线是以山顶为准向外凸出的部分。各等高线凸出部分顶点的连线，叫分水线。

（4）山谷：两个山背或山脊间的低凹部分，叫山谷。图上表示山谷的等高线，逐渐向山顶或鞍部方向凹入。各等高线凹入部分顶点的连线，叫合水线。

（5）鞍部：相连的两个山顶间形如马鞍状的低凹部分，叫鞍部。图上是用表示山谷和山背的两组对称的等高线表示的。

（6）山脊：由若干山顶、鞍部相连所形成的凸棱部分，叫山脊。山脊的最高棱线，叫山脊线。图上山脊是由若干表示山顶和鞍部的等高线连贯起来表示的。

2．斜面和防界线

（1）斜面：斜面是指从山顶到山脚的倾斜部分，又叫斜坡。朝向敌方的斜面称为正斜面，背向敌方的斜面叫反斜面。按形状可分为：

①等齐斜面。坡度近乎一致，斜面上均能通视。图上等高线的间隔基本相等[见下图（a）]。

②凸形斜面。坡度上缓下陡，斜面上部分地段不能通视，形成观察和射击的死角。图上等高线的间隔上疏下密[见下图（b）]。

③凹形斜面。坡度上陡下缓，斜面上均可通视，便于发扬火力。图上等高线的间隔上密下疏[见下图（c）]。

④波状斜面。坡度陡缓不一，斜面的若干地段不能通视，形成观察、射击的死角较多。图上等高线的间隔疏密不一[见下图（d）]。

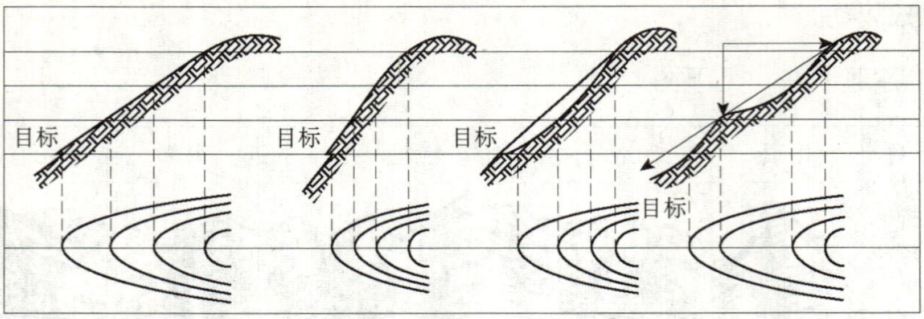

(a) 等齐斜面防界线 (b) 凸形斜面防界线 (c) 凹形斜面防界线 (d) 波状斜面防界线

斜面和防界线

(2) 防界线：防界线通常是斜面上凸起的倾斜变换线。在防界线上，能展望其下方的部分或全部斜面，利于构筑射击阵地和观察所。图上防界线是等高线由疏变密的地方。

3．地貌符号

地貌符号用于表示等高线无法显示的地貌，如变形地、山隘、岩峰、露岩地等。由于这类地貌的形态复杂多变，用等高线无法真实形象地反映地形的全貌，因此，必须采用特殊地貌符号。地貌符号主要有三种。

(1) 微型地貌符号[见下图]。

✕ (4~10)	山隘 (4~10)：通行月份	◌	石灰岩溶半
∩ 1.6/20	山洞、溶洞 分子：洞口直径 分母：浓度	1. ▲	岩峰 1.孤峰 95：比高
		2. ▲▲	2.峰丛 35：比高

微型地貌符号

(2) 变形地符号[见下图]。

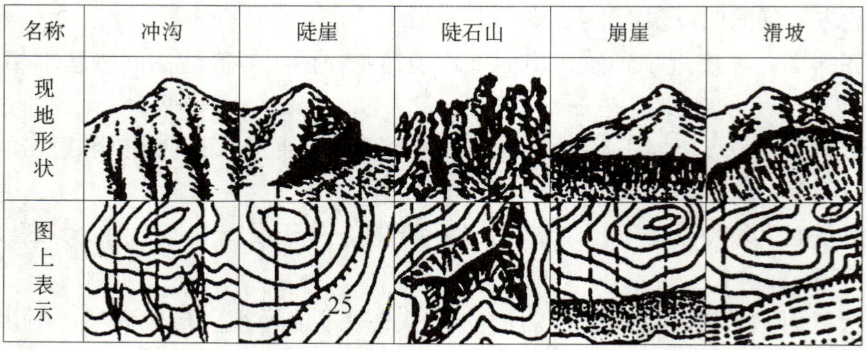

变形地符号

（3）土质特征符号（见下图）。

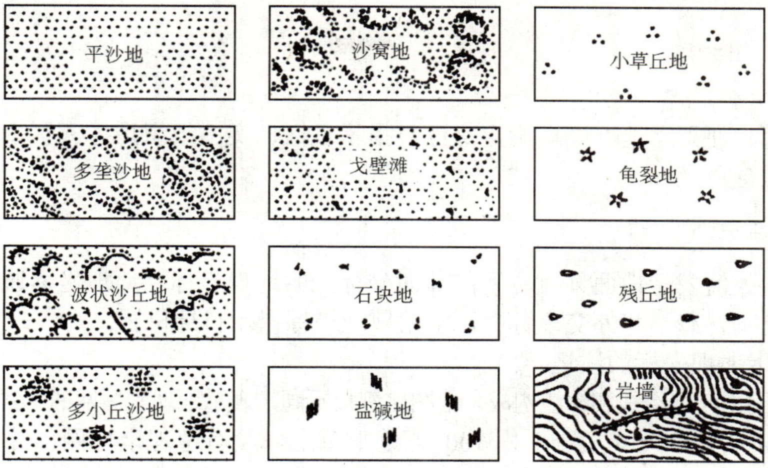

土质特征符号

（三）高程、起伏和坡度的判定

1．高程和高差的判定

（1）高程判定：判定点的高程，应先在判定的点附近找到高程注记，然后根据等高距推算。

当判定的点在等高线上时，该条等高线的高程，就是该点的高程；

当判定的点在两条等高线之间时，应先查出相邻两条等高线的高程，再按其所在位置估计；

当判定的点在山顶，而山顶又无间曲线或助曲线表示时，应先判别最高一条等高线的高程（如是鞍部则应先判别较低一条等高线的高程），通常再加上半个等高距的米数。

（2）高差判定：判定两点间的高差时，首先要判明两点的高程，将两点的高程相减，即得两点的高差。

2．起伏判定

在图上判定战斗行动区域或运动方向上的起伏状况时，首先应根据等高线的疏密概况、河流的位置和流向，找出各山脊的分布状况和地形总的下降方向，再具体明确山顶、鞍部、山脊、山谷的分布，详细判别起伏状况。通常，当等高线在河流一侧时，靠近河流的等高线表示下坡方向，反之为上坡方向；当等高线横穿河流时，上游的等高线表示上坡方向，反之为下坡方向。

3．坡度判定

（1）用坡度尺量：地形图南图廓的下方绘有坡度尺。当量取某段道路的坡度时，先用两脚规（或纸条）量取图上两条等高线间的宽度，然后移到坡度尺第一条曲线与底线间的纵方向上比量，找到与其等长的垂直线，即可读出相应的坡度。如几条首曲线的间隔大致相等，可一次量取 2～6 条等高线的间隔。量取几条等高线，就在坡度尺上相应的曲线上比几条，然后读出相应的坡度。

（2）根据等高线间隔计算：地形图如果采用统一规定的等高距，当两条相邻首曲线的间隔为 1mm 时，则相应现地的坡度约为 12°。如果间隔大于或小于 1mm，只要用间隔的毫米数除 12°，就可以得到实地坡度。例如：相邻两条首曲线的间隔为 2mm，则坡度为

12°÷2=6°。但若坡度超过 30°时，则因估算误差较大，不宜采用此法。

五、坐标

使用坐标，便于迅速准确地确定点位、指示目标、实施组织指挥。军事上常用的有地理坐标和平面直角坐标。

（一）地理坐标

用经纬度数值表示地面某点位置的球面坐标，叫地理坐标。地理坐标通常用度、分、秒表示。在空军、海军和外交事务中，常用地理坐标指示目标位置。

1．地图上地理坐标的注记

地理坐标网由一组经线和纬线构成。地图比例尺不同，表示地理坐标网的形式也略有区别。

在 1∶20 万、1∶50 万、1∶ 100 万地形图上，绘有地理坐标网。纬度数值注记在东、西内外图廓间；经度数值注记在南、北内外图廓间。

在 1∶2.5 万、1∶5 万、1∶10 万地形图上，只绘平面直角坐标网，不绘地理坐标网。图廓四角注有经纬度数值，内、外图廓间绘有经、纬“分度带”，分度带的每个分划表示一分，将它们对应相同的分度线连接起来，即可构成地理坐标网。

2．地理坐标的应用

用地理坐标指示目标或确定某点在图上的位置时，一般按先纬度后经度的顺序进行。

（1）在图上量取目标的地理坐标：在 1∶2.5 万、1∶5 万、1∶10 万地形图上量取某点的地理坐标，可先在南、北图廓和东、西图廓间的分度带上，找出接近该点的经、纬度分划，并连成经纬线；再量取该点至所连经纬线的垂直距离，并按分度带估计或计算出秒数；然后分别与所连经纬线的度、分数值相加，即可得出该点的地理坐标。

（2）按地理坐标确定目标的图上位置：如已知⊙150 高地的地理坐标为：北纬 25°02′12″，东经 102°32′ 18″。确定该点的图上位置时，先将东、西图廓纬度分度带上 25°02′12″处连成直线，再将南、北图廓经度分度带上 102°32′18″处连成直线，两直线的交点即为该点在图上的位置（见下图）。

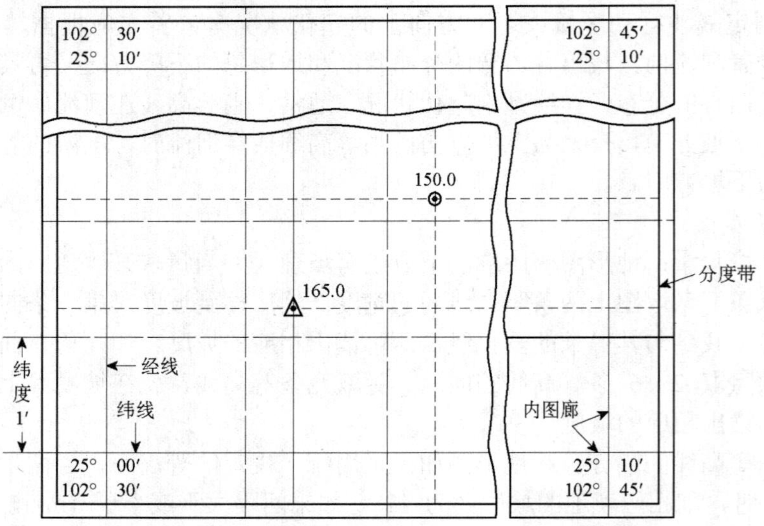

依分度带量读地理坐标

如所求点较多时，可先按分度带连成地理坐标网，再按各点的经纬度数值来确定各点在图上的位置。

（二）平面直角坐标

用平面上的长度值表示地面点位置的直角坐标，叫平面直角坐标。

1．平面直角坐标的构成及注记

我国地形图上的平面直角坐标网，是按高斯投影绘制的。它以 6°为一般影带，每投影带的中央经线为纵轴（X 轴），赤道为横轴（Y 轴），其交点为坐标原点（0）。这样，每一投影带便构成了一个独立的坐标系（见左图）。

为便于从每幅地形图上测量任意点的坐标，以公里（km）为单位，按相等的距离作平行于纵、横轴的若干直线，而构成平面直角坐标网，也叫方里网。纵坐标以赤道为零起算，向北为正，向南为负。因我国位于北半球，所以纵坐标均为正值。横坐标如以中央经线为零起算，则向东为正，向西为负，使用时非常不便。为了避免负值，把中央经线按 500km（大于赤道上经差 3°相应的实地距离）计算。这样，在中央经线以东的横坐标值均大于 500km，以西的小于 500km。我国各地的平面直角坐标纵横值也由此而均为正值（见右图）。

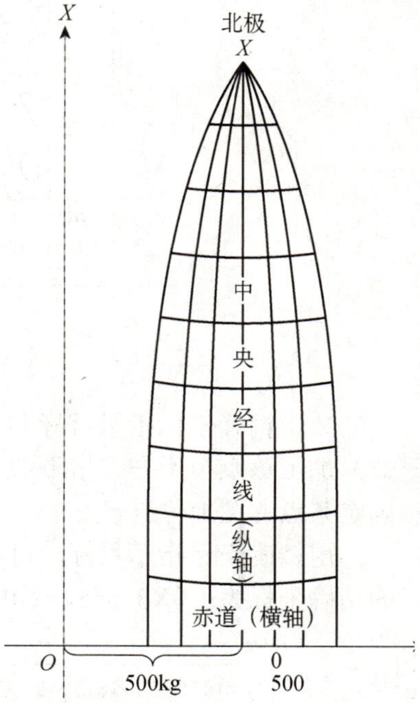

高斯投影带北半球的平面直角坐标系

坐标网注记，在东、西图廓横线上注记的为纵坐标值，在南、北图廓纵线旁注记的为横坐标值。在图廓的四角，注有纵、横坐标的全部数值，其他一般只标记末两位数。纵坐标全值注记为四位数；横坐标全值注记为五位数，其中前两位数为带号。

2．平面直角坐标的应用

平面直角坐标主要用于指示和确定目标在图上的位置，也可根据方格估算距离和面积。指示目标或确定点的位置时，按先纵坐标后横坐标的顺序进行。

（1）用概略坐标指示目标：用概略坐标指示目标的图上位置时，只用该目标所在方格纵横坐标末两位的公里数值即可。如图 9-13 所示，要指示 116.6 高地的位置时，可先找出该点下方横线的纵坐标为 67，后找出左方纵线的横坐标为 45，该点的概略坐标即为（67，45）。

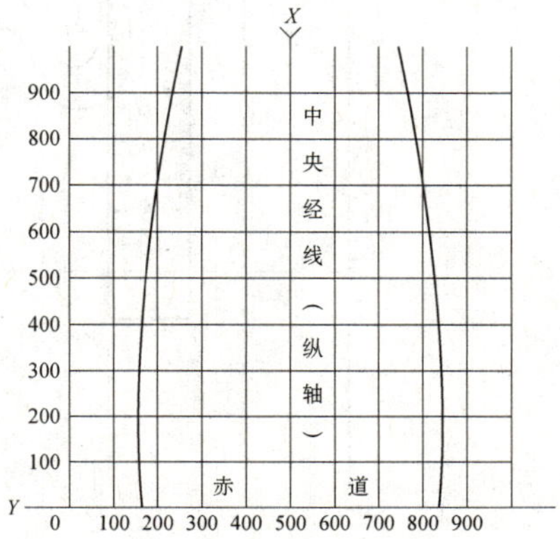

坐标起算

当需要明确地指示目标在方格中的位置或区分同一方格内的同类目标时，可采用井字格法。即将一个方格分为九小格，并按顺时针编号。指示目标时，在概略坐标后加注小格的编号即可。如下图所示，木桥的坐标为（66，46）。

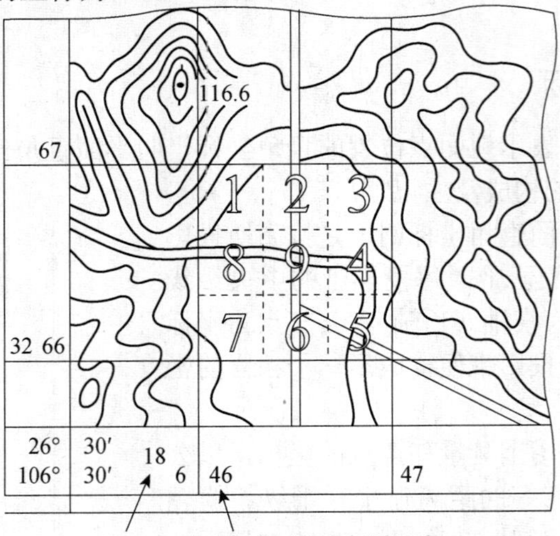

用概略坐标指示目标

（2）用精确坐标指示目标和确定点在图上的位置：精确坐标，由目标的概略坐标（公里数）加上该点至所在方格下边和左边坐标线的垂直距离（米数）组成，用于精确地指示和确定某点的图上位置。

①用精确坐标指示目标。可在概略坐标的基础上，用坐标尺量读。如下图所示，发射点的精确坐标为：（X85645，Y49300）。

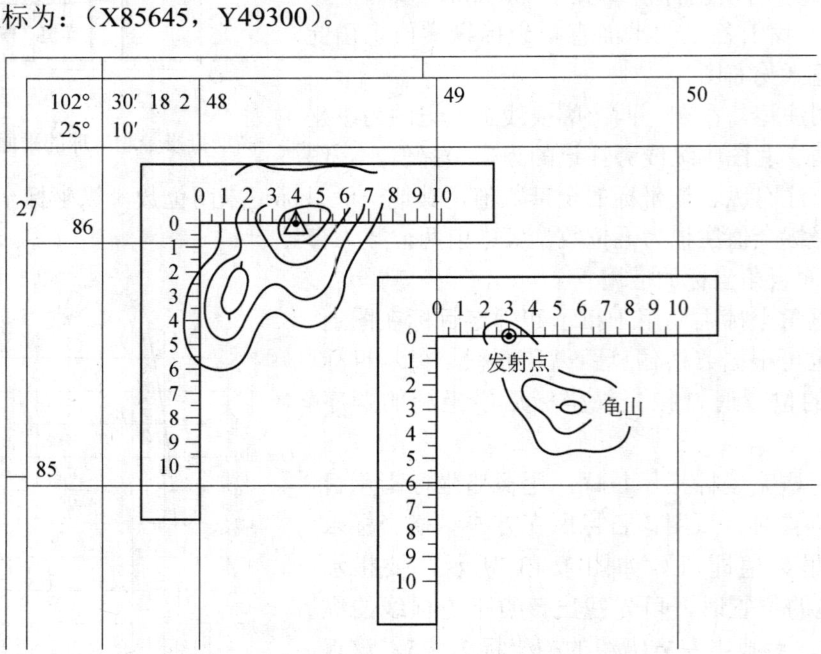

用坐标尺量读精确坐标

也可用直尺量取该点至所在方格下边和左边坐标线的垂直距离，并依比例尺换算成米数，然后将至下边和左边坐标线的距离米数分别加在纵坐标和横坐标的公里数上，即为该点的精确坐标。

利用平面直角坐标指示目标时，在口述或报读时，应先报坐标，后报地点和目标；在书面文件中，应先写地点，后写坐标和目标。

②用精确坐标确定目标的图上位置。可先按概略坐标找到该目标所在的方格，然后用坐标尺直接比量找出该点的图上位置；也可按纵横精确坐标值作平点就是所求目标点在图上的位置。

六、方位角与偏角

从某点的指北方向线起，依顺时针方向到目标方向线之间的水平夹角叫方位角。

（一）方位角的种类

由于每点都有真北、磁北和坐标纵线北三种不同的指北方向线，因此，从某点到某一目标，就有三种不同的方位角（见右图）。

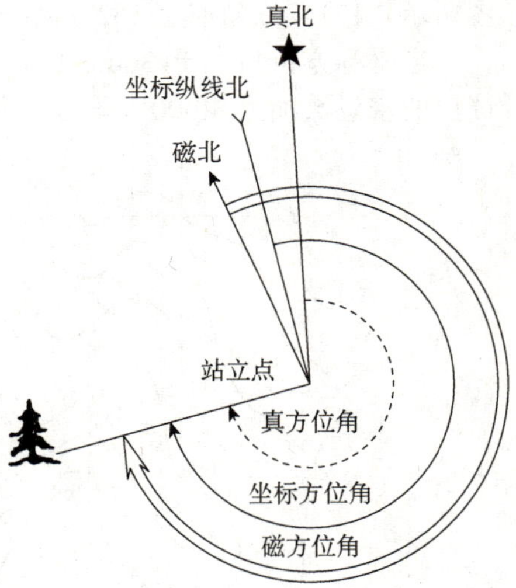

位角的种类

1．真方位角

某点指向北极的方向线叫真北方向线，即经线，也叫真子午线。从某点的真北方向线起，依顺时针方向到目标方向线间的水平夹角，叫该点的真方位角。通常在精密测量中使用。

2．磁方位角

某点指向磁北极的方向线叫磁北方向线，也叫磁子午线。在地形图南、北图廓上的磁南、磁北（即 P、P′）两点间的连线，为该图的磁子午线。从某点的磁北方向线起，依顺时针方向到目标方向线间的水平夹角，叫该点的磁方位角。在航空、航海、炮兵射击、军队行进时，都广泛使用。

3．坐标方位角

从某点的坐标纵线北起，依顺时针方向到目标方向线间的水平夹角，叫该点的坐标方位角。炮兵一般使用较多，它不仅便于从图上量取，还可换算为磁方位角在现地使用。

（二）偏角的种类

由于真子午线、磁子午线、坐标纵线（简称三北方向线）三者方向不一致，所构成的水平夹角，叫偏角。

1．磁偏角

某点的磁子午线与真子午线间的夹角，叫磁偏角。磁子午线在真子午线以东的为东偏，在真子午线以西的为西偏。它随时间和地点的不同而变化。

2．坐标纵线偏角

某点的坐标纵线与真子午线间的水平夹角，叫坐标纵线偏角，又叫子午线收敛角。坐标纵线在真子午线以东的为东偏，在真子午线以西的为西偏。在同一高斯投影带内，距中央经线和赤道愈近，偏角愈小，反之偏角愈大，但最大的偏角不超过 3°。

3．磁坐偏角

某点的磁子午线与坐标纵线间的水平夹角，叫磁坐偏角。磁子午线在坐标纵线以东的为东偏，在坐标纵线以西的为西偏。它有时为磁偏角和坐标纵线偏角值之和，有时为两者之差。

为便于计算，上述三种偏角，都以东偏为正（+），西偏为负（-）。地形图南图廓的下方，均绘有偏角图。

（三）方位角的量读和磁坐方位角的换算

1．在图上量读坐标方位角

在量取某点至目标点的坐标方位角时，先将该点和目标点连成直线，使其与坐标纵线相交（若两点在同一方格内，可延长直线）；然后，用量角器按方位角的定义量读。如下图所示，171.4 三角点至 162.6 高程点的坐标方位角为：17-40（即 1740 密位）。

当坐标方位角大于 30-00 时，应将量角器放在坐标纵线的左边，使零分划朝南，再将读出的密位数加上 30-00，即为所求的坐标方位角。

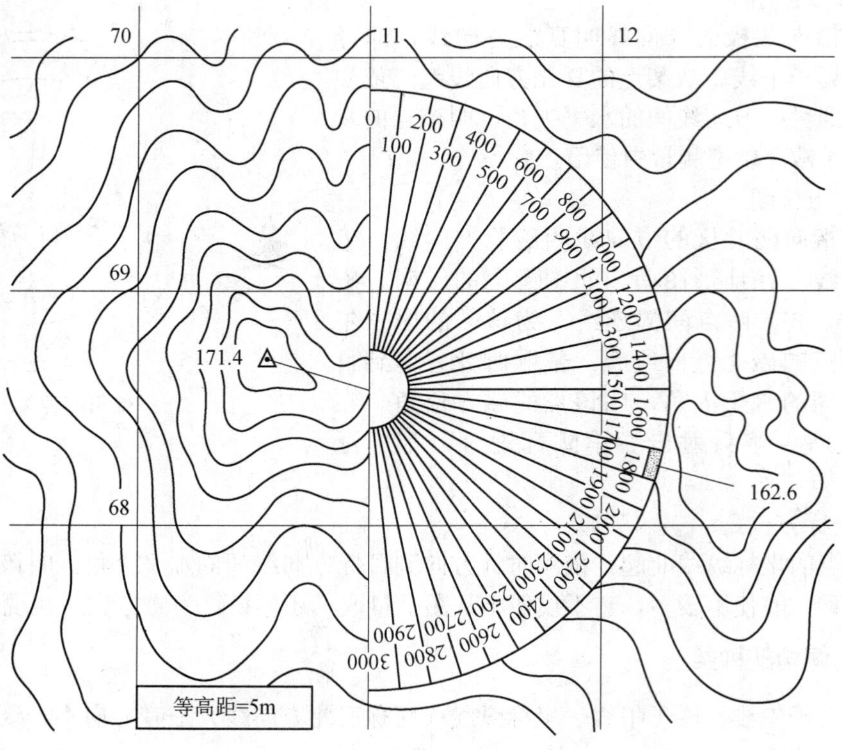

坐标方位角量读

2．在图上量读磁方位角

磁方位角通常用指北针量读。如下图所示，量读李家至红山磁方位角，其方法如下。

（1）在地形图上，将出发点至目标点两点之间连一直线。

（2）标定地图。标定时，先将指北针的直尺连切于磁子午线，并使准星的一端朝向地图上方；然后转动地图，使磁针北端对准指标，地图即已标定。

（3）不动地图，再将指北针直尺切于出发点至目标点两点的连线上，并使准星朝向目标方向，待磁针静止后，其磁针北端所指的密位数 4-54，即为李家至红山磁方位角。

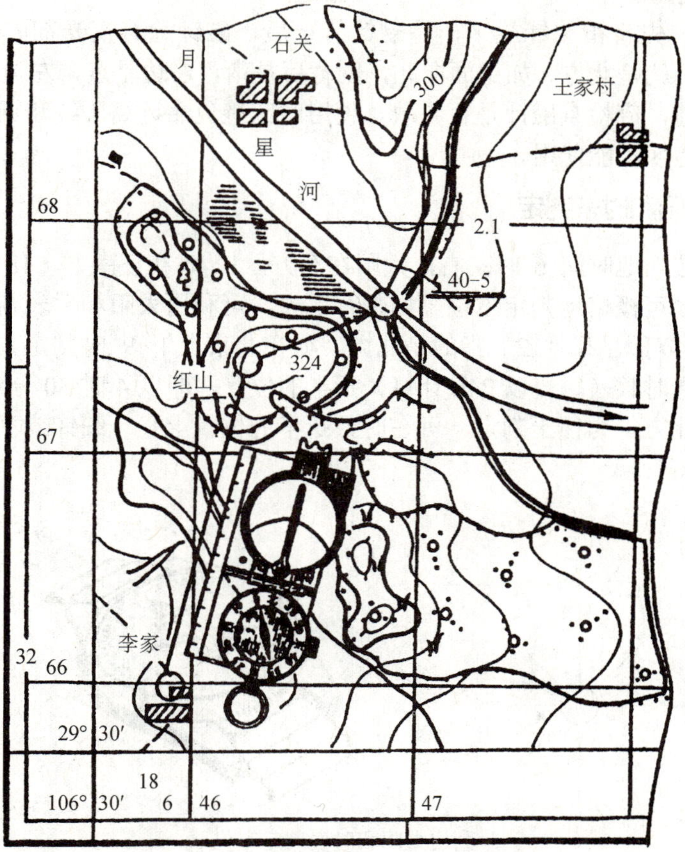

磁方位角量读

3．坐标方位角和磁方位角的换算

（1）求坐标方位角：当磁方位角已知时，可按下式计算：

坐标方位角=磁方位角+（±磁坐偏角）

（2）求磁方位角：当坐标方位角已知时，可按下式计算：

磁方位角=坐标方位角-（±磁坐偏角）

上式中的磁坐偏角值，可在地图下方的偏角图中查取。

计算中，当两个角度相加大于 60-00 时，应减去 60-00；若小角度减大角度时，应加上 60-00，再与大角度相减。

第三节　现地使用地图

一、方位判定

方位判定，就是在现地辨明站立点的东、西、南、北方向，便于明确周围地形和敌我关系位置，实施正确的指挥和行动。

（一）利用指北针判定

判定方位时，先将指北针放平，待磁针静止后，磁针涂有夜光剂的一端（或黑色尖端）所指的方向，就是北方。如果面向北，则背后是南，右边是东，左边是西。

使用指北针前，应检查磁针是否灵敏。使用时应避免靠近高压线和钢铁物体，在磁铁矿区和磁力异常地区不能使用。

（二）利用太阳和时表判定

一般来说，在当地时间 6 时左右，太阳在东方，12 时在正南方，18 时左右在西方。根据这一规律，便可概略地判定方位。如带有手表，可利用太阳和手表判定方位。判定的要领是：时数折半对太阳，“12”指的是北方。如在北京上午 9 时判定方位时，先将手表放平，以时针所指时数（每日以 24h 计算）折半的位置，即以 4 时 30 分对向太阳，“12”所指的方向就是北方。为便于判定，可在时数折半的位置上竖一细针或草棍，使针影通过表盘中心（见下图）。

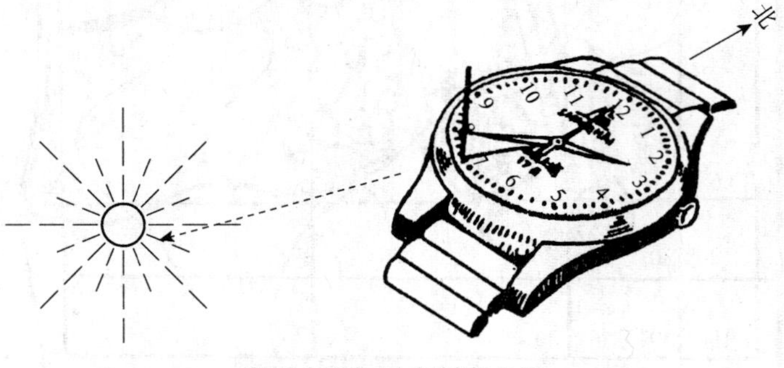

利用太阳和时表判定方位

北京时间是东经 120°经线的地方时，在远离东经的地区判定方位时，应将北京时间换算为当地时间，即以东经 120°为准，每向东 15°（经度），将北京时间加上 1h，每向西 15°（经度），减去 1h。如在新疆塔城地区（东经 83°）上午 12 时判定方位时，应减去 2h30min，即当地时间为 9 时 30 分，以 4 时 45 分对向太阳，“12”所指的方向就是北方。

在北回归线以南地区，夏季中午时间太阳偏于天顶以北，不宜采用上述方法。

（三）利用北极星判定

北极星是正北方天空的一颗恒星，夜间找到北极星，就找到了北方。北极星的位置可根据大熊星座或仙后星座寻找。北极星位于小熊星座的尾端，它和大熊星座（俗称北斗七星）、仙后星座（又叫 W 星座）的关系位置，如右图所示。大熊星座主要由 7 颗明亮的星组成，形状像一把勺子。将勺端甲、乙两星（叫指极星）的连线向勺口方向延长，约在两星间隔的五倍处，有一颗较亮的星就是北极星。仙后星座主要由五颗明亮的星组成，在缺口方

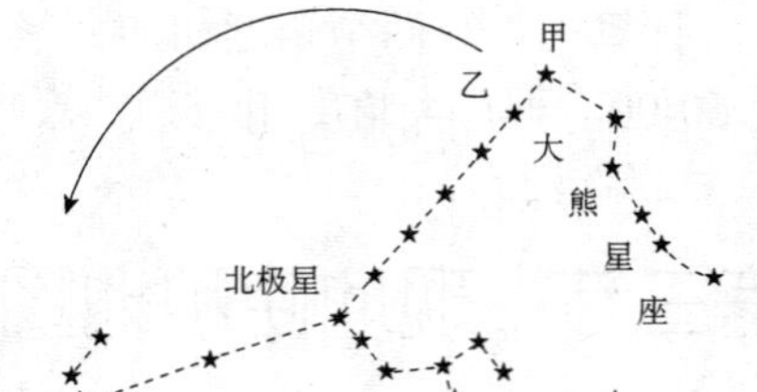

利用北极星判定方位

向约为缺口宽度的两倍处，就可找到北极星。

北极星的高度大约与当地的纬度相等。在北纬 40°以北地区，全年可以看到大熊星座和仙后星座，以南地区，有时只能看到其中的一个星座，另一个则移到地平线以下。

（四）利用地物特征判定

有些地物由于受阳光、气候等自然条件的影响，形成了某种特征，可用来概略地判定方位。

（1）独立大树，通常南面的枝叶较茂密，树皮较光滑，北面的枝叶较稀疏，树皮较粗糙。

（2）独立大树的树桩年轮，通常北面的间隔小，南面的间隔大。

（3）突出地面的物体，如土堆、土堤、田埂和建筑物等，通常南面干燥，青草茂密，冬季雪融化较快；北面潮湿，易生青苔，冬季雪融化较慢。凹陷物体如土坑、沟渠，以及林中空地的特征则相反。

（4）我国北方较大庙宇的正门、农村房屋的门窗多向南开。

我国幅员辽阔，各地区有不同的特征。如内蒙古高原冬季因受西北风的作用，山的西北坡积雪较少，东南坡积雪较多；而在新月形沙丘地区，地面比较平坦，风向比较稳定，沙丘受风力的作用，顺着风向伸展，朝风的一面坡度较缓，背风的一面坡度较陡；草原上的蒙古包门多朝向东南。因此，利用地物特征判定方位时，应多种方法结合运用，并注意调查当地的特殊规律，以避免判定错误。

二、地图与现地对照

现地使用地图时，应注意经常与现地地形进行对照，以便了解周围的地形情况，保持正确的方向和位置。

（一）标定地图

标定地图，就是使地图的方位和现地的方位一致。标定的方法有以下几种。

（1）利用指北针标定。用指北针标定地图，一般按磁子午线标定。地形图的南、北内图廓线，分别绘有一小圆圈，分别注记磁北和磁南（1968 年以前出版的地图注记 P′和 P），用虚线连接，这两点的连线就是磁子午线。标定时，先使指北针的指标归零，“北”字朝向北图廓，直尺边切于磁子午线，转动地图，使磁针北端对准“北”字，地图即已标定。

（2）利用直长地物标定。当站在直长地物（如道路、土堤、河渠等）旁时，可先在图上找到这段地物符号，将图平放，转动地图，并对照两侧地形，使图上和现地直长地物的方位一致，地图即已标定。

（3）利用明显地形点标定。先确定站立点在图上的位置，再选定图上和现地都有的远方明显地形点（如山顶、独立地物等），平放地图，并将直尺边切于图上站立点和该地形点，转动地图，使远方地物符号在前，通过直尺边瞄准现地明显地形点，地图即已标定。

（4）利用北极星标定。夜间可利用北极星标定地图。面向北极星，使地图的上方概略朝北，然后转动地图，使东（西）图廓线（即真子午线）对准北极星，地图即已标定。

（二）确定站立点

确定站立点就是确定站立点在地形图上的位置，以正确使用地图、实施战斗行动。主要方法如下：

1．利用明显地形点确定

当站立点在明显的地形点（如山顶、鞍部、桥梁、岔路口等）上时，从图上找出该地形点的符号，即是站立点在图上的位置；

当站立点在明显地形点的近旁时，可先标定地图，对照周围明显的地形细节，找出其与站立点的关系位置，即可判定站立点的图上位置（见下图）。

依明显地形点判定站立点

2．截线法、垂直线法、叠标线法

沿直长地物（如直长的路段、土堤、河渠等）行进时，可采用以下方法确定站立点。

（1）截线法：先标定地图，在直长地物的一侧选定图上和现地都有的明显地形点，将直尺边紧靠地形符号定位点（最好在一位点插一细针），转动直尺向现地明显地形点瞄准，并绘方向线。该方向线与直长地物符号的交点，即为站立点在图上的位置（见下图）。

用截线法确定站立点

（2）垂直线法：当明显地形点与站立点的连线正好垂直于直长地物时，不用标定地图，在地图上，通过相应地形符号的定位点向直长地物符号画垂线，其交点即为站立点在图上的位置（见下图（1））。

（3）叠标线法：如现地有两个明显地形点和站立点正好在同一直线上时，不用标定地图，在地图上，通过两个相应的地形符号绘一方向线与线状地物相交，其交点即为站立点在图上的位置（见下图（2））。

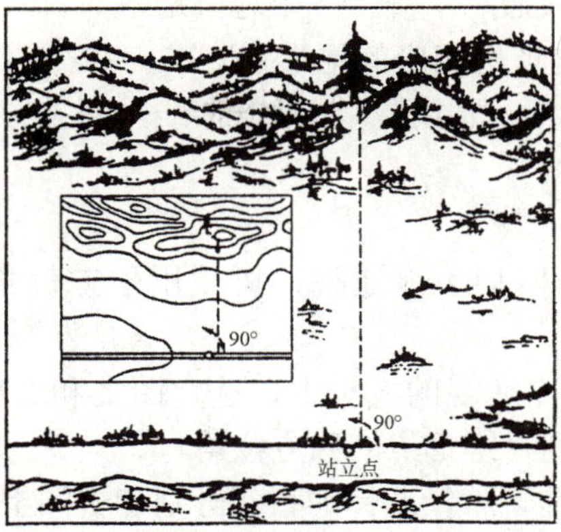

图（1）　利用垂直线法确定站立点

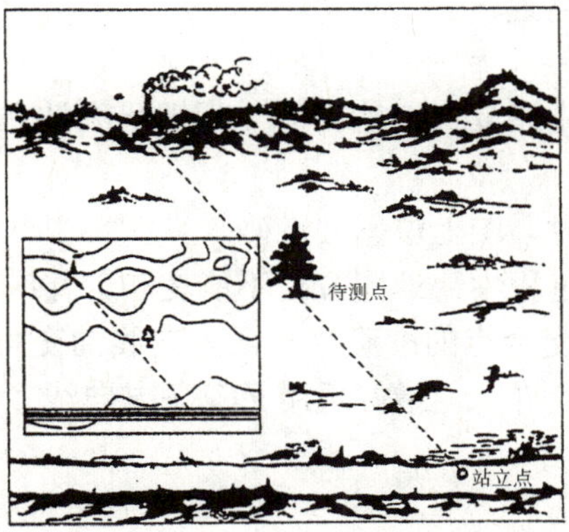

图（2）　用叠标线法确定站立点

3．后方交会法

当站立点附近无明显地形点，而在远方能看到现地与图上都有的两个明显地形点时，可采用后方交会法确定站立点的图上位置（见下图）。其作业步骤是：

（1）标定地图。

（2）选择离站立点较远的图上和现地都有的两个以上明显地形点，如下图所示的山顶与小屋。

用后方交会法确定站立点

（3）现地交会：先将直尺边切于图上一个远方地形点符号（如山顶小圆圈）的定位点上（可插细针），转动直尺向现地相应的地形点瞄准，并在图上绘方向线；不动地图，再用同样方法向另一远方地形点（如小屋）描绘方向线，两条方向线的交点就是站立点在图上的位置。

4．磁方位角交会法

在丛林地区使用地图，四周不能通视，可采用磁方位角交会法确定站立点的图上位置。

（1）先攀登到便于向远方通视的大树上，选定图上和现地都有的远方两个明显地形点，用指北针分别测出至该两个地形点的磁方位角。

（2）在树下近旁标定地图，将指北针的直尺分别切于图上被瞄准的两个地形点符号定位点上，转动指北针，使磁针北端指向所测相应的磁方位角分划，并描绘方向线，两方向线的交点就是站立点的图上位置。

确定站立点时应注意：

①不论采取何种方法确定站立点，均应首先仔细研究站立点周围的地形，防止判错点位，用错目标。

②选择地形点作已知点时，图上位置要准确。

③标定地图后，在定点过程中，地图方位不能变动，并应注意检查。

采用交会法时，为提高交会点的准确性，两方向线的交角一般不要小于 30°（5-00）或大于 150°（20-00），条件允许时，最好再用第三条方向线（或其他方法）进行检查。

（三）确定目标点

1．目估法

当目标点在明显地形点上时，从图上找出该明显地形点，即为目标点在图上的位置；

当目标点在明显地形点附近时，应先标定地图，在图上找出该明显地形点，再根据目标与明显地形点的方位、距离和高差等关系，目估判定目标点在图上的位置（见下图）。

目估法判定目标点

2．光线法

当目标较多，其附近没有明显地形点时，多采用光线法确定目标点的图上位置（见下图 9-26），其方法是：

（1）标定地图。

（2）确定站立点在图上的位置。

（3）向目标点瞄画方向线。方法是，先将指北针直尺（三棱尺）边切于图上的站立点（可插细针），再向现地各目标点瞄准，并向前画方向线。

（4）目测站立点至目标点距离，并根据距离按地图比例尺在各方向线上截取相应目标点的图上位置。不易目测距离时，也可通过分析地形层次，或目标点与附近地形的关系位置，在方向线上目估判定目标点的图上位置。

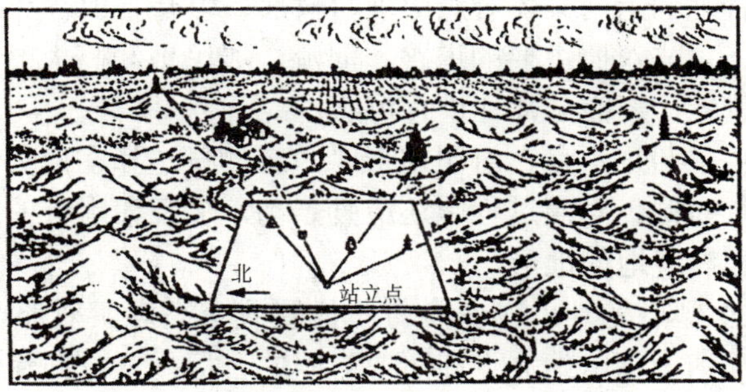

光线法判定目标点

3．前方交会法

当目标点较远而附近又无明显地形点时，可采用前方交会法确定目标点在图上的位置（见下图）。其方法是：

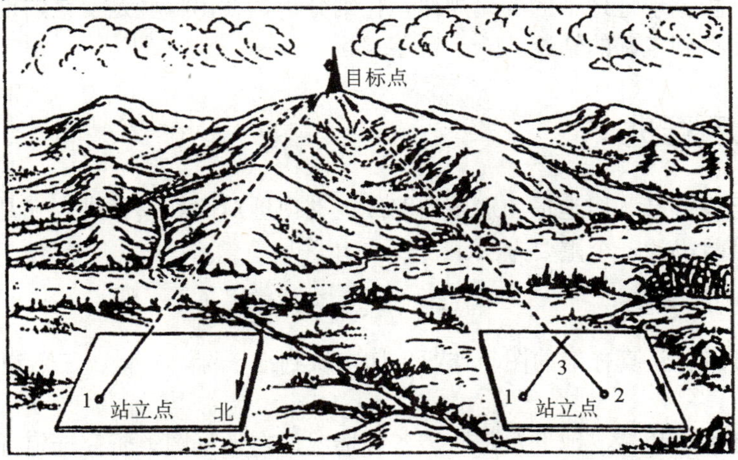

前方交会法判定目标点

（1）选定现地与图上都有的二至三个明显地形点，如1、2点作为测站点。

（2）在第一点上先标定地图，确定该点图上位置并插一细针；再以指北针直尺（三棱尺）边紧靠细针向现地目标点瞄准，并向前画方向线。

（3）以同样方法在第二点上瞄画方向线，两方向线的交点就是目标点的图上位置。

（四）现地对照地形

地图与现地对照就是通过作业使图上的各种地形符号找到其相应的实地位置。现地对照通常是在标定地图和图上确定站立点的基础上进行的。

对照的顺序是：先主要方向，后次要方向；由右至左（或由左至右），由近及远；先由图上到现地，再从现地到图上；先对照大而明显的地物、地貌，再以此为骨干，以大带小、由点到面、逐段分片地对照细部地形。

对照方法：主要是根据站立点与目标的方向、距离，目标的特征、高程，以及目标与其附近地形的关系位置，仔细分析比较，地图与现地反复验证。对照时，通常采用目估法，必要时可借助观测器材。

对照山地和丘陵地的地形时，可根据山脉走向，先对照大而明显的山顶、山脊、谷地，然后顺着山脊、谷地的走向具体对照山顶、鞍部、山脊、山谷等地形细部；

对照平原地形时，可先对照主要的道路、河流、居民地和高大突出的建筑物，再根据地物分布规律和关系位置，逐点分片地进行对照。

在山岳丛林地，由于通视不良，对照地形时，应尽量选择在地势较高的地形点攀登到便于通视的大树上进行对照。对照过程中还应勤走动，多观察附近的地形特征，并根据关系位置，准确辨别图上和现地的地形。

如果地形复杂或通视不良时，应变换对照位置或登高观察对照。某些目标不易判定时，可用指北针的直尺切于图上站立点和所要对照的目标，依方向和距离判定该目标的具体位置。

由于地形图的绘制总是跟不上建设的发展，因而同现地地形有一定差距。一般规律：地物变化大，地貌变化小；交通枢纽和工矿区地形变化大，偏僻地区地形变化小；城镇、大村扩大，深山小村减少；公路、桥梁、水库、水渠增多，庙宇、坟地减少。所以，现地对照地形，还应根据现地地形的变化规律，仔细分析，找出哪些是变化的地形，哪些是不变的地形，从而得到正确的结论。

三、利用地图行进

利用地图行进就是利用地形图选定的路线，在现地对照地形行进。它是保障部队行动自如、夺取有利战机的一个重要方法。

（一）行进前的准备

行进前必须进行认真仔细的图上作业，切实做到：一标、二量、三熟记。

1．一标

就是根据任务、敌情、地形及部队装备等情况，在地形图上研究选定行进路线，并将行进路线、沿途方位物，如岔路口、转弯点、居民地进出口等都标绘在地形图上。

2．二量

就是量算行进路线上各段里程，计算行进时间，并注记在图上。量算起伏较大地区的行进路线时，要考虑坡度对行进速度的影响，并应依据季节、天候、土质、植被等对行进可能的影响，考虑行进速度。

3．三熟记

就是熟记行进路线。一般按行进的顺序，把每段的里程、经过的居民地、两侧方位物和地形特征，特别是道路转弯处、岔路口和居民地进出口附近的方位物及地形特征等都要熟记在脑子里，做到心中有数。

如时间和条件允许时，还应调查通行情况，如前进路上的水库、水渠、道路、桥梁、渡口等有无变化，做好保障措施。

（二）行进要领

行进时要做到“三明”，即方向明、路线明、位置明。无论是沿道路行进或越野行进，都要事先在出发点上标记地图、对照地形，明确行进的路线和方向，然后计时出发；行进中，要随时标定地图、对照地形，做到“人在地上走，心在图中移”，随时明确站立点的图上位置；当遇有怀疑时，则应精确标定地图，找出站立点在图上的位置，仔细对照周围地形，全面分析地形有无变化，待判明后再继续前进。

到达转弯点，要标定地图、对照现地。确定判明就是图上预定的转弯点后，再按出发点的动作，在现地判明下一段应走的方向、路线，研究沿途地形，选好方位物，继续前进。

乘车行进时，速度快，车辆颠簸，地图与现地对照较徒步行进困难。因此，精力要高度集中，要抓大的、明显突出的目标，如大的居民地、河流、桥梁、高地等，迅速对照。同时，还要预知前方即将出现的地形情况，对即将到达岔路口和转弯处应特别注意，以免走错；在出发点和各转弯点，应根据道路里程表随时记下各段所走里程和时间，以作为判定车辆到达位置的参考。行进中如遇地形变化，继续行进无把握时，应停车标定地图，进行现地对照，把情况弄清楚后再继续前进。

夜间行进时，由于视度不良，地图和现地对照困难较多，容易迷失方向。因此，行进前，应认真分析和熟记沿途地形的特征。尽量选择道路近旁的高大地物、透空可见的山顶、鞍部等作为方位物。行进中，可用指北针或北极星标定地图，根据预先对沿途各段经过地形的记忆，多找点、勤对照；采用走近观察，由低处向高处观察，由暗处向明处观察等方法，及时确定站立点的位置、明确行进的方向；还可根据流水声、灯光等判断溪流和居民地的位置，及时确定站立点的位置，判明行进的方向。

如果发现走错了路线，应首先回忆走过路线的方向、距离和经过地形的特征，检查走错的原因；然后标定地图、对照现地，判明当时到达点的图上位置及与预定路线的关系；然后，可选择就近道路，插到预定路线上来；当没有就近道路，或已查明错误起点位置，也可按原路返回，再继续按预定路线行进。

四、按方位角行进

按方位角行进就是在地形图上预先选定行进路线，利用指北针等工具测定行进方向上各转折点的磁方位角和距离而实施的行进方法。通常在缺少方位物的沙漠、草原、山林地等地形上，或在浓雾、大风雪等不良天候和夜间视度不良的条件下行进时采用。

（一）行进资料的准备

（1）在地图上选择行进路线。根据任务、敌情和地形情况选定，一般应选择在地貌起伏不大、障碍较少、特征明显的地段。路线的各转弯点，应有便于观察和识别的明显方位物，如突出树、土堆、岔路口、桥梁等。为防止行进时方位偏差过大，要求各转弯点间的距离在 1km 左右，平原地区可远一些，山区和夜间则应近些。

（2）量测方位角和距离。在图上绘出各转弯点之间的连线，按第二节“在图上量读磁方位角”所述方法，测量各段的磁方位角，同时量出各段距离，并换算成复步数或行进时间。换算公式为：

复步数=实地距离（m 数）÷复步长（约 1.5m）

行进时间=实地距离（m 数）÷行进速度（白天 70m/min，夜间 50m/min）

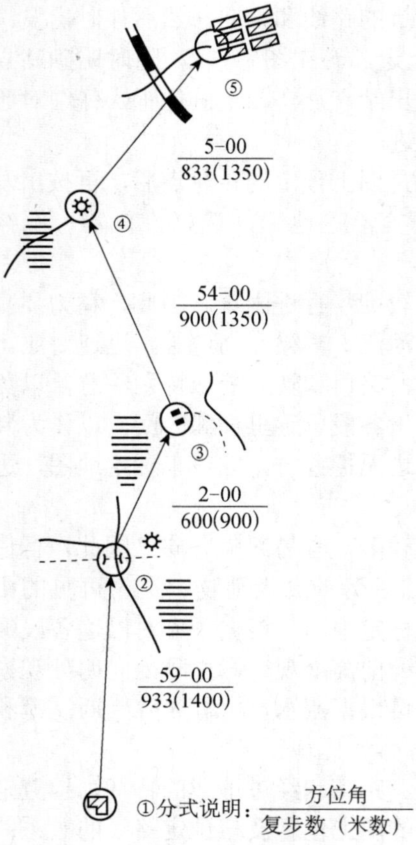

按方位角行进略图

（3）绘制行进路线图。路线图可直接在地图上标绘，即在各段方向线一侧注记行进路线的资料，也可以绘制成略图。略图可以按比例尺绘制，也可不按比例尺绘制。绘制略图时，先将出发点、转弯点、终点等附近的主要地形和方位物标绘出来，再把各转弯点按行进顺序依次编号，最后注记各段磁方位角和行进距离或行进时间（见左图）。然后根据略图或地图熟悉沿线地形，做到心中有图。

（二）行进要领

1．在出发点上

首先依据行进资料在现地找到出发点的准确位置，查明到达下一点的磁方位角、距离和时间，并记住沿途经过的重要地形和下一点的地形及方位物特征；然后打开指北针，使磁针北端指向下一点的方位角密位数，这时，由照门至准星的方向就是行进方向；在该方向线上寻找预定的方位物（如看不见时，可在该方向线上选择辅助方位物），并按此方向行进。行进一般是越野照直行进，也可记准方向，选择便于通过的道路走到该点。

2．行进中

要随时根据地图或记忆，对照地形，用指北针检查行进方向，记清走过的复步数或行进时间。如到达辅助方位物后，仍看不见第二点的方位物时，则按原磁方位角再选一辅助方位物，继续前进，直至到达第二点为止。若在起伏较大的地段上行进时，要注意调整步幅。

3．在转弯点上

当快到达第二点时，应特别注意该转弯点方位物的特征和周围的地形情况，以找到转弯点的确定位置。当走完预定距离，仍未找到转弯点的方位物时，可在这段距离的十分之一长为半径的范围内寻找；如仍找不到，应仔细分析原因，或者利用反方位角向第一点瞄准，进行检查，反复对照，直至找到该点。到达第二点方位物后，仍按出发时的要领，再向下一点前进，依此方法逐段前进，直到终点。

行进中遇到障碍时，一般可在行进方向上的前方选一辅助方位物，目测至该点的距离，绕过障碍物到达辅助方位物后，仍按原方向继续行进。

（三）夜间按方位角行进应注意的事项

1．行进的特点与准备工作

夜间行进的特点是：视度不良、观察不便、地形重叠、远近不分、高低难辨，地图与现地对照困难，行进容易迷失方向。因此，行进前除一般准备外，还应特别注意下列几点。

（1）行进路线各转弯点间的距离应适当短些。方位物应选明显高大、透空、发光的物体，如行进道路上的岔路口、桥梁或者临近路旁的高大突出目标，透空可见的山顶、鞍部等，数量要多一些，需要时还应测出各转折点间的磁方位角，并标注于图上。

（2）对沿路地形特征、方位物的特点和有关名称等，更要熟记。同时，照明（如看地图）联络器材（如手电、白毛巾等）和联络信号，都要事前做好准备与规定。

2．行进要领与注意的问题

夜间一般多采用按地图与方位角相结合的方法行进。

（1）在出发点，要仔细标定地图、对照地形，确定出发点的图上位置、明确行进方向、记录出发时间，并注意利用指北针上的夜光标志保持行进方向。

（2）行进中，要做到多找点、勤观察、勤对照，及时确定站立点位置，明确行进方向。

（3）要严格按照预定的路线行进，切不可贪走捷径，以防迷路；凡是经过的地方，要留心记下主要特征，以便万一迷失方向走错了路，也好按原路返回到发生错误的地方，查明原因，找准正确路线后，再继续前进。

（4）要注意掌握行进速度和时间，必要时，可根据行进速度、时间判断到达的地点。

（5）夜间行进应尽量避开穿行居民地，若必须穿过居民地时，在进出口处要仔细判读、认真分析，切勿弄错方向、走错路。

第十章　综合训练

综合训练通常在各项基础知识教育和技能训练完成后进行，主要检验学生对前一阶段军事知识和技能的掌握程度，提高其综合运用所学知识和技能的能力。本章主要阐述行军、宿营及警戒、野外生存等方面的训练。

第一节　行　军

行军是军队沿指定路线进行的有组织的移动。行军分为常行军和强行军。行军时必须保持充分的战斗准备，迅速、隐蔽地按时到达指定地域。战时行军通常在夜暗或视度不良条件下实施。行军的速度，应根据任务、道路状况、天候季节而定。常行军，按正常的每日行程和时速实施。摩托化行军，每日行程 150～250km，时速：夜间 15～20km，昼间 20～30km。徒步行军，每日行程 30～40km，时速 4～5km。强行军以加快行进速度和延长行军时间的方法实施，通常徒步每小时行程 7km 左右。

行军时，休息通常由领导统一掌握，徒步每行进 1h 左右休息 10min，乘车通常每行进 2～3h 休息 20～30min。第一次小休息，时间可稍长些，以便整理装具。大休通常是在走完当日行程的 1/2 时，进入指定地区休息 1～2h。走完一日行程后，按上级指示进行宿营。

一、行军的组织准备

（一）研究情况，拟订行军计划

指挥员应根据受领的行军命令，在地图上研究敌情、任务和行军路线，确定行军序列，指定观察员和值班火火器，制定防护措施和各种情况的处置方案。

（二）做好思想动员

行军前，指挥员应根据本分队所担负的任务，结合分队的思想情况，进行深入的思想动员。要教育战士模范遵守行军纪律，服从命令听指挥，不得擅自离队，不得丢失装具和食物，不喝生水，不违犯群众纪律等，保障分队顺利完成行军任务。

（三）下达行军命令

下达行军命令时应着重明确：

（1）敌情。

（2）本分队的任务，行军路线、里程，出发及到达指定地区的时间，以及大休息的地点。

（3）分队集合地点、行军序列，乘车时还应区分车辆。

（4）着装规定。

（5）完成行军准备的时间，以及起床、开饭、集合的时间。

（四）组织战斗保障

（1）指定 1～2 名战士为观察员，负责对地面、对空观察；指定值班分队及火器，负责对空防御。

（2）规定遭敌原子、化学、细菌武器袭击时各分队行动方法。

（3）规定在敌人航空兵或炮火袭击时的行军方法。

（4）规定伪装方法及伪装纪律。

（五）做好物资装具准备

为了顺利完成行军任务，保持分队的战斗力，行军前指挥员必须：

（1）检查携带的给养、饮水、武器、弹药等情况。

（2）检查着装情况，如鞋袜的整理、背包的捆绑、装具的佩带等。

（3）妥善安置伤病员。

（4）根据季节，进行防暑、防冻教育和物品的准备。

二、行军的管理与指挥

（1）出发时，应按上级的命令，准时通过出发线，加入上级行军序列。在有可能发生遭遇战斗的情况下行军时，各排长应随连长在先头行进，以便及时受领任务；分队在公路或乡村路行军时，应沿道路的一侧或两侧行进；乘车时，沿道路的右侧行进。

（2）行进中，应注意保持行进速度和规定的距离，听从调整哨的指挥。未经上级允许，不得超越前面的分队。经过渡口、桥梁、隘路等难以通行的地点时，应严密组织并迅速通过，不准停留；通过交叉路口时，要看清路标，防止走错路。摩托化行军，应保持规定的车速、车距，不得随意超车和停车，主动给指挥车和特种车让路。如车辆发生故障，应靠道路右侧，必要时离开道路停车抢修，修好后根据上级指示归队。徒步行军的分队应主动给车辆、执行特别任务的分队和人员让路。夜间行军，要严格进行灯火管制。

（3）按上级的指示组织休息。小休息应靠路边，并保持原来队形。在第一次小休息时，应督促战士整理鞋袜、装具等。大休息应离开道路，进入指定地区。休息时，应派出警戒。必要时，可占领附近有利地形，加强对空观察，并保持战斗准备，以防止地面和空中敌人的突然袭击。组织野炊，安排好伤病员，督促驾驶员检查车辆，组织分队在规定地区休息。夜间休息时，人员不准随意离队，武器、装具要随身携带。出发前，应清点人数、检查装备、补充饮（用）水。

（4）在山林地行军通过山垭口和上下坡时，应适当减速行进，以避免后方分队跑步追赶或掉队，火炮、车辆应适当加大距离；在严寒地带行军时，小休息时间不要过长，并禁止躺卧，以免发生冻伤；在炎热季节或在热带山岳丛林地行军时，应尽量利用早晚时间行军。要带足饮水和消毒、防暑药品，途中应采取防暑、防虫害的措施。

（5）遇敌空袭时，应指挥分队迅速向道路的一侧或两侧疏散、隐蔽（乘车时要下车），并指定火器射击低飞敌机。如空袭情况下严重或行军任务紧迫时，分队则应疏开队形、增大距离、加快速度前进。

（6）行军中，各连应指定一名军官，带领卫生员和若干体务较好的战士组成收容组，在连队的后尾跟进，负责收容伤病员，组织掉队的人员跟进。

第二节　宿营与警戒

宿营是指军队在行军或战斗后的住宿。其目的是使部队得到休息和调整，以继续行军或做好战斗准备。部队在组织宿营前，要与当地政府武装部门取得联系，认真做好宿营前的准备工作。

一、宿营地区的选择

宿营地区的选择，应根据敌情、地形、任务和行军编成而定。既要能保证分队安全休息，又要便于迅速投入战斗。平时组织综合拉练应以能达到训练目的为标准。通常应远离城镇、集市、车站、渡口、大的桥梁，避开疫区、传染病流行村落，还要有适当的地幅和较好的进出道路。

露营地域，夏季要尽量选在高处，避开谷地、低地、洪水道和易于坍塌的地方；冬季应选在避风向阳处、土质较粘、便于搭设简易遮棚或便于挖掘的地方。

选择宿营地区时，通常还要考虑以下因素：一是要符合战术要求，从具体位置到配置方式都应以预想的战术背景为基本前提；二是要着眼于训练科目需要，有利于达到训练目的；三是要方便生活，尽量靠近水源，并有进出道路；四是要选择在群众基础较好，或影响群众利益较小的地区。

二、宿营方式

宿营方式分为舍营、露营及舍营与露营相结合三种。舍营，是军队在房内宿营；露营，是军队在房舍外宿营，通常在不具备舍营条件时采用，是平时部队训练的重点。野外露营的方式分为利用制式器材露营和利用就便器材露营。利用制式器材露营，通常是指利用帐篷、装配式工事等装备的制式器材进行的露营；利用就便器材露营，通常是指利用车辆、坦克、篷布、雨衣、草木等进行的露营。

三、宿营的基本要求

进入宿营地前，指挥员应了解宿营地域情况。必要时，还应组织侦察，查明有无毒剂、放射性物质、爆炸性障碍物、残存的敌人等。平时的野营训练，重点应调查是否有传染病流行等情况，以及当地的民情风俗等。

到达宿营地域后，必须做好以下工作：

（1）派出岗哨和观察员（有时观察员可由岗哨兼），指定对空射击的火器和昼夜值班人员；如单独宿营时，应向重要方向派出班哨和步哨。必要时，派出游动哨。

（2）应立即组织所属指挥员勘察地形、划分各排的隐蔽配置位置、规定紧急集合场和防敌空袭的疏散隐蔽地域。明确遭敌袭击时各分队的行动。

（3）组织分队构筑必要的工事并进行伪装，建立通信联络，侦察水源。对汲取饮用水的河流，要区分饮水和洗刷的地段。

（4）督促战士用热水洗脚，整理装具，烤晒衣服，抓紧时间休息。

（5）组织各班、排构筑厕所，教育战士不得随地大小便。

（6）了解当地民情，教育分队遵守群众的风俗习惯和三大纪律八项注意；做好群众工作，密切军民关系；同驻地民兵协同做好防空及防奸保密工作。

（7）注意卫生常识教育，如教育战士冻伤切忌烤火或用热水烫洗；教育炊事员注意饮食卫生和调剂生活，检查食物是否清洁，防止中毒。

（8）及时向营呈送宿营报告。

四、宿营中各种情况的处置

（1）接到空袭警报时，应立即发出防空警报，指挥人员疏散隐蔽；当敌机轰炸、扫射宿营地域时，应指挥对空值班火器射击低空敌机。

（2）驻地附近发现敌空降时，应与民兵配合，乘敌尚未着陆或者着陆混乱之际，将其歼灭。

（3）当遭地面之敌突然袭击时，应指挥分队迅速抢占有利地形，连战斗边查明情况。根据上级指示，将敌歼灭或撤出宿营地域。

宿营结束，要认真清理文件和武器装备，避免丢失，消除宿营时所留痕迹，并协同政治部门进行群众纪律检查和做好善后工作。

五、宿营警戒

宿营警戒是保障军队宿营安全的警戒。宿营警戒的组织应根据敌情、地形和宿营部署确定。通常团（营）向敌威胁较大的方向上派出连（排）哨，向次要方向派出排（班）哨；连（排）派出班哨、步哨、潜伏哨、游动哨。警戒派出的距离以保障主力不受突然袭击和有足够时间组织部队投入战斗为宜，一般连（排）哨为 4～6km。警戒地带的宽度：连哨为 2～3km，排哨为 1～1.5km。必要时，应组织有重点的环形警戒。

（一）步哨

1．步哨的派遣和任务

步哨通常由 1～2 人组成，一人叫单哨，二人叫复哨，由宿营警戒分队派出。派出的距离，通常约在 200～400m，夜间在 100m 内。其任务是：及时发现敌人；防止敌侦察人员的渗透活动。

2．进入哨位的动作

（1）步哨位置的选择：步哨的位置由派出的指挥员指定。应选择在敌人可能接受的地形和道路附近，便于观察、射击和隐蔽的地点。步哨在班长的带领下进入哨位，或受领任务后自行进入哨位。

（2）进入哨位后的动作：

①区分任务。如步哨由二人组成时，应区分各人的观察地境，对主要方向应重叠观察，并由一人经常与上级保持联络。

②构筑哨位。构筑工事时，应由一人全面观察，尔后轮换。哨位应尽量利用地形加以改造或先挖卧（跪）射掩体，然后逐步加深成立射掩体并严密伪装。

3．观察方法及应注意的事项

步哨对警戒地带内的各种地形，应熟记其形状和位置，以便及时发现情况。观察方法，由近至远，由右至左反复进行。对可疑征候、复杂地形，特别是敌人可能出现的方向，应仔细观察。在执勤中应注意以下事项：

（1）提高警惕，不能睡觉，武器不能离身，随时准备战斗。

（2）注意隐蔽，不能吸烟和高声谈话，以免敌人发现。

（3）经常与上级保持联络，发现情况立即报告。

4．对各处情况的处置

（1）对来往人员，按上级命令规定处理。

（2）发现敌人时，应一面监视，一面用信号报告上级并准备战斗。当敌人突然对我袭击时，应立即鸣枪报告，并以火力阻止敌人。当得到上级撤回的指示或信号时，应按预定路线撤回。

5．步哨换班

步哨换班由派出的指挥员掌握。通常 2h 换班 1 次，在酷暑严密时可缩短换班时间。换班时，要将观察地境、特别注意的方向、口令（特别口令）和发现的情况，交代给接班的步哨。在换班中，如发现情况，应立即停止换班，待处理后再交接。

（二）游动哨

1．游动哨的派遣、任务及要求

游动哨通常由 2～3 人组成，并指定一人为哨长，由宿营警戒分队或防御分队派出。其任务是：防止敌人渗入和破坏分子进行活动，检查警戒人员的警惕性和配置地域内的伪装情形，灯火管制情况，并同友邻警戒进行联络。游动哨通常是在警戒线内（外）或在宿营地域内，按照上级规定的路线或游动范围进行巡察。

游动哨在执行任务中必须做到：行动隐蔽、保持肃静、严禁吸烟；要有高度的警惕，随时做好战斗准备，防止敌人突然袭击；运动路线及活动时间，不要一成不变形成规律，防止敌人伏击。

2．游动哨受领任务后的动作

游动哨在执勤前，应做好准备，并进行检查。受领任务后，应当明确：

（1）敌人的位置及其活动的规律、与我军的距离、可能出现的方向。

（2）游动范围内地形的特点，哪些地形便于敌人接近。

（3）我军警戒的位置及与联络的方法。

（4）当地居民的政治情况。

（5）游动哨游动的范围、运动的路线及其与友邻游动哨的会哨地点。

（6）识别联络信（记）号和口令。

3．游动哨执行任务的方法

（1）游动哨是以观察、潜听和搜索等方法进行巡察的。在执勤中，遇到可疑的征候和通过较复杂的地形时，应仔细地进行观察潜听。必要时，可占领有利地形，做好射击准备，指派战士或哨长亲自进行抵近观察和搜索，待查明情况后再继续前进。

（2）游动哨在接近班（步）哨时，应服从其询问，正确地回答口令或联络信（记）号；游动哨长应将返回的路线、时间和联络信（记）号告知班（步）哨长，并互相通报在执勤中发现的情况。

（3）游动哨遇到来往人员时，应待其接近，低声问答口令，当对方回答正确，确系我方人员，可放其通过。对从敌方来或向敌方去的人员的盘问与处理，应按上级特别指示执行。

（4）游动哨发现单个敌人时，应尽量设法捕捉；发现多数敌人或遭敌袭击时，应立即占领有利地形进行抵抗，并迅速向上级报告，尔后根据命令行动。

（5）游动哨应按规定的时间、地点和顺序，进行交接班。在交班时，应将在执勤中发现的情况和我方出入警戒线人员的情况，告知接班的游动哨。

第三节　野外生存

无论是驰骋战火硝烟的疆场，还是纵横祖国山川原野；无论是雾谷被困、密林迷踪，还是穿行于大漠、隔绝于荒岛；无论是军人还是平民，都会面临生存问题。作为个人来说，身体越强健、知识越丰富，生存的机会就越多。因此，对于每一个人，不管是军人还是平民，熟知各种危急情况下的求生技能，学会如何寻求解决突发事件的思维方式，都是非常重要的。

一、野外生存的物质准备和精神准备

野外生存主要发生在以下几种情况：一是和平时期较长时间远离基本生活区的野外作业和训练；二是战争时期的野外行军作战；三是意外情况受困荒野。第一种情况是在预先准备的情况下进行的；第二种情况是在毫无准备的情况下，遭遇意外的灾难；第三种情况则是预有准备和遭遇意想不到困境的综合，这是战争的特殊环境决定的。不管遇到哪一种情况，要适应野外生存的环境，都必须有充分的物质准备和精神准备。准备得越充分，生存的概率就越高。尤其是第二、三种情况，环境复杂、不可预测的因素多、难度高，更应有必要的物质准备和充分的精神准备。

（一）物质准备

1．有计划行动的行装准备

对有计划的野外行动，出发前，应根据客观环境的需要选择适合装备，准备好行装。这些装备主要有以下四大类。

（1）基本用品

①鞋子。挑选合适的鞋子，并在出发前两周就进行试穿，使新鞋与脚有一个磨合过

程，以避免或减少脚起泡。

②衣服。根据预定的野外生活时间的长短，仔细挑选合适的衣服，必须有一套换洗的衣服和一套休息时能增加保暖性的衣服；在严寒天气应多带几件御寒衣服。

③雨衣。雨季外出必须带上雨衣。

④被装。根据季节选择合适的被装，最好选择柔软、轻便，保暖性好的被装。

⑤帐篷。在野外生活的时间较长时，应备有帐篷，以作为日常活动的场所。帐篷最好选择轻质材料做成的，以便于携带。

⑥背包、行囊。要有一个背着舒适而且结实的背包或者行囊，以便携带衣物和必要装备。背包、行囊应有结实而舒适的腰带，这样可以将大部分重量分担在臀部上，以减少肩膀和背部的负担。制作背包的材料一定要选用结实而且防水的织物。

⑦食品。应带易熟的食品，盐要放在适宜的容器里。遇到严寒天气，要多带一些高脂食品和糖类。各种食物的比例可按照自己的口味确定，但一定要保证各类营养物之间的良好平衡。这些营养物包括蛋白质、脂类、碳水化合物、维生素和微量元素等。

⑧通信设备。现代信息社会，通信手段已经非常先进，个人或小团体行动，只要带上寻呼机、手提电话机就可以解决通信问题。如果是有组织的远程探险等集体行动，最好备有无线电通信设备，并有熟练操纵这些设备进行联络的工作人员。必须注意的是：由于身处荒野，远离人类居住地，没有外接电源，所以，出发之前，所有电子设备应充足电能，并带有备用电源；使用时，应尽量减少、控制待机和通话时间；可以采取寻呼机接收信息，手提电话机发送信息的方法来节省电能消耗，以延长使用时间。

（2）医疗卫生盒

内装常用药和卫生用品，主要有：

①镇痛类药。这类药可缓解疼痛、减轻痛苦，常用的有去痛片、强痛定、罗通定等。

②肠道镇定剂。这类药用于治疗急性或慢性腹泻，常用的有神奇止泻丸、黄连素、654-II 片、保济丸等。

③抗生素。用于治疗常见细菌感染，常用的有阿莫西林、氟哌酸、酰螺旋霉素等。

④抗感冒药。常用的有扑感敏、VC 银翘片、力克舒等。

⑤防中暑和抗过敏药类。如藿香正气水、仁丹、扑尔敏等。

⑥防毒蛇咬（蚊虫叮）伤药。用于治疗各类蚊虫叮咬和毒蛇（虫）咬（螯刺）伤等，常用的有蛇药片、白花油、风油精等。

⑦抗疟疾类药品。在疟疾流行区，这类药品是必备的，常用的有防疟 1 号片等。

⑧跌打损伤药，如扶他林、三七片、云南白药等。

⑨膏药类，类型多样，使用前应保证伤口已弄清洁。常用的有创可贴、风湿止痛膏、正骨水、红药水、冻疮膏、蓝烃油膏等。

⑩急救包、绷带等，用来固定受伤部位，促使伤口愈合。

此外，还应备有高锰酸钾和漂白粉之类的消毒、灭菌药物。所有药品都应标明用法、用量和有效期。

上述各类医药卫生用品可根据个人的习惯，以及执行任务区域的流行病特点，灵活选择搭配。

（3）百宝盒

在紧急情况下，有些平时并不起眼的小器具却能帮你增加幸存的机会。把这些小器具集中放在小盒里，以便随身携带，这就是中国人常说的“百宝盒”，外国人则叫“救生宝盒”。盒中通常应装有：

①生火用的火柴、蜡烛、打火石和放大镜。火柴最好带防水的，普通火柴易燃，装盒时要用熔化的蜡烛油包住火柴头。

②针和线。针要有大小几种型号，线要选择坚韧耐磨的，并将其绕在针上。

③鱼钩和鱼线。鱼钩应挑选小号钩，鱼线尽可能多带一些。还可以根据需要再装其他小件物品。要定期检查盒里的各类小东西，一旦发觉哪个不能用了，应及时更换。

（4）工具包

①指南针。最好是刻度清晰、纽扣大小的指南针。

②绳索。最好带细而结实的尼龙绳索。

③手电筒。

④饭盒。最好是铝制饭盒，既轻便耐用，又是很好的炊具，还能盛放各类救生物品。

⑤救生袋。严寒季节外出，带一只长 200cm、宽 60cm 的聚乙烯薄膜大袋子，意外情况下钻到里面，可以减少热量散发，达到保暖救命的效果。

⑥刀具。在野外紧急求生时，刀既是工具，也是武器，可以说是无价之宝。然而刀也是危险物品，如果乘机旅行，应该按照规定，把携带的刀具交给机组人员集中保管。

为了便于使用和保管，可以把上述几项必备工具集中装在饭盒内，也可以分开装在背包或行囊的边袋内。

2．携装

携装也叫着装或装载。行装的装载顺序应根据先用后装、后用先装原则，常用的物品装在最上面（或边袋）。为了方便，最好把所有东西分门别类地放在各种聚乙烯透明袋里。每件物品应有相对固定的存放位置，每次使用完后都必须放回原来的位置。

3．意外情况下搜集和制造装备

受困于荒野之中，面临恶劣的气候和时常出没的野兽，没有必要的工具和武器是非常危险的。因此，要设法寻找或制作最基本的工具和武器，装备自己，以战胜恶劣的环境，求得生存。

（1）搜集出事地点的可用之物：当乘坐舰船、飞机、汽车等各种交通工具远行，不幸发生意外事故受困荒野、孤岛时，不要匆忙离开出事地点，在确实判明不会发生进一步的危险时，应该留在出事地点及其附近地区，一方面采取自救互救措施，一方面等待救援；当出事地点远离人烟，短时间内难以得到救援时，应就地搜集一切可用之物，改造成求生的工具和武器，装备自己，然后依据客观情况，决定下一步的求生行动。

（2）制作工具和武器：大自然提供了各种各样的材料，可以用来制作各种各样的工具和武器，关键是要学会就地取材，根据需要进行加工制作，使之成为适用的工具和武器。

①制作石器工具。石头是大自然中最容易获取的材料，几乎遍地皆是。石头通过凿、磨、锯和敲打，可以制作成斧头、匕首、锯子或其他有用的工具。各种形状的石头与木棒捆扎在一起，可以制作成狩猎和防身的武器。

②制作竹、木器具。如果身处竹、木林地，竹、木资源可以给求生解决很多问题。大口径的空心竹节可以制作成盛水和做饭的器具，可以制作成竹碗、竹杯等生活用具；竹片或小口径的竹子，经过烟熏火烤增强硬度后，可以制作成弓和箭；竹篾可以制作成竹绳。木材用处也很多，一根粗细适宜的硬木棍就是武器，用竹竿或木头捆扎在一起，就是很好

的渡河工具。总之，竹、木都是软质材料，只要善于利用和制作，根据不同的需要很容易制成不同的武器和工具。

③其他材料的利用。海岛求生，大的海螺和蛤类贝壳可以用来制作刀具、容器等器具；身处草原、林区，动物的骨头、犄角等可以用来制作武器。

总之，要善于寻找和利用各种自然资源，加工制作成各种器具，为野外求生创造有利条件。

（二）精神准备

生存是维持生命的艺术。这个艺术是在一定的物质基础上，由个人的生存知识和强烈的生存意识创造的。在人类生存的历史上，无论是男人还是女人，都曾经并一直在证明一条真理：要在极其恶劣的环境下生存下来，关键在于要有活下去的勇气。没有这个勇气，一切生存知识和技巧都变得毫无意义。因此，野外生存的第一要素，是强烈的求生欲望和战胜恶劣环境的意志和勇气。

1．生还的难关

身处野外求生的境遇中，无论生理上还是心理上都得承受很大的压力。面临的境遇不同，身处困境的时间长短不同，所受的压力也不一样。一般而论，每一个求生者都可能不得不面对以下难关。

（1）恐惧与焦虑心理：身陷险境，恐惧与焦虑是第一个本能的反应，尤其是初涉险境者，或意志品质缺少锻炼者，更是如此。恐惧会使人降低甚至丧失对危机的反应和处置能力；焦虑会干扰理智的思维，对所处环境做出不正确甚至徒劳、有害的反应，使人过多消耗体力甚至丧失生命。

（2）伤病与疼痛折磨：如果不幸生病或受伤，雪上加霜，会使遇险者求生的信心和意志下降，会消耗遇险者的体能和体力，甚至丧失生命。

（3）恶劣的气候环境：严寒、酷暑、风雨雷电、大漠风沙等恶劣的气象条件会极大地增加野外生存的困难。

（4）饥渴与劳累：当食物耗尽，找不到水源的时候，阵阵饥渴会使你难以忍受。饥渴会摧残人的求生欲望和意志，饥渴会使人丧失体液、耗尽体能甚至生命。劳累会消耗人的体力和体能。为了获取食物和水源，你必须付出劳累，但为了生存，你又不能过度消耗体力和体能，掌握好二者之间的平衡，是求生的一种技巧。

（5）剥夺睡眠：较长时间身处困境，或者环境恶劣使你无法入睡，或者危机四伏使你不敢入睡，这会极大地影响求生者的休息、睡眠和体力的恢复。长时间被剥夺睡眠，会使人情绪低落，烦躁不安。

（6）厌倦与烦躁：这是伴随着受困荒野险境时间的延长而俱增的危险情绪。这种情绪的累积、增强，会使人的思维能力下降，造成对客观环境的误判，以致做出错误的抉择；会极大地动摇求生者的信心，摧垮求生者战胜困难以求生还的意志。

（7）隔绝与孤独：孤身临绝境，又得不到及时的救助，甚至与文明社会失去联系，必然产生与世隔绝、孤独无助之感。这也是一种危险的情绪，一旦信心和意志战胜不了这种情绪，就可能丧失生还的机会。

2．成功的关键

对于上述难关，或者是战胜它们，从而把握住生还的机会，成为英雄的凯旋者；或者是为其所击溃，从而与生还的机会失之交臂，铸成永远的遗恨。

首先，要有正视灾难的勇气，敢于求生。骤然面对灾难，身陷困境，重要的是必须正视现实、稳定情绪、思考对策。恐惧慌乱，束手无策，只能是坐以待毙；焦虑烦躁，坐立不安，盲目行动，只能无谓地消耗体力，浪费宝贵的生命资源；自暴自弃，怨天尤人，只能增添烦恼和焦躁，不但于事无补，反而会浪费时间，错失自救和被救的良机。正确的做法是：既来之，则安之，先冷静下来，分析所面临的困境，筹划求生的计划。一是判定自己所在的位置、危机的成因、危险的因素、威胁来源；二是要设法与周围的生存者取得联系，判定自己是孤军奋战，还是有同伴可以互为依靠，如有同伴，则应尽快联络，商量对策；三是设法与外界取得联系，以寻求帮助和救援；四是盘点一下自己生存必需品的存量，判断获取基本的维持生命的食物和水源的难易程度，计算在当前困境中，在获得救助之前能维持多长时间；五是精细地筹划求生的计划，并勇敢地付诸实施。

其次，要有生还的坚定信心，积极求生。信心能帮助你战胜恐惧、厌倦、绝望和孤独，信心越坚定，生还的概率就越高。信心来源于良好的心理素质、健康的体魄、良好的训练和丰富的知识等诸多因素。这些大多跟平时的训练和知识的积累有关，所谓艺高人胆大，就是这个道理。所以，平时多注意学习和训练，掌握一些基本的生存技能是非常重要的。当身处困境之时，则应时刻提醒自己保持坚定的求生信念，积极想办法自救和求救。即使环境十分恶劣，自救无力，也决不轻易放弃生还的一线希望，要用坚定的生还信念保持生命的活力，保存体力，等待救援。当然，积极求生绝不是盲目行动，一切求生行为都会带来体力和体能的消耗，无效的行动会浪费宝贵的体力和体能，这也是野外求生之大忌。因此，既要有积极的态度，又要有精确的行动计划，每一个行动都要有明确的目的，切忌盲目乱闯。

最后，要有生存的坚韧毅力，顽强求生。胜利常常存在于再坚持一下的努力之中，在最困难的时刻，也往往是获救机会即将出现的时候。此时，一念之差，也可能就是生死之别。那些身遇险境而生还者，也往往是那些具有坚强意志、坚韧毅力，百折不挠、永不言败的斗士。因此，求生者必须有战胜一切艰难险阻的勇气和毅力，不管遇到什么样的困难、危机和病痛，都要想办法战胜它们，要有排除万难的决心和一息尚存就要抗争到底的毅力，顽强地生存下去。顽强的毅力来源于平时的磨炼、正视灾难的勇气和坚定的求生信心。所以，勇气、信心和毅力是互为依托的统一体，是野外生存的重要的精神支撑。

二、生存的基本需要及其获取

生存的基本需要是水、火、食品和庇护所，它们各自的重要程度取决于你所处的环境。沙漠地区饮水是首要的问题，极地圈避寒场所是首要的问题。在求生的一切努力中，第一个行动就是要确定自己当前的首要需求是什么。然后，按照需求的轻重缓急，逐一想办法解决。

（一）水

水是人体的最基本需求，离开它人就无法生存。现代医学实验结果表明：人体的 75%是水。脱水 1%时会感到口渴，2%时感到不适，4%时恶心，6%时头晕，8%时呼吸困难，10%时意识模糊，12%时虚脱。水在人体内起稳定器作用，身体消耗的水分要是得不到及时补充，健康和工作效率就无从谈起。一旦缺水时间较长，就可能出现脱水现象，甚至危及生命。因此，保持体液和补充水分，是野外生存必须优先考虑的因素。一方面，要注意保留珍贵的应急储备水，并尽最大的努力去寻找水源；另一方面，一旦出现缺水，当务之急是最大限度地缓解身体脱水状况，以维持体液平衡，然后再想办法找水补充。如果受困于沙漠，在短时间内难以找到水源，则必须保持平静、不要乱动，以减少体液消耗，争取时间，等待和寻求救援。

1. 维持体液平衡

体内脱水的速率通常是由体内现有的存水量、当地的气温、阳光的照射情况、烟酒控制程度、心理情况、进食情况等因素决定的。因此，要维持体液平衡，重点应从以下几个方面入手。

（1）在水源充足的情况下，应尽量多饮水，以保持体内有较多的存水量。这样，一旦出现断水的困境，可以赢得延长维持生命的时间。

（2）在高温季节，求生行动应尽量利用早晚和夜间较凉爽的时间进行，避开中午高温时段，以减少体内水分的消耗。

（3）避免太阳光直射：活动和休息应尽量在阴凉的场所进行，以减少水分的蒸发。

（4）控制烟、酒：吸烟和喝酒都会使器官消耗水分，尤其是喝酒，要消耗大量的水分。因此，在断水的情况下，烟、酒必须严加控制，以减少体液的消耗。

（5）稳定情绪：心理稳定、镇定自若可以减少器官水分的消耗，相反，紧张和烦躁则会增加水分消耗。因此，要注意调整自己的心理状态，稳定情绪。同时注意休息，尽量将活动量减至最低程度。

（6）合理进食：如果身体得不到水分补充，体液会从要害器官转移以便消化食物，这样会加速脱水。脂肪很难消化，需要大量水分。因此，在不得不将饮水量限制在每天 1L 以下的情况下，要尽量避免食用肉食、干粮、高淀粉的食品或味道过浓过重的食品。多吃碳水化合物含量高的食品，水果为最佳。

2. 寻找水源

野外生存，首先必须解决的问题就是要找到维持生命的饮用水。寻找水源的方法主要从以下几个方面入手。

（1）重点盯住低洼地：水往低处流，这是自然规律，因此，寻找水源首选之地是山谷底部地区。

（2）注意分析绿色植物的分布情况：一般而论，哪里有水，哪里就有绿色植被。尤其是在绿色植物分布均匀的地区，突然出现一小块长得特别茂密的植被，从那个地方往下挖，最容易找到水源。

（3）利用动物作为寻找水源的向导：绝大多数哺乳动物定期补水，草食性动物通常不会离水源太远，因为它们早晚都需要饮水，留意跟踪动物的足迹经常能找到水源；以种籽和谷类为食的鸟类，也早晚饮水，当它们径直低飞时，可能就是饮水，因此，密切留意它们的飞行方向，可能会找到水；青蛙是两栖类动物，听到它的鸣叫声，就等于找到了水。

（4）留心特殊的含水地质结构。在干涸的河床或沟渠下面很可能会发现泉眼，尤其是在沙石地带；在岩石的断层间可能会发现湿地或泉眼，悬崖底部一般都会渗出水流；在海岸边，应在最高水线以上挖坑，尤其是在沙丘地带，很可能会有一层厚约 5cm 的沉滤淡水，浮在密度较大的海水层上；在悬崖入海处应注意生长茂密植物的地区，在那里很可能找到水。

3．取水的方法

（1）露水的采集：在日夜温差较大的地区或季节，清晨会有很多露水。采集的办法：用吸水性强的衣服或布料做成布团，在草地上来回拖动，以吸收叶片上的露水，待布团吸足露水之后，再将其拧在容器里或者直接吮吸。也可采集挂在树枝上的水滴和汲取岩石上的积水。

（2）雨水的收集：雨水一般是野外最安全的水源。下雨时，尽可能选取大面积的集水区，利用各种可能的容器收集。可选择在比较低洼的地面上挖个坑，铺上防渗的塑料片、帆布材料或雨衣，以有效地收集雨水。采集到的雨水，要注意防止污染，最好烧开后再饮用。

（3）冰雪化水：一般而论，能溶冰则不化雪。因为溶冰比熔雪消耗的热能少，可以更快更多地化水。但这也不是绝对的，如果周围到处是雪，既干净又容易获得，又何乐而不为呢？化雪时，应先溶化小块的雪，待罐子里雪化成水后，再逐渐加雪，这样有利于热传导和保护化雪容器。

（4）采集凝结水：就是利用植物根部从地下吸收水分和叶面的蒸腾作用采集饮水。方法是：挑选枝叶浓密的嫩枝条，在嫩枝叶上套一只塑料袋，袋口朝上，袋的一角靠下，以便收集凝结水。这样，当温度升高时，叶面蒸腾作用产生的水汽上升与薄膜接触时遇冷，就会在袋内产生凝结水。操作时，尽量不要让树叶触动薄膜，否则会碰掉凝结的水珠。当凝结水珠顺着薄膜内壁流入底部时，可在其下方放置容器接水。

（5）植物中取水：某些树的汁液是可以饮用的，如椰子树、枫树、仙人掌等。早晨时节，可以从这类富含水分的树上汲取汁液。

竹子的竹节间常存有水，摇动它们，如果能听到咕嘟声响，肯定有水。采水的方法是：把竹枝弯曲绑住，将头部切断，在切口处用容器接住滴下的水；或在每一节的顶部剖开一“V”形槽口，将竹竿倾斜就可倒出水来。

从植物中取水，首先必须判明该植物的液汁是否有毒，以及性味如何。有毒的不能直接饮用，性味特异的要注意掌握适度。例如，椰子汁富含水分，但成熟椰子中的果汁有很明显的轻泻功能，饮用过多会引起腹泻，饮用时，要注意掌握好恰当的度。

（6）蒸馏取水：有些水（如树汁、海水、受污染的水）是不能直接饮用的，但通过蒸馏，则可以得到洁净的可饮用水。蒸馏的方法：先找一些能替代实验室里曲颈瓶一类的用具，如容器、软管等。将软管一端插入一只盛满水的密闭容器顶部，另一端插进一封闭的冷却器皿中，给盛水的容器加温，水沸腾产生的蒸汽经管子散发到冷却器皿中冷凝结成洁净的水。

警告：无论何时也不要饮用海水和尿液！但是，通过蒸馏，两者都可用来产生可饮用水——海水的残余物同时还能提供人体必需的盐分。

对泉水和江河、湖泊以及水坑、水洼、水塘中的水，取水固然比较方便，只要有盛水的容器就行，但这些水源，一般都容易受到污染，因此，饮用前一定要加以净化。

4．净化饮用水

野外生存最重要的是保持良好的身体状态，而一点点的污染水就能使人致病，最常见的病就是腹泻。在困境中，腹泻能够致人于死命。它可使人脱水，从而难以保持生理卫生，并进一步加重可能已有的感染和在精神上摧毁求生的欲望。所以，净化饮用水保证安全卫生是非常重要的。野外条件下，净化饮用水的方法主要有以下几种。

（1）过滤：制作过滤器的基本材料，可以用裤子、沙子和木炭。所以，生火时所留下的木炭不要轻易丢弃，它是制作临时过滤器的好材料。制作过滤器最简单的方法就是用裤子制作。将裤子翻过来，再将一只裤腿塞进另一只裤腿里，捆扎起底部就行了。把裤子浸湿，吊在三角架上，里面装上沙子和木炭后，就可以注水过滤了。第一遍过滤出来的水，如果还不够干净，可以多过滤几遍（见左图）。

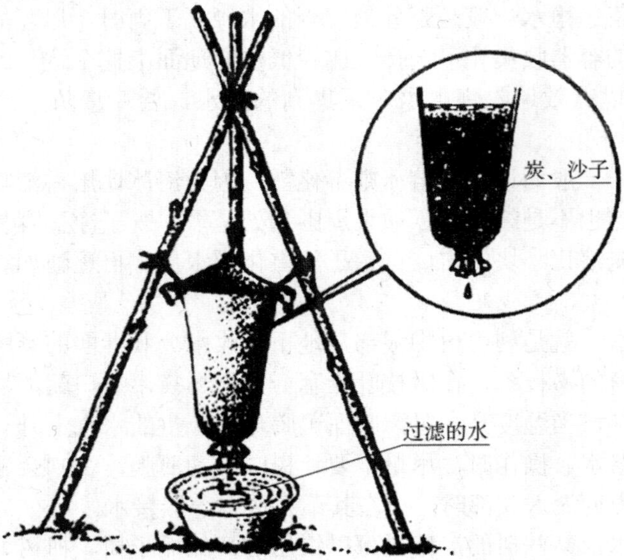

过滤

（2）沉淀、消毒：过滤出来的水要经过一定时间的沉淀，然后倒出上层的清水，就可以烧开饮用了。如果带有漂白粉或净水药片，就再好不过了，只要按照使用说明的要求，取出一定量的漂白粉或净水药片，加到过滤出来的水中，搅拌、沉淀后，上层的清水就是洁净水了。

（3）烧开或蒸馏：经过过滤、沉淀、消毒的水，只要用火烧开，就可以放心直接饮用；如果找到的是严重受污染的水源或者是海水、咸水等，则必须通过蒸馏，才能饮用。蒸馏的方法参照“蒸馏取水”方法。

（二）食物

食物是为人体提供热能和营养，以维持生命的基本物质。因此，受困荒野，要战胜危机，生存下去，重要的是要想办法获取食物。

1．植物类食物

植物含有人类必需的维生素和矿物质，而且富含蛋白质和碳水化合物。所有植物都含有纤维素，有些植物还含有脂肪。世界各地，无论环境多么恶劣，极少有寸草不生的地区，总会有诸如灌木、藤本、蔓生类、草本或苔藓类的植物生长。这些植物都能食用，并提供营养。野外生存，关键是要学会寻找到可以充饥的植物，并掌握辨别有无毒性的技巧。

（1）辨别植物类食物的方法：当找到某种具有潜在食用价值的植物时，如果是自己不认识、未曾尝试过的植物，在食用之前必须先尝试其性味，鉴别是否有毒、可否食用。尝试时，一人一次只能尝试一种。在尝试过程中，如果出现疑惑，就不要试下去，应尽快设法把它呕吐出来。木炭灰是可用的催吐剂。少量木炭灰吞下肚就会诱使呕吐，此外它还能吸附毒素。

尝试植物的程序如下。

步骤一：检查

先查看是否有毒。如果植物叶或枝茎上附着许多害虫或者病菌，这种植物不能入口。有些植物在衰老过程中会合成或者通过分解代谢产生一些有毒的化学物质，因此，枯黄衰败的植物也不要采摘。

步骤二：嗅闻

切下植物一小部分，用鼻子闻一闻，如果有令人厌恶的苦杏仁或桃树皮气味，可能有毒，应立即舍弃。

步骤三：刺激反应

稍稍挤榨一些汁液滴涂在体表的敏感部位，如肘部与腋下之间的前上臂，如果感觉有所不适，起疹或者肿胀，也应尽快丢弃。

步骤四：唇触口嚼舌尝

如果皮肤感觉无任何不适，可以按顺序继续采取以下步骤：

①唇触；②口角接触；③舌尖尝；④舌根尝；⑤咀嚼一小块植物。

在进行上述 5 项尝试时，前 4 项相互之间至少间隔 3min，第 5 项“咀嚼”必须持续 15min，以便观察有无不适反应。如果出现不适症状，如喉咙痛痒，有很强的烧灼感或刺激性疼痛等，应尽快丢弃。

步骤五：吞咽

吞咽一小块植物，耐心等待 8h。期间不要食用任何其他食物。

步骤六：食用

在依次进行完上述步骤后，如果没有发生诸如口部痛痒、不停打嗝、恶心、发虚、胃痛、下腹绞痛以及任何不适症状，可以认为这种植物是安全可食的。

注意：植物的每个部分都要经过试吃才行，因为有些植物可能某部分可以食用，另外部分则不能食用。

（2）采集可食用植物：植物被挤破弄烂后会很快变质，不再适于食用。因此，采集时应注意排放有序，避免挤压和混合，以保持所采植物的鲜度。

①叶与茎。主要采摘柔嫩的幼枝。为保持其养分，要注意轻拿轻放，确保新鲜嫩绿的叶片下锅。

②球根与块茎。可食用植物的球根和富含淀粉块茎，最好煮熟再食用。采挖时，先松动根部的土壤，以减少球根被扯断的可能，然后用工具或木棍将它撬上来。

③野果。野果除了生吃之外，还可以做成热浆汁或是甜味饮料。在我国南北方的灌木丛林中都生长着许多各种各样的可食野果，如山葡萄、沙棘、余甘子等。采摘时，最好挑选已经成熟或接近成熟的，成熟的野果没有苦涩味。

④坚果。坚果蛋白质含量高，甚至还可熬出食用油。落在树下的坚果表明已经熟透，如果树木较小，可以有力摇晃，成熟的坚果会自动掉下来，也可用长棍把它们敲下来。有些水果的外壳既坚硬又粗糙，要学会剥开外壳，掏取里面的可食用部分。

⑤种子和谷类。采摘植物种子时，要特别注意尝试，要严格鉴别是否含有致命的毒素，取食那些经过检验可以食用的种子和谷类。

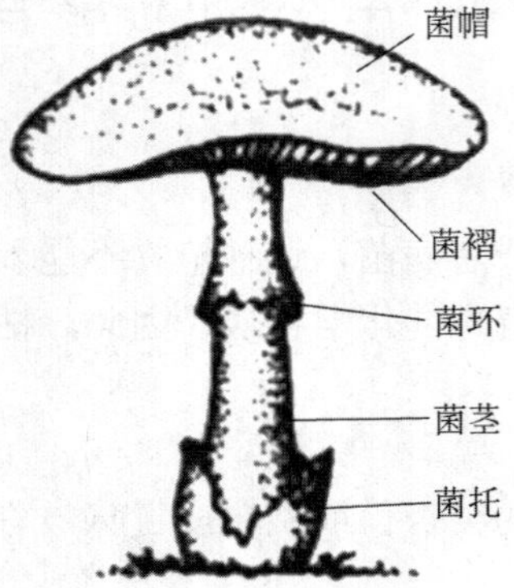

菌类的各部位名称

⑥菌类。菌类指的是各种蘑菇。菌类食品的营养价值很高，它内含宝贵的脂肪、碳水化合物以及蛋白质，其蛋白质的含量介于肉类和蔬菜之间。蘑菇虽然味美，但有少数种类的毒蘑菇，一旦误食，即可能致人死命。因此，采摘前，必须先学会鉴别的方法。一是不要采食长有白色菌褶、茎干基部有菌托（杯状附着圈，见左图）以及带菌环茎干的菌类；二是不要采食腐败的菌类。

⑦树皮。很多树的树皮是可以食用的，尤其是生长在北方地区的桦树、柳树、白杨和三角叶杨树的树皮。树皮的纤维比较粗，应煮烂再食用。

⑧花朵。可食植物的花朵也是可以吃的，但由于花朵容易受到昆虫的污染，所以最好采摘尚未开放的，并且必须煮熟了才能食用。

（3）我国常见的可食野生植物

①山葡萄。生长在北方的山地地区，9 月间成熟，其果实可生食，嫩条可解渴。

②茅莓，有的地方也叫刺莓。生长在山坡灌木丛中或路旁，7—8 月成熟，果实和嫩叶均可生食。广布于全国各地。

③沙棘。在我国分布较广，生长在河岸旁的沙地或沙滩上，9—10 月成熟，味微酸而甜，营养价值高。

④苦菜。全国各地都有，生长于山野和路边，易于采集，3—8 月可采嫩茎叶生食。

⑤蒲公英。分布于全国各地，生长于田野、路旁，易于采集，3—5 月可采嫩叶生食。

⑥荠菜。全国各地均有，生长于田野、路边、沟旁，易于采集。嫩苗可食，3—4 月采全草，炒食、作汤均可。

⑦野苋菜。主要产于南方各地，生长于田野、路边草地，春季可食其嫩叶。

此外，还有诸如车前草、仙人掌和竹子之类的陆地植物，以及沿海地区的海藻和紫菜等海洋植物。

2．动物类食物

捕捉一切能够食用的小动物，是野外求生时解决食物来源的有效方法。比较容易捕捉的小动物主要有蛇、蛙、龟、蜥蜴、鱼、虾等。

（1）蛇类：蛇肉既鲜美，又富有营养。野外求生，能捕捉到蛇，就可以享受一餐美食。但不要轻易动手，首先必须保证自身安全。

捕蛇的工具，最好选取带有叉子的长木棍。打蛇要打头部七寸，下手要快、要准。可先用叉子叉住蛇的颈部，用另一木棍或重物猛击头部。对付树上栖息的蛇可先用棍棒将它们击落到地上，以防万一。有的蛇即使身首异处仍能咬人，有的蛇还会假死。因此，不要轻易用手去捡拾，或者过分靠近它们。砍下的头最好就地埋掉。总之，捕蛇既要胆大，又要心细，要谨防被毒蛇咬伤。

蛇的宰杀，可以剥皮，也可以不剥皮。烹饪方法，可以红烧、清炖，也可以烧烤。

（2）蜥蜴：蜥蜴各地均有，所有的蜥蜴肉都可以食用。大多数蜥蜴生性胆怯，但有些大蜥蜴和巨蜥受到攻击时会咬人。捕捉时要谨防被咬伤或被其利爪抓伤。捕捉时尽可能抓住蜥蜴的尾巴，捕捉大蜥蜴需要设置适当的陷阱。捕捉到这类动物后，先砍头剁脚，然后剥皮、剖腹去除内脏，即可下锅烹饪或烧烤食用。

（3）两栖动作：所有种类的青蛙的肉都可食用，但有些种类（如蟾酥）皮下有毒腺，烹煮之前必须剥皮。青蛙喜欢夜间活动，可以根据蛙鸣声判断其所处的方位，一般总是在水边或水稻田里。捕捉时，可用强手电筒光使之目眩，然后用手直接按住头部将其捕捉，或者先用叉子叉住，然后将其捕捉。青蛙肉可煮成清汤，或红烧、爆炒，无论采用哪种烹饪方法，都必须煮熟煮透，以杀死寄生虫。

（4）鳖鱼类：龟、鳖类爬行动物肉味鲜美、营养丰富，是求生者难得的美食。这类动物大部分时间生活在海水或淡水湖中，产卵时会上岸。也有生活在陆地的，但为数不多。捕捉的方法，在水中的，可用渔网或钓钩捕捉。对爬上岸的，个头不大的按住背部即可捕获，个头大的也只需把它掀翻，使之背部朝下，但要随时阻止它们翻身，也要防止被它们的利齿咬伤。宰杀时，可先重击其头部，将其杀死，然后沿腹部剖开，去除内脏，切除头部，即可根据需要切块下锅烹煮。注意，鳖肉必须煮熟方可食用，鳖血营养丰富，可食用。

（5）鱼类：在江、河、湖、海、池塘等各类水系中，垂钓或捕捉鱼、虾，也是获取食物的重要手段。对捕捉到的鱼，食用前，必须辨别是否有毒。通常在热带浅海中，没有鱼鳞而有刺、尖棘或硬毛，形状比较怪异的，可能是毒鱼，不可食用。在我国，含有毒素的鱼类约有 20 种，如河豚、刺鱼、鳞豚、六斑刺豚、角箱豚等，其中最常见的有河豚鱼。如果不慎误食毒鱼，应马上用高锰酸钾液洗胃，或服用催吐药、泻药将已食进的鱼毒排出。

（6）昆虫类：昆虫也是野外求生者能获取的动作性食物资源。最有利用价值的是白蚁、蚱蜢、蝗虫、蟋蟀、蜜蜂等。特别是蜜蜂，不但蛹、幼虫和成年蜂都可以吃，而且在蜂房里还可以找到蜂蜜。蜂蜜富有营养且易为人体所吸收，是求生者理想的食物。昆虫最好经过烹煮之后食用，这样既美味又安全。食用前，对诸如蝗虫、蚱蜢、蟋蟀之类的大型昆虫，要先去掉小腿及翅膀。因为腿毛会刺激消化道，某些种类幼虫的纤毛会引起皮疹。

（三）火

对于野外求生者来说，火有着特殊的重要意义。它不仅能使你保持体温，减少体内热能散失（体内热能就是生命的能源），而且，它还可以烤干衣服、煮饭烧水、熏烤食品、吓跑野兽、驱走害虫、锻造金属器具等。总之，火可能给你带来生机和活力。但是，用火不慎，引发火灾，也可能危及生命，破坏自然生态，造成不可挽回的损失。所以，野外求生者，不仅要懂得如何生火、用火，而且要懂得控制火焰燃烧，安全用火。

1．选择生火点和构筑火炉

（1）选择生火点：根据所处环境的地形特点，确定生火的地点。最好选择在靠近宿营处，既能保证用火安全，又便于火焰燃烧和散烟的地点。

①身处林区。生火、用火必须优先考虑的问题是严防引发森林火灾。所以，生火点最好选在林中空地、林缘边、高大的树下、通过林区河流的岸上、小溪旁最高水位线上背风的地方。尽量避开易燃的针叶树林。

②身处草原。生火点最好选在靠近水源的地方，如河流、水塘的旁边，也可选在背风的坡地上，但四周一定要开出 2m 以上的防火安全隔离带。用火过程必须全程有人值守，做到人走火灭。

身处山地、丘陵地，可寻找山沿、背风石崖旁、向阳背风的山坡上，或河床边、溪流旁的最高水位线以上的地方，但雨季要谨防山洪暴发。山地生火，要依据植被情况，做好安全防火工作。

（2）构筑火炉：为了保证用火安全，提高热效能，求生者应当在选定的生火点上，根据用途、地形特点和可能获取的材料，采用垒、挖、架等办法，构造合适的火炉。有条件时，也可以利用就便器材改造成火炉。

①垒。就是利用石头或土块垒成一个圆形或半圆形的火炉。垒筑火炉的石头应选择质地坚硬的，避免使用潮湿和带有孔隙的石头，以防石头加热膨胀崩裂或爆裂而引发伤害事故。

②挖。就是在土地上挖灶。选择一处高低适当的土坎或斜坡，如果是斜坡，则先将其改造成土坎。在距离土坎边沿 20～30cm 处挖一个竖井式的圆洞，再在土坎上与竖洞底部同一水平的位置挖一个灶门与之相通，然后在竖洞的顶部四周挖几道散烟小斜沟，盖上草皮即成散烟洞。这样，土灶即挖成了。为了使土灶里的燃料更容易燃烧，洞口最好朝着上风的方向，同时在炉灶的底部架几根钢筋或粗铁丝，以利于通风助燃。如果在平地上挖灶，也可以先挖一段壕沟，再在壕沟的崖臂上参照上述方法构筑炉灶。也可挖一个约 30cm 宽、90cm 长、30cm 深的简便壕沟，在底部垫上一层鹅卵石，即可在石头上生火。

③挖、垒结合。方法是：在简便壕沟的基础上，在壕沟的中间横放一块大石头构成灶门，以灶门和半边壕沟的长度为直径，用石头或土块垒起一个圆形火炉；在炉顶上放置烧水壶或做饭炒菜的锅，从灶门添加燃料；灶门外的另一半壕沟，可逐次加深、加宽，也可改造成外八字形开口，以便于添加燃料和烤火。

④架。如果地面潮湿松软或积雪深厚，则需要架起一个高出地面的炉台。方法是：在地面上直立竖起 4 根木桩，2 根稍长，2 根稍短，在 4 根木桩的同一水平面上（最好有叉子）横担木棍，在上面再排列一层圆木棍，然后覆盖 10cm 土层或土层加石头，这样就可以在上面生火了。最后，在成对角线的两根最长的木桩上横担一根木棍，用以悬挂锅等器皿或烤制食物（见右图）。

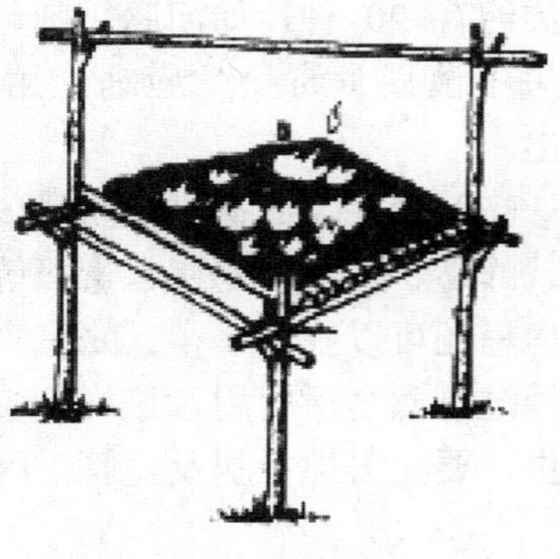
简易炉台

⑤利用就便器材改造。最常见的就是利用废油桶、水桶改造。方法是：在油桶顶端开一个洞，洞孔的大小与所使用的炊具及器皿相适应；在桶侧壁的上端开一个圆圈，作为出气孔；在桶侧壁的下端开一个长方形的洞，用以添加燃料；在桶的下端四周侧壁打一些小孔，以利通风，这样炉子就做成了。如果用水桶改造，可将水桶倒扣过来，在桶底挖洞，以放置炊具和器皿，其余参照改造油桶的方法进行。这种利用就便器材改造的炉子，既能做饭也可取暖，而且不会像篝火那样火星四溅。

2．搜集燃料

（1）主燃料：主燃料，是让火焰不停地燃烧的主要物质。最好选择燃烧持续时间长、热效能好、不发烟或发烟少的燃烧物。野外生存，可选择的燃烧物主要有以下几种。

①枯木。当身处林木之中，枯木朽枝就是最容易获取的燃料。可以在地面上寻找，也可以把树上枯死的树枝折下来，还可以把枯死的树皮剥下来当燃料。

②干燥的动物粪便。当身处草原牧区，干燥的动物粪便就是非常好的燃料。它容易燃烧，燃烧持续时间长，且几乎不冒烟。

③废弃汽车。当身处大漠戈壁，能碰上一辆废弃的汽车就等于找到很好的燃料。它除了钢铁部件之外，几乎每处都能燃烧。可以将机油或柴油与沙土混合起来放入坑内点燃，可以把座椅和其他装饰物撕碎砸烂当作燃料，液压油和防冻液都是很好的燃料，废弃轮胎也可以燃烧。用废弃汽车做燃料，燃烧时会产生有毒气体，人要注意站在上风方向，以防止被烟熏呛。飞机与汽车一样，大部分部件都可以当燃料用。

（2）引火物：引火物，也是一种燃料，是燃起火焰的易燃物，是星星之火与熊熊大火之间的引燃材料。其功能是把火种迸出的火星转化为火苗，进而点燃燃料。因此，引火物最好是易燃物质。枯草、枯死的细小树枝、针叶松的落叶等是最好的引火材料；也可以把大树枝折断，劈开成小块作为引火柴；还可以用纸张、布条以及从衣袋裤兜和衣缝上搜罗下来的棉绒布料做引火材料。

3．点火

在进行了上述准备工作之后，下面就是如何使用火种、发出引火的火星、点燃引火物、引燃主燃料、生起熊熊火焰等工作。下面介绍几种常见的点火方法，每一个求生者在实践中还会创造出多种多样的点火方法。

（1）火柴点火：火柴（打火机）是最便利的点火工具。因此，求生包里一定要备有火柴或打火机。用火柴（打火机）点火时，最好先点燃一支蜡烛，再用蜡烛点燃火堆，待火势燃烧起来后即把蜡烛熄灭。这样可以节省火柴。

（2）凸镜生火：强烈的阳光通过凸镜的聚焦作用，可以产生足够的热能点燃火种。因此，在阳光直射的情况下，可利用随身携带的放大镜、望远镜和照相机的凸镜将太阳光聚焦于引火物，将其点燃。操作时，注意把火种放置在避风处，将太阳光聚焦后形成的最小最亮的光点直接照射在火种上，并保持不动。当火种开始冒烟时，用口吹气助燃。

（3）火刀击打火石：火刀打火石，是远古时代常用的点火方法，至今仍然管用。可作为打火石的石头在许多地方都能找到。操作方法：左手食指和拇指捏住火石，食指和中指之间夹住引火物（通常是带有余灰的引火纸卷），并使火石靠近引火物，右手握住打火刀（没有火刀用其他刀具的背部也行），按照划火柴的动作，用力击打火石，使之迸出火花，点燃引火物。

（4）钻木取火：这也是一种古老的生火方法。用一根干燥坚硬的纺锤状木棒在一块干燥的软木底座上摩擦钻孔，靠钻孔摩擦发热点燃引火物。

（5）电池生火：电池放电产生的电火花可用来点火。在野外生存的环境中，可以利用的电池主要有汽车电池、手电筒电池、收音机和通信工具的电池等。生火的方法是：找两根导线分别接在电池的正负极上，然后将两根导线裸露的末端慢慢接触，使之迸出火花，并注意使火花落在预选准备好的引火物上。一小块沾了汽油的布就是最好的引火物，只要在这块布上方爆出火花，就能燃起火苗。

4．用火

（1）合理安排工作，注意节省燃料。火焰燃烧起来后，顿时会使人产生暖融融的亲切感，激起生命的活力。此时，求生者应当根据自己的需要，充分利用热能。要分清轻重缓急，统筹安排工作顺序，合理利用燃料燃烧产生的热能。例如，当你浑身湿透，又饿又冷的时候，要解决的问题是烤干衣服、烤暖身体、煮熟食物。表面上看起来，烤和煮的工作是矛盾的，但是它们又是可以平行展开同时进行的。所以，合理的安排应该是，先烧水，在等待水烧开的过程中，烤衣服和烤暖身体；在水烧开时，先冲上一杯热饮料，然后放上食物煮饭；在等待饭煮熟的过程中，可以边喝饮料边烤衣服和身体。既不浪费能源，也不浪费时间。总之，要合理安排用火时间，以免浪费有限的燃料。

（2）掌握燃烧技巧，保证持续用火。野外生火非常不易，所以，必须注意保存火种。为了使火焰持续燃烧，必须备有较多的燃料，并学会控制燃烧的技巧。搜集燃料时，最好是各种各样的燃料都有一些，比如木柴，干的、湿的、易燃的软质木柴，非易燃的硬质木柴，等等。总之，各种各样不同的木柴都可以。当需要用火时，可添加诸如干燥的松木等树脂含量高、容易燃烧的软质木柴；当暂时不用火，但又必须保持火种时，则添加不易燃烧的湿柴火、硬质木柴，并把炉子的进、排气孔封住或只留一个小孔，以减少空气流通，达到控制燃烧的目的；当必须生火过夜，以供夜间取暖，可以采取软、硬木柴搭配，干、湿木柴混用的方法，以延缓燃烧速度，达到持续供热、保证安全过夜的目的。添加湿柴火时，最好先放在火堆旁边或炉灶门口烘烤，待烤干后再推到中间燃烧。如果急于求成，一下子就把湿木柴压到火堆上烧，少不了得品尝烟熏之苦。

（3）保留备用火种，以防火焰熄灭。看着熊熊燃烧的火焰，必须检查手头上还有哪些储备的火种，是否安全适用。对受潮的火种，应该抓紧时间烘干，以确保在下一个生火点能顺利点火。同时要准备一些备用的引火物，以便在火要熄灭时立即救急。

（4）注意用火安全，防止引发火灾。野外生火，最重要的是安全用火。尤其是在林区、草原等容易发生火灾的地区，更要特别注意。一旦引发火灾，不仅会马上危及自己的生命，而且还会造成自然环境灾难性的破坏，造成不可挽回的损失。因此必须注意：

①在选择生火地点时，要尽量避开易燃的植被。

②生火前，生火点四周要有足够的防火隔离带，如果没有自然形成的隔离带，必须人工开辟 2m 以上的防火隔离带。

③要有灭火应急措施，在生火点的旁边，必须备有沙土堆或水，或者备有灭火工具，一旦火势失控，马上扑灭。

④从点火到撤离的整个用火过程，火堆、火炉边都必须有人值守。如果是单人行动，至少必须与火堆保持目视联系，并时刻注意观察火势，发现燃烧有可能失控时，立即进行处理。

⑤撤离生火地点时，必须把火彻底扑灭，并用沙土覆盖，以防死灰复燃，引发火灾。

（四）野外生存常见伤病的救护与预防

1．中暑的救护与预防

（1）中暑的原因：人体的正常体温维持在 37℃左右。这是由中枢神经系统对人体产热、散热调节和控制平衡的结果。人体主要是靠辐射和传导对流方式散热。当周围气温升高接近于体表温度时，热的辐射、对流就难以进行，身体产生的热量散不出去，产热与散热失去平衡，体温调节和其他生理机能发生障碍，就会引起中暑。此外，劳动量过大、缺少适当休息、水盐补充不足、衣服不通气等也均会导致中暑。

（2）中暑的症状：

①前驱期。大量出汗，皮肤充血，心跳、呼吸加快，疲乏无力，头晕、头痛、口渴、

恶心等。

②代偿不全期。体温升高至 38℃以上，心跳、呼吸更快速，血压下降，烦躁不安，反射亢进，大量出汗，呕吐，体内盐分减少，甚至产生四肢肌肉疼痛，严重肌痉挛（以小腿腓肠肌痉挛为常见）。

③代偿衰竭期。体温升至 40～41℃，这时出汗反而减少，尿闭，意识模糊不清，狂躁不安，惊厥，甚至昏迷、休克，血压下降，脉细弱而频，瞳孔对光反射迟钝，膝反射减退或消失，如不及时抢救，可致心衰及呼吸衰竭死亡。

（3）中暑的急救及治疗：把病人抬到通风阴凉地方，解开衣扣，使其平卧，用冷毛巾敷头部，喂饮淡盐水或凉茶（饮料）补液降渴。轻症者服人丹或十滴水，也可针刺大椎、人中、会谷、曲池等穴位或施以刮痧疗法；较重得可服用藿香正气水；对出现高热、昏迷、休克的重症病者要及早送医院采取急救措施。

（4）中暑的预防：在正常情况下成人每天进入体内和排出体外的水量大致相等，约 2.5L 左右，每天摄取盐水 10～20g。如在高温下训练，每小时出汗量可达 0.6～1.2L，而汗液中 0.3%～0.5%的盐分和多种溶液性维生素也随汗液排出。因此训练时间较长，会造成体内水、盐、维生素大量损失，如果不及时补充，可导致机体水盐代谢平衡发生紊乱。如只补充水而不补充盐，会造成细胞外体液中的盐减少。因此首选含盐饮料，一般以白开水或茶水含盐 2%～3%为宜，也可用绿豆 500g、水 5kg、食盐适量，煮沸冷却食用。

2．体温过低

体温过低指人体内部产生的热量小于身体散发的热量，体温降到正常值以下。体温过低也会导致死亡。

（1）体温过低的原因：在风中、雨中及低温的环境中，因人困体乏、穿衣过少、住所条件差、食物摄入不足，都可能导致体温过低。尤其是在寒冷地带、极地区域，在猛烈的寒潮袭击下，处在荒野之中的求生者，更容易发生体温过低导致死亡。因此，处在冬季寒冷地带的求生者，应特别注意防护。

（2）体温过低患者的症状：体温过低病症者通常会出现行为烦躁，一阵好动后接着嗜睡，反应迟钝，突然出现难以控制的战栗，行动不协调，走路跌跌绊绊以致摔倒，头痛、视觉模糊、腹痛、瘫倒、昏迷、失去知觉等症状。

（3）体温过低病人的护理方法：基本原则是防止病人身体热量进一步散发。将病人移至保暖、避风的室内，脱去潮湿的衣服，换上干燥保暖的衣服；马上对病人采取积极的保暖措施，如用身体或温热岩石、热水袋（可用军用水壶装热水）等给病人取暖；病人清醒时，让其饮用热饮料，食用含糖食品。当病人体温过低加重，身体无力自我加热时，必须采取从体内加热的方法。其措施是：将热体放在腰背部、胃窝、腋窝、后颈、腕部、裆部等部位，这些部位血流接近体表，可以携带热量进入体内；病人体温刚恢复正常时，体内加热还必须继续进行，直到病人恢复自身供热能力为止。

注意事项：不要服用酒精，因为酒精会使体表血管张开，加快体内热量的散失速度。

（4）预防措施：搭建庇护所、保持室内温度、保持身体干燥、防止过度劳累。求生者互相结成“对子”，彼此间仔细观察，以尽早发现症状。一旦发现有人得了此病，必须逐一检查，同时采取护理和保暖等防范措施。

3．冻伤

当气温降到 0℃以下时，在体表裸露部位和远离心脏区域的皮肤和肌肉就可能会发生冻伤。例如手、脚、鼻、耳、脸等裸露部位，都极可能发生冻伤。

（1）冻伤的症状：皮肤冻伤时，首先感到刺痛，皮肤出现苍白的斑点，感到麻木，接着出现卵石似的硬块并伴有疼痛、肿胀、发红、起疱，最后减弱、消失；严重冻伤者，冻伤部位的肌体组织可能变灰、变黑、死去，最终剥落。

（2）冻伤的护理方法：对仅伤及皮肤的轻微冻伤者，可将受冻部位放到温暖处。如将手夹在腋窝部，将脚抵住同伴的腹部；

对深度冻伤者，要防止冻伤部位进一步恶化，注意不要用雪揉擦或放在火上烘烤。最好的方法是将冻伤部位放在28～28.5℃的温水中缓慢解冻；

对严重冻伤者，注意不要挑破水疱和磨擦伤处，要防止感染，并力争尽快送医院治疗。

4. 毒蛇咬伤的处理

夏秋两季是蛇类四处觅食、活动最频繁的季节。野外求生者身处山野草林地带，在捕猎和采摘食物，以及一切野外活动中，都可能遭到毒蛇攻击，发生被毒蛇咬伤事故。因此，夏秋季节，在进行有计划的野外作业时，应当备有蛇药。当被毒蛇咬伤时，应当尽快（不能超过 1h）采取急救措施。首先，马上缚住伤处靠近心脏一端，以减少毒液上流；然后在被毒蛇咬伤处，用刀子浅浅地划一个十字口，挤出毒液，以减轻中毒症状。也可用口吸出毒液，随吸随吐，但口舌生疮或口腔黏膜溃疡的人不能口吸，以免中毒。口吸需进行20～30min。伤口上可用 1%～3%的高锰酸钾溶液湿敷，或用大蒜汁、雄黄、甘草等配合涂敷。为确保安全，进行上述处理后，在可能的情况下，还需马上注射抗毒血清或用蛇药外敷和口服。有些像眼镜蛇之类的毒蛇，不仅会咬人，而且会喷射毒液，一旦遇到这种情况，应立即用水冲洗被喷射到的皮肤表面。

第四节　定向越野

一、定向越野的概述

定向越野是一项融健身性、知识性、趣味性于一体的体力与智力并重的运动项目，非常适合在大学中开展。定向越野作为一项实用价值很高的运动，指在野外凭借指北针与标有若干检查点和方向线的地图，按预先设定的陌生路线依次寻找到各个检查点后，用最短的时间跑完全部路程。定向越野可在野外、公园或校园中进行，通过这项运动的锻炼，可以熟悉野外行动规律、提高辨识复杂地理环境的能力、培养勇敢顽强的探索精神、掌握必备的生活技能和自我求生本领，最终达到克服自然障碍和预防不测事件的目的。经常参加定向越野不仅能强健体魄，促进耐力的发展，还能够在轻松愉快的游玩过程中增长识图、用图知识，同时对培养独立性、自信心和意志品质还有独特的作用。

二、定向越野所需的物质条件

开展不同等级、不同项目的定向运动，其所需的物质条件也不尽相同。下面介绍的是个人徒步定向越野所需的基本物质条件，原则上它们也适用于其他定向运动项目。

（一）器材

定向越野的器材如左图所示。

1—号码步；2—指北针；3—检查卡片；

4—地图；5—点签；6—检查点标志

定向越野的器材

（1）号码布。号码布一般不超过 24cm×20cm，号码数字的高不小于 12cm，字迹要清晰、字体要端止。正规的比赛还要求将号码布佩戴于前胸及后背两处。

（2）指北针。指北针多由组织者提供，如要求自备，则可能会对其性能、类型作出原则上的规定。当今世界上已出现的指北针类型主要有简单式、液池式、透明式、照准式、电子式。

（3）检查卡片。检查卡片主要用于判定运动员的成绩。用厚纸片制成，分为主卡和副卡两部分。主卡由运动员在比赛中携带，并按顺序将每个检查点的点签图案印在空格中，到达终点时交裁判人员验证。副卡在出发前交工作人员留底和公布成绩时使用。

（4）地图。地图是定向越野最重要的器材，它的质量好坏直接影响到运动员比赛成绩和关系到比赛是否公正。因此，国际定联专门为国际间的定向越野比赛制定了《国际定向运动图制图规范》。

（5）检查点标志。检查点用于检验运动员是否按规定跑完全程，为此，应设置专门的标志。检查点应在地图上准确地表示出来。检查点标志是由三面标志旗连接组成的。每面正方形小旗，沿对角线分开，左上为白色、右下为红色。旗的尺寸为 30cm×30cm，可以用硬纸壳、胶合板、金属板、布等材料制作。标志旗通常要编上代号（国际上过去曾使用数字做代号，现已规定用英文字母），以便于选手在比赛时根据旗上的代号来判断是否找到了正确的检查点。标志旗式样见下图。

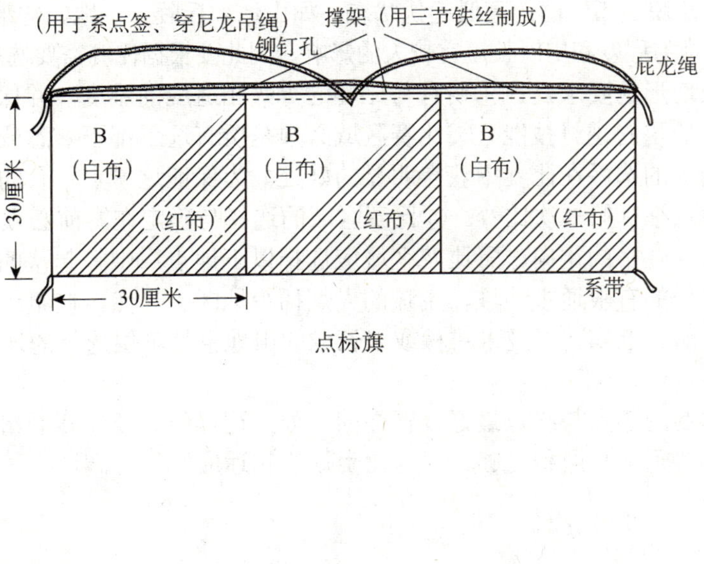

点标旗

（6）悬挂标志旗。悬挂高度一般从标志旗上端计算，距地面80~120cm（见下图）。

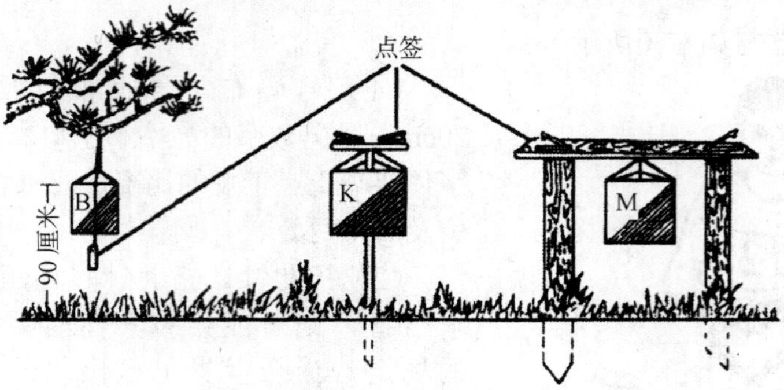

点标旗悬挂方式

（7）点签。点签是与检查点配合作用的，它提供给运动员一个到达位置的凭据。点签的样式很多，但最常见的还是印章式和钳式（见右图）。

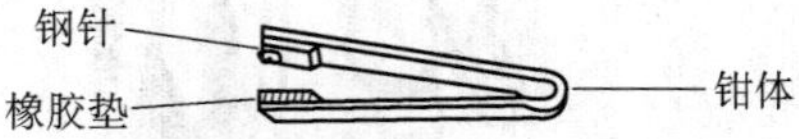

图　钳式打卡器

检查点印章上雕刻不同的图案或代码，最好选用能自动上印油的印章，否则在比赛时，应另备印泥。检查钳是用弹性材料制成，顶端装有钢针。钢针的不同排列，使检查钳可以印出不同的图案印痕。

除了上述七种器材之外，国际定联还制定了一套《检查点说明符号》，帮助运动员在某些等级较高或规模较大的比赛中正确地寻找检查点。这些检查点说明符号是在比赛前以表格的形式提供给运动员使用的。

定向越野比赛对运动员的服装都没有特殊的要求。根据经验，运动员对服装的选择应该是：衣裤紧身而又不至影响呼吸与运动，为防止树枝刮伤和害虫侵袭，最好穿用面料结实的长袖衣和长裤甚至使用护腿；鞋轻便、柔软而又结实，为便于行于上下陡坡、踩光滑的树叶或走泥泞地，鞋底的花纹最好是高凸深凹的。

（二）场地

1．比赛区域的地形

地形是地物和地貌的总称。地物是指地面上的固定性物体，如居民地、建筑物、道路、河流、树木等。地貌是指地面的高低起伏状态，如山地、丘陵、平地、洼地等。由于地形对定向越野比赛的难易程度和用时长短有较大的影响，因此要根据比赛需要选择地形。

对比赛区域地形的要求是：①要有与比赛的等级相适应的难度，并保证它能够使运动员充分发挥自己的定向越野技能。②比赛区域必须是所有选手都不熟悉或不太熟悉的。至少应防止赛区当地的选手在比赛中获得明显的好处。为保证这一点，有的国家规定，三年内不得在同一地点举行第二次比赛。③比赛区域的选择与确定在赛前必须严格保密。

通常情况下，合格的定向越野比赛区域应选择以下地点：中等起伏的森林地或植被适度，地形变化多样的有限通视地域、生疏的人烟稀少地区。当然，在组织一般的定向越野活动时，城市公园、近郊区以及未耕种或未长成的田地也是可供选择的地点。

2．起点和终点

定向越野比赛的起点与终点最好设置在同一处，这样能方便比赛的组织工作。起点与终点一般设在地势平坦且面积足够大（与比赛规模相适应）的开阔地上。对于作为终点通道的地段就更要平坦和有足够的长度，这样才能让裁判人员与观众看清楚跑回来的选手。

3．比赛路线

定向越野比赛路线通常按环形设计（见下图）。定向越野比赛路线的距离只是个相对准确的数字，因为它是从起点经各检查点至终点的图上最短水平距离计算的。比赛路线的距离一般要根据运动员的水平和比赛时间确定。

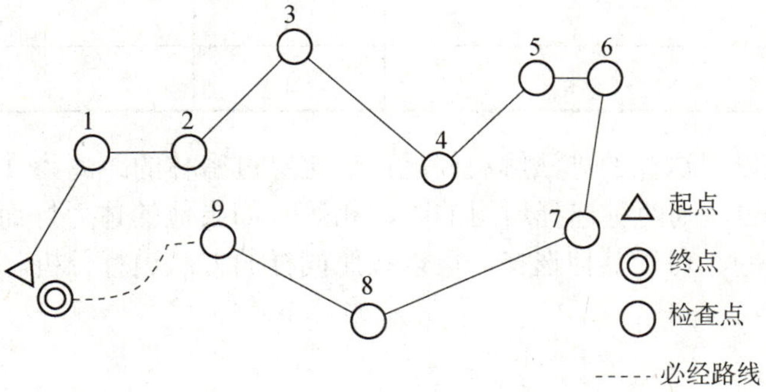

定向越野比赛路线设计

国际定向越野地图的读图方法和定向越野中的位置方位判定，可参见第九章《军事地形学》。

三、怎样选择比赛路线

定向地图上各检查点的连线是提供方位的直线，然而，沿这条方位直线一般是不可能直接到达的，必须依照地图上各种符号和色彩的提示，进行路线选择。不同的人技术水平不同、体能状况不同，所选择的路线也不尽相同。

1．选择路线的标准

省体力、省时间、最稳妥、最能发挥自己的特长、尽量不失误或减少失误、保证顺利完成赛程并最终夺取胜利，是选择路线的基本标准。

2．选择路线的原则

（1）充分利用道路，坚持“有路不越野”的原则。

（2）地形起伏不大、树林稀疏可跑的地段，坚持“选近不选远”的原则。

（3）地形起伏较大、树林密集、障碍大的地段，坚持“统观全局，提前绕”的原则。

（4）坚持“依线又依点”的原则。

3．实例分析

在实践中，依靠上述一般原则选择路线是很不够的。只有让自己的“感觉”或“估计”得更有科学依据，才有可能更快地提高定向越野成绩。分析与解决路线选择的基本问题的方法有多种，下面仅介绍其中的一种——经验法。

某人以自己在道路上奔跑 300m 需要时间 2min（近似值）作为标准，通过多次实践，对自己的奔跑速度有如下了解，见下表。

表　不同地形每 300m 所用时间比较表

地形类型	每 300m 用时/min	倍率	每 2min 行进距离/m
大地	2	1	300
杂草低	4	2	150
有灌木的树林	6	3	100
密林和荆棘丛	8	4	75

那么，他就可以用这样的方法解决问题：假定穿过密林的距离为 1（75m），沿大路跑的距离为 4（300m），则两种选择所用的时间相等。如果他的体力好而定向本领差，那他就应该选择沿大路跑。对于其他选择，可以按照同样的方法进行分析。

复 习 题

1．我国新世纪新阶段的规定、政策。

2．我国各公民的国防权力和义务。

3．国防动员的基本内容、中国国防历史的启示、国防手段主要内容。

4．我军的性质、任务。

5．预备役部队的主要任务。

6．中国人民解放军战略导弹部队的情况。

7．新中国形成的三大武装力量结合的情况。

8．《兵役法》的规定。

9．中国人民武装警察部队的基本情况。

10．军事思想包括的基本内容。

11．马克思主义的战争观的基本观点。

12．毛泽东军事思想、邓小平军队建设思想、江泽民和胡锦涛国防与军队建设思想的基本内容。

13．《战争论》的基本情况。

14．邓小平国防建设思想中提出的国防模式。

15．结合当前国际形势谈谈你对国际战略环境的认识。

16．结合大国的军事战略谈谈你对国际战略格局的认识。

17．谈谈你对我国周边安全环境的认识和理解。

18．我国政府对解决台湾问题、实现祖国统一的方针政策。

19．简述高新科学技术对军事的影响。

20．高新技术的三大支柱性技术。

21．指挥自动化系统。

22．指挥自动化系统的设备构成。

23．军事思想含义。

24．军事思想特点。

25．共同条令。

26．队列动作训练的一般要求。

27．81式自动步枪的性能，它的十大部件的用途。

28．保养、检查和擦拭武器要注意的几个问题。

29．进攻战斗和防御战斗的基本要求。

30．战术基本原则的内容。

31．在敌火下运动的时机要求。

32．山地的特点，对作战的影响。

33．地物符号的图形特点，如何进行高程起伏判断。

34．标定地图的方法，如何利用直长地物标定地图。

35．选择宿营地时应注意的问题。

36．你了解哪些小动物、植物、昆虫可以食用，食用时应注意些什么。

37．常见伤病，应如何防治。

38．上海合作组织成员国问题。

39．美国国务卿赖斯将朝鲜称为“暴政前哨”的来由。

40．关于“三圈”、“三环”、“四边”格局论。

41．胡锦涛主席在联合国成立 60 周年首脑会议上发表了《努力建立持久和平、共同繁荣的和谐世界》内容。

42．寻的制导的工作方式的种类。

43．21 世纪整个世界军队建设的发展主要趋势。

44．过去我军的基本作战形式“老三战”指什么。

45．中国人民解放军中海军下辖舰队情况。

46．我国发射了第一颗人造地球卫星的情况。

47．初步形成了具有中国特色的国防体系的情况。

48．武学必读的武经七书指什么。

49．江泽民军队建设总要求。

50．无产阶级专政的首要条件。

51．在优化军队编制体制时，要优先发展什么。

52．中国核战略的特点。

53．研究国内战略环境应重点把握什么情况。

54．军事战略通常有哪些基本构成要素？

55．导弹按作战任务的性质分类。

56．中国人民解放军驻香港澳门部队的情况，及与中央军委的关系。

57．《中华人民共和国兵役法》、《中华人民共和国国防教育法》、《中华人民共和国国防法》的基本情况。

58．当今乃至今后相当长时期内世界主要军事力量对比的总体态势。

59．中国恢复在联合国的合法席位的情况。

60．2008 年 3 月 10 日在拉萨市发生的打砸抢烧暴力事件的情况。

61．所谓海洋专属经济区的界定，中国的陆海边界线的情况，我国的国土面积除了陆地和海洋国土情况。

62．目前我国地缘方向上的态势。

63．“未来战争的决定性因素”在美国《2010 年联合作战构想》的描述。

64．胡锦涛主席在 2005 年 9 月联合国成立 60 周年首脑会议上发表讲话的基本内容。

65．在人类历史上，战争走过了哪些时代。

66．中国革命的主要斗争形式。

67．按照军事行动的性质划分，战略可以分几类。

68．掌握积极防御战略的基本精神，有哪三条原则。

69．国际战略格局的类型。

70．机械化战争与信息化战争的差别。
71．中国国防建设的目标和任务的主要内容。
72．信息化战争对国防建设的要求。
73．信息战的主要手段包括哪些。
74．信息化战争的性质，信息化战争的特征。
75．军事高技术的突出特征，简述军事高技术对现代战争的影响。
76．信息化战争经历的发展阶段、发展趋势。
77．结合实际简述当代大学生学习军事理论课的意义和目的。

参考文献

[1]国务院新闻办公室. 2006 年中国的国防，2006.

[2]糜振玉，范震江. 新编大学军事教程［M］. 北京：军事科学出版社，2005.

[3]余高达，杜景山. 军事理论教程［M］. 北京：国防大学出版社，2003.

[4]国防教育教材编委会. 国防教育教材［M］. 北京：军事科学出版社，2003.

[5]中国军事百科全书编审委员会. 中国军事百科全书［M］. 北京：军事科学出版社，1997.

[6]王和中，吕冀蜀，等. 军事理论课教程［M］. 北京：清华大学出版社，2002.

[7]蒋顺学. 毛泽东军事思想科学体系［M］. 北京：军事科学出版社，1993.

[8]袁德金. 毛泽东军事思想教程［M］. 北京：军事科学出版社，2000.

[9]王宪志. 毛泽东军事思想［M］. 北京：海潮出版社，1992.

[10]林英家，等. 邓小平新时期军事哲学思想［M］. 北京：军事科学出版社，1991.

[11]王文荣，张伊宁. 邓小平新时期军队建设思想述要［M］. 北京：国防大学出版社，1993.

[12]薛军楼. 江泽民与跨世纪军队管理［M］. 北京：军事谊文出版社，1998.

[13]江泽民. 论国防和军队建设［M］. 北京：解放军出版社，2003.

[14]西门王村. 军事博览［M］. 北京：长征出版社，2002.

[15]王小健，张伊宁，李力钢. 大学军事［M］. 北京：中国社会科学出版社，2003.

[16]谈庆多. 高等学校国防军事课教程［M］. 成都：电子科技大学出版社，2006.

[17]甘肃省学校国防教育指导委员会. 大学生国防教育［M］. 北京：高等教育出版社，2003.

[18]李效东. 世界军事发展年度报告［M］. 北京：军事科学出版社，2006.

[19]张万年. 当代世界军事与中国国防［M］. 北京：军事科学出版社，l999.

[20]伍仁和. 信息化战争论［M］. 北京：军事科学出版社，2004.

[21]中国人民解放军总参谋军训部. 军事高技术知识［M］. 北京：解放军出版社，1995.

[22]李鹏青. 普通高等学校军事教程［M］. 北京：军事科学出版社，2006.

[23]军事理论教程编委会. 军事理论教程［M］. 北京：高等教育出版社，2002.

[24]单小忠等.大学军事课教程［M］. 浙江文艺出版社.2005.

[25]百度百科.